CAMBRIDGE LIBRARY COLLECTION

Books of enduring scholarly value

History

The books reissued in this series include accounts of historical events and movements by eye-witnesses and contemporaries, as well as landmark studies that assembled significant source materials or developed new historiographical methods. The series includes work in social, political and military history on a wide range of periods and regions, giving modern scholars ready access to influential publications of the past.

Codex Diplomaticus Aevi Saxonici

Published in six volumes between 1839 and 1848, this was the first collected edition of the surviving corpus of Anglo-Saxon charters, comprising royal diplomas in Latin, as well as a variety of documents (wills, writs, etc.) in the vernacular (Old English). John Mitchell Kemble (1807–57) collected his material from many different places (the British Museum, the official records then in the Tower of London, cathedral archives, college libraries, and various private collections), and arranged it as best he could in chronological order. He believed passionately that he was laying foundations for a new history of the English people, and his work formed the basis for his study *The Saxons in England* (1849), also reissued in this series. Volume 3 of the *Codex* (1845) contains texts from the mid-tenth to the early eleventh century, and includes Kemble's pioneering discussion of vernacular boundary-clauses.

Cambridge University Press has long been a pioneer in the reissuing of out-of-print titles from its own backlist, producing digital reprints of books that are still sought after by scholars and students but could not be reprinted economically using traditional technology. The Cambridge Library Collection extends this activity to a wider range of books which are still of importance to researchers and professionals, either for the source material they contain, or as landmarks in the history of their academic discipline.

Drawing from the world-renowned collections in the Cambridge University Library, and guided by the advice of experts in each subject area, Cambridge University Press is using state-of-the-art scanning machines in its own Printing House to capture the content of each book selected for inclusion. The files are processed to give a consistently clear, crisp image, and the books finished to the high quality standard for which the Press is recognised around the world. The latest print-on-demand technology ensures that the books will remain available indefinitely, and that orders for single or multiple copies can quickly be supplied.

The Cambridge Library Collection will bring back to life books of enduring scholarly value (including out-of-copyright works originally issued by other publishers) across a wide range of disciplines in the humanities and social sciences and in science and technology.

Codex Diplomaticus Aevi Saxonici

Volume 3

Edited by John Mitchell Kemble

CAMBRIDGE
UNIVERSITY PRESS

CAMBRIDGE UNIVERSITY PRESS

Cambridge, New York, Melbourne, Madrid, Cape Town,
Singapore, São Paolo, Delhi, Tokyo, Mexico City

Published in the United States of America by Cambridge University Press, New York

www.cambridge.org
Information on this title: www.cambridge.org/9781108035873

© in this compilation Cambridge University Press 2011

This edition first published 1846
This digitally printed version 2011

ISBN 978-1-108-03587-3 Paperback

CHARTAE

ANGLOSAXONICAE.

CODEX DIPLOMATICUS

AEVI SAXONICI,

OPERA

JOHANNIS M KEMBLE.

TOMUS III.

LONDINI:

SUMPTIBUS SOCIETATIS.

M.DCCC.XLV.

LONDON :
PRINTED BY S. & J. BENTLEY, WILSON, AND FLEY,
Bangor House, Shoe Lane.

ENGLISH HISTORICAL SOCIETY.

MEMBERS.

JUNE 1st, 1844.

HER MAJESTY QUEEN VICTORIA.

The VISCOUNT ACHESON, M.P.
The LORD ASHBURTON.
The EARL of BANDON, D.C.L.
The DUKE of BEDFORD.
THOMAS WENTWORTH BEAUMONT, Esq.
The LORD BEXLEY, F.R.S. F.S.A.
BERIAH BOTFIELD, Esq. M.P.
Captain ARTHUR ARUNDEL BROWNE.
Rev. JOHN BROWNE, D.C.L.
The EARL BROWNLOW.
Sir JAMES LEWIS KNIGHT BRUCE, Vice-Chancellor.
The DUKE of BUCCLEUCH, K.G.
Rev. JAMES BULWER, M.A.
WILLIAM BURGE, Esq.
The EARL of BURLINGTON.
The LORD CALTHORPE.
The LORD CAMPBELL.
The DEAN and CHAPTER of CANTERBURY.
The EARL of CARLISLE.
The Hon. RICHARD CAVENDISH.
The EARL of CAWDOR.
WILLIAM NELSON CLARKE, Esq. M.A.
RICHARD CLEASBY, Esq.
The DUKE of CLEVELAND.
The Hon. CHARLES THOMAS CLIFFORD.
Rev. HENRY O. COXE, M.A. Bodleian Library.
The Hon. ROBERT CURZON.
The VISCOUNT DUNGANNON, M.P.
The LORD BISHOP of DURHAM.

The DEAN and CHAPTER of DURHAM.
LORD FRANCIS EGERTON, M.P.
The Right Hon. MOUNTSTUART ELPHINSTONE.
JOSEPH WALTER KING EYTON, Esq.
ROBERT FEW, Esq.
The EARL FITZWILLIAM.
Sir THOMAS GAGE, Bart.
WILLIAM GATTY, Esq.
Rev. WILLIAM STEPHEN GILLY, D.D. Prebendary of Durham.
HENRY GODWIN, Esq. F.S.A.
WILLIAM GRANT, Esq.
The Right Hon. THOMAS GRENVILLE.
The EARL GREY, K.G.
Rev. WILLIAM GRYLLS, M.A.
HENRY HALLAM, Esq. V.P.S.A.
Rev. EDWARD CRAVEN HAWTREY, D.D. Head Master of Eton.
Sir THOMAS BUCHAN HEPBURN, Bart. M.P.
JOHN BUCHAN HEPBURN, Esq.
JOHN HODGSON HINDE, Esq. M.P.
JAMES MAITLAND HOG, Esq.
THOMAS HOG, Esq.
ROBERT STAYNER HOLFORD, Esq.
ALEXANDER JAMES BERESFORD HOPE, Esq. M.P.
HENRY THOMAS HOPE, Esq. M.P.
PHILIP HENRY HOWARD, Esq. M.P.
The EARL of ILCHESTER.
The Hon. SOCIETY of the INNER TEMPLE.
JOHN MITCHELL KEMBLE, Esq. M.A.
Rev. JOHN KENRICK.
RICHARD JOHN KING, Esq.
The Right Hon. HENRY LABOUCHERE, M.P.
The LORD LANGDALE, Master of the Rolls.
AUGUSTUS LANGDON, Esq.
The MARQUESS of LANSDOWNE, K.G.
The Hon. SOCIETY of LINCOLN'S INN.
The LORD BISHOP of LLANDAFF.
JAMES LOCH, Esq. M.P.
JOHN LOCH, Esq.
The HOUSE of LORDS.
The Right Hon. HOLT MACKENZIE.
JOHN WHITEFOORD MACKENZIE, Esq.

Rev. S. R. MAITLAND, Librarian to the Archbishop of Canterbury.
NEILL MALCOLM, Esq.
JOHN MEE MATHEW, Esq.
The Hon. WILLIAM LESLIE MELVILLE.
Rev. J. MENDHAM, M.A.
Sir WILLIAM MOLESWORTH, Bart.
The LORD MONTEAGLE.
The MARQUESS of NORTHAMPTON, P.R.S.
The DUKE of NORTHUMBERLAND.
The LORD NUGENT, G.C.M.G.
ANTONIO PANIZZI, Esq. LL.D. British Museum.
LOUIS HAYES PETIT, Esq. F.R.S.
RALPH PRICE, Esq.
ALEXANDER PRINGLE, Esq. M.P.
The EARL of POWIS.
PHILIP PUSEY, Esq. M.P.
Rev. JAMES RAINE, M.A. Vicar of Meldon, Librarian of Durham
        Cathedral.
JOHN RICHARDSON, Esq. F.S.A.
ANDREW RUTHERFORD, Esq. M.P.
The VISCOUNT SANDON, M.P.
The EARL OF SHREWSBURY.
JOHN AUGUSTUS FRANCIS SIMPKINSON, Esq. Q.C.
Sir ROBERT SMIRKE, R.A. F.S.A.
JOHN SMITH, Esq. LL.D.
The DUKE of SOMERSET, K.G.
The Right Hon. the SPEAKER of the HOUSE of COMMONS.
JOHN SPOTTISWOODE, of Spottiswoode, Esq.
JOHN SPENCER STANHOPE, Esq. M.A.
THOMAS STAPLETON, Esq.
Sir GEORGE STAUNTON, Bart. M.P.
The DUKE of SUTHERLAND.
CLEMENT TUDWAY SWANSTON, Esq. Q.C. F.S.A.
The LORD TEIGNMOUTH.
The Hon. WILLIAM TENNANT.
HENRY SYKES THORNTON, Esq.
Sir ROBERT THROCKMORTON, Bart.
JOHN THRUPP, Esq.
Rev. GEORGE TOWNSEND, B.D. Prebendary of Durham.
EDWARD TYRRELL, Esq. Remembrancer of the City of London.
PATRICK FRASER TYTLER, Esq. F.S.A.E.

Works already published by the Society.

Venerabilis Bedæ *Historia Ecclesiastica Gentis Anglorum* . . . 1 vol.
Venerabilis Bedæ *Opera Historica Minora* . . . . . 1 vol.
Chronicon Ricardi Divisiensis *de Rebus Gestis Ricardi Primi Regis Angliæ* (never before published) . . . . 1 vol.
Gildas *de Excidio Britanniæ* . . . . 1 vol.
Nennii *Historia Britonum* . . . . 1 vol.
Codex Diplomaticus Aevi Saxonici (never before published) . . 3 vols.
Willelmi Malmesbiriensis *Monachi Gesta Regum Anglorum, atque Historia Novella* . . . . 2 vols.
Rogeri de Wendover *Chronica, sive Flores Historiarum* (never before published) with an Appendix, constituting the fifth volume . . 5 vols.
F. Nicholai Triveti, *de Ordine Frat. Prædicatorum, Annales Sex Regum Angliæ, qui a Comitibus Andegavensibus originem traxerunt* . . . 1 vol.

The whole impression of the *Small-paper Copies* of *Bede's Ecclesiastical History,* the *Chronicle of Richard of Devises, Gildas, Nennius,* and the *First Volume of the Saxon Charters,* having been sold, those Works are consequently now out of print.

CODEX DIPLOMATICUS AEVI SAXONICI.

TOM. III.

THE Third volume of the Codex Diplomaticus em-
braces a period of about forty years : it brings down
the documentary history of England to the close of
Æðelræd's unhappy reign, and the commencement of
the new constitution of Cnut, leaving only a few years
of disturbed and troublous character for another volume. To these documents, however, will be added a
large number of charters, and abstracts of charters,
either omitted unavoidably or by inadvertency in the
earlier volumes, or such as have been discovered since
those were compiled. It is further my intention to
include in the next volume the Fasti, Indexes, and
other Tables, which are necessary to the full use of
the whole work.

I feel that to the philologist; the historian, and even
the antiquarian, the present collection will be incom-
parably more valuable than the two which have pre-
ceded it. Not that, indeed, the period from Eádgár
to Æðelræd is in itself of more importance than those
from Æðelberht to Ecgberht, or Ecgberht to Eádgár;
but that, through accidental circumstances, a comparatively large number of documents belonging to it
have survived which throw light upon the domestic
manners and mode of life of our forefathers.

Such, more particularly, are the Wills, Leases, and
Settlements, which are numerous in this volume, and

which, being for the most part written in the vernacular tongue, claim a double measure of interest and
attention at the hand of the inquirer.[1]

But, besides these, the covenants and detailed
agreements or conditions by which several of the
grants are accompanied, enable us to form a much
clearer conception than might have been anticipated
of the social state of England.   They are thus in many
respects more valuable than the mere references to the
public life and relations of government, inasmuch as
these last are at all times, and in all places, greatly
modified and limited by them.   The public life is, in
short, the outgrowth and crown of the private life and
domestic habits of a nation. _____

The principal difference, however, between this and
the two preceding volumes, lies in the publication here
of every accessible definition of boundaries, together
with the charter to which it belongs.   I do not scruple
to assert that no collection exists in Europe which
throws so much light upon the mode of settling, the
land-divisions, tilth, and general condition of the Germanic races, as this collection of boundaries.   It is
unnecessary now to explain why the whole were not
given in the former volumes.   Let it suffice that what-
ever difficulties intervened are now removed, that
every charter will henceforth be accompanied by its
boundaries, and that an Appendix to this collection
contains the greater part of those which were omitted
on the previous occasions.   I have good hope that all
will in time be recovered, and that the subject will
thus be left in a state of completeness which I did not
venture to contemplate when I first devoted myself to
its investigation.

In order that the arrangement now adopted may

---

[1] The charters written wholly or chiefly in Saxon, are Nos. 529, 530, 557, 559, 563, 583, 591, 593, 594, 612, 628, 642, 674, 675, 676, 680, 681, 682, 683, 685, 693,' 694, 699, 704, 708, 715, 716, 717, 721, 722.

produce the advantage which is fairly to be expected from it, a few pages will be dedicated to the subject of the boundaries and the words used in them. This course is the more necessary, partly because many of these words are not to be found in our dictionaries, although still in use among the provincials of many parts of England ; and, again, because the method of turning the boundaries to account is not obvious at the first glance.

I am fortunate in this case in being able to avail myself of the assistance of Dr. Heinrich Leo of Halle, who has republished the very valuable document entituled by Mr. Thorpe ' Rectitudines Singularum Personarum,' with a judicious and learned introduction, founded to a great extent upon the data furnished by the first two volumes of the Codex Diplomaticus.[1] Although we shall be found to differ frequently as to the meaning of words, and in other matters of detail, I am happy to bear testimony to the general accuracy of the Professor's views, and to the satisfactory nature of the method which he has pursued. The earlier portion of his work might, indeed, almost be called a disquisition on the Anglosaxon names of places; but interwoven with it are many valuable notes upon the information to be derived from the charters in general, in illustration of the social condition of the people, which cause regret that the important materials contained in this volume were not earlier placed at Dr. Leo's disposal. In what follows I shall adopt so much of his plan and details as appears useful ; giving an explanation of some difficulties which at present beset the subject, but not professing to enter into all the questions which arise out of it, and the consideration of which must be reserved for another occasion.

---

[1] Rectitudines singularum personarum, nebst einer einleitenden abhandlung über landansidlung,' landbau, gutsherliche und bäuerliche verhältnisse der Angelsachsen. H Leo, Halle, 1842.

The boundaries of an Anglosaxon charter are nearly always in Anglosaxon, even though the grant to which they appertain should be written in Latin. The passage which describes them is sometimes inserted in the body of the instrument, sometimes appended to it, and is very often in a different hand from that of the grant itself. It seems as if, the grant being duly made, it was left for the grantee and certain public or local authorities to settle its boundaries, according to ancient prescription, and to have them formally inserted in the document, when once fixed and ascertained. The boundaries are thus frequently called *termini notissimi*, and there are instances where they are stated to be so notorious as to require no description: in both cases we must assume them to be under the guarantee of the *visnetum* or neighbourhood, as to this day the bounds of a parish are; and we shall not take an unwarrantable liberty if we suggest that the remembrance of them was kept up in a similar way. In general, certain well-defined natural objects, as a hill, a stream, or a remarkable tree, furnished the points by which the boundary line was directed; when these were wanting, a hedge, a ditch, a pit or well, or the mound of an ancient warrior, served the purpose; even posts of wood and stone appear to have been common, and upon many of these it is probable that inscriptions were found. It may safely be assumed that originally these boundaries were under the protection of Wóden; and various traces of his influence yet remain.

The word which is almost exclusively used to denote the boundaries, is *gemæro*, a neuter plural, whose singular is *gemære*. It seems nearly confined to the Anglosaxons, other words having been appropriated in Germany to express its meaning: but it is not easily explained by the forms of the Anglosaxon itself; and this fact, coupled with the absence of the

word from the German documents, tends to induce
suspicion that it is not in reality Teutonic. Grimm,
in his Grenzalterthümer,[1] reluctantly hints at a Slavonic origin; which we cannot admit, unless we assume
the Anglosaxons to have received the word from
Slavonic neighbours, before their migration from the
banks of the Vistula to those of the Elbe: but then
would arise the difficult question, Why the Sla-
vonians did not give the same word to the other German populations with whom they came into much
closer contact in various parts of the continent.

The only Anglosaxon word which appears cognate with *gemæro*, is the adjective *mære, famosus, insignis;* and the notion that some connection subsists
between them is rendered the more plausible by ex-
pressions which frequently occur in the charters themselves, viz. *termini notissimi, omnibus noti, prisca* or *vulgari
relatione cogniti,* etc. etc. If this be admitted, we must
take the word to mean something famous or celebrated,
something pre-eminently, and above all other things,
well-known; and this the boundaries, which were
under the guardianship of popular tradition, no doubt
either were or were supposed to be. Hence, very
often the boundaries themselves may be genuine and
valuable, although grave suspicion attaches to the
charter in which they are found. Yet this explanation seems to me insufficient: it leaves the word in
a state of isolation which is very unusual, and can
after all be supported only by straining the natural
sense and application of *mære.* The main difficulty
arises from the form: the Anglosaxon word is inva-
riably written with æ̆, and not with ē. This, which
may appear of little consequence to those who
are not familiar with the strict rules of Teutonic
etymology, does in fact lead to important conclu-

---

[1] Deutsche Grenzalterthümer von | Akademie der Wissenschaften am
Jacob Grimm. Vorgelesen in der | 27 Juli, 1843. Berlin, 1844.

sions.   It compels us to reject any derivation of the
word from mór, *moor*, and any immediate connection
with mére, a *mere* or lake : although in flat lands
there can be no doubt that moors, marshes, and lakes
were proper and usual boundaries.   But nothing can
be urged against the reading *gemæro :* it is found in almost every case, and universally in pure Saxon documents ; it cannot therefore be supposed an error for
gemere, and all thought of *mor* must be relinquished,
for no conceivable process could transform ó into æ,
although, under certain circumstances it necessarily
becomes é.   Against this peculiarity of the Anglosaxon
we may indeed set the Old Norse mæri, landamæri,
which in addition to the sense of *planities* have that of
terminus ; the words Drevanaméri, Dunméri, found in
Westphalian documents of the ninth century ; and the
New-netherlandish meer, *limes,* meeren, *limitare.*   But
even the Old Norse forms may be more probably
mæri, landamæri, having some reference perhaps to
the Friesic mâr, pl. mârar, which however rather implies a ditch or canal than a moor.   Grimm[1] acknow-
ledges his inability to discover any satisfactory root for
these last forms, and for *gemæro.*   Under all these
circumstances I am rather inclined to seek the origin
of *gemære* in the language of those among whom the
Saxons settled.

I do not know the exact relation in which the
British spoken by the Loegrians stood to that of the
Cymri ; but in the latter tongue there is found the
compound word *cym-mer,* a *junction* or *union ;* and
this seems sufficient to mark the line along which one
manor, district, or even private estate, was contermin-
ous with another.   In this sense, and supposing the
expression to have been borrowed by the Saxons from
their Celtic neighbours, the word which denoted the

---

[1] Grimm, Deutsche Grenzalt. p. 4.

junction of any two estates would be a name for the
boundary of either or both, and *gemære* must then be
considered as a corruption of cymmer. This word is
composed of the preposition *cym*, which has always a
collective power, and the noun *mer*, which denotes
something that lies, or is stationary; and *cymmer* therefore means, that which lies together. In composition,
however, we do not always find the word in its full
form : thus we have, in No. 335, both gemǽr-stán
and mǽr-stán, the boundary stone; in No. 570, gemǽr-
bróc and mǽr-bróc, the boundary brook ; in No. 549,
mǽrheg, mǽrweg; and numerous other instances
which it is needless to multiply.

A more genuine, though much less common word
is *mearc*, (seó landmearc, No. 633,) the mark or
march, in its proper and restricted sense of a boundary. Occasionally it occurs to denote the limits of
a private estate, and there can then be no question
as to its identity with gemǽro. Its other, wider
meanings need not occupy us now. As the boundary
is generally defined by signs or marks, there is no
difficulty in considering this word as identical in form
and meaning with our own word *mark ;* indeed, it is
probable that the latter is only a derivative sense,
dependent upon the former. But still its meaning
requires explanation. The true correspondent to
mark is the Latin *margo*, ὅριον; and this would appear satisfactory, but for the Old Norse forms. In
this language there are two distinct words: Mörk,
gen. markar, *silva*, which is feminine ; and Mark, or
merki, *limes*, which is neuter. The words mörk and
myrkr, obscurus, *murk, murky*, are connected ; and probably the first sense of mörk itself may be derived
from its closeness, darkness, and obscurity. From
this, which I give nearly in the words of Grimm,[1]

---

[1] D. Grenzalt. p. 3.

we may conclude that the original meaning of mearc
is *silva,* and that it derived its more extended application from the fact that woods usually served as
boundaries, whence *wood* and *boundary* became synonymous. I subjoin a few instances of the use of mearc
in the sense of gemæro. Æðelbrihtes mearc, No. 595;
Wulfstánes mearc, No. 595; Cystaninga mearc, No.
657; hiwena mearc, No. 688; cynges mearc, No.
713; abbudes mearc, No. 119. Exactly similar to
these are Ælflæde, Wulfmæres gemæro, No. 636.

Another word, which occurs far less frequently, is
land-scearu. It is found only in a set of comparatively modern charters, and those principally belonging to the extreme south of England : it may therefore
have been peculiar to a particular district, although
in itself a genuine Saxon appellative. The following
are instances : landscar-hlinc, Nos. 300, 302; land-
scar-ac, No. 331; 7 ðis is ðára fíf hida landscaru
tó Westtúne, No. 713. Vide also No. 401, 436, 545,
698, 707, etc.

The word is connected with sciran, to *cut* or *shear;*
and from it is derived scyrian, to share or apportion.
It is our word *share,* which is a division or portion ;
the landscaru is therefore what divides or separates
one estate from another.

The Latin words are, Metæ, Termini, Definitiones,
Limites, Divisiones, Territoria, Confinia.

The Anglosaxon, like most German names of
places, are nearly always composite words, that is,
they consist of two or more parts : the second of these
is generally a name of wide and common signification,
as ford, fleót, hám, wíc, tún ; while the first is a kind
of definition limiting this general name to one particular application, as Oxna-ford, Big-fleót, Dómra-hám,
Sand-wíc, Stán-tún. The few words which are not
compounds, are either contracted forms, as Bath, for
æt hátum baðum ; Bury, for St. Edmund's bury : or

they are such as were strikingly impressed upon the natives of a particular locality, although themselves of a general character; thus, Chester: or, lastly, they are names so altered by the Saxons themselves from British originals, as to have lost their natural form and character; thus, Lunden, Eoforwic.

The former portion of these compounded names may be classed under various heads: thus names of animals, as Fox-hyl, Oteres sceaga, Befer-burne, Swines heáfod; of birds, as Lafercan beorh, Eneda mere, Hafoces hyl, Hræfnes hyl; of trees, as Beorc-leah, Ac-leah, Æsc-leah; of fishes, as Fixa bróc, Lax-pól; of minerals, as Sand-tún, Ceósel-burne, Salt-bróc.

Others again have clearly reference to mythological or divine personages; to names recorded in the old creed, or in the epos of our forefathers: and to these a deep interest necessarily attaches, inasmuch as they furnish the most conclusive evidence that the mythology current in Germany and Scandinavia flourished here also. Thus we have Wódnes díc, Wódnes beorh, Wódnes byrig, Wódnes feld; perhaps also, Wódnes treów, Wódnes stede, Wódnes ford: and to these I do not scruple to add ða Wón-hlinc, No. 379; ða Wón-ác, No. 495; ða Wón-stoc, No. 657; perhaps ða Wotan-hlinc, No. 543; ðæt Wottreów, No. 595. The record of Ðunor is comparatively rare, but still we have Ðunresfeld, Nos. 270, 418. Sæteres byrig, like Sæteresdæg, seems to speak for the existence of some deity yet unknown to us. It may be questioned whether Æres hlinc, No. 247, does not imply some worship of Tiw under another name; and in Tyes mere (probably Tiwes) we have another record of the same god, No. 242. Berhtan wyl, No. 311, leaves, I think, no doubt about Berhte or Beorhte, the goddess of wells. Hnices þorn, No. 268, appears to refer either to Wóden in the form of

Hnikarr, or to some supernatural being connected with that particular superstition. Similarly, I consider Scyldes treów, No. 436, as a reference to Wóden in his form of Scyld, a name never to my knowledge borne by an individual. And as Scyld appears in the fine epic of Beówulf, so do Hnæf (Hnæfes scylf, No. 595), Beówulf (Beówan hám, No. 353), Grendel (Grendles mere, No. 353 ; Grindeles pyt, No. 59; Grindles bece, No. 570), reappear in local names. Weawan þorn, No. 535, is probably equivalent to Scuccan or deófles þorn, that is Wódnes. In No. 304 we have þurs or þyrs-pyt, which I will not refer to any particular god. I am not so certain respecting Wadan hlǽw, No. 18, Wadan bergas, No. 55, as Wada might be merely a man's name ; while Wád-beorh is probably only the *Woad hill*, from the matter under culture. Nor is Bleccan mere, No. 274, quite certain. However, enough has been said to show that many interesting coincidences between our Saxon forefathers and their Germanic kinsmen can yet be recovered; and when we consider that the names of animals which most frequently occur may all have some connection either with the worship of certain gods, or with the old poem of Reynard, we find the traces of such connection in our local names by no means scanty.

The last general division that it seems proper to mention, contains the names of individuals and families, as Offan hám, Cúðredes treów, Heardinga hám, Billinga hó; and those of particular classes or traders or manufacturers, as sealtera bróc, tannera hól, ceorla gráf, æðelinga hám, witena leáh.

The nature of the second word in these compounds is necessarily somewhat different. It is in short the description either of a natural feature of the country, a hill, a stream, a ford ; or of an artificial construction, feld, æcer, ceaster, tún, burh, hám.

The distinctions between even the slightest differences in the face of the country are marked with a richness and accuracy of language which will surprise all those who have not noticed a similar phænomenon in the remote provinces of England. On the other hand, the artificial constructions enable us to glance at the private life, as it were, of the people; to argue upon the mode of culture, their enclosures, hedges, weirs, barns, houses, mills, mines, quarries, etc., etc.

Before, however, we proceed to notice these words in detail, it will be desirable to remark one circumstance which throws considerable difficulty in the way of their explanation: this is the extremely corrupt manner in which they are too often written, and which, coupled, as it frequently is, with peculiarity of dialect, sometimes renders it impossible even to settle their true form, *à fortiori* to decide upon their meaning. Nor is this the only difficulty which meets the inquirer. It cannot be doubted that local names, and those devoted to distinguish the natural features of a country, possess an inherent vitality, which even the urgency of conquest is frequently unable to destroy. A race is rarely so entirely removed as not to form an integral, although subordinate, part of the new state based upon its ruins; and in the case where the cultivator continues to be occupied with the soil, a change of master will not necessarily lead to the abandonment of the names by which the land itself, and the instruments or processes of labour are designated. On the contrary, the conquering race are apt to adopt these names from the conquered; and thus, after the lapse of twelve centuries and innumerable civil convulsions, the principal words of the class described yet prevail in the language of our people, and partially in our literature. Many, then, of the words which we seek in vain in the Anglosaxon dictionaries are, in fact, to be sought in those of the

Cymri, from whose practice they were adopted by the victorious Saxons, in all parts of the country; they are not Anglosaxon, but Welsh (i. e. foreign, Wylisc), very frequently unmodified either in meaning or pronunciation. It will be easily conceived that I approach this portion of the subject with great diffidence, as I do not pretend to possess any knowledge of the Celtic languages; but the authorities which have been consulted are considered sound by those who have a better right than myself to form an opinion upon the subject.

It appears desirable to throw the most usual of these words into an alphabetical arrangement, so as to form a little glossary for general reference while using this volume. I do not hold out any hope that this will dispense with a knowledge of the rules of Anglosaxon grammar, or the words commonly current in Anglosaxon literature. A national work, undertaken by the nation, would no doubt supply translations at length, and annotations to all difficult passages. But the Historical Society makes no such pretensions, has no such powers, and claims no such position, as the representative of the nation for these purposes. It voluntarily aids, as far as it can, the industrious inquirer; but to him it says, that no one can study the early history of England without making himself familiar with the language, which is the best index to the social condition of the country, and the depository of the most important facts connected with its developement.

Æcer (m.) In the general sense, *ager*, the whole cultivated land; in a secondary sense, *a field*; in a third sense, a certain measure of land, apparently not very far different from the acre of our own time; Nos. 354, 408, 441, 442. Compounds are Lægæcer, Crundelæcer. In low Latin, *acra*.

Ærn (n.), a dwelling, or building fit for residence, etc. Tigelærnan, No. 595, probably tile-kilns.

Æsc (m.), No. 354, the ash; a sacred tree among the Saxons, and of very common occurrence in the boundaries of charters.

Æwylm (m.), the spring from which a river, or brook, is fed. It is etymologically connected with weallan, *to boil*, and thus resembles other Saxon words for bubbling water.

Andheáfod, onheáfod (n.), Nos. 356, 516, 636; see Heáfod.

Bæc (m.), a *beck*, or brook; N.h.g. bach, No. 588; cærsa bæc, cress-brook, No. 118. This word is now almost entirely confined to the North of England.

Bed (n.), a *bed*; wiðig-bed, a withy-bed, No. 441; riscbed, a rush-bed, No. 442. So we still say, a *bed* of violets, of willows, of osiers, of rushes, etc.

Bearo (m.), a woody plot; the wood itself.

Bæro, bero (n.), a word which occurs only in composition, and appears to be a neuter plural: it denotes pasture, and, I believe, exclusively of swine. Den-bæro, No. 114; wealdbæro, No. 162; see Denbæro.

Byras (m. pl.) This seems to be the plural of bearo, and is generally used to denote woody plots of land. Cealcbyras, No. 114; Crangabyras, No. 179, 198; Ðorninga byras, No. 207. Still, I will not take upon myself to deny all connection with the Scottish *byre*, the cow-stall.

Bet. Lufbet, No. 570.

Binnanea, as its name implies, a spot between two streams; *inter duos rivos*, No. 205. The Latin *Interamna*.

Bold (m.), generally a dwelling-place. A building

compacted of planks? Thus wǣg-bold, the ship; that is, *wave-house.*

Botl (n.), a dwelling-place, a building; and so also bytlian, to build. N.h.g. büttel, as in Wolfenbüttel. Heáfodbotl, No. 694, the principal mansion.

Beorh (m.); N.h.g. berg, *a hill;* generally any rising ground. It is quite unnecessary to give any examples of this word; but I refer to the following interesting compounds: Mearcbeorh, No. 535; Gildbeorh, No. 554; Mædbeorh, No. 570.

Bræc (? n.) This word occurs much more frequently in the compound form ge-bræc, which denotes a tumultuous, clashing noise. O. Nor. braka. I only know it in the plural composite, Weribracu, No. 295. See, below, the word bróc.

Breta (Hrofesbreta, No. 160). I do not know whether this is to be written bréta, from breótan, *to divide or separate;* or breta (for britta), from brytian, brytnian, *to distribute.* In either case, the word would probably denote a divided or separated possession, a share.

Bróc (m.), a *brook.* Brýdbróc, No. 570; Mǽrbróc, Nos. 51, 61, 442, 570. A word of common occurrence in all parts of England. The derivation from brecan, *to break,* as if it were a bursting, rushing stream, is certainly erroneous, as the long vowel could not then be accounted for. Braka, *to make a noise,* which Dr. Leo refers to, seems in some respects also inadmissible; for a *brook* is not necessarily a noisy stream; on the contrary, in many parts of England it is a slow and sluggish one; and, besides this, the *brooks* are often only the marshy meadows themselves, which nourish, and are watered by, such streams, in which they answer to the Old high German bruoch, *palus.* I should be

inclined rather to believe that there is some nearer
connection with the word *brackish*, as applied to
water, though I cannot trace it.

Brycg (f.), a *bridge*. It is only necessary to note that
our fathers made their bridges of *stone* as well as
wood. Stǽnene brycg, No. 461 ; stánbrycg, Nos.
516, 556 ; wudu-brycg, No. 578.

Burne (f.), a *bourn ;* Scot. burn ; a small stream or
brook : from bernan, *ardere,* Nos. 61, 346, 442.

Buruh, burh (f.), a city, *borough,* or *burgh,* and *bury :*
another form is byrig, Nos. 61, 215, 388 ; Hæsel-
burh, Hæselbyrg, No. 442 ; *urbs* illa .... Sulmonnes
burh, No. 137 ; *urbs* .... Bǽninges burg, No. 148.
Eorðbyrig, No. 529. The words are both connected
with beorgan, to *hide*, to *shelter.* I am inclined to
believe that the modern German sense of burg, viz.
a *fortress,* was the original Saxon one also ; it would
appear so from the name of a man occurring in the
composition : most probably the village grew up
around the castle.

Bý (m.), in its most general sense, a *building :* Brent-
ingbý, the building of Brent or Brenting; afterwards
the name of an inhabited place. But this word is
confined to those parts of England where Danish
influence was felt, and is not found in the purely
Saxon portions of the country.

Býge (m.), a bend, turn, or corner ; from búgan, No.
440.

Byht (m.), a word of similar derivation and signification : an angle or corner, a *bight*, Nos. 308, 538.

Byrigels (m.), a *burial*-place. In all probability this
word, which is of frequent occurrence, and generally coupled with the epithet hǽðen, *paganus,* refers to the mounds of earth which were raised over
the bodies of distinguished men, beadurófes beácen,

(see Beówulf, l. 6314,) especially in **Pagan** times, **Nos. 123, 354, 441, 571, 590, 592, 595, etc. etc.**

Byrst (n.), gebyrst, No. 559, a *burst*, or sudden break in the hill-side. Eorðgebyrst, perhaps a *land-slip*: from berstan, *rumpere*.

Byt, No. 571. I cannot explain the local application of this word; its usual one is that of a bottle, or *butt*. Perhaps it may be a heap of turf, such as is used for the targets in bow-practice.

Bytin (f.) No. 136. Perhaps a ridge of land, formed something like the keel or bottom of a boat.

Camp (m.), most probably the Latin word *campus*, a field. O. Nor. Kamp.

Ceaster (m.), -*caster*, -*chester*, the Latin *castrum* originally; but, generally, the Saxons use it to denote a town, a city. Hrófes cester, Rochester, No. 198; Weogerna cester, Worcester, No. 237.

Celd (n.), a *keld*. The word is still in use in the northern provinces of England: it denotes a gathering of water within a hill-side, which then bursts out with a considerable gush, and forms a strong stream. It may perhaps be connected with the British cel, a *hiding* or *concealing*.

Cionda, No. 570. I cannot explain this word: we can hardly refer it to the Danish kjender, to know: kjende mærke, an intelligible mark, or token.

Clif (n.), a *cliff*, Nos. 152, 655, 660; sub montis rupe ..... Wendles clif, No. 150; Hnutclif, No. 556.

Clud (m.), a rock or cliff, No. 408.

Cnol (m.), a *knoll* or gentle rise in the ground, a small hill, Nos. 61, 552.

Col, a peak, or sharp hillock, No. 570; Brit. Col.

Cot (n.), a *cot* or *cottage*, Nos. 61, 161, 551, 559; Teolowalding cotu, No. 210.

Croft (m.), a *croft*, Nos. 59, 461, 553 ; wudu-croft, No. 59.

Crundel (m.), Nos. 91, 134, 193, 346, 354, 356, 440, 571. Crundelas, a place in Hampshire, now Crundall, No. 595 ; but cynges crundlu, No. 570 ; stáncrundel, No. 356 ; morð crundel, No. 543 ; crundelæcer, No. 440. This obscure word seems to denote a sort of watercourse, a meadow through which a stream flows.

Cumb (m.), a *combe*, a cleft in the hills ; yet frequently used in the west and north of England : Nos. 56, 61, 153, 354, 356, 388, 452 : mǽrcumb, No. 461 ; mærcecumb, No. 589. It is the British Cwm, a place between hills, a dingle or deep valley.

Cungel (m.) Cunuglæ, No. 91. ? Brit. Cynhugyl, *matted work, plaited work;* it is the name of a stream.

Cup, No. 149. Probably the Brit. Cwb, a cup-like concavity, or hollow.

Cwæb, No. 547, a quag or marsh ; Friesic, Quab, quob; vid. Outzen, Fr. Glossary.

Cyl, No. 195, geardcylle. Perhaps Brit. Cyl, *that which surrounds or encloses;* or, ? A.S. cyl, *a well,* which seems less likely.

Dæl (n.), a *dell;* Nos. 461, 559; ðæt deópe del, No. 595 ; Doferdel, No. 56; wæterdel, No. 592.

Defer or, ? défer. Endefer, No. 642 ; Myceldefer, No. 642. I cannot explain this word, and am not at all satisfied with Dr. Leo's reference to the Latin *taberna ;* vid. Rectit. p. 61. The form is, however, not Teutonic ; ,compare Brit. Dyffrin, a valley through which water runs, and Dwvyr water.

Den (n.), *cubile ferarum,* a *den ;* mostly used in words denoting the pasture of swine : Nos. 136, 461, 536. Hæseldæn, No. 198.

Den (f.), *vallis,* properly denu, No. 137 ; vallem vocatam Cymenes denu, No. 133; see also Nos. 55, 56, 123. The frequent occurrence in this word of the vowel *eo*, or *io*, for *e*, gives some weight to Dr. Leo's supposition that it is adopted from the Celtic; he cites *dion* as Gaelic and Erse for any quiet, protected spot: and to this we may add the Welsh *dien*, still, undisturbed, quiet; as, dien lanerç, a pleasant meadow. Vid. Owen *in voc.*

Denbæro (n. pl.), pasture for hogs; see Bero. Nos. 114, 160, 179, 198, 239.

Díc (f.), *dike, ditch;* both which words are in use in our provinces to express the same thing, viz. the continuous hollow made by digging. ⁻The corresponding N.h.g. Teich is *a pond*, and not a ditch. But the eye measures things differently from the understanding; it sees in the *dike* or *ditch* two contemporaneous phænomena, the hole made by removing the earth, and the corresponding rise or bank which results from throwing it out. The language of literature has appropriated *dike* to the latter, *ditch* to the former phænomenon; not caring to inquire whether the words or the senses were originally capable of separation. I give at once examples of the feminine *dic*, Nos. 56, 59, 346, 354, 440, 441; burhdíc, No. 572; mǽrdíc, Nos. 461, 570; meredíc, No. 61. But in No. 204 I find a masculine accusative, oð ðone fæstendíc; and again in No. 442, and other cases, a masculine genitive díces: and in No. 620 there is a very remarkable variation; the word díc occurs five times indisputably masculine, four times in the accusative singular, with adjectives that leave no question as to the gender, and once in the dative, which is equally conclusive. But it also occurs twice in the feminine, and in a manner equally beyond doubt. This suggests the possibility of the two genders having been used to distinguish between the *ditch* and *dike*, the *fossa* and the *vallum*. And this distinction, if it be substantiated, will add another evidence to the theory of the natural distribution of gender.

Dór (n.), N.h.g. Thor, not a *door*, but a *gate;* a very large door; a metaphorical door, as in Fífeldór, the gate of monsters, or the mighty door, applied to a boundary river, in Trav. Song, l. 85; No. 570.

Dún (f.), a *down* or hill, as we speak of the South-downs, the Downs, etc.; Nos. 3, 18, 55, 59, 61, 346, 354, 552. Dún, in its several senses of a hill, a heap, etc., appears common to the Celtic and Teutonic languages: for the nature of its connection with the adv. *down*, I refer to what has been said of the word *dîc*.

Ea (f.), a river or stream; Colenea, No. 149.

Eah (m.), an island or *ey:* Ebureah, No. 40; Grafonea, Nos. 199, 201.

Ealh (m.), a hall or dwelling; perhaps, a fortified spot, a temple: apparently connected with the Latin arx, and the Alcis of Tacitus, Germ. xliii. See Grimm, Mythologie, p. 39.

Eg or Ig (f.), an island. Ceortesig, Cirotis insula. Æsceneg, No. 56; see also No. 531.

Earðland, No. 554; see Yrðland.

Ecg (m.), *edge*, Nos. 354, 388, 442, 457.

Edesc, edisc (m.), Nos. 216, 537, 570; guman edisc, No. 180; brádan edisc, No. 202. The *edish*, or aftermath of grass. Cheese from the milk of cows pastured upon such meadows is called *edish* in Cambridge. But, probably, the word had a somewhat wider signification than that merely of aftermath, as it is rendered in one charter generally by agellus, ad illum agellum qui dicitur Tátan edisc, No. 133; and in early MS. glossaries it is translated *vivarium*. The expression is common in the north of England.

Efise, efese (f.), the *eaves*, No. 608. This is not confined to the eaves of a house, as with us; although
the term yfesdrype, in No. 296, shows that it had
that signification, as well as the legal custom
founded thereupon: but it applies also to the over-
hanging edge of a wood, the rim or brink.

Ers, No. 570, most probably a false reading for

Ersc (m.), the *ersh*, edish, aftermath or stubble, No.
589; langan ersc, No. 18; heán ersc, No. 18. Edish
seems more strictly confined to the aftermath or
grass pasture, the foenum serotinum; while ersh denotes the grass that grows after corn, beans, or
other heavy crops. We still use the word in Surrey. Near Chertsey are some meadows, commonly
called the *Wettish*, i. e. the wheat-ersh, hwǽt-ersc,
according to the explanation given me upon the
spot.

Falud, fald (m.), *fold*, as in sheep-fold, Nos. 570, 589;
an enclosure for cattle; probably also with dwellings for the caretakers and herds. Though usually
restricted to the sense of *ovile*, it had a wider one:
thus Stódfold, No. 356, a fold or stable for mares.

Feld (m.), *field*; campus; an open, unenclosed ex-
panse of land, Nos. 556, 402; pæðfeld, No. 204.

Fen, fæn (n.), *fen*; marshy, wet land; mud, dirt, lutum,
No. 660. The vowel in this word would seem to
represent an earlier *a*, not an *i*; that is, to corre-
spond with an Old German fani, not fini. But
there are other words which tend to render this
conclusion doubtful; as Populfinig, in No. 652,
which I cannot at all explain. There is an adj.
finig, not very well authenticated indeed, which is
said to denote *rotten, spoiled*, and is applied to bread;
but this throws little light on the matter: and still
less seems to be derivable from the British fin, a

boundary; finiad, a bounding or limiting; which perhaps is little more than *finis*.

Firhde (n.), No. 207 ; but fyrhð (f.), No. 595. In the dialect of Craven *frith* is used for a forest plantation or woodland, a tract enclosed from the mountain.—Crav. Dial. p. 74. This is the British Frith. It is still possible that the second form may rest upon a careless or erroneous spelling, and that we should read only fyrh, the dative s. of furh, a furrow.

Fleót, *fleet*, a running stream, Nos. 18, 77, 121, 157. Sometimes used alone, as the Fleet at Thorpe, near Chertsey, Surrey; but generally in composition: Byfleet, near Weybridge, Surrey ; ealhfleót, No. 199; Hudanfleót, No. 234; merfleót, No. 569; mercfleót, No. 121 ; *fretum* .... mearcfleót, Nos. 132, 201. A feminine, Fleóte, (ðære fleótan,) is found, No. 123.

Flód (m.), *flood*, No. 356 ; but Flóda (m.), No. 535.

Ford (m.), *ford*, Nos. 18, 61, 91, 193, 346 ; Hæselford, No. 442 : fyrd, No. 452, is probably (like tyrf) an oblique case.

Foss, probably a *fosse*, ditch, or moat, No. 136 ; Lat. fossa ; Brit. fos.

Funtgeal, Funtial, No. 641.

Furh (f.), *furrow*, Nos. 356, 441, 554.

Furlang (n.), *furlong*, No. 578. From various circumstances this appears to have been a square as well as a long measure, having determinate length and width, and forming a fixed portion of an acre. The settlement of its exact dimensions rests upon arguments which would occupy too much space here : it must be reserved for a future work, the *Origines Anglicæ*, in which all questions connected with the agriculture of the Anglo-Saxons will more properly find their place.

Gára (m.), *gore*, an angular point, promontory, or neck of land, stretching into the plain; a triangular plot of land; Nos. 408, 442, 486, 553, 578; hǽ ð gára, No. 570. I refer the word to gár, a javelin or pike; to which it stands in much the same relation as múða to múð, nebba to neb, bedda to bed. Old Nor. geiri.

Geard (m.), *yard*, generally an enclosure; hyrst-geard, Nos. 308, 538; norðgeard, Nos. 308, 538.

Geat (n.), *gate*, generally an opening either in a fence, wall, or natural rise of the ground, an opening through which cattle can move, Nos. 354, 440; hlid-geat, No. 663; hlypgeat, Nos. 408, 485, 627; swín-geat, No. 570.

Gebyhte (n.), see Byht. No. 204. The particle ge, in these words, gives merely a collective force; gebyhte is a collection of bights: but it is sometimes little more than intensative.

Gedelf (n.), a collection of holes made by digging, a quarry; stángedelf, a stone quarry, No. 570; leád-gedelf, a lead-mine, etc.

Gelád (n.), a collection of *lodes*, see Lád; Eowlange-lád, No. 554.

Gemǽro (n. pl.), boundaries, Nos. 356, 388, 440. See the preliminary observations. In No. 442 we have the neuter singular gemǽre.

Gemýðe (n.), the *mouths* or openings collectively, whether of valleys or streams, Nos. 354, 356, 408, 556.

Gent, No. 651. I can give no explanation of this word, unless it be an error for geat.

Gisella (m.), speld gisella, No. 207.

Gráf (m.), *grove*, Nos. 193, 354, 646.

Gréfa, grǽfa (m.), a hole, N.h.g. gruben, No. 597; on hincstes gréfan, No. 597; on ðone mearcgréfan, No. 597.

Hæg (m.), *hedge*, Nos. 354, 440; æcerhæg, Nos. 549, 551; mǽrhæg, Nos. 549, 570; ráhhæg, No. 570; snǽdhæg, No. 570.

Haga (m.), an enclosure made by a hedge; a dwelling in a town, *villa*, Nos. 204, 440, 535, 559; swínhaga, Nos. 308, 538.

Ham, Hom (m.), that which surrounds, encloses, *hems* or defends something, Nos. 52, 60, 61, 68, 354, 461, 649; billesham, No. 461; cildesham, No. 461; celtanhom, No. 184; hreodham, No. 461; mærcham, No. 589; iogneshom, No. 220. The general sense of this word (in which the vowel is short, and which must thus be derived from a form him-an; ham, hǽm-on; hem-en) is found in the words fyrdhom, the coat of mail, Béow. l. 3007; fyrdhoma; flǽschoma, the fleshy covering of the bones, what encloses the bones; feðerhoma, a dress of feathers: and again in hemede, a shirt; the Goth. Himins, heaven, that which covers all; the O.h.g. Himilzi, the ceiling; and the N.h.g. Himmel, the heaven. The ham or hom in local names, however, is perhaps more usually a place so *hemmed*, surrounded, and defended: it thus can mean only a dwelling, fold, or enclosed possession; in which sense it approaches the meaning of a very different word, hâm. But it is so frequently coupled with words implying the presence of water as to render it probable, that, like the Friesic hemmen, it denotes a piece of land surrounded with paling, wickerwork, etc., and so defended against the stream, which would otherwise wash it away. I wish to call attention to these instances: brimesham, No. 535; flódhammas, No. 224; mylenham, No. 633; werahom, No.

224; of hunighamme ..... andlang streámes, No.
664.   The distinguishing characteristics of this
word are the short vowel o = a, as hom, or the
duplication of the consonant *m*, which is impossible
with a long vowel.

Hám, Haam (m.) *home*.   Goth. Háims; *vicus*; κώμη;
N.h.g. heim.   This word, which belongs to a to-
tally different system of roots (viz. híman ; hám,
himon ; himen), denotes something far more sacred and profound.   In regis oppido ......
Roegingahám, No. 196.   Heim is extremely common in the local names of modern Germany.   In
England, on the contrary, the names of places
compounded with hám are not nearly so numerous as those formed with tún.   We may perhaps
find in this, evidence of an early change having
taken place in the principles of settlement : the
village generally may have become of secondary
importance, compared with the clearings and pos-
sessions of single landholders, before the names
compounded with tún became so generally multi-
plied.   For hám is, nevertheless, the most sacred,
the most intimately felt of all the words by which
the dwellings of men are distinguished ; it is of
such antiquity as to have become anomalous in
some of its grammatical relations, and it is the
word peculiarly devoted in the heathen mythology
of the North to denote the earth inhabited by men
(manna-heim).   From it are derived the terms
(hǽman, hǽmed) which imply the most intimate
union of the sexes ; and it thus represents to
us the family itself, as well as the subsequent union
of several families.   The Latin word which appears most nearly to translate it is *vicus*, and it
seems to be identical in form with the Greek κώμη.
In this sense it is the general assemblage of the

dwellings in each particular district, to which the arable land and pasture of the community were appurtenant, the *home* of all the settlers in a separate and well-defined locality, the collection of the houses of the freemen. Wherever we can assure ourselves that the vowel is long, we may be certain that the name implies such a village or community.

Hangra (m.), *anger*, as in Shelfanger, Birchanger; the N.h.g. anger: a meadow or grassplot, usually by the side of a road; the village-green, Nos. 356, 441, 535, 571, 658; Sadolhongra, No. 570.

Hassuc (m.), No. 655; coarse grass, commonly called sniddle (from sniðan, to cut) in Cheshire; a low marshy place, where such coarse, rank grass springs. From this material is probably derived the name of the hassocks used to kneel on in our churches.

Hâwe (m.) In all probability, *a look-out*, or prospect; wines hâwe, No. 161.

Heâfod (n.), *head*, Nos. 388, 441, 442, 452, 461. The head is the commencing point, or the highest point, of a field, of a stream, a hill, etc.: croftes heâfod, No. 553; heâfod-lond, *headland*, the upper portion of a field, generally left unploughed, for convenience of passage, etc., In reference to running waters, the *head* is exactly converse to the gemýðe or *mouths*. In the Saxon charters the word is of frequent occurrence, and, as it seems, generally to denote rising grounds. It is hardly distinguishable from the compound words and-heâfod, on-heâfod; and in No. 544 these words are used as entirely synonymous.

Heah, No. 38.

Heal (m.), *hall*, Nos. 452, 461; probably originally a *stone*-building: Wreodanhal, No. 138; halh,

Nos. 308, 538; Tittenhalh, No. 559; halas (pl.), Nos. 550, 570; healh, No. 204; rischealh, No. 570.

Hearh (m.), No. 116, properly an idol, or the seat of an idolatrous worship, a fane or temple; vid. Gloss. to Beówulf.

Hennuc (m.), No. 570.

Herepæð (m.), a military road, a road large enough to march soldiers upon, No. 543.

Híd (f.), *hide;* the κλῆρος, lot, or haeredium of the free-man. Grimm's derivation of the word from hýd, N.h.g. haut, an ox-hide, (as if a space measured by thongs or ropes of leather,) D.R.A., p. 538, is certainly erroneous. It is much more probable that its root is to be found in the root of higan, hiwan, *familia.* Its uncontracted form, higid, occurs in No. 243; and it there seems to denote as much land as belongs to, or will support, one family. On this supposition, it was probably at first an uncertain quantity, varying according to the richness of the land, or the extent capable of being divided among a certain number of claimants. But it seems at length to have settled down into a fixed amount; at least, Beda refers to particular estates or districts as being of so many hides, juxta mensuram Anglorum, H. Eccles. bk. i. c. 25; ii. c. 9; iii. c. 4; iv. c. 16. According to my calculations, the hide contained very nearly thirty acres of our present measurement. The words used in the charters as equivalent to híd, are Mansus, Mansa, Mansio, Manens, Cassatus, Hiwisc, Terra tributarii, Familia. The last word is exclusively used by Beda.

Hind (f.), Nos. 308, 538; and seó þridde hind æt Dydinccotan, ðæt is se þridde æcer, No. 538. The consideration of this word would occupy more space than can be spared here. I read *hynd,* a tenth, from hund, and believe it to be a contracted form of hynden, Jud. Civ. Lond. iii.; Thorpe, i. p. 232. As the hide consisted of about thirty acres, the hynd is the third part of the hide, or, as in the passage cited, every third acre of thirty.

Hláw (m.), a *low*, or rising ground ; an artificial as well as natural mound ; Nos. 161, 554, 651, 653 : of hafoces hléwe, No. 566; Hildes hlæw, No. 621 ; morðhláu, No. 548; Osláfes hláw, No. 220.

Hleó (m.), No. 536. In Anglosaxon poetry this word generally denotes a covering or defence, perhaps a *mound;* the word turfhleó in the passage cited may therefore mean no more than a mound or hill of turf, and would be nearly equivalent to turfhláw, though differing entirely on etymological grounds.

Hlinc (m.), No. 655; sweordhlincas, No. 199 ; wotan-hlinc, No. 543 ; a *link*, a rising ground. Junius is right in his Etymologicon, when he says, 'agger limitaneus, parœchias, etc. dividens.'

Hlið (n.), clivus, Nos. 559, 589.

Hlyd, *lid*, No. 649.

Hlyde (f.), No. 570. Probably the same as hlyd.

Hlype (m.), *leap;* Hindeslep, the *hind's leap*, No. 530.

Hlywe (? f.), Nos. 570, 658. If these be not ill-written forms of *hlype*, they are connected with hláw ; but the rules of etymology are so strongly against this supposition, that I am inclined to assume bad copying from one MS. to another, in preference to the confusion which must otherwise result. It is impossible to account for y or ꝡ from á or ǽ. No doubt, a form, hlíwan, hláw, hliwen, is conceivable, and indeed necessary to account for the word hláw itself; but *hlywe* cannot, without violence, be brought within the circle of these forms.

Ho (m.), *hoo*, Nos. 139, 162, 663 ; Clofes hoas, Nos. 164, 218 ; hoh, No. 570 ; hogh, Nos. 40, 85 ; origin-

ally a point of land, formed like a heel, or boot,
and stretching into the plain, perhaps even into
the sea. It is, with considerable modification, the
word *hock*, well known in our sporting vocabulary.

Hoese, hyse, apparently brushwood, and, as far as
I have observed, always pasture for swine, Nos.
159, 160, 239. Compare Old Norse heisi, poor
thin grass.

Hol (n.), *hole*, No. 408 ; hola (m.), a *hollow*, or place
having the nature of a hole, or having holes in it,
No. 543.

Holt (n.), a *holt*, a wood ; N.h.g. holz : Bócholt, No.
190 ; on scîrhylte, Nos. 219, 570, according to the
usual rule in oblique cases, where u or o are found
in the nominative.

Hriðig, vid. Riðig; No. 536.

Hrycg (m.), a *ridge*, or back ; Scottish rug ; N.h.g.
rücken ; so also riggs or ridges of barley, wheat,
etc : the high line of continuous hills or rising
ground, but always natural, and not artificial, Nos.
308, 346, 388, 538.

Hyl (m.), *hill*, collis, No. 354.

Hyle· (f.), probably a *hollow* ; N.h.g. höhle ; No. 354.

Hyrne (f.), a *hyrne* or corner, from horn, *cornu*, a horn-
shaped angle, Nos. 1, 308, 408, 461.

Hyrst (m.), a *hurst*, copse, or wood, Nos. 239, 570,
652. N.h.g. horst. Fræcinghyrst, No. 198 ; hnut-
hyrst, No. 55 ; Otanhyrst, No. 198 ; ûlanhyrst,
No. 589.

Hýð (f.), a *hithe*, or place that receives the ship, etc.
on its landing ; a low shore, fit to be a landing-
place for boats, etc. ; Rotherhithe (hryðra hýð),
the place where oxen were landed ; Clay-hithe,
near Cambridge ; Erith, in Kent and Cambridge,
Earhýð ; Cwênhýð, Queenhithe, etc.; No. 38.

Ig or ige, an island or *eye*, No. 441; Hengestis ig, No. 536; Pyttan ig, No. 536.

Lacu (f.), *lake*, or pond; a smaller collection of water bore that name among the Saxons than we appropriate the name to; Nos. 544, 648.

Lád (f.), *lode*, Nos. 135, 157. In the fen counties this denotes not only a water-channel, often of considerable width, and now devoted to drainage, but the raised banks on each side which serve as paths through the least safe parts of the fen. The root is obviously líðan, to glide gently or go; and the word is common in Anglosaxon poetry as a name for the sea, over which a maritime people do glide or go gently.

Land (n.), *land*, No. 441. The sense of this word is to be found in its compounds: feldland, No. 529; heáfodland, No. 612; linland, Nos. 308, 538, *flaxland*; mearclond, No. 633; omerlond, No. 586; sundorlond, No. 586,—this in Danish districts would mean the *southern* land, but here it denotes land sundered or set apart for especial purposes; túnlond, No. 570.

Lane (f.), *lane*, Nos. 1, 485; lone, No. 549; a narrow and bounded path.

Leah (f.), a *lea*, Nos. 354, 356, 440, 441; campus armentorum, id est hriðra leah, No. 190; sponleah, No. 556; witena leah, No. 588,—perhaps the place at Maddingly, near Cambridge, where a parliament of the witan assembled, while the North Gyrwians formed an independent kingdom. The root of this word, which is still common in English poetry, is licgan, *to lie*, and in all probability it originally denoted meadows lying fallow after a crop.

Lipperd, No. 559.

Loxa (m.), the name of a stream, Nos. 354, 408. The

usual law of the Anglosaxon justifies us in deriving this name from *lax*, a salmon: it was a salmon-stream.

Mǽd, Mǽdwe (f.), *mead, meadow*, Nos. 346, 388, from máwan, to *mow:* geréfmǽd, No. 559, the meadow which the reeve owned *ex officio*, or over which, as common pasture, he exercised the right of superintendence ; hírmǽd, No. 461.

Mǽl (n.), a sign or mark ; fótmǽl, No. 461.

Mearc (f.), a *mark*, a boundary ; the community so marked out or bounded, Nos. 3, 663 ; cigelmearc, No. 641 ; ða hwíte mearc, No. 641 ; mearcweg, No. 641. See the preliminary observations.

Medemung (f.), No. 544.

Memerinn, No. 663.

Mere (m.), a *mere* or lake, Nos. 346, 356, 204.

Mersc (m.), a *marsh*, soft, wet pasture ground, No. 537 ; stódmersc, No. 27.

Metsinc, No. 556.

Mór (m.), a *moor*, Nos. 441, 452, 570, 590, 663.

Mós (n.), *moss*, No. 588.

Múða (m.), the *mouth* of a stream; wǽgemúða, No.452.

Myln (f.), a *mill*, No. 442 ; generally, but not exclusively, water-mills : the Saxons had wind-mills also.

Mynster (m.), a *monastery*.   Eadanmynster, No. 570 ; Súðmynster, No. 220 ; Westmynster, No. 218.

Mýðy, No. 556, from múð ; see Gemýðe.

Nǽs (m.), a *ness* or *naze*, a promontory or slip of land running out into the sea, or upon a plain, Nos. 440, 442 ; Fiscnǽs, No. 179 ; Tucingnǽs, No. 132.

Ofer (m.), the shore, N.h.g. ufer, Nos. 102, 559 ; heánofer, No. 570 ; heányfre, *Hanover*.

Ora (m.), a shore, edge or rim, Nos. 88, 123, 346, 441, 597. Boganora, Bognor in Sussex.

Owisce (f.), No. 193; apparently a provincial or careless mode of writing efese.

Pæð (m.), a *path*, Nos. 354, 388; wealhpaða brycg, No. 626.

Pen (n.), a *pen* or enclosure for sheep, etc., No. 485; Etta pen, No. 544.

Pearroc (m.), a *park*, or place enclosed with paling, No. 204; Brit. parwg.

Pidele (f.), *piddle*, a thin stream, Nos. 59, 570.

Pípa (m.), or Pípe (f.), a *pipe*, through which water runs, No. 118.

Pól (m.), a *pool*, Nos. 59, 61, 408, 485: but the more usual form is pul, making pyl in its oblique cases, Nos. 154, 452; pylle (dat. s.), No. 461; pyll (ac. sing.), No. 461; hola pyll, No. 461; smíta pull, No. 461; Osríces, Nos. 308, 538.

Port (m.), a *port* or town. Langport, No. 18.

Pyt (m.), a *pit*, Nos. 55, 59, 61, 102, 441, 548; cealc-pyt, No. 543; hórpyt, No. 570; mǽrpyt, No. 442; but putt, pytte, No. 461.

Rǽwe (f.), a *row*. Hæselrǽwe, No. 570; hægrǽwe, No. 193; hlincrǽwe, No. 356; stánrǽwe, No. 452; wiðigrǽwe, No. 556.

Rima (m.) No. 550, be wuduriman. The *rim*, edge, or end.

Ripel, No. 547.

Risc (m.), a *rush*; the marshy ground where rushes grow. Fluuius .... Wenrisc, Nos. 137, 556.

Ríð (f.), a *rithe* or small stream, Nos. 533, 534; Ælríð, No. 18; Scottaríð, No. 55.

Riðig (n.), apparently the same as the last word, No. 150; see also Nos. 102, 123, 549.

Ród (f.), a *road*, Nos. 354, 570, 658; sealtród, No. 663; súga ród, No. 556.   This is for rád from rídan.

Ród (f.), a *rood* or cross, set up as a boundary mark.

Rolda (m.), or Rolde (f.), No. 549.

Rusce (f.), probably soft, rushy ground·; ðǽre wulfruscan, No. 596.

Sǽ (f.), the *sea*, No. 224.

Scæp; riðerescæp, No. 3, but quære hryðeres cæp?

Scalu (f.); stánscale, No. 102.   Perhaps the Scottish sheal, a shepherd's or fisherman's hut.

Sceadas (m. pl.), No. 589.

Sceaga (m.), a *shaw* or wood; O. Norse Skögr; Nos. 354, 502, 571, 658: but also *mariscus*, Nos. 132, 157.

Scræf (n.), a den, cavern, or hole in a mountain; Heddan scræf, No. 18; conf. Schmeller, Baier. Wörterb. iii. p. 507, schrafen; and p. 508, schroffen.

Scyd (? m.), a *skid*, or sudden twist; perhaps the sudden turn on a hill-side.   Steápan cnolles scyd, No. 123.

Scylf, a *shelf* or flat ledge of land, No. 595.

Scylp, ? a *scalp*, No. 570.

Scyr (f.), a boundary, No. 597.

Seáð (m.), a pit, from seóðan to *seethe*, Nos. 102, 136, 154, 484; lámseáð, No. 570; sandseáð, No. 570.

Sele (m.), a hall or dwelling, No. 354.

Seta (m.), a settlement.   Sæte, No. 551; but gesete, No. 61; beánsetum, No. 237; biccesætan, No. 549; Bobingseata, No. 175; Beornwoldes sætan, No. 570; Hafingseota, No. 175.

Setl (m.), a seat or settlement, No. 652.

Síc (n.), a *sike* or small stream, a runnel, Nos. 61, 126, 154, 442, 548, 551, 554; on ðæt eástre síc, No. 442.

Sihtra, Siohtra (m.), a wooden pipe through which a small stream is directed; as, for instance, a drain made by boring a tree: but apparently not necessarily a running stream. Hylsan siohtra, No. 18; in wætan sihtran, No. 154. Vid. *Sichter*, under *Sechteln*, in Schmeller, Baier. Wörterb. iii. p. 194. It is used as an equivalent for síc.

Slǽd (n.), a *slade*, low, flat, marshy ground. Vid. Craven Dial. Nos. 123, 150, 354, 388, 544: brocces slæd, No. 660; fugelslæd, No. 556; riscslæd, No. 441; wulfslæd, No. 485.

Slæw, No. 556, Occan slæw; probably the same as

Sloh (n.), a *slough*, Nos. 354, 554; on ðæt reáde sloh, No. 59; but in ðone fúlan slo, No. 123.

Sloð, No. 149; probably for sloh.

Smítæ (f.), No. 618, a slow greasy stream or pool. O. Nor. smíta.

Snǽd (m.), Nos. 207, 308, 538; snæðfeld, No. 538. Properly a portion or piece cut off. But, perhaps, it is more nearly connected with the Germ. Snáit.

Snawa (m.), No. 650.

Snoc. Solemeres westsnoc, No. 587.

Sól (f.), *soil*, filth, mud, No. 652; wores sól, No. 535; heorotsól, No. 118; in ða reádan sóle, No. 55; stagnum cuius uocabulum est Ceabban sól, No. 180. I hardly know whether syle is an oblique case of this word, or another of similar meaning.

Solente. The Solent, between Hampshire and the Isle of Wight, No. 626.

Spic (m.) Holan spic, No. 162. Properly *bacon*: but, as it is always used to describe swine pastures, it may possibly have reference to the mast on which swine were fattened.

Stân (m.), a *stone,* Nos. 61, 354, 356; Folcanstân, No. 235; mǽrstân, No. 442.

Stapol (m.), an upright post or pillar, Nos. 102, 180, 535, 543.

Steal (m.), a *stall,* a place established and built. Circsteal, No. 559; hâmsteal, Nos. 123, 408; mylnsteal, No. 529; tûnsteal, No. 636.

Stede (m.), a place or *stead,* Nos. 198, 204; cyricstede, No. 571; dynestede, No. 535; hâmstede, No. 570; beorchâmstede, No. 39; dûnhâmstede, No. 202; hanchemstede, No. 35; heánhâmstede, No. 162; lechâmstede, No. 208; stânhâmstede, No. 226.

Steort (m.), a tail, *start,* or promontory, Nos. 442, 516; on cynges steorte, No. 556.

Stîge (f.), *sty,* a narrow path or lane; originally a rising one; from stîgan: Nos. 61, 354, 440, 442, 554.

Stigele (f.), a *stile,* a narrow path that rises, Nos. 133, 154, 287, 657, 663.

Stoc (m.), a *stock* or log, Nos. 136, 442; heáfodstoccas, Nos. 442, 641; wônstoc, Nos. 287, 657.

Stoccen (f.), No. 569; perhaps a place full of *stocks* or logs.

Stow (f.), a place: cotstow, No. 578; hegstow, No. 570.

Strǽt (f.), a *street,* Nos. 3, 61, 354, 442; fyrdstrǽt, No. 449; herestrǽt, No. 569; portstrǽt, Nos. 552, 559; sealtstrǽt, No. 554.

Streâm (m.), a *stream,* Nos. 102, 354, 440.

Strod, No. 570; probably from the participle stroden, of stregdan, *spargere.*

Stub, styb (m.), a *stub* or stump, Nos. 441, 484, 543, 533.

Stycce (m.), Nos. 308, 538 ; a piece or portion. The *stitches* or *stetches* are the divisions of a field made in ploughing: in some parts of England, they denote the deep narrow furrows made in draining land.

Swelgend (f.), No. 502; but ðone sweliend, No. 516: that which swallows (from swelgan), a gulf or abyss.

Swepela (m.), the name of a stream. Swepelan streám, No. 550; sweoperlan streám, No. 646.

Swyn, No. 570; swines heáfod, No. 586.

Telga (m.), N.h.g. zelge, No. 204 ; a division of the land for the purpose of cultivation. In a three-course system of culture, where the whole land of a community is tilled in common, each third will be devoted to a particular crop, or fallow. These blocks of land are the *telgan* in question. The instance cited refers to a fallow.

Temede, Nos. 570, 649.

Til ; Heofentil, No. 55.

Tóft (m.), a *toft*, No. 192 ; O. Nor. tópt ; N.h.g. zumpt. Now, a small grove of trees ; but in law language the spot where a messuage, now decayed, formerly stood. Vid. Leo, Rect. p. 56.

Tresel, No. 650.

Tún (m.), Nos. 59, 354, 388, 440. This word exists in the N.h.g. zaun, a *hedge*, but not in the same sense: with us (as in the Old Norse tún, and N.l.g. tuin) it denotes not so much that which surrounds, as that which is surrounded ; not the hedge, but that which is enclosed by the hedge. It is, originally, any enclosure, and from it is derived the verb týnan, to enclose : thus, gærstún, Nos. 308, 441, 461, 538. But its more usual, although re-

d 2

stricted sense, is that of a dwelling, a homestead,
the house and inland; all, in short, that is surrounded and bounded by a hedge or fence. It is
thus capable of being used to express what we
mean by the word *town*, viz. a large collection of
dwellings; or, like the Scottish *toun*, even a solitary
farmhouse. It is very remarkable, that the largest
proportion of the names of places among the Anglosaxons should have been formed with this word,
while upon the continent of Europe it is never used
for such a purpose. In the first two volumes of
the Codex Diplomaticus, Dr. Leo computes the
proportion of local names compounded with tûn at
one eighth of the whole number, a ratio which unavoidably leads us to the conclusion that enclosures
were as much favoured by the Anglosaxons as
they were avoided by their German brethren beyond the sea.

Twycene (f.), the angle or point at which two roads
diverge or meet, Nos. 570, 641, 665.

Tyrl, No. 150.

Wæð (m.), a *path*; the word is nearly equivalent to
pæð.

Weal (m.), a *wall*, Nos. 1, 452; burhweal, No. 61;
stánweal, No. 388.

Weald (m.), a *weald* or wood, as the weald of Kent,
Sussex, etc.; N.h.g. wald: wealdbæro, No. 162,
pasture for swine in the weald.

Weg (m.), *way*, Nos. 61, 102, 440; higweg, hiweg, No.
441; hrycgweg, Nos. 102, 441; mǽrweg, No. 549;
sidlingweg, No. 457; sponweg, No. 556; wǽnweg,
No. 553.

Weorpe (f.): scale-weorpan, seale-weorpan, No. 570.
Most probably sealt-wyrpe, the detritus or *throwing
out* of salt-sand.

Were (m.), a *weir*, or dam formed across the course of a stream, with a view to regulate its course, and generally for the purpose of fishing, Nos. 408, 441, 621, 667.

Wîc (n.), Nos. 18, 123, 408, 652 ; *vicus* ; a dwelling-place, of one or more houses : Werburgingwîc, *villa regalis*, No. 217 ; saltwîc, *vicus emptorius salis*, No. 68. From this word is derived a verb, wîcian, to take up a station, probably to run on shore at night, applied to a ship : Oros. bk. i. p. 25. Dr. Leo supposes a second word to exist, of the same form, denoting a *marsh*, which he derives from a verbal form, wîc ; wâc, wicon ; wicen ; and consequently looks upon as cognate to the adj. wâc, *mollis*. This requires confirmation : although some plausibility is given to the suggestion, partly by the frequent use of the termination -*wich* in places near salt-pools, and by the occurrence of such instances as hreódwîc, No. 461 ; hrempingwîc (*mariscum*), No. 175.

Wiðig (m.), the *withy*, a tree frequently mentioned in boundaries, Nos. 308, 538.

Wombe (f.), a *womb*, or hollow, No. 559.

Worðig (m.), *worthy*, or *worth*, platea, Nos. 141, 194, 570 ; Tomoworðig, Tamworth, No. 203 ; a street of houses ? But frequently little more than tûn, an enclosed homestead. It is used as identical with wyrð or weorð, Nos. 38, 55, 139, 441, 570.

Wrocen, No. 591.

Wudu (m.), a *wood*, Nos. 354, 457 ; Dyllawidu, No. 36 ; Westanwidu, No. 201.

Wyl (m.), a *well* or spring, from weallan, to bubble, boil, Nos. 61, 193, 346 ; cærswyl, No. 442 ; fûlewyl, No. 442 ; gemǽrwyl, No. 636 ; hórwyl, No. 570 ; but wylle (f.), Nos. 354, 650.

Wyrtruma (m.), the roots or foot of a hill, forest, shelf of land, etc., Nos. 354, 484, 646.

Wyrtwala (m.), the same nearly as wyrtruma, Nos. 123, 441, 516, 556.

Yfre, an oblique case of ofer ; Heányfre, No. 204.

Yrs ; see Ers.

Yrð (f.), ploughing, the arable land; foryrð, No. 461: probably the early arable, which is first ploughed.

Ðísl (f.), No. 118. This word corresponds exactly in form and gender to the Bavarian dünsel. This word, which is derived from an Old.h.g. dinsan, to draw, Goth. þinsan, denotes a twisted withy or other thin branch, used to bind rafts of wood to the shore. Schmeller, Baier. Wörterb. vol. i. p. 384. Ðisl may have the same meaning: if it has not, I am incapable of explaining it.

Ðorn (m.), a *thorn*, a tree very frequently named in boundaries, Nos. 356, 388 ; þyrnan, Nos. 440, 441.

Ðorp (m.), a village, or *Thorp ;* a word common as a name in many parts of England ; N.h.g. Dorf. Vid. Leo, Rect. p. 36.

Ðruh (n.), a *trough*, or water-cistern, No. 118.

Ðuna (m.), No. 485.

———

I am but too well aware how imperfect this list is : in many cases the genders, in many the meanings, of words have eluded my careful research. Still it may prove of service ; even in its unsatisfactory state, it will be found better than no glossary at all ; and the earnest inquirer always derives some advantage from knowing what particular points have been abandoned in despair by his predecessors. That others may prove more fortunate than myself is the utmost

I can hope, but I do hope it sincerely. Indeed, taking into consideration the great value of these local terms, and the insight they are calculated to afford into the manner of culture, the state of the country, and other interesting details of social life among the Anglosaxons, it would be most desirable that a complete index of them should be made, with a reference to every word. Such a compilation would prove of great advantage to those who have devoted their energies to the investigation of our provincial dialects : it would serve to show that many words, which now survive only in obscure and distant localities, once had currency over the whole country, and were parts of the general language of our forefathers ; and to give a far more satisfactory explanation of the words themselves than can be gained from consulting Danish or Swedish dictionaries, at hap-hazard.

The improved state of philological and historical study during the last few years offers encouragement and support to the inquirer. In every part of Europe earnest and judicious efforts are now made to recover the documentary evidence in which early history finds its surest foundation ; and a wide and generous system of philology enables us to use such materials with security and profit. I feel the highest satisfaction, as I approach the termination of this work, in the knowledge that England will no longer be pointed out as an exception to the general rule ; that our earliest documentary history is now made accessible to all who will bestow reasonable pains upon its acquisition ; and that the stores of increased knowledge, which are thus laid open to the philologist, the jurist, and the antiquarian, will produce results to be felt far beyond the limits of this country, perhaps even of this age.

LIST OF THE DOCUMENTS

CONTAINED IN THIS VOLUME

No.	Name.					Date.		Authorities.
549.	Bishop Oswald	.	.	.	.		969	MS. Cott. Tib. A. xiii. f. 85.
550.	Bishop Oswald	.	.	.	.		969	MS. Cott. Tib. A. xiii. f. 58.
551.	Bishop Oswald	.	.	.	.		969	MS. Cott. Tib. A. xiii, f. 76, b.
552.	Bishop Oswald	.	.	.	.		969	MS. Cott. Tib. A. xiii. f. 94, b.
553.	Bishop Oswald	.	.	.	.		969	MS. Cott. Tib. A. xiii. f. 98.
554.	Bishop Oswald	.	.	.	.		969	MS. Cott. Tib. A. xiii. f. 100.
555.	Eadgar	.	.	.	.		969	MS. Cott. Tit. A. viii. f. 4, b. N. Mon. i. p. 291.
556.	Eadgar	.	.	.	.		969	Cod. Winton. fol. 42, b.
557.	Bishop Oswald	.	.	.	.		969	MS. Cott. Tib. A. xiii. f. 83, b.
558.	Bishop Oswald	.	.	.	.		969	MS. Cott. Tib. A. xiii. f. 62, b.
559.	Bishop Oswald	.	.	.	.		969	MS. Cott. Tib. A. xiii. f. 64, b.
560.	Bishop Oswald	.	.	.	.		969	MS. Cott. Tib. A. xiii. f. 80, b.
561.	Bishop Oswald	.	.	.	.		969	MS. Cott. Tib. A. xiii. f. 75.
562.	Eadgar	.	.	.	.		959—970	MS. Cott. Claud. D. x. f. 224. N. Mon. i. p. 144.
563.	Eadgar	.	.	.	.		970	MS. Cole. xviii. f. 5. i. e. Add. MSS. 5819. f. 5. MS. Cott. Aug. ii. 13, a.
564.	Eadgar	.	.	.	.		970	MS. Cole. xviii. f. 2. Bibl. MS. Stowe. ii. f. 137.
565.	Eadgar	.	.	.	.		970	MS. Bodl. Wood. i. f. 233, b. N. Mon. i. p. 58.
566.	Eadgar	.	.	.	.		970	MS. C.C.C. Cantab. cxi. f. 85.
567.	Eadgar	.	.	.	.		971	MS. Ashmole. 790. f. 89, b. N. Mon. i. p. 26. N. Mon. i. p. 43.
568.	Eadgar	.	.	.	.		971	MS. Soc. Ant. lx. fol. 38.
569.	Eadgar	.	.	.	.		971	Widmore. Enquiry. App. iv. p. 21. N. Mon. i. p. 291.
570.	Eadgar	.	.	.	.		972	MS. Cott. Aug. ii. 6. N. Mon. ii. p. 416.
571.	Eadgar	.	.	.	.		972	MS. Harl. 436. fol. 66, b.
572.	Eadgar	.	.	.	.		972	MS. Harl. 436. fol. 62, b.
573.	Eadgar	.	.	.	.		972	MS. C.C.C. Cantab. cxi. f. 84.

No.	Name.					Date.	Authorities.
600.	Eadgar	.	.	.		No date.	Cod. Winton. fol. 8.
601.	Eadgar	.	.	.		No date.	Cod. Winton. fol. 8, b.
602.	Eadgar	.	.	.		No date.	Cod. Winton. fol. 9.
603.	Eadgar	.	.	.		No date.	Cod. Winton. fol. 9.
604.	Eadgar	.	.	.		No date.	Cod. Winton. fol. 9, b.
605.	Eadgar	.	.	.		No date.	Cod. Winton. fol. 10.
606.	Eadgar	.	.	.		No date.	Cod. Winton. fol. 10.
607.	Eadgar	.	.	.		No date.	Cod. Winton. fol. 10.
608.	Eadgar	.	.	.		No date.	Cod. Winton. fol. 10, b.
609.	Eadgar	.	.	.		No date.	Cod. Winton. fol. 10, b.
610.	Eadgar	.	.	.		No date.	Cod. Winton. fol. 11.
611.	Eadweard	.	.	.	. .	977	Cod. Winton. fol. 85, b.
612.	Bishop Oswald	.	.	.	.	977	MS. Cott. Tib. A. xiii. f. 77, b.
613.	Bishop Oswald	.	.	.	.	977	MS. Cott. Tib. A. xiii. f. 86, b.
614.	Bishop Oswald	.	.	.	.	977	MS. Cott. Tib. A. xiii. f. 89, b.
615.	Bishop Oswald	.	.	.	.	977	MS. Cott. Tib. A. xiii. f. 91, b.
616.	Bishop Oswald	.	.	.	.	977	MS. Cott. Tib. A. xiii. f. 82, b.
617.	Bishop Oswald	.	.	.	.	977	MS. Cott. Tib. A. xiii. f. 96.
618.	Bishop Oswald	.	.	.	.	978	MS. Cott. Tib. A. xiii. f. 71.
619.	Bishop Oswald	.	.	.	.	978	MS. Cott. Tib. A. xiii. f. 83.
620.	Bishop Oswald	.	.	.	.	978	MS. Cott. Tib. A. xiii. f. 90.
621.	Æðelred	.	.	.	.	979	MS. Soc. Ant. lx. fol. 34, b.
622.	Æðelred	.	.	.	.	979	Cod. Winton. fol. 112.
623.	Bishop Oswald	.	.	.	.	979	MS. Cott. Tib. A. xiii. f. 99.
624.	Æðelred	.	.	.	.	980	Cod. Winton. fol. 96, b.
625.	Bishop Oswald	.	.	.	.	980	MS. Cott. Tib. A. xiii. f. 98, b.
626.	Æðelred	.	.	.	.	980	Cod. Winton. fol. 5.

No.	Name.					Date.	Authorities.
654.	Æðelred	.	.	.	.	.	986	MS. Lansd. 417. fol. 14.
655.	Æðelred	.	.	.	.	.	986	Cod. Winton. fol. 16.
656.	Æðelmær	.	.	.	.	.	987	Cart. Antiq. W. No. 16. N. Mon. II. p. 625.
657.	Æðelred	.	.	.	.	.	987	Chart. Cott. VIII. fol. 14.
658.	Æðelred	.	.	.	.	.	987	Cod. Winton. fol. 104.
659.	Æðelred	.	.	.	.	.	987	MS. Bodl. Wood. I. f. 235, b. N. Mon. I. p. 51.
660.	Bishop Oswald	.	.	.	.	987	MS. Cott. Tib. A. XIII. f. 78.
661.	Bishop Oswald	.	.	.	.	987	MS. Cott. Tib. A. XIII. f. 97, b.
662.	Æðelred	.	.	.	.	.	988	MS. Cott. Vesp. B. XXIV. f. 25.
663.	Æðelred	.	.	.	.	.	988	MS. Selsey. A. f. B. XVIII. fol. 8. N. Mon. VI. p. 1166.
664.	Æðelred	.	.	.	.	.	988	Cod. Winton. fol. 84, b.
665.	Æðelred	.	.	.	.	.	988	MS. Harl. 436. fol. 56, b.
666.	Bishop Oswald	.	.	.	.	988	MS. Cott. Tib. A. XIII. f. 93, b.
667.	Bishop Oswald	.	.	.	.	988	MS. Cott. Tib. A. XIII. f. 93.
668.	Bishop Oswald	.	.	.	.	988	MS. Cott. Tib. A. XIII. f. 58, b.
669.	Bishop Oswald	.	.	.	.	989	MS. Cott. Tib. A. XIII. f. 111, b.
670.	Bishop Oswald	.	.	.	.	989	MS. Cott. Tib. A. XIII. f. 74.
671.	Bishop Oswald	.	.	.	.	989	MS. Cott. Tib. A. XIII. f. 79, b.
672.	Æðelred	.	.	.	.	.	990	MS. Cott. Nero. D. I. f. 153. N. Mon. II. p. 225.
673.	Æðelred	.	.	.	.	.	990	Cod. Winton. f. 107.
674.	Bishop Oswald	.	.	.	.	990	MS. Cott. Tib. A. XIII. f. 84, b. Hickes. Gram. Ang. p. 140.
675.	Bishop Oswald	.	.	.	.	990	MS. Cott. Tib. A. XIII. f. 60, b.
676.	Bishop Oswald	.	.	.	.	991	MS. Cott. Tib. A. XIII. f. 91.
677.	Bishop Oswald	.	.	.	.	991	MS. Cott. Tib. A. XIII. f. 59, b.
678.	Bishop Oswald	.	.	.	.	991	MS. Cott. Tib. A. XIII. f. 62.
679.	Bishop Oswald	.	.	.	972—992	MS. Cott. Tib. A. XIII. f. 74.

No.	Name.				Date.	Authorities.
680.	Bishop Oswald	.	.	.	After 972	MS. Cott. Tib. A. xiii. f. 72.
681.	Bishop Oswald	.	.	.	After 972	MS. Cott. Tib. A. xiii. f. 67.
682.	Bishop Oswald	.	.	.	After 972	MS. Cott. Tib. A. xiii. f. 65, b.
683.	Bishop Oswald	.	.	.	978—992	MS. Cott. Tib. A. xiii. f. 66.
684.	Æðelred	.	.	.	. . 993	MS. Cott. Aug. ii. 38.
685.	Ælflæd	.	.	.	No date.	Chart. Cott. 43. C. 4.
686.	Æðelred	.	.	.	. . 994	MS. Harl. 358. fol. 31. N. Mon. ii. p. 535.
687.	Æðelred	.	.	.	. . 994	MS. Harl. 436. fol. 39.
688.	Æðelred	.	.	.	. . 995	Text. Roffens. p. 124.
689.	Æðelred	.	.	.	. . 995	Reg. Cant. B. 2ᵃ. fol. 355, b.
690.	Æscwig	.	.	.	. . 995	Reg. Cant. B. 2ᵃ. fol. 356.
691.	Æscwig	.	.	.	. . 995	Chart. Cott. 43. C. 7.
692.	Æðelred	.	.	.	. . 995	MS. Cott. Aug. ii. 48. MS. C.C.C. Cantab. cxi. f. 175.
693.	Wynflæd	.	.	.	No date.	MS. Cott. Aug. ii. 15. Hickes. Dissert. Epist. p. 4.
694.	Wulfwaru	.	.	.	No date.	C.C.C. Cantab. cxi. fol. 88.
695.	Ealdulf	.	.	.	. . 996	MS. Cott. Tib. A. xiii. f. 89.
696.	Æðelred	.	.	.	. . 996	MS. Cott. Nero. D. i. f.148, b. MS. Cott. Nero. D. i. f.152, b.
697.	Ælfgyua Ymma	.	.	.	. . 997	Reg. Cant. B. 2ᵃ. fol. 369, b.
698.	Æðelred	.	.	.	. . 997	Cod. Winton. fol. 14.
699.	Æðeric	.	.	.	. . 997	C.C.C. Chart. Ant. B. 2.
700.	Æðelred	.	.	.	. . 998	Text. Roffens. p. 130.
701.	Æðelred	.	.	.	. . 998	Leland. Itin. ii. p. 51. N. Mon. i. p. 337.
702.	Wulfsine	.	.	.	. . 998	Leland. Itin. ii. p. 52. N. Mon. i. p. 337.
703.	Æðelred	.	.	.	. . 999	MS. Cott. Claud. B. vi. f.91. C.C.C. Cantab. cxi. fol. 169.
704.	Æðelred	.	.	.	No date.	C.C.C. Chart. Ant. B. 1.
705.	Æðelred	.	.	.	. . 1001	MS. Cott. Aug. ii. 22.

CHARTAE ANGLOSAXONICAE.

DXXVIII.

✻ DŪNSTĀN, 966.

✠ Uniuersis posteris christianam fidem profiten-
tibus, Dunstanus Doroberniae et Osketulus Eboracae
archiepiscopi, Æðelwoldus Wintoniae, Oswaldus Wigorniae, et Lefwinus Dorcacestriae episcopi, salutem
in domino sempiternam. Cum naturaliter Ægyptii,
pastores omnes ouium execrantur, et filii tenebrarum
filios lucis furore implacabili persequuntur (semper
enim Madian perdere populum domini machinatur:)
cupientes ideo in futurum contra sceleratos et sacri-
legos sanctam matrem aecclesiam iugiter infestantes
murum defensionis opponere et quicunque se diuino
seruitio mancipauerunt, et in castris domini quocunque modo militauerunt, reddere ab huiusmodi perse-
cutoribus securiores, et in domo domini tutiores;
attendentes etiam sanctissimam deuotionem quam
piissimi reges nostri temporis, scilicet Edredus quondam rex, et inclytus rex Eadgarus nunc superstes (inspirante sancto spiritu) conceperunt ad restauranda
sacra seruorum Christi monasteria, et aecclesiam dei
ubicunque releuandam; chirographa eorundem regum
benignissime concessa uenerabili patri Turketulo abbati Croylandensi (qui pro patriae coelestis amore
diuitias multas et magnas dignitates fortissime reli-
quit) de confirmatione sui monasterii sibi confecta nos
auctoritate diuina confirmamus, ratificamus; ac omnes, qui timore dei postposito, possessiones dicti monasterii diripere tentauerint, uel pacem dictorum monachorum contra intentionem et uoluntatem praetac-

torum regiorum chirographorum perturbauerint, aut
perturbari procurauerint, arte uel ingenio, consilio
uel fauore, quocunque colore sua machinamenta homo
seminauerit inimicus, et filius iniquitatis sua fuderit
argumenta, ex tunc excommunicantes, nomina illorum
de libro uitae tollimus et a consortio sanctorum se-
parantes, ac a limine portae coelestis longius repel-
lentes, nisi condigna satisfactione citius sua errata
correxerint, infernalibus incendiis cum Iuda traditore
damnandos pro suis demeritis irremissibilibus depu-
tamus. Insuper spiritualitatem totius insulae Croylan-
diae, uillaeque adiacentis, prout a fundatione monasterii sui, dicti monachi hactenus habuerunt, uidelicet
quicquid attinet ad archidiaconatus officium omnibus
correctionibus ad instantiam partis uel quocunque
modo infligendis pro quibuscunque delictis uel cri-
minibus per quamcunque personam commissis uel
committendis ibidem, praefato uenerabili abbati Turketulo et omnibus successoribus suis abbatibus in
eodem monasterio futuris, et eorum officialibus ad
hoc officium uice exequendis constituendis, cum consensu Ægelnothi archidiaconi procurantis istud fieri,
concedimus et assignamus ; excommunicantes et exter-
minantes a facie dei, et a glorifica uisione uultus sui
in die magni iudicii omnes, qui dictum patrem Turke-
tulum uel aliquem successorum suorum super hoc
de caetero inquietauerint, uel aliquod praemissorum
uiolauerint uel uiolari procurauerint quocunque modo,
in perpetuum eos Satanae sine fine tradentes, nisi citius resipuerint, et cum condigna poenitentia praedicto
monasterio satisfecerint pro patratis. Istud priuilegium sancitum est et immutabiliter decretum ad
honorem dei, et sanctae matris aecclesiae releuatio-
nem ac sancti Guthlaci confessoris reuerentiam in
praesentia regis Eadgari, praelatorum procerumque
suorum, anno dominicae incarnationis DCCCC.LXVI.
apud London collectorum.

✠ Ego Eadgarus totius Albionis monarcha istud priuilegium sanctae crucis indicio confirmaui. ✠ Ego Dunstanus archiepiscopus Dorobernensis praedictam censuram aecclesiasticae animaduersionis in regiorum chirographorum uiolatores irreuocabiliter fulminaui. ✠ Ego Osketulus archiepiscopus Eboracae perpetuam damnationem in sanctae matris aecclesiae aduersarios interpretatos istam sententiam corroboraui. ✠ Ego Lefwinus Dorcacistrensis episcopus consensi. ✠ Ego Ælfstanus Londoniae episcopus commendaui. ✠ Ego Æðelwoldus Wintoniae episcopus collaudaui. ✠ Ego Oswaldus Wigorniae episcopus consensum dedi. ✠ Ego Ælfwoldus episcopus Domnoniae consilium prae- bui. ✠ Ego Kinsius Lichefeldensis episcopus adiuui. ✠ Ego Ælfricus episcopus Est-Angliae procuraui. ✠ Ego Godwinus episcopus Roffensis acquieui. ✠ Ego Æðelstanus episcopus Cornubiensis consilium dedi. ✠ Ego Werstanus episcopus Shireburnensis annui. ✠ Ego Ægelnoðus archidiaconus faui. ✠ Ego Ælf- stanus abbas Glastoniae consensum dedi. ✠ Ego Æðelgarus abbas noui monasterii Wintoniae consen- sum praebui. ✠ Ego Wulfinus abbas sancti Petri Westmonasterii extra London subnotaui. ✠ Ego Oswardus abbas Eueshamensis ratum habui. ✠ Ego Merwenna abbatissa [de Rumsege signum sanctae crucis feci. ✠ Ego Herleua Sceaftoniensis abbatissa] consignaui. ✠ Ego Wulwina Werhamensis abbatissa communiui. ✠ Ego Ordgarus dux constitui. ✠ Ego Ailwinus dux constabiliui. ✠ Ego Briðnoðus dux aspexi. ✠ Ego Oslacus dux affui. ✠ Ego Ælferus dux interfui. ✠ Ego Ælfegus dux audiui. ✠ Ego Friðegistus minister uidi. ✠ Ego Æðelward minister uidi. ✠ Ego Æðelmund minister uidi. ✠ Acta sunt haec in octauis Pentecostes in aecclesia sancti Pauli cathedrali.

DXXIX.

OSWALD, 966.

✠ ALLUBESCENTE ac consentiente Eadgaro basileo,
Ælfhereque Merciorum duce, ego Oswold largiflua dei
clementia antistes, quandam rusculi partem .III. scilicet mansas, tribus tamen in locis diuisam cui uocabulum est, æt Eánulfestûne, ôðer healf hid and æt
ûferan Strǽtforda on ðǽre gesyndredan hide ðone
ôðerne æcer, and æt Fachanleáge ðone þriddan æcer
feldlandes, and healfne ðone wudu on eásthealfe ðæs
weges, and ðone æt ðǽre eorðbyrig, and on eásthealfe Afene eahta æceras mædwa and forne gean Bic-
cenclife .XII. æceras mædwa, and þreo æcras benorðan
Afene tô myllnstealle, Eádríco meo compatri aeternaliter concessi, et, post uitae suae terminum, duobus
derelinquat cleronomis, eorumque uitae finito curriculo,
ad usum primatis in Wiogornaceastre redeat immunis. Ðonne is ealles ðæs landes þreo hida ðe Oswald
biscop bôcað Eádríce his þegne on ðâ geráad wyrce ðæt he
wyrce ðæt ðæt land seô unforworht intô ðǽre hálgan
stowe twêgra monna dæg æfter him. Anno dominicae
incarnationis DCCCC.LXVI . scripta est haec carta, his
testibus consentientibus, quorum inferius nomina notantur.

✠ Ego Oswald episcopus hanc concessionem signo
crucis Christi confirmo. ✠ Ego Wulfric presbiter.
✠ Ego Eadgar presbiter. ✠ Ego Wistan presbiter.
✠ Ego Æðelstan presbiter. ✠ Ego Ælfred presbiter. ✠ Ego Wulfhun presbiter. ✠ Ego Brihstan
presbiter. ✠ Ego Wulfgar clericus. ✠ Ego Ælfstan
clericus. ✠ Ego Eadwine clericus. ✠ Ego Ælfgar
clericus. ✠ Ego Ufic clericus ✠ Ego Eadward clericus. ✠ Ego Tuna clericus. ✠ Ego Wulfhæh clericus. ✠ Ego Leofwine clericus. ✠ Ego Wenstan
clericus. ✠ Ego Wulfnoð clericus.

DXXX.

OSWALD, 966.

✠ Ic Oswald bisceop þurh godes giefe, mid geðafunge and leáfe Eádgáres Angulcyningces and Ælfheres Mercna heretogan and ðæs heorodes on Wiogornaceastre, landes sumne dǽl ðæt synd .iii. hida ðe fram cúðum mannum Hindehlep is geháten, sumum wífe ðǽre is noma Ælfhild, for godes lufon and for uncre sibbe, mid eallum þingum ðe ðǽrtó belimpað freolice hiere dæg forgæaf, and æfter hiere dæge twám yrfeweardum, and æfter heora forðsíðe tó ðǽre hálgan stowe intó Wiogornaceastre ðám biscope tó bryce . Sí hit ælces þinges freoh bútan ferdfare and walgeworc and brycgeworc and circanláde. Ðis wæs gedón ymbe nigon hund wintra and seox and seoxtig ðæs ðe drihtnes gebyrdtíde wæs, on ðý seofoðan geare ðæs ðe Oswald bisceop tó folgaðe feng. Sancta Maria et sanctus Michahel cum sancto Petro and eallum godes hálgum gemiltsien ðis haldendum ; gif hwá búton gerihtum hit ábrecan wille god hine tó rihtere bóte gecerre. Amen.

Her is seó hondseten Oswaldes biscopes.

✠ Ego Wulfric presbiter.   ✠ Ego Eadgar presbiter.   ✠ Ego Æðelstan presbiter.   ✠ Ego Ælfred clericus.   ✠ Ego Wulfhun clericus.   ✠ Ego Ælfstan clericus.   ✠ Ego Byrhstan clericus.   ✠ Ego Wulfgar clericus.   ✠ Ego Ælfgar clericus.   ✠ Ego Ufic clericus.   ✠ Ego Wulfheh clericus.   ✠ Ego Leofwine clericus.

DXXXI.

OSWALD, 966.

✠ Ego Oswold, gratia dei episcopus, cum consensu ac licentia Eadgari regis Anglorum, et Ælfhere ducis

Merciorum, quandam ruris particulam, quod a gnosticis æt Clifforda appellatur, .II. uidelicet mansas,
cuidam ministro meo, nomine Wihtelm, cum omnibus
ad illud rite pertinentibus, perpetua largitus sum
haereditate, et post uitae suae terminum, duobus
tantum haeredibus immunem derelinquat; quibus defunctis aecclesiae dei in Wiogornaceastre restituatur. Ðonne is ðæs landes ealles ðe Oswald biscop
bōcað Wihtelme his þegne, on ðā gerād wyrce ðæt he
wyrce ðæt ðæt land sȳ unforworht into ðǽre hālgan
stowe, þreora manna dæg, ōðer healf hid gedǽllandes
and healf hid on ðǽre ege. Anno dominicae incarnationis DCCCCLXVI. scripta est haec cartula his testibus
consentientibus quorum inferius nomina notantur.

✠ Ego Oswald episcopus hanc consensionem signo
crucis Christi confirmo.   ✠ Ego Wulfric presbiter.
✠ Ego Eadgar presbiter.   ✠ Ego Ælfgar presbiter.
✠ Ego Ælfred clericus.   ✠ Ego Wulfhun clericus.
✠ Ego Ufic clericus.   ✠ Ego Æðelstan presbiter.
✠ Ego Ælfstan clericus.   ✠ Ego Wulfhæh clericus.
✠ Ego Brihstan clericus.   ✠ Ego Wulfgar clericus.
✠ Ego Leofwine clericus.
Ðas þreo bēc lōciað intō Strǽtforda.

DXXXII.

* EĀDGĀR, 967.

✠ IN nomine domini nostri Ihesu Christi saluá-
toris! Ea quae secundum legem ac canonicam dis-
positionem salubriter diffiniuntur, licet solus sermo
sufficeret, tamen pro euitanda futuri temporis am-
biguitate, fidelissimis scripturis et documentis sunt
commendanda. Quamobrem ego Eadgarus rex, pro
aeternae retributionis spe et relaxatione peccaminum
meorum, ad laudem nominis domini et ad honorem
sancti Petri apostolorum principis, regali auctoritate

renouaui atque restauraui libertatem ad monasterium
quod Ceortesege noto nuncupatur onomate, secundum
quod prius illam rex Friðeuualdus et sanctus Erkenuualdus constituere, qui se sub iure haereditario ad
praefatum monasterium cum tota substantia ac possessione ad Christo seruiendum commendauerunt;
quatinus nobis in commune misericors et clemens
rerum conditor ad uicissitudinem huius munificentiae
et emolumentum largitatis errata piaculorum in-
dulgeat et coelestis regni beatitudinem inpendat.
Qui etiam praefatus abbas Erkenuualdus illud priuilegium quod hactenus in praefato habetur monasterio in Romulea urbe petebat, aliaque quamplurima
priuilegia quae nostri antecessores pro redemptione
animarum suarum et pro coelestis regni desiderio
constituerunt, in illo monasterio scripta continentur.
Haec est interim illa libertas quam ut perpetualiter
in saepedicto monasterio permaneat, animo libenti
constituo et confirmo. Hoc est scilicet quinque
mansas in situ eiusdem monasterii .x. etiam in Thorp
.xx. in Egeham cum Hingefelda .v. in Chabeham
cum Busseleghe cum Fremesham et Fremesleya, quas
ab omni tributo regali liberas esse concedo; et hanc
priuilegii dignitatem confero, ut sine inpedimento
saecularium rerum et absque tributo fiscalium negotiorum illius loci habitatores liberis mentibus deo
soli seruiant, et monasticam coenobialis uitae disciplinam Christo suffragium largiente regulariter exer-
ceant, ac pro statu et prosperitate regni nostri et
indulgentia commissorum criminum ante conspectum
diuinae maiestatis preces fundere conentur, et oratio-
num officia frequentantes in aecclesiis pro nostra fra-
gilitate dominum interpellare nitantur. Haec est
enim reliqua uillularum possessio quae ad eundem
monasterium rite noscitur pertinere .x. mansiones
in Piterichesham .xxx. in Suttone cum cubilibus
porcorum quae illuc pertinent, scilicet in Đunres-

felda .xx. in Cegham cum porcorum pascuis on ðene
wold, et illam cartulam quam emeram ab Eduuino .L.
mancusis auri probati ad monasterium praefatum concessi .x. etiam mansiones in Whetindune .xx. in
Cuðredesdune cum pascuis illic rite pertinentibus. Nec
non .xx. in Mestham cum omnibus appendiciis quae
illo pertinent .x. etiam in Chepstede cum Chaluedune
.x. in Benstede cum Suðemeresfelda et .xx. mansiones
in Ebesham cum omnibus ad se rite pertinentibus
.xii. uero in Bocham .x. in Clendune .xx. in Coue-
ham cum Pontintone .v. etiam in Biflete cum Way-
brigga .x. autem in Waltham .xx. etiam in Muleseye
quas Edwi iniuste ad uetustum Wentanae monasterium
dereliquit, quod ego iterum et episcopus Æðeluuoldus
iustificauimus et ad monasterium proprium ad quod
rite pertinebat commendauimus.   Hanc ergo libertatem et confirmationem pro petitione et ammonitione
uenerabilis episcopi Æðeluuoldi, meo dilectissimo abbati Æðelstano, qui tunc temporis eidem monasterio
praefuit, placabili mentis deuocione dictare, scribere,
commendare et confirmare procuraui.   Hoc uero decretum a nobis libenter concessum taliter confirmari
et seruari decernimus, ut tam nobis uita comite pro-
picia diuinitate regni gubernacula regentibus, quam
futuris successoribus haereditatis iure regnandi monarchiam tenentibus, inextricabili lege firmiter roboretur.   Si quis uero hanc libertatem augere uoluerit,
adaugeat omnipotens deus sibi uitam in hoc saeculo
longaeuam et, post finem istius uitae, coelestis regni
iocunditatem.   Si quis uero, quod non optamus, huius
decreti syngrapham infringere temptauerit, aut aliter
quam a nobis statutum est minuere studuerit, sit a
consortio Christi aecclesiae et a collegio sanctorum
hic et in futuro segregatus, parsque eius cum auaris
rapacibusque ponatur, eiusque ligamine se constric-
tum sciat cui Christus claues regni coelestis commen-
dans ait, 'Tu es Petrus et super hanc petram aedifi-

cabo aecclesiam meam et tibi dabo claues regni coelorum, et quodcumque ligaueris super terram erit
ligatum et in coelis, et quodcumque solueris super
terram erit solutum et in coelis.' Namque adhuc pro
ampliori firmitatis testamento omnimodo praecipimus
atque praecipiendo obsecramus, ut maneat ista libertas insolubiliter ab omni saeculari seruicio ut praediximus exinanita, cum omnibus per circuitum ad se
rite pertinentibus, pascuis, pratis, siluis, riuulis. Idcirco uero huius donacionis munificentiam tam firmiter atque immobiliter imperamus, quia pro hoc a
domino coelestis regni beatitudinem accipere speramus, illo largiente cui est honor, potestas et imperium
per infinita saeculorum saecula. Amen. Acta est
autem haec praefata donacio anno dominicae incarnationis .D.CCCC.LXVII. indictione .X. consentientibus his
testibus quorum uocabula infra caraxata clare patescunt.

Ego Eadgar Anglorum monarchus hoc donum agiae
crucis taumate roboraui ✠. Ego Oskitel Eboracensis aecclesiae primas subscripsi ✠. Ego Ælfric abbas subscripsi ✠.

DXXXIII.

EÁDGÁR, 967.

✠ SAEPE namque contingi solet ut heroica regum
christianorum piorumque pontificum ac procerum
statuta almorum quoque antistitum et sanctorum sacerdotum sapientumque decreta in posterum pro anti-
quitate obliuioni abolita traduntur, nisi ante ea carax-
atis litterarum apicibus aut cautionum promulgatis
prorsus indiculis decorata roborentur. Quamobrem
ego Eadgar, tocius Anglorum gentis primicherius, ut
his transitoriis aeterna lucrarer, quandam rusculi partem, .V. scilicet cassatos quae loco celebri æt Eastune

dicitur, cuidam meo ministro, qui a solicolis huius prouintiae famoso fruniscitur Ælfsige onomate, perpetua largitus sum haereditate, quatinus ipse cum omnibus ad eam rite pertinentibus, pratis uidelicet, pascuis, siluis, uoti compos habeat, et post uitae suae terminum quibuscumque uoluerit immunem derelinquat. Sit autem praedictum rus omni terrenae seruitutis iugo liberum, tribus exceptis, rata uidelicet expeditione, pontis, arcisue restauratione. Si quis igitur hanc nostram donationem in aliud quam constituimus transferre uoluerit, priuatus consortio sanctae dei aecclesiae aeternis barathri incendiis lugubris iugiter cum Iuda, Christi proditore, eiusque complicibus, puniatur, si non satisfactione emendauerit congrua quod contra nostrum deliquit decretum. His metis praefatum rus hic inde gyratur. Ðis syndon ða landgemæro ðára .v. hida æt Eástûne : ǽrest on ðone crundel on ðone ellenstub; ðanon on gerihte on ða smalan þornas be norðan hodes mære; ðonon on gerihte on bulemæres þorn; ðonon on gerihte on ða ealdan dîc; andlang dîces on ðone stubb; ðonon on gerihte andlanges furh on bremel þornan on ða ealdan dîc; andlang dîces on ðone ealdan stoc; ðonon on gerihte be ðám heáfdan; ðonon on ðone ealdan weg : ðonne on ðæt lege on ðone wiðig; ðonon on gerihte on riscleáge on ða riðe; ðonon upp on ðone mære; ðanon on gerihte be ðám heáfdan upp andlanges fyrh : æft be ðám heáfdan andlanges furh on ðone smalan gare andlanges fyrh on ða ealdan dîc; of ðǽre dîce on ðone holan bróc, ðæt on westwellan forð; andlanges weges on ðone hege; andlanges heges on ða dîc, upp on ðone hyl; ðonne æft on ðone crundel. Anno dominicae incarnationis DCCCC.LXVII, scripta est haec carta, his testibus consentientibus, quorum inferius nomina caraxantur.

✠ Ego Eadgar, rex tocius Brittanniae praefatam donationem cum sigillo sanctae crucis confirmaui. ✠ Ego Dunstan, Dorobernensis aecclesiae archiepiscopus

eiusdem regis donationem cum triumpho agiae crucis
consignaui. ✠ Ego Oscytel archiepiscopus impressi.
✠ Ego Ælfstan episcopus consensi. ✠ Ego Æðelwold episcopus consignaui. ✠ Ego Osulf episcopus
confirmaui. ✠ Ego Winsige episcopus consolidaui.
✠ Ego Oswald episcopus subscripsi. ✠ Ego Ælfwold episcopus corroboraui. ✠ Ego Æscwig abbas.
✠ Ego Osgar abbas. ✠ Ego Ælfric abbas. ✠ Ego
Ordbriht abbas. ✠ Ego Ælfstan abbas. ✠ Ego
Æðelgar abbas. ✠ Ego Kyneweard abbas.| ✠ Ego
Ælfhere dux. ✠ Ego Ælfheah dux.| ✠ Ego Æðel-
sige minister. ✠ Ego Æðelferð minister. ✠ Ego
Ordgar dux. ✠ Ego Æðelstan dux. ✠ Ego Æðelwine dux. ✠ Ego Bryctnoð dux. ✠ Ego Bryctferð
dux. ✠ Ego Ælfwine minister. ✠ Ego Æðelweard
minister. ✠ Ego Wulfstan minister. ✠ Ego Ælfric
minister. ✠ Ego Eanulf minister. ✠ Ego Ælfweard minister. ✠ Ego Leofwine minister. ✠ Ego
Osulf minister. ✠ Ego Osward minister. ✠ Ego
Leofwine minister. ✠ Ego Godwine minister. ✠ Ego
Eanulf minister. ✠ Ego Æðelric minister.

DXXXIV.

EÁDGÁR, 967.

✠ Regnante in perpetuum domino nostro Ihesu
Christo! Cunctis sophiae studium ferme rimantibus
stabili notum constat ratione, quod praesentis essentia
periculis incubantibus et curis euanescentium rerum
inopinate crebrescentibus, humana mortalium rerum
cognitio quasi ros minuendo elabitur, et obliuioni tan-
tundem traditur nisi aliqua certa ratione praenotetur,
quia non sunt aeterna quae consumentur hic sed
terrena. Idcirco ego Eadgar rex, Anglorum telluris
gubernator et rector, uni meo fideli uasallo nomine
Wulfnoð rumancant aliquam terrae portionem, id est,

III. mansas concedo liberaliter in aeternam posses·
sionem, in loco ubi uulgariter uocitatur Lesmanaoc
et Pennarð; ut illo praedicto territorio uoti compos
uita perfruatur comite, et post obitum eius cuicumque
uoluerit haeredi derelinquat tam in minimis quam in
magnis, campis, pascuis, pratis, siluis, piscariisque,
immunem ad fruendum derelinquat. Praefatum siquidem rus omni seruitio careat praeter expeditionem, pontis et arcis munimen. Ðis is ðára .III. hida
landgemǽru æt Lesmanaoc: ǽrest up of Wurðalap andlang riðe agean streám tó Hryteselt, ðonne súð andlang riðe tó Crouswrah ðonne forð tó Cestell-merit;
from Cestell-merit tó Crucou mereðen, ðonne eást
â geriht tó Lembroin, ðonne tó ryht Catwallon, ðon
âdún andlang Cendefrion oð ða litlan riðe, ðon up
andlang riðe tó Fontongen, fram Fontongen andlang
díces tó ðám herepaðe, ðanon â ðán lytlan díc tó ðán
miclan díc, ðonne foron ða díc tó Fosnocedu, ðon âdún
andlang riðe eft towerd Alan: ðonne is ðis ðæs ánes
aceres landgemǽru æt Pennarð, ǽrest fram sǽ andlang
díc tó ða riðe ðon andlang riðe eft on sǽ. Dominicae
incarnationis anno DCCCLXVII, mei imperii VII°. anno,
scripta est haec syngrapha, his testibus consentientibus quorum nomina [infra caraxata] esse uidentur.

✠ Ego Eadgar gratia dei totius Britanniae telluris
rex meum donum proprio sigillo confirmaui.   ✠ Ego
Dunstanus archipraesul [signum] agiae sanctae crucis
impressi.   ✠ Ego Æðelwoldus episcopus contestor.
✠ Ego Ælfstanus episcopus corroboraui.   ✠ Ego
Byrhtelmus episcopus adquieui.   ✠ Ego Ælfwoldus
episcopus annui.   ✠ Ego Wulfsie episcopus hanc
chartulam dictante rege suisque praecipientibus, per-
scribere iussi.   ✠ Ego Ælfhere dux testis.   ✠ Ego
Ælfheah dux testis.   ✠ Ego Æðelstan dux testis.
Si quis uero hominum hanc meam donationem cum
stultitiae temeritate jactitando infringere certauerit, sit
ipse grauibus per colla depressus catenis inter flam-

miuomas tetrorum daemonum cateruas, nisi prius irriguis poenitentiae gemitibus et pura satisfactione emendauerit.

DXXXV.
EÂDGÂR, 967.

✠ Regnante in perpetuum domino nostro Ihesu Christo, qui cuncta patris imperio ac pariter sancti spiritus
gratia uiuificante disponit! De qua re magna nobis
necesse est per elemosinam largitate praecepta dei im-
plere, sicut in Tobia dictum est, ' Magna nobis fiducia
est coram summo deo elemosina:' Quapropter ego Eadgar, tocius Albionis basileus, libens perpetuali dapsilitate cuidam matronae, nobili generositatis prosapia
exortae, nomine Winflaed, octo mansas terrae, loco qui
uulgari adstipulatione nuncupatur æt Meone, and tô
Fearnfelda, condono; ut habeat et possideat cum omnibus utensilibus, pratis uidelicet, pascuis, siluis, aquis;
et post uitae suae terminum quibuscumque uoluerit
cleronomis in aeternam haereditatem perpetualiter
possidendam derelinquat. Sit autem praedictum rus
omni terrenae seruitutis iugo liberum, tribus exceptis,
rata uidelicet expeditione, pontis, arcisue restauratione. Si quis igitur hanc nostram donationem in
aliud quam constituimus transferre uoluerit, priuatus
consortio sanctae dei aecclesiae aeternis barathri incendiis lugubris iugiter cum Iuda Christi proditore
eiusque complicibus puniatur, si non satisfactione
emendauerit congrua quod contra nostrum deliquit
decretum. His metis praefatum rus hinc inde gyratur.
Ðis synt ða landgemæra tô Meone and to Fearnfelda,
ðára eahta hida : ærest ðær Seolesburna sliht on
Meone ; of Meone andlang herepaðes on Wores sol ; of
Wores sole on weawan þorn ; of weawan þorne on
crute braceleâge ; of ðære leâge on Scyteres flôdan ; of

Scyteres flôdan on hriscmere; of ðâm mere on ðone
twisledan beâm ; of ðâm twisledan beâme on ceorla
geat ; of ceorla geate on ðone hagan æt Hǽðburge
dene ; andlang mearce on ða twysledan âc ; of ðǽre ǽc
andlang dene on Coggan beâm ; of Coggan beâme on
Wytleâhe ; of Wytleâge tô Brunes hamme ; of Brunes
hamme andlang mearce tô Reâdlefan becan ; andlang
mearce tô cealfhanggran; of ðâm hanggran on þorn-
wîc ; of þornwycan tô Wryteles þorne ; of ðâm þorne
tô Lynestede ; of Lynestede on mearcbeorh ; of ðâm
beorge on ðone stapol ; of ðâm stapole on clenanford ;
of ðâm clenanforda andlang Seolesburnan eft ût on
Meone.   Anno ab incarnatione domini nostri Ihesu
Christi DCCCC.LXVII : scripta est huius donationis syngrapha his testibus consentientibus, quorum inferius
nomina caraxantur.

✠ Ego Eadgar, rex tocius Bryttanniae praefatam
donationem cum sigillo sanctae crucis confirmaui.
✠ Ego Dunstan, Dorobernensis aecclesiae archiepiscopus, eiusdem regis donationem cum triumpho agyae
crucis consignaui.   ✠ Ego Oscytel archiepiscopus
impressi.   ✠ Ego Ælfstan episcopus consignaui.   ✠
Ego Æðelwold episcopus consensi.   ✠ Ego Osulf
episcopus corroboraui.   ✠ Ego Winsige episcopus
consolidaui.   ✠ Ego Ælfwold episcopus subscripsi.
✠ Ego Æscwi abbas.   ✠ Ego Osgar abbas.   ✠ Ego
Ælfric abbas.   ✠ Ego Ordbryht abbas.   ✠ Ego
Ælfstan abbas.   ✠ Ego Æðelgar abbas.

DXXXVI.

EÂDGÂR, 967.

✠ In nomine dei omnipotentis, cuncta creantis
atque coelestia et terrestria iure regentis, qui solus
per saecula regnat, rex regum et dominus dominantium ! Ego Eadgar, sua munificentia basileos An-

glorum, et rex atque imperator sub ipso domino
regum et nationum infra fines Britaniae commoran-
tium, cogitans disposui ex opibus mihi a deo con-
cessis, meos fideles ministros cum consilio optimatum
meorum ditare, literisque ad posteritatis memoriam
bene gesta et regalia dona, ut lex expetit, confirmare.
Unde cum praesentis codicelli indiculo, anno dominicae incarnationis DCCCC.LXVII. indictione x^{ma}. regni
uero mei XIII^{mo}. meo fideli ministro Brihtnoðo, quandam telluris partem, scilicet .II. mansas, illo in loco
qui a solicolis antiquo uocabulo æt Suðtune and æt
Bicanmersce nominatur. Tali autem tenore hoc praefatae munificentiae meae munus tradendo concessi ut
possideat et libere perfruatur quamdiu uixerit, cum
omnibus utensilibus quae deus coelorum illic creauit,
tam in notis causis quam in non notis, modicis et
magnis, campis, pascuis, pratis; et postquam uiam
uniuersae carnis adierit, succedentium sibi cuicumque
haeredi uoluerit, aeternaliter derelinquat. Sit autem
terra haec libera ab omni fiscali tributo, et ab omni
saecularium seruitutum onere perpetualiter absoluta,
praeter arcis et pontis instructionem, et expeditionem.
Istis terminibus praedicta terra circumgirata esse
uidetur. Ærest of Bucganstræte on ða ealdan dīc;
of ðære ealdan dīc â æfter furan on rischriðig; of risc-
hriðie eft æfter furan on turfhleó; of turfhleó æfter
heâfdan eft andlang fur on Pydewyllan; of Pydewyllan andlang weges tō ðam þeófdenne; ðæt eft on Buc-
ganstræt; of ðære stræte andlang fura on Hengestes-
brōc; andlang brōces on Fildena wyllan; of Fildena
wyllan â andlang furan oð hit cymð eft on Bucgan-
stræt. Ego autem Brihtnoðus hoc domini mei donum
et regalem munificentiam cum filio meo, quem ad
seruiendum deo, Oswaldo archiepiscopo commisi, pro
remedio animae ipsius domini mei regis et pro salute
animae meae, deo et sanctae Mariae ad usus seruorum
dei habitantium in monasterio eiusdem sanctae dei

genitricis quod est in Wigornacestre, condono, ea
libertate qua michi a rege donata est, cum ipsius
libertatis cyrographo, ipso domino meo rege consentiente, et hanc meam donationem sua auctoritate corroborante, in testimonio episcoporum ac ducum sub-
titulatorum, caeterorumque optimatum suorum. Si
quis autem daemonis instinctu, hanc nostram donationem uiolare uel infringere temptauerit, disperdet
illum deus, nisi resipiscat et ad satisfactionem ueniat.

✠ Ego Eadgar rex Anglorum, hanc meam munificentiam, et mei ministri donationem, signo sanctae
crucis confirmaui. ✠ Ego Dunstanus, Dorobernensis
archiepiscopus, eiusdem regis beneuolentiam confirmaui. ✠ Ego Osuualdus archiepiscopus confirmaui.
✠ Ego Ælfstanus episcopus confirmaui. ✠˙ Ego
Æðeluuold episcopus confirmaui. ✠ Ego Sideman
episcopus confirmaui. ✠ Ego Kyneuuard episcopus
confirmaui. ✠ Ego Ðeodred episcopus confirmaui.
✠ Ego Ælfric abbas subscripsi. ✠ Ego Æscuui
abbas subscripsi. ✠ Ego Æðelgar abbas subscripsi.
✠ Ego Osgar abbas subscripsi. ✠ Ego Ælfere dux.
✠ Ego Æðeluuine dux. ✠ Ego Brihtnoð dux. ✠
Ego Æðeluuard dux. ✠ Ego Brihtnoð minister.
✠ Ego Ælfelm minister. ✠ Ego Siric minister.
✠ Ego Ælfsi minister. ✠ Ego Uulfsi minister.
✠ Ego Æðelric minister.

DXXXVII.

* EÁDGÁR, 967.

✠ In nomine summi tonantis. Omnipotens deus
qui cuncta ex nichilo formasti, quique prothoplastum
hominem Adam conciuem uidelicet esse coelestis
Iherusalem condidisti, illumque sempiterna seductione
praecipitatum immensa pietate atque pia praedestinatione ad culmen angelicae beatitudinis proprio re-

demptum prouehisti, miseratus concedens, ut recidiuis
aeternam lucrari ualeremus beatitudinem. Nunc uero
omnibus hominibus interest, ut bonis omnibus quamdiu hic in mortali uita persistunt, aeternam mereamur
habere portionem, sicut ueritas dicit, ' Date et dabitur
uobis.' Quapropter ego Eadgar totius Britanniae basileus quandam telluris particulam, uiginti uidelicet
cassatos, loco qui celebri æt Mertone nuncupatur uocabulo, cuidam comiti michi ualde fideli, qui ab huiusce patriae noscitis nobili et coniugem suam Al-
phean et Elswite, et in alio loco .v. cassatos, qui
nuncupatur Dilwihs et partem aliquam salsuginem
terram iuxta flumen quod uocatur Temese, pro
obsequio eius deuotissimo, perpetua largitus sum
haereditate; ut ipse uita comite cum omnibus utensilibus terrae illius, pratis, siluis, paschuis uoti compos habeat, et post uitae suae terminum quibuscumque uoluerit cleronomis immunem derelinquat. Sit
autem praedictum rus omni terrenae seruitutis iugo
liberum, tribus exceptis, rata uidelicet expeditione,
pontis arcisue restauratione. Si quis igitur hanc nostram donationem in aliud quam constituimus transferre uoluerit, priuatus consortio sanctae dei aecclesiae, aeternis barathri incendiis lugubris iugiter cum
Iuda Christi proditore eiusque complicibus puniatur,
si non satisfactione emendauerit congrua, quod contra
nostrum deliquit decretum. Hiis metis praefatum
rus hinc inde giratur. Ðis bet ðe landmere. Erest on
Stonhan and on Estan Merkepol on Hidebourne and
ðanen west on Slade edichs southward, ðanen on Ben-
anberwe, ðanen on Tydmere endlang' ridde norð bi
west Hoppinge ouer ðane mersh on ðe rigt on Ru-
anmere and ðanne est bi Wimbedounyngemerke on
ðer hop bi norð Bradenforde on Hidebourne and ðanne
souð endelang bournin bi Michamingemerke ðar est on
Merkepol. Anno dominicae incarnationis .DCCCC.LXVII.

scripta est haec carta; hiis testibus consentientibus
quorum inferius nomina notantur.

✠ Ego Eadgar rex Anglorum consensi. ✠ Ego
Dunstan archiepiscopus corroboraui; cum multis
aliis.

_____

DXXXVIII.

ÔSWALD, 967.

✠ ALLUBESCENTE ac consentiente Eadgaro basileo,
Ælfereque Merciorum comite, ego Oswald, largiflua
dei clementia antistes, quandam rusculi partem .IIII.
scilicet mansas, duobus tamen in locis diuisam, cui
uocabulum est Penedoc and æt Dydinccotan, Hæh-
stano meo ministro, aeternaliter concessi, et post
uitae suae terminum, duobus tantum haeredibus immunem derelinquat; quibus defunctis, aecclesiae dei in
Wiogurnaceastre restituatur.   Ðis synd ðǣra twêgra
hida landgemǣra æt Penedoc.   Æt Ælfstânes brycce
ðæt andlang Osrîces pulle ðæt hit cymð on ducan
seaðe; of ducan seaðe ðæt hit cymð on Rischale; of
Rischale ðæt hit cymð on ðone lytlan snǣð feld;
ðæt on ðone hâran wiðig west ðæt hit cymð tô ðân
hæcce besûðan Cranmere; ðonan ðæt hit cymð tô Pen-
brôce; ondlong Penbrôces ðæt hit cymð on hina gemǣre be norðan hege; swâ forð be Eâdredesfelde ðæt
hit cymð tô ðân byhte tô æsc Apaldreleâge norðeweardre; on ðone west halh ðæt hit cymð on Gynddinc
gærstûne forð; ðonan ðæt hit cymð æt ðǣre strǣte; of
ðǣre strǣte ðæt hit cymð tô westmædwan bûtan ân furlang hina herðlandes betweonan ðǣre strǣte and ðǣre
mædwe; andlang norðgeardes ðæt hit cymð besûðan
Stânbeorh in ðone byht of Wanddinchale; forð be
ðâm grafe ðæt hit cymð in ðâm snæde; of ðâm snæde
ðæt hit cymð in ðone norðran Styfecinc in ðone swînhagan; of swînhagan ðæt on sealtleâge; of sealtleâge

in ðone hyrstgeard ðæt forð on ðone háran wiðig; ðonon ondlong ðæs riðiges ðæt on Osríces pulle; ondlong Osríces pulle ðæt on Ælfstánes brycge, feodecinc
leáge and ðæt lytle linland eal bútan ánan hrycge
ðæm westmæstan twégen æceras, on gemang hina
lande, and se westra eásthealh and án stycce ðæt westmæstan and seó þridde hind æt Dydinccotan ðæt is se
þridde æcer. Ðonne is ealles ðæs landes þreo hida . ii.
æt Penedoc and . i. æt Dydinccotan ðe Oswald bisceop
bócað Hēhstáne his þægne þreora monna dæg on ðá
geráð, wyrce ðæt he wyrce, ðæt ðæt land seó unforworht intó ðǽre hálgan stowe. Anno dominicae incarnationis .dccclxvii. scripta est haec carta, his testibus
consentientibus quorum inferius nomina notantur.

✠ Ego Wulfric presbiter. ✠ Ego Eadgar presbiter. ✠ Ego Æðelstan presbiter. ✠ Ego Ælfred
presbiter. ✠ Ego Wulfhun clericus. ✠ Ego Ælfstan clericus. ✠ Ego Brihstan clericus. ✠ Ego
Wulfgar clericus. ✠ Ego Ælfgar clericus. ✠ Ego
Wulfheh clericus. ✠ Ego Ufic clericus. ✠ Ego
Leofwine clericus.

Ðas .ii. bēc lóciað intó Ryppel.

Rubric. Peonedoc and Dydinccotan . Hēhstán and
Æðelwyn and Æfod.

DXXXIX.

ÓSWALD, 967.

✠ Ego Oswold, largo Christi carismate praesul
dicatus, dominicae incarnationis anno .dcccc.lxvii.
annuente rege Anglorum Eadgaro, eiusque utriusque
ordinis optimatibus, quandam ruris particulam .vi.
uidelicet cassatos, in loco, qui celebri a soliculis nuncupatur æt Stoce uocabulo, cuidam ministro meo nomine Eadmær perpetualiter concedo, ut habeat et
possideat cum omnibus ad illud rite pertinentibus, et

post uitae suae terminum duobus tantum haeredibus immunem derelinquat; quibus defunctis aecclesiae dei in Wiogornaceastre restituatur. Si hyt ælces þinges freoh bûton ferdfore and walgeweorce and brycgeweorce. Sancta Maria et sanctus Michahel cum sancto Petro˙ and eallum Godes hâlgum gemildsige ðis healdendum; gif hwâ bûtan gewyrhtum hit âbrecan wylle, hæbbe him wið God gemǣne on ðâm ytemystan ðisses lifes, bûton he hit ǣr gebête. Her is seô handseten.

✠ Oswold bisceop.   ✠ Wulfric presbiter.   ✠ Eadgar presbiter.   ✠ Wistan presbiter.   ✠ Ælfred clericus.   ✠ Æðelstan presbiter.   ✠ Wulfhun clericus.   ✠ Ælfstan clericus.   ✠ Wulfgar clericus.   ✠ Eadwine clericus.   ✠ Wynstan clericus.   ✠ Byrhstan clericus.   ✠ Ælfgar clericus.   ✠ Ufic clericus. ✠ Wulfheah clericus.   ✠ Leofwine clericus.

Rubric. Æt Stoce . Eâdmǣre and Byrehtmǣre.

DXL.

ÔSWALD, 967.

✠ ANNO incarnationis dominicae .DCCCC.LXVII. Ego Oswald gratia dei gratuita Huuicciorum episcopus, cum consensu et unanima licentia uenerandae familiae in Weogerneceastre, terram aliquam iuris nostri, id est, duas mansas æt Icenantûne concedo Wulfgaro ministro meo, ea uero [conditione,] ut habeat et perfruatur dies suos, et post uitae suae terminum duobus tantum haeredibus immunem derelinquat; quibus defunctis aecclesiae dei in Wiogornaceastre restituatur. Sit autem terra ista libera omni regi nisi aecclesiastici censi. Ðonne is ealles ðæs landes twâ hida ðe Oswald bisceop bôcað Wulfgâre his þegne mid his hlâfordes leâfe þreora manna dæg on ðâ gerâd, wyrce ðæt he wyrce, ðæt ðæt land sî un-

forworht intō ðǽre hālgan stowe. Scripta est haec
carta his testibus consentientibus quorum inferius
nomina notantur.

✠ Oswald bisceop consensi. ✠ Wulfric presbiter.
✠ Eadgar presbiter. ✠ Wistan presbiter. ✠ Ælfstan clericus. ✠ Eadwine clericus. ✠ Ælfgar clericus. ✠ Wulfheah clericus. ✠ Tuna clericus. ✠
Ælfred clericus. ✠ Æðelstan presbiter. ✠ Wulfhun clericus. ✠ Byrhstan clericus. ✠Wulfgar clericus. ✠ Winstan clericus. ✠ Ufic clericus. ✠
Leofwine clericus. ✠ Wulfnoð clericus.

Rubric. Æt Icenantūne . Wulfgāro, Wulfrīc,
Wulf .....

DXLI.

ÔSWALD, 967.

✠ EGO Oswald ergo Christi crismate praesul iudicatus, dominicae incarnationis anno DCCCCLXVII. annuente rege Anglorum Eadgaro Ælfereque Merciorum
comite, necnon et familia Wiogernensis aecclesiae,
quandam ruris particulam, unam uidelicet mansam,
in loco, qui celebri a soliculis nuncupatur æt Icenan-
tune uocabulo, cuidam ministro meo, nomine Æðelweard, perpetua largitus sum haereditate, et post uitae
suae terminum duobus haeredibus tantum immunem
derelinquat; quibus defunctis aecclesiae dei in Wiogerneceastre restituatur. Ðis wæs gedōn ymbe .VIIII.
hund wintra and seofan and syxtig on ðȳ eahteoðan
geare ðæs ðe Oswald bisceop tō folgōðe feng. Sancta
Maria et sanctus Michahel, cum sancto Petro, and
eallum godes hālgum gemiltsien ðis healdendum; gif
hwā būton gewyrhtum hit ābrecan wille, hæbbe him
wið God gemǽne būton he tō dǽdbōte gecyrre. Her
is seō handseten.

✠ Oswald bisceop. ✠ Wulfric presbiter. ✠ Ead-

gar presbiter. ✠ Elfred clericus. ✠ Æðelstan presbiter. ✠ Wulfwine clericus. ✠ Ælfgar clericus.
✠ Wulfheah clericus. ✠ Tuna clericus. ✠ Wulfhun clericus. ✠ Byrhstan clericus. ✠ Ælfstan cle-
ricus. ✠ Wulfgar clericus. ✠ Eadwine clericus.
✠ Wenstan clericus. ✠ Ufic clericus. ✠ Leofwine
clericus. ✠ Wulfnoð clericus.

DXLII.

ÓSWALD, 967.

✠ ANNO dominicae incarnationis .DCCCC.LXVII. Ego
Oswold Wiogurnae urbis antistes, duas mansas æt Bradanbeorh and æt Holenfesten germano meo Osulfo,
duobusque post se quibus uoluerit haeredibus, libens
impertior, et deinde ad usum praefatae urbis episcopi
redeat. Nam clerici eius urbis camptu tres mansas æt
Speclea pro illa quae dicitur æt Bradanbeorh and æt
Holenfesten receperunt, ut quamdiu uitalis flatus alicui
eorum superfuerit habeant et possideant, et deinceps
ad usum ordine praefato reuertatur praesulis. Haec
autem in ea facta sunt ratione, ut annis singulis pas-
tione adueniente centum porcos usui eorum necessarios sine alicuius contradictione pascantur. Sancta
Maria et sanctus Michael cum sancto Petro and allum Godes hálgum gemiltsien ðis haldendum ; gif hwâ
bûtan gewyrhtum hit ábrecan wille, God hine tô ryh-
tere bôte gecerre, gif he ðonne nelle hæbbe him wið
God gemǽne on ðám ytemestan dæge ðyses lifes. Hii
sunt testes huius reconciliationis quorum infra nomina
notantur.

✠ Wulfric mæssepreost. ✠ Ælfred clerc. ✠
Byrhstan clerc. ✠ Ufic clerc. ✠ Eadgar mæssepreost. ✠ Wulfun clerc. ✠ Wulfgar clerc. ✠
Wulfeh clerc. ✠ Æðelstan mæssepreost. ✠ Ælfstan
clerc. ✠ Ælfgar clerc. ✠ Leofwine clerc.

DXLIII.

EÁDGÁR, 968.

✠ ALTITHRONO in aeternum regnante! Uniuersis sophiae studium intento mentis conamine sedulo rimantibus, liquido patescit quod huius uitae periculis nimio
ingruentibus terrore recidiui terminus cosmi appropinquare dinoscitur; ut ueridica Christi promulgat
sententia, qua dicit ' Surget gens contra gentem, et
regnum aduersus regnum,' et reliqua. Quapropter
ego Eadgar totius Britanniae basileus, quandam telluris particulam, duos uidelicet cassatos quos Re-
genweard mercator quidam olim possederat, iuxta
ciuitatem sitos, domino nostro Ihesu Christo eiusque
genitrici Mariae ad communem usum sanctimonialium
in Wiltune degentium, aeterna largitus sum dapsilitate, ut aecclesiae Mariae genitricis domini nostri
Ihesu Christi consecratae, cum omnibus utensilibus,
pratis uidelicet, pascuis, siluis, molendinis perpetuo
deseruiat. Sit autem supradicta tellus cum suis terminis omni terrenae seruitutis iugo libera, tribus exceptis, rata uidelicet expeditione, pontis arcisue restauratione. Si quis igitur hanc nostram donationem
in aliud quam constituimus transferre uoluerit, priuatus
consortio sanctae dei aecclesiae aeternis barathri incendiis lugubris iugiter cum Iuda Christi proditore
eiusque complicibus puniatur, si non satisfactione
emendauerit congrua quod contra nostrum deliquit
decretum. His metis praefatum rus hinc inde giratur.
Ðis synt ðáre twéga hida landgeméra ðe Bliðher ǽr
hafde. Ærest of ðám oterholan on hi ford; of ðám
forda on ðæne Wotanhlinc; ðanon úp andlang yrðlandes on ða ealdan díc, andlang díc on ðæne Stapol;
of ðám Stapole on Attendene úfewerde; of ðǽre dene
innan Auene on ðæne greátan hlinc; ðonan on morð-
crundel; of morðcrundele on ðone brádan herpað; ða-

non andląnges ðǽs smalan weges inon ðæt yrðland
ðæt on ðæne þeódherpað on ðæne chelcpyt ; of ðám
pytte andlanges ðǽre dîc æt ðæne ellenstyb ; of ðám
stybbe on Wilig. An cyrche and âue mylne, and her
gebyriað of ðǽre gemǽnan mæde .xvi. æcyras. Anno
dominicae incarnationis .dcccc.lxviii. scripta est haec
carta hiis testibus consentientibus quorum inferius nomina notantur.

☨ Ego Eadgar rex Anglorum corroboraui. ☨ Ego
Dunstanus archiepiscopus concessi. ☨ Ego Oscytel
archiepiscopus consolidaui. ☨ Ego Æðelwold episcopus confirmaui. ☨ Ego Ælfstan episcopus consignaui. ☨ Ego Osulf episcopus adquieui. ☨ Ego
Oswold episcopus concessi. ☨ Ælfðryð regina. ☨
Ælfric abbas. ☨ Æscwig abbas. ☨ Osgar abbas.
☨ Ælfstan abbas. ☨ Æðelgar abbas. ☨ Cyneweard abbas. ☨ Æðelstan dux. ☨ Ælfhere dux.
☨ Ælfheah dux. ☨ Ordgar dux. ☨ Oslac dux.
☨ Æðelwine dux. ☨ Byrhtnoð dux. ☨ Byrhtferð
minister. ☨ Eanulf minister. ☨ Ælfwine minister.
☨ Æðelweard minister. ☨ Wulfstan minister. ☨
Ælfweard minister. ☨ Ælfsige minister.

DXLIV.
EÂDGÂR, 968.

Regnante in perpetuum domino nostro Ihesu
Christo, summo et ineffabili rerum creatore ac moderatore omnium ! Cunctis fidelibus in hac uita degentibus certum est quod dierum terminum summus Ky-
rius constituet ut proposuerat: ideo nunc nobis agendum est cunctis, ut in hoc instantis labentisque uitae
paene transcurso curriculo cum bonis actibus futurae
beatitudinis foelicitatem adipisci mereamur. Quam ob
causam, ego Eadgar tocius Brytannicae telluris archons
hilari uultu menteque praeclara, cuidam meo fideli ministro, quem uocitant nonnulli noto uocamine Ead-

wine, . xx. cassatos perpetuo cyrographo corroboro,
illo in loco quem solicolae uocitant æt Mordune; ut
possideat et firmiter teneat usque ad ultimum cursum
uitae suae, cum omnibus utensilibus quae deus coelorum in ipso telluris gramine creauit, tam in magnis
quam in modicis rebus, campis, pascuis, pratis, siluis;
sit autem praedictum rus liberum ab omni fiscali tributo, saeculariumque seruitutum exinanitum, sine expeditione et pontis arcisue instructione.   Hanc uero
meam donationem, quod opto absit a fidelium mentibus,
minuentibus atque frangentibus, fiat pars eorum cum illis de quibus e contra fatur ' Discedite a me maledicti in
ignem aeternum qui paratus est Sathanae et satellitibus
eius ;' nisi prius, digna deo poenitentia ueniam legati,
satisfactione emendent.   Praedicta siquidem tellus
istis terminis circumcincta clarescit.   Ðis syndon ða
landgemǽra tô Môrdûne : ǽrest of headdandûne slade
nyðær on hreôdburnan; andlang burnan on streâm;
andlang streâmes on foslace ûpp; andlang foslace on
ðǽra æcera andheafda; andlang ðǽra heafda on etta
penn, on ðone ellenstub; ðonon â be ecge on ða mede-
muncga; of ðǽre medemuncge be ðer on ðone ealdan
wiðig; ðonon on hnottanford; of ðâm forda on ðone
ealdan wylle; ðonon æft on headdandûne slæð.   Haec
carta karaxata est anno dominicae incarnationis
DCCCC.LXVIII . indictione .XI.

✠ Ego Eadgar rex Anglorum indeclinabiliter concessi.   ✠ Ego Dunstanus archiepiscopus cum signo
sanctae crucis corroboraui.   ✠ Ego Oscytel archiepiscopus consolidaui.   ✠ Ego Æðelwold episcopus
confirmaui.   ✠ Ego Osulf episcopus consignaui.   ✠
Ego Ælfstan episcopus conclusi.   ✠ Ego Byrhtelm
episcopus non renui.   ✠ Ego Ælfwold episcopus adquieui.   ✠ Ego Ælfric abbas.   ✠ Ego Æscwine abbas.   ✠ Ego Osgar abbas.   ✠ Ego Ælfstan abbas.
✠ Ego Æðelstan dux.   ✠ Ego Ælfhere dux.   ✠
Ego Ælfheah dux.   ✠ Ego Ordgar dux.   ✠ Ego

Æðelwine dux. ✠ Ego Oslac dux. ✠ Ego Byrhtferð minister. ✠ Ego Eanulf minister. ✠ Ego Ælfwine minister. ✠ Ego Æðelweard minister. ✠ Ego
Wulfstan minister. ✠ Ego Ælfweard minister. ✠
Ego Ælfwine minister. ✠ Ego Leofsige minister.

    Rubric. Ðis is ðára . xx. hyda bốc æt Mốrdûne ðe
Eâdgâr cing gebốcodæ Eâdwinæ his þægne on ēce yrfæ.

DXLV.

*EÂDGÂR, 968.

✠ Diuini eloquii monitu creberime instruimur ut
illi opido subiecti suppeditantes famulemur, qui totius
cosmi fabricam ex informi materia mira ineffabilique
serie condidit, ac suis quibusque locis luculentissime
disposuit; attamen in hac practica aerumpnosaque uita
nichil perseueranter consistere ualet, nichilque prolixa
foelicitate fruitur uel diuturna dominatione potitur,
nichil quod non ad fatalem uitae terminum ueloci cursu tendatur; et ideo sic nobis mundanarum rerum
patrimoniae sunt perfruendae ut cum aeternae patriae
emolumentis nunquam fraudulemur. Hinc est enim
quod ego Eadgar totius Britanniae basileus quandam
telluris particulam, triginta uidelicet cassatos, loco qui
celebri æt Stoure nuncupatur onomate, cuidam sanctae
dei aecclesiae domino nostro Ihesu Christo eiusque
genitrici semperque uirgini Mariae dicatae loco celebri qui Glastingaburi nuncupatur onomate, ob animae
meae remedium ad usus monachorum inibi degentium cum omnibus utensilibus, pratis uidelicet, pascuis,
siluis, perpetua largitus sum haereditate. Sit autem
praedictum rus omni terrenae seruitutis iugo liberum
tribus exceptis, rata uidelicet expeditione, pontis, arcisue restauratione. Si quis igitur hanc nostram donationem in aliud quam constituimus transferre uoluerit, priuatus consortio sanctae dei aecclesiae aeternis

baratri incendiis, lugubris iugiter cum Iuda Christi
proditore eiusque complicibus puniatur, si non satisfactione emendauerit congrua quod contra nostrum
deliquit decretum. Hiis metis praefatum rus hinc
inde giratur. Ðis beth ðe landmere to Stoure ðáre
þritti hide : Erest op of Stoure on Trildoune uppe
Tril on landscher' ford ouer ðane ford ford bi merehale
on coni brok of ðan brok bi merehawe on wadeleighe
norðward on Stanwey; of Stanweie bi merehawe on
deuelisch; of defelich on stut; ðare on uppe stut on
ðar dich souðward be dich ouer sand downe on Filið-
leighe ðanen on Holambrok of þan brok on Hedemchil
ðanen on lideman be lidenan en Stoure on ðan olde
Wested' up on Stoure on ðer dich be dich on Litegesheued; of Litegesheued bi groue on Minnanhuche ðanen norð bi heuede ðanen est to hedes-welle; ðanen bi
sixe acres norð an heued on ðare þorn rewe ðanen on
sandmor of ðan more on Smeryate bi Smeryate eft on
Stoure. Anno dominicae incarnationis .DCCCC.LXVIII.
scripta est haec carta, hiis consentientibus quorum
inferius nomina carraxantur.

✠ Ego Eadgar rex Anglorum corroboraui. ✠ Ego
Dunstan archiepiscopus consensi. ✠ Ego Oscytel
archiepiscopus confirmaui ; cum multis aliis.

DXLVI.

EÁDGÁR, 968.

✠ Regnante in perpetuum domino nostro Ihesu
Christo, qui imperio patris cuncta simul sancti spiritus gratia uiuificante disponit. Quamuis enim uerba
sacerdotum et decreta iudicum in robore firmitatis
iugiter perseuerent, attamen pro incerta futurorum
mutabilitate annorum chyrographum testamento sunt
roboranda. Quapropter ego Eadgar totius Britanniae basileus, quandam telluris particulam .XXV. uide-

licet cassatos, loco qui celebri æt Fíf hidan nuncupatur
uocabulo, domino nostro Ihesu Christo sanctaeque eius
aecclesiae beatae dei genitricis Mariae dicatae, loco
qui celebri æt Abbandune nuncupatur onomate, ad usus
monachorum dei inibi degentium, cum omnibus utensilibus, pratis uidelicet, pascuis, siluis, Osgaro obtinente
abbate, aeterna largitus sum haereditate; sit autem
praedictum rus omni terrenae seruitutis iugo liberum,
tribus exceptis, rata uidelicet expeditione, pontis arcisue restauratione.   Si quis igitur hanc nostram donationem in aliud quam constituimus transferre uoluerit, priuatus consortio sanctae dei aecclesiae, aeternis
barathri incendiis lugubris iugiter cum Iuda Christi
proditore eiusque complicibus puniatur, si non satisfactione emendauerit congrua quod contra nostrum
deliquit decretum. ⋏ Anno ab incarnatione domini
nostri Ihesu Christi . DCCCC.LXVIII. scripta est huius
donationis syngrapha his testibus consentientibus
quorum inferius nomina caraxantur.

✠ Ego Eadgar rex totius Britanniae praefatam
donationem cum sigillo sanctae crucis confirmaui.
✠ Ego Dunstan Dorobernensis aecclesiae archiepiscopus eiusdem regis donationem cum triumpho agiae
crucis consignaui. ✠ Ego Oscytel archiepiscopus triumphalem trophaeum agiae crucis impressi. ✠ Ego
Ælfstan Lundoniensis aecclesiae ᵽiscopus consignaui.
✠ Ego Æðelwold Uuintaniensis aecclesiae episcopus
praedictum donum consensi. ✠ Ego Osulf episcopus
confirmaui.   ✠ Ego Ælfuuold episcopus consignaui.
✠ Ego Oswold episcopus roboraui.   ✠ Ego Winsige
episcopus consolidaui.   ✠ Ego Ælfwold episcopus
subscripsi.   ✠ Ego Ælfstan episcopus corroboraui.
✠ Ego Ælfric abbas. ✠ Ego Æscwig abbas. ✠ Ego
Osgar abbas.   ✠ Ego Æðelgar abbas.   ✠ Ego Ælf-
ere dux.   ✠ Ego Ælfeah dux.   ✠ Ego Ordgar dux.
✠ Ego Æðelstan dux.   ✠ Ego Æðelwine dux.   ✠
Ego Byrhtnoð dux.   ✠ Ego Byrhtferð minister.   ✠

Ego Ælfwine minister. ✠ Æðelweard minister. ✠
Wulfstan minister. ✠ Osulf minister. ✠ Osweard
minister. ✠ Ælfweard minister. ✠ Ælfsige minister. ✠ Osferð minister. ✠ Æðelweard minister.
✠ Ælfric minister. ✠ Ælfwold minister. ✠ Æðelsige minister. ✠ Æðelferð minister. ✠ Ælfwold
minister. ✠ Eadric minister. ✠ Wulfsige minister.
✠ Wulfnoð minister. ✠ Ælfsige minister. ✠ Ælfric minister.

Rubric. Ðis is ðára .xxv. hida landbóc æt Fíf hidan
ðe Eádgár cyng gebócede Gode and Sca Marian intó
Abbandúne on éce yrfe.

DXLVII.

EÁDGÁR, 968.

✠ Omnium iura regnorum coelestium atque terrestrium claustra quoque infernalium dumtaxat diuinis dei nutibus subiecta sunt. Quapropter cunctis
sane sapientibus satagendum est, toto mentis conamine, ut praeuideant qualiter tormenta ualeant euadere infernalia, et coelestis uitae gaudia concedente
Christo Ihesu conscendere. Hinc [ego] Eadgar totius
Britanniae basileus, quandam telluris particulam . iii.
uidelicet campi iugera, ac siluae . xx. uel paulo plura
æt Ealderescumbe, cuidam feminae mihi oppido fideli
quae ab huiusmodi patriae gnosticis nobili Birhtgiue
appellatur uocabulo, pro obsequio eius deuotissimo,
perpetua largitus sum haereditate; ut ipsa uitā comite
cum omnibus utensilibus, pratis uidelicet, pascuis, siluis, uoti compos habeat, et post uitae suae exitum quibuscunque uoluerit cleronomis immunem derelinquet.
Sit autem praedictum rus omni terrenae seruitutis
iugo liberum tribus exceptis, rata uidelicet expeditione, pontis arcisue restauratione. Si quis igitur
hanc nostram donationem in aliud quam constituimus

transferre uoluerit, priuatus consortio dei aecclesiae, aeternis baratri incendiis lugubris iugiter cum Iuda Christi proditore eiusque complicibus puniatur, si non satisfactione emendauerit congrua quod contra nostrum deliquit decretum. Hiis metis praefatum rus hinc inde giratur. Đis sant ða landimare to Aldderescumbe. Ærest of langan riple up be Wirtrume on Wlfgedyte ; of Wlfgedyte be Wirtrume on Deodewolddinglege suðeward ; of Teoðewoldinglege adune be dich ; of ðat dich forðe be Wirtrune on Heahstanes quabben forð be Wirtrune andlang riple at twelf akeres yrðlandes be ðe hegewege went on Putel made. Anno dominicae incarnationis . DCCCC.LXVIII. scripta est haec carticula. Hiis testibus.

Ego Eadgar rex Anglorum concessi ✠. Ego Dunstan archiepiscopus corroboraui ✠. Ego Oscytel archiepiscopus confirmaui ✠. Ego Æðelwold episcopus consolidaui ; etc. ✠.

DXLVIII.
EÂDGÂR, 969.

✠ In nomine domini nostri Ihesu Christi. Omnis quidem larga munificentia regum testamento literarum roboranda est, ne posteritatis successio ignorans in malignitatis fribolum infoeliciter corruat. Quamobrem ego Eadgar, diuina collubescente gratia totius Albionis rex primicheriusque, quandam ruris particulam .x. scilicet cassatorum, loco qui uulgari Cyngtun dicitur, meo fideli ministro quique gnosticis huiusce insulae noto Ælfwold nuncupatur onomate, in aeternam largior haereditatem ; ut ipse uita comite cum omnibus utensilibus, pratis uidelicet, pascuis, siluis, uoti compos habeat ; et post uitae suae terminum quibuscunque uoluerit cleronomis immunem derelin-

quat. Sit autem praedictum rus omni terrenae seruitutis iugo liberum tribus exceptis, rata uidelicet
expeditione, pontis arcisue restauratione. Si quis
igitur hanc nostram donationem in aliud quam
constituimus transferre uoluerit, priuatus consortio
sanctae dei aecclesiae, aeternis barathri incendiis lugubris iugiter cum Iuda Christi proditore
eiusque complicibus puniatur, si non satisfactione
emendauerit congrua quod contra nostrum deliquit
decretum. ∥ His metis praefatum rus hinc inde giratur. Ðis synt ða londgemǣra intô Cyngtûne; of Welesburnan in ðæt sîc; of ðâm sîce in ða dîc; of ðâm
dîc in ðâm mere on ða strǣt; of ðǣre strǣt in Morðhlau; of Morðhlau on Ðorndûne eâstwearde; of Ðorndûne on Hiiybban byrge; of ðâm byrge on ðone
fûlan pyt; of ðâm fûlan pyt on .... wellan; of ðâm
wellan on Mercnamere; of Mercnamere on Succan pyt;
of Succan pyt on Grundlinga brôc andlang streâmes;
of ðâm streâme on sîde stân; of ðâm stâne on Hragra
þorn; of Hragra þorn eft in Welesburnan. Anno ab
incarnatione domini nostri Ihesu Christi .DCCCC.LXVIIII.
scripta est huius donationis syngrapha his testibus
consentientibus quorum inferius nomina caraxantur.

✠ Ego Eadgar rex Anglorum cum consensu doc-
torum meorum cum signo sanctae crucis roboraui.
✠ Ego Dunstan archiepiscopus Dorouernensis aecclesiae Christi possedi et subscripsi. ✠ Ego Oscytel
archiepiscopus consensi celeriter. ✠ Ego Ælfstan
episcopus consignaui. ✠ Ego Æðelwold episcopus
consensi. ✠ Ego Osulf episcopus confirmaui. ✠
Ego Wynsige episcopus consolidaui. ✠ Ego Oswold
episcopus roboraui. ✠ Ego Wulfric episcopus consensi. ✠ Ego Æscwig abbas. ✠ Ego Osgar abbas.
✠ Ego Ælfstan abbas. ✠ Ego Æðelgar abbas. ✠
Ego Ælfric abbas. ✠ Ego Cyneward abbas. ✠
Ego Ælfere dux. ✠ Ego Ælfeh dux. ✠ Ego Ordgar dux. ✠ Ego Æðelstan dux. ✠ Ego Æðelwine

dux. ✠ Ego Byrhtnoð dux. ✠ Ego Byrhtferð minister. ✠ Ego Ælfwine minister. ✠ Ego Wulfstan
minister. ✠ Ego Æðelward minister. ✠ Ego Eanulf minister. ✠ Ego Osulf minister. ✠ Ego Wulfstan minister. ✠ Ego Leofwine minister. ✠ Ego
Ælfward minister. ✠ Ego Æðelmund minister.
✠ Ego Osward minister. ✠ Ego Leofwine minister.

DXLIX.
ÓSWALD, 969.

✠ Anno dominicae incarnationis .DCCCC.LXVIIII.
Ego Osuuald, superni rectoris fultus iuuamine praesul,
cum licentia Eadgari regis Anglorum ac Ælfhere ducis
Merciorum, uni meo fideli ministro, qui a gnosticis
noto Cynelm nuncupatur uocabulo, ob eius fidele
obsequium, quandam ruris particulam .v. uidelicet
mansas, quod solito uocitatur nomine Cromman, cum
omnibus ad se rite pertinentibus, liberaliter concessi;
ut ipsa uita comite fideliter perfruatur, et post uitae
suae terminum duobus quibus uoluerit cleronomis
derelinquat; quibus etiam ex hac uita migratis, rus
praedictum cum omnibus utensilibus ad usum primatis aecclesiae dei in Wiogornaceastre restituatur
immune.   Eâc we him wrîtað ða mædue æt Pirig-
forda an sûðhalue ðæs weges, swâ seó niwe dîc hit all
ymbûtan beligeð, his dæge, and æfter twǽm yrfweardum swilcan swilce he seolf wille.   His metis praefatum rus hinc inde giratur.   Ðis syndon ðâra .v. hida
landgemǽru æt Cromban. Ærest on Winterburne; ondlong ðǽre burnan oð hit cymeð tô ðǽm mǽrhege;
ondlong ðæs mǽres heges ðæt hit cymeð ûp on ða
dûne; from ðǽre dûne westweard ðæt hit cymeð tô
ðǽre ealdan dîc westweardre ðæt hit cymeð on ðonne
mǽrweg; ondlong ðæs mǽrweges ðæt hit cymeð on
biccesǽtan; ondlong biccesǽtan ðæt hit cymeð on ðæt

lytle ryðig ; of ðǽm riðige â be roldan ; of ðǽre oldan
ðæt on ðone æcerhege ; ondlong ðæs æcerheges ðæt
hit cymeð on Pippanleáge ; ondlong ðǽre leáge midde
weardre, ðæt hit cymeð tô ðǽm lytlan wege ; ondlong
ðæs lytlan weges ðæt hit cymeð on ðone norðran mǽrweg ; ondlong ðæs mǽrweges ðæt hit cymeð on ægles
lonan ; ondlong ðǽre lonan ðæt hit cymeð eft in ða
burnan : and . XII. æcres mædue hertô on ðǽre niwan
mædue.

✠ Ego Oswald episcopus consensi. ✠ Wulfric
presbiter. ✠ Eadgar presbiter. ✠ Ego Wistan
presbiter. ✠ Wistan clericus. ✠ Ælfgar clericus.
✠ Æðelstan presbiter. ✠ Ælfred presbiter. ✠
Wulfhun clericus. ✠ Cynsige clericus. ✠ Eadweard clericus. ✠ Wulfheah clericus. ✠ Brihstan
clericus. ✠ Ælfstan clericus. ✠ Wulfgar clericus.
✠ Eadwine clericus. ✠ Leofwine clericus. ✠ Tuna
clericus.

Rubric. Æt Croman . Cynelm and Leôfwine.

DL.

ÔSWALD, 969.

✠ Ego Oswald ergo Christi crismate praesul iudicatus, dominicae incarnationis anno .DCCCC.LXVIIII. annuente regi Anglorum Eadgar, Ælfereque Merciorum
comite, necnon et familia Weogornensis aecclesiae,
quandam ruris particulam, duas uidelicet mansas, in
loco qui celebri uocatur a soliculis æt Stoce uocabulo,
cuidam ministro meo, nomine Æðelweardo, perpetua
largitus sum haereditate, et post uitae suae terminum
duobus tantum haeredibus immunem derelinquat ; quibus defunctis aecclesiae dei in Weogornaceastre restituatur. Ðis wæs gedôn ymbe .VIIII. nigon hund
wintra and . LXVIIII. and on nigoðan geare ðe Oswold
bisceop tô folgôðe feng. Sancta Maria et sanctus

TOM. III.   D

Michahel, cum sancto Petro and eallum Godes hâlgum gemiltsie ðis healdendum ; gif hwâ bûtan gewyrhtum hit âbrecan wylle, hæbbe him wið god gemǽne,
bûton he ǽr tô dǽdbôte gecyrre.   Her is seô hondseten.

✠ Oswald bisceop.   ✠ Eadgar presbiter.   ✠ Ælfred clericus.   ✠ Wulfhun clericus.   ✠ Ælfstan
clericus.   ✠ Eadwine clericus.   ✠ Wulfric presbiter.   ✠ Wistan presbiter.   ✠ Æðelstan presbiter.
✠ Byrhtstan clericus.   ✠ Wulfgar clericus.   ✠
Wynstan clericus.

Ðis syndon ða landgemǽru twêgra hida æt Stoce ;
ǽrest on æsc wellan ; of æsc wellan west on ða halas ;
ðanon on dynninces grafes wyrttruman ðæt swâ on
swepelan streâm ; of swepelan streâme west be wudu
riman on reâdan wege sûðweardan ; of reâdan wege
west eft in æsc wellan.

Rubric.   Æt bisceopes stoce . Æðelweardo and
Æðelmǽro.

DLI.

ÔSWALD, 969.

✠Anno dominicae incarnationis .DCCCC.LXVIIII. ego
Osuuald, superni rectoris fultus iuuamine praesul,
cum licentia Eadgari regis Anglorum, ac consensu
Ælfhere ducis Merciorum, uni meo fideli, qui a gnosticis noto Ælfweard nuncupatur uocabulo, ob eius
fidele obsequium, quandam ruris particulam .i. uidelicet mansam, quod solito uocitatur nomine Ðeofecan
Hyl, cum omnibus ad se rite pertinentibus, liberaliter
concessi ; ut ipse uita comite fideliter perfruatur, et
post uitae suae terminum, duobus quibus uoluerit
cleronomis derelinquat ; quibus etiam ex hac uita migratis, rus praedictum cum omnibus utensilibus ad
usum primatis aecclesiae dei in Wiogornaceastre re-

stituatur immune. Ðis syndon ða gemǽro tó Ðeoue-
can Hylle. Ǽrest of wandesforda eástweard olluncges sǽte ðæt hit cymeð tó ðǽre hegce ; olluncges ðǽre hegge ðæt in Lawern; úp be Lawern; ðæt swá súðen tó ðǽm forda ; ofer ðǽm forda ollunc strǽte ðæt onbútan ða cotu ; ðæt swá on ællesburnan ; olluncges burnan ðæt swá on ðæt síc; olluncges síces ðæt swá wið súðan ðǽm móre úp bi ðǽm æcerhege tó ðǽre strǽt ; olluncges strǽte ðæt swá on ða hegce ; olluncges ðǽre hegce norðweard ðæt on ða strǽt ; olluncges strǽte eástweard ; ðæt swá on ðone hyl ; olluncges hegce ðæt swá on Lawern ; olluncges streámes ðæt swá norðen in ðone ford ; and ða þreo æcras on ðǽm hylle foran on eásthealfe Lawern and on norðhealfe strǽte. Ælfward wæs se forma man and nú hit stant his dohtor on handa, and heó is se óðer man.

✠ Ego Osuuold episcopus consensi. ✠ Ego Wulfric presbiter. ✠ Ego Eadgar presbiter. ✠ Ego Wistan presbiter. ✠ Ego Ælfred clericus. ✠ Ego Æðelstan presbiter. ✠ Ego Wulfhun clericus. ✠ Ego Cynesige clericus. ✠ Ego Byrstan clericus. ✠ Ego Ælfstan clericus. ✠ Ego Wulfgar clericus. ✠ Ego Eadwine clericus. ✠ Ego Wistan clericus. ✠ Ego Ælfgar clericus. ✠ Ego Ufic clericus. ✠ Ego Wulfheh clericus. ✠ Ego Leofwine clericus. ✠ Ego Tuna clericus. ✠ Ego Wulfnoð clericus. ✠ Ego Eadweard clericus.

Rubric. Ðeofecanhyl . Ælfwerd and Eádgeouu.

DLII.

ÓSWALD, 969.

✠ ANNO incarnationis dominicae .DCCCC.LXVIIII. Ego Oswald gratia dei Huuicciorum episcopus, cum consensu et unanima licentia uenerandae familiae in Wiogerneceastre, nec non et Eadgari regis totius Bri-

tanniae, terram aliquam iuris nostri, id est mansas .VII.
in loco qui dicitur æt Tidinctune, concedo Æðeleardo,
meo fideli, ea uero [conditione], ut habeat et perfruatur dies suos, et post uitae suae terminum, duobus
tantum haeredibus immunem derelinquat; quibus defunctis aecclesiae dei in Wiogurneceastre restituatur.
Sit autem terra ista libera omni regi, nisi aecclesiastici
censi.   Ðonne is ealles ðæs landes æt Tidinctûne .v.
and æt Faccanlea ôðer healf hid ðe Oswald bisceop
bôcað Æðelearde mid his hlâfordes leâfe þreora manna
dæg on ðâ gerâd, wyrce ðæt he gewyrce, ðæt ðæt land
sie unforworht intô ðære hâlgan stowe.   Se ðe ðis ge-
haldan wille God hine gehalde; se ðe hit þence tô wen-
danne hæbbe him gemæne wið ðone hyhstan on ðâm
ytemestan dæge ðisses lifes.   Scripta est haec carta,
his testibus consentientibus, quorum inferius nomina
notantur.   Ðis synd ða landgemæra tô Teodintûne;
ærest of ðâm burhgan geate in kærente; of kærente
in norð brôc; andlang brôkes in oxna dûnes cnol,
and swâ andlang ðære dûne in bula dîc; of bula dîce
âbûtan secgle mædwan and swâ betweonan ðære
mædwan and pæuin tûne in ðære portstræt; and swâ
æfter ðære stræte eft in kærente ðære eâ.

✟ Ego Osuuald episcopus consensi.   ✟ Ego Wulfric presbiter.   ✟ Ego Eadgar presbiter.   ✟ Ego
Wistan presbiter.   ✟ Ego Æðelstan presbiter.   ✟
Ego Wulfhun clericus.   ✟ Ego Brihstan clericus.
✟ Ego Cynsige clericus.   ✟ Ego Ælfstan clericus.
✟ Ego Wulfgar clericus.   ✟ Ego Eadwine clericus.
✟ Ego Wenstan clericus.   ✟ Ego Ælfgar clericus.
✟ Ego Ufic clericus.   ✟ Ego Wulfheh clericus.
✟ Ego Leofwine clericus.   ✟ Ego Tuna clericus.
✟ Ego Eadward clericus.   ✟ Ego Wulfnoð clericus.

    Rubric. Æt Tidinctûne and æt Fahcanlea. Æðel-
eardo and Æðelmære.

DLIII.

ÓSWALD, 969.

✠ ANNO dominicae incarnationis .DCCCCLXVIIII.
Ego Oswald, superni rectoris fultus iuuamine praesul,
cum licentia Eadgari regis Anglorum ac Ælfheri
ducis Merciorum, uni fideli meo, qui a gnosticis noto
Byrnric nuncupatur uocabulo, ob eius fidele obsequium, quandam ruris particulam, quatuor et dimidium uidelicet mansos, quod solito uocitatur nomine
æt Longandune, cum omnibus ad se rite pertinentibus liberaliter concessi; ut ipse uita comite fideliter
perfruatur, et post uitae suae terminum duobus quibus uoluerit cleronomis derelinquat; quibus etiam ex
hac uita migratis, rus praedictum cum omnibus utensilibus ad usum primatis aecclesiae dei in Weogornaceastre restituatur inmune. Ðis wæs gedón on Wyn-
siges gewytnesse muneces and on ealra munuca æt
Weogornaceastre. His metis praefatum rus hinc
inde giratur. Ðis syndon ða landgemǽru tó Longan-
dúne. Ærest on ðone mere; ðonne of ðám mere west
be ðám hæfdan; ðonne innan ánne síce; ðonne and-
langc síces ðæt cymð tó ðǽm horpytte; ðonne norð
andlanc dúnes; ðonne út æt ðæs croftes heáfod ðæt
stícað on ðǽre lace; ðonne úp ondlong dúne úfeweardre ðæt cymð tó ðǽre wylle; ðonne andlang áre stíge
ðæt cymð on ðone brádan wǽnweg; ðonne andlang
ðára fura ðæt hit cymð úp tó ðám rigcce; ðonne of
ðǽm rigcce ðæt hit cymð tó ðám ealdan gáran; ðænne
of ðám gáran innan ðone mere.

DLIV.
ŌSWALD, 969.

✠ ANNO incarnationis dominicae .DCCCC.LXVIIII.
Ego Oswald, superni rectoris fultus iuuamine praesul,
cum licentia Eadgari regis Anglorum, uni meo fideli,
qui a gnosticis noto Ealhstan nuncupatur uocabulo,
ob eius fidele obsequium, quandam ruris particulam
.VIII. uidelicet mansas, quod solito uocitatur nomine
Eowlangelade, cum omnibus utensilibus [liberaliter
concessi; ut ipse uita comite fideliter perfruatur, et
post uitae suae terminum duobus quibus uoluerit cleronomis derelinquat; quibus etiam ex hac uita migratis, rus praedictum cum omnibus utensilibus] ad usum
primatis aecclesiae dei, in Wiogornaceastre restituatur
inmune. His metis praefatum rus hinc inde giratur.
Ðis synd ða landgemǽru æt Eowlangelade. Of Eowlangelade andlang Bladene; of Bladene andlang Riði-
iges; ðæt on Fugelmære midne; of Fugelmere ðæt
on ðone ōðerne Fugelmere; of Fugelmere ðæt on Gildbeorh; of Gildbeorh andlang sealtstrǽte tō ðām stāne;
of ðām stāne tō ðām ōðeran stāne; ðæt swā tō ðām
þriddan stāne, and tō ðām feorðan stāne; of ðām stāne
tō ðǽre grēnan stīge; of ðǽre stīge tō Lafercan beorh;
of Lafercan beorh on ðone ealdan weg; ðæt ofer ðone
brōc; ðæt eft on ðone ealdan weg; of ðām ealdan wege
ðæt forð on Langdune ā bi heāfdan, ðæt hit cymð tō
ðām ealdan slo; of ðām slo tō ðām lytlan beorhe; of
ðām beorge on ðæt sīc; ondlong sīces ofer ðone brōc
tō Heortwellan; of Heortwellan tō Hwetewellan, and
þreo æceras earðlandes; of Hwetewellan ā bi ðām earð-
lande tō ðām tōbrocenan beorge; of ðām beorge forð
on geriht on ðæt sīc; of ðām sīce be ðām heāfdan ðæt
hit cymð tō Mūles hlawe, and þreo æceras; ðonne
ādūne andlang ðǽre furh ðæt hit cymð tō Bladene; swā
andlang Bladene ðæt hit cymð eft tō Eowlangelade.

✠ Ego Oswold episcopus consensi. ✠ Wulfric presbiter. ✠ Eadgar presbiter. ✠ Wistan presbiter. ✠ Ælfred clericus. ✠ Æðelstan presbiter. ✠ Wulfhun clericus. ✠ Cynesige clericus. ✠ Byrhstan clericus. ✠ Ælfstan clericus. ✠ Eadweard clericus. ✠ Wulfgar clericus. ✠ Eadwine clericus. ✠ Wistan clericus. ✠ Ælfgar clericus. ✠ Ufic clericus. ✠ Wulfheh clericus. ✠ Leofwine clericus. ✠ Tuna clericus. ✠ Wulfnoð clericus.

Rubric. Eowlangelad . Ealhstân. Æðelstân.

DLV.

* EÂDGÂR, 969.

✠ REGNANTE domino nostro Ihesu Christo in perpetuum! Ego Eadgarus dei gratia Anglorum rex, omnibus episcopis, abbatibus, comitibus, uicecomitibus, centenariis, caeterisque agentibus nostris praesentibus scilicet et futuris, salutem. Dignum et conueniens est clementiae principali inter caeteras actiones illud quod ad salutem animae pertinet, quod pro diuino amore postulatur, pio auditu suscipere et studiose ad effectum perducere; quatenus de caducis rebus praesentis saeculi quae nunquam sine inquinamento et aerumpna possidentur, emundatio peccatorum et uitae aeternae securitas adquiratur; iuxta praeceptum domini dicentis ' Date elemosinam et omnia munda sunt uobis :' ergo dando elemosinam, iuxta hoc ipsius dictum, oportet nos emercari peccatorum nostrorum emundationem, ut dum aecclesiis Christi impertimur congrua beneficia et iustas bonorum uirorum petitiones efficaciter audimus retributorem deum ex hoc habere mereamur. Igitur postquam dono dei et paterna successione in regnum Anglorum inthronizatus et confirmatus fui, ubi uidi aecclesias dei tam peccatis exi-

gentibus quam crebris barbarorum irruptionibus di-
rutas, et maxime sanctam et apostolicam uitam, id
est monachicum ordinem, per omnes regni mei pro-
uincias funditus deperisse, grauiter dolens et consilium a sancto spiritu accipiens, Dunstano archiepiscopo et Æðelwoldo Wyntoniensi episcopo hoc nego-
tium indixi, ut omnia monasteria quae inter terminum
totius Angliae sita sunt supra uel infra circumirent,
ac reaedificarent, possessiones quae ad fiscum redactae
erant de ipsis monasteriis uel ab aliis saecularibus
potestatibus peruasae ubicumque, cartis uel testimo-
niis recognoscerent mea auctoritate freti, ad integrum
restituerent ; et tanquam dicente michi domino, ' A
capite incipe,' inprimis aecclesiam specialis patroni
ac protectoris nostri beati Petri quae sita est in
loco terribili qui ab incolis Thorneye nuncupatur,
ab occidente scilicet urbis Lundoniae, quae olim,
id est dominicae incarnationis anno . DC^{mo}IIII., beati
Æðelberhti hortatu, primi Anglorum regis Christiani,
destructo prius ibidem abhominationis templo regum
paganorum, a Sabertho praediuite quodam subregulo
Londoniae, nepote uidelicet ipsius regis, constructa est,
et non ab alio sed ab ipso sancto Petro apostolorum
principe in suum ipsius proprium honorem dedicata ;
dehinc ab Offa et Kenulpho regibus celeberrimis possessionum priuilegiis et uariis ornamentorum speciebus uehementer fuerat ditata, et in qua sedes regia et
locus etiam consecrationis regum antiquitus erat, hanc
praecipi ut studiosius restruerent, et omnes possessiones eius readunarent, et ipse de dominicatis terris
meis aliquanta addidi, et cartis atque legitimis testibus
corroboraui. Deinde, succedente tempore, concilio ha-
bito infra basilicam ipsam, praesidente me cum filio
meo Eadwardo, et eodem archiepiscopo uenerabili
Dunstano et uniuersis episcopis et baronibus meis,
secutus exemplum maiorum meorum renouaui, addidi
et corroboraui cartas et priuilegia eiusdem loci, et ad

apostolicam sedem legenda et confirmanda transmisi,
atque legitima concessione in hunc modum astipulata
accepi. Iohannes episcopus urbis Romae seruus seruorum dei, domino excellentissimo Eadgaro filio suo
regi Anglorum salutem et apostolicam benedictionem.
Quia literis tuae celsitudinis, fili karissime, nobis inno-
tuisti de monasterio sancti Petri specialis patroni tui,
quod ab antiquis Angliae regibus a potestate Londoniensis sedis episcopi cum consilio pontificum eiusdem patriae fuerit ereptum, et ab hinc sub regimine
regum uel clarissimorum abbatum semper dispositum,
et postulasti a nobis ut priuilegium episcoporum de
eodem monasterio factum nostro priuilegio, immo
magis apostolorum principis roboraremus auctoritate,
libentissime secundum tuae beneuolentiae petitionem
facimus. Auctoritate siquidem beati Petri apostolorum principis, qui potestatem ligandi atque soluendi
a domino accepit, cuiusque nos uicarii existimus, sta-
bilimus ut ipse locus regum praeceptis et priuilegiis
apostolicis fultus, per omnia tempora sine repetitione
cuiuscunque Londonicae urbis episcopi, aut alicuius
iudiciariae potestatis, uel cuiuscunque praepotentis
hominis cuiuscunque ordinis uel dignitatis sit, semper
sicut praeoptat et expetit tua beniuolencia ratus futuro tempore permaneat. Uenerabiles igitur eiusdem
loci fratres ydoneos ex se, uel ex quacunque uoluerint
congregatione, abbates siue decanos sibi per succes-
siones eligendi ex auctoritate huius sanctae Romanae
sedis et nostra, sicut postulasti, amplius habeant potestatem; et ne impediantur auctoritate apostolica prohibemus, neque per uiolentiam extranea persona intro-
ducatur nisi quam omnis concors congregatio elegerit.
Praeterea illi loco quicquid contuleris uel collatum est
uel conferetur, diuina auctoritate et nostra roboramus.
Priuilegia uero possessionum et dignitatum karissimi
fratris nostri uenerabilis Dunstani aliorumque fidelium
ibidem indulta, necnon et priuilegia uestra ad hono-

rem dei pertinentia quae ibi instituere uolueris, gratanti affectu annuimus, confirmamus et confirmando
in perpetuum rata inuiolataque stare decernimus, et
infractores eorum aeterna maledictione dampnamus;
obseruatores autem huius firmitatis gratiam et misericordiam a domino consequi mereantur. Causa igitur
infractionis nostri priuilegii ad posteros nostros perueniat. Datum Rauennae . ix°. kalendas Februarii.
Cognoscat ergo magnitudo seu utilitas uestra quam
decernimus et in perpetuum mansurum iubemus atque
constituimus, ut pro reuerentia reliquiarum gloriosis-
simi apostoli Petri, et pro quiete monachorum ibidem
deo famulantium, honor et laus eiusdem aecclesiae
habeatur et obseruetur; id est ut quisquis fugitiuorum
pro quolibet scelere ad praefatam basilicam beati
apostoli fugiens, procinctum eius intrauerit, siue
pedes, siue eques, siue de curia regali, siue de ciuitate, siue de uilla, seu cuiuscunque conditionis sit,
quocunque delicto facinoris contra nos uel succedentes
reges Anglorum, uel contra alium quemlibet fidelem
sanctae aecclesiae dei forisfactus sit, relaxetur et
liberetur, et uitam atque membra absque ulla contradictione obtineat. Praeterea interminamur diuina
auctoritate et nostra ut neque nos neque successores
nostri, neque quilibet episcopus uel archiepiscopus nec
quicunque de iudiciaria potestate, in ipsam sanctam
basilicam uel in manentes in ipsa, uel in homines qui
cum sua substantia uel rebus ad ipsam tradere uel
deuouere se uoluerint, nisi per uoluntatem abbatis et
suorum monachorum ullam unquam habeant potestatem; sed sit haec sancta mater aecclesia peculiaris
patroni nostri beati Petri apostoli libera et absoluta ab
omni inuasione uel inquietudine omnium hominum, cuiuscunque ordinis uel potestatis esse uideantur. In ma-
neria uero uel curtes praefatae basilicae sic et ubi in
quascunque regiones uel pagos in regno nostro quicquid a die praesenti ipsum monasterium possidere et

dominari uidetur, uel quod a deum timentibus hominibus per legitima cartarum instrumenta ibidem fuit concessum, uel in antea erit additum uel delegatum, nec
ad causas audiendas nec ad fideiussores tollendos,
nec ad freda uel bannos exigendos, et ad mansiones
uel paratas faciendum, nec ullas redibitiones requi-
rendas infra immunitatem sancti Petri ingredi uel re-
quirere quoquo tempore praesumatur; sed quicquid
exinde fiscus noster exauctare poterat, omnia et ex
omnibus pro mercedis nostrae augmento sub integra
et firmissima immunitate concedimus ad ipsum sanctum locum et imperpetuo confirmamus.   Concedo
etiam et confirmo omnes libertates et donationes terrarum quae a praedictis regibus seu aliis, sicut legitur
in antiquo telligrapho libertatis, ante me donatae sunt:
scilicet Hamme, Wynton, Mordun, Fentun, Aldenham,
Bleccenham, Loyereslege, quas tamen uenerabilis
Dunstanus a me, una cum praedicto loco, emerat,
necnon et libertates atque emptiones quas idem Dunstanus, me cedente, ab optimatibus meis mercatus
est, et quas etiam coram legitimis testibus sigillo suo
et anulo episcopali ibidem in usum fratrum praefatae aecclesiae in perpetuam perstrinxit possessionem.
Nos itaque ad laudem nominis domini et ad honorem
sancti Petri terras quae hic caraxantur ibidem dona-
uimus, Holewelle, Decewrthe, Wattune, Cillingtune.
Haec igitur supradicta rura, cum omnibus ad se pertinentibus et cum coenobio quod Stana uocatur, et
omnibus sibi pertinentibus, scilicet Tudingtun, Halge-
forde, Feltham, Ecclesforde, priscis temporibus ad eandem perhibentur aecclesiam sancti Petri pertinere,
sicut legitur, ut diximus, in antiquo telligrapho libertatis quam rex Offa illi monasterio contulit, quando
aecclesiis per uniuersas regiones Anglorum recuperatiua priuilegia, Wilfredo archiepiscopo hortante, scribere iussit; quod coenobium Stanense iam olim regulari et monachorum examine pollebat, postea uero hos-

tili quadam expeditione, fratribus dispersis solotenus
est dirutum. Hanc eandem itaque libertatem praefatae aecclesiae sancti Petri principis apostolorum concessi, quia locus praedictus, qui templum fuerat dudum
Apollinis, dei prouidentia nunc mirabiliter ab ipso clauigero est consecratus ac dedicatus quatinus ab omni
saeculari sit liber in perpetuum seruitute. Et ne quis
praesentium uel magis futurorum ambiget quae sit illa
libertas quam amabiliter et firmiter concedo, omnimodis cuncta illius monasterii possessio nullis sit unquam grauata oneribus, nec expeditionis nec pontis et
arcis edificamine, nec iuris regalis fragmine, nec furis
apprehensione, et ut omnia simul comprehendam nil
debet exsolui, nec regi, nec regis praeposito, uel episcopo, uel duci, uel ulli homini, sed omnia debita
exsoluant, iugiter quae in ipsa dominatione fuerint ad
supradictum sanctum locum secundum quod ordina-
uerint fratres eiusdem coenobii. Obsecramus etiam
omnes successores nostros reges et principes, per
sanctam et indiuiduam Trinitatem et per aduentum
iusti iudicis, ut quemadmodum ex munificentia antecessorum nostrorum ipse locus uidetur esse ditatus,
nullus episcoporum uel abbatum aut eorum ordina-
tores, uel quaelibet persona possit quoquo ordine de
loco ipso aliquid auferre aut aliquam potestatem sibi
in ipso monasterio usurpare, uel aliquid quasi per
commutationis titulum, absque uoluntate ipsius congregationis uel nostrum permissum, minuere, aut cali-
ces, aut cruces, seu indumenta altaris uel sacros codi-
ces, aurum, argentum uel qualemcunque speciem ibidem collatam auferre, uel alias deferre praesumat;
sed liceat ipsi congregationi quod sibi per rectam
delegationem collatum est perpetim possidere, et pro
stabilitate regni nostri iugiter exorare, quod nos pro
dei amore et reuerentia sancti apostoli et adipiscenda
uita aeterna hoc beneficium ad locum illum terribilem
et sanctum cum consilio pontificum et illustrium uiro-

rum nostrorum procerum gratissimo animo et integra
uoluntate uisi sumus praestitisse, eo uidelicet ordine
ut sicut tempore praedecessorum meorum ibidem
chorus psallentium per turmas fuit institutus, ita die
noctuque in loco ipso celebretur. Si autem quispiam
hanc nostram auctoritatem uel immunitatem infringere uoluerit, et alios ad hoc conduxerit, unusquisque
pro seipso libras v. partibus sancti Petri soluat, et ut
dictum est, quicquid exinde fiscus noster ad partem
nostram sperare poterat in luminaribus uel stipen-
diis monachorum, seu etiam elemosinis pauperum ipsius monasterii perenniter per nostra oracula ad integrum sit concessum atque indultum. Et ut haec
auctoritas nostris et futuris temporibus circa ipsum
sanctum locum perenniter firma et inuiolata permaneat, uel per omnia tempora illaesa custodiatur atque
conseruetur, et ab omnibus optimatibus nostris et
iudicibus publicis et priuatis melius ac certius credatur, manus nostrae subscriptionibus subtus eam decreuimus roborare et de sigillo nostro iussimus sigil-
lare.

Signum ✠ Eadgari incliti et serenissimi Anglorum
regis. Signum ✠ Eadwardi eiusdem regis filii. Signum ✠ Æðelredi fratris eius. ✠ In nomine Christi
ego Dunstanus, acsi peccator, Dorobernensis aecclesiae archiepiscopus, hanc libertatem sanctae crucis
agalmate consignaui, ac deinde secundum apostolici
Iohannis praeceptum, obseruatores huius libertatis,
auctoritate qua perfruor, a peccatis suis absolui,
infractores uero perpetim maledixi nisi resipiscant,
et tribus annis a liminibus sanctae aecclesiae seques-
trati poenitentiam agant. ✠ Ego Oswoldus Eboracensis archiepiscopus imposui. ✠ Ego Ælfstanus Londoniensis aecclesiae episcopus adquieui. ✠ Ego Æðelwoldus Wintoniensis aecclesiae episcopus corroboraui.
✠ Ego Ælfstanus Roffensis aecclesiae episcopus sup-
posui. ✠ Ego Æscwius Dorcicensis aecclesiae epi-

scopus impressi. ✠ Ego Ælfegus Lichefeldensis aecclesiae episcopus consolidaui. ✠ Ego Æðelsinus Scireburnensis aecclesiae episcopus commodum duxi. ✠ Ego Wlgarus Wiltuniensis aecclesiae episcopus confirmaui. ✠ Ego Æðulfus Herefordensis aecclesiae episcopus ovanter diuulgaui. ✠ Ego Æðelgarus Cisseniensis aecclesiae episcopus adnotaui. ✠ Ego Sigarus Wellensis aecclesiae episcopus gaudenter conclusi. ✠ Ego Aluricus Cridiensis aecclesiae episcopus amen dixi. ✠ Ego Sigarus Allmaniensis aecclesiae episcopus consigillaui, atque cum praescriptis archiepiscopis et episcopis et abbatibus, luminibus accensis, uiolatores huius munificentiae, dignitatis immo apostolici, transgressores huius decreti imperpetuum excommunicaui nisi praetitulatam poenitentiam resipiscendo peragant. ✠ Ego Folcmerus abbas. ✠ Ego Ælfric abbas. ✠ Ego Kinewardus abbas. ✠ Ego Osgar abbas. ✠ Ego Æðelgar abbas. ✠ Ego Sideman abbas. ✠ Ego Folbrycht abbas. ✠ Ego Godwin abbas. ✠ Ego Leofric abbas. ✠ Ego Wymer abbas. ✠ Ego Aldred abbas consensi et rege suisque praecipientibus hanc libertatis singrapham scripsi anno dominicae incarnationis . D.CCCC°.LX°.VIIII°. indictione . XII^{ma}. idus Maii anno . XIII°. regni regis Eadgari. ✠ Ego Ðuredus presbiter. ✠ Ego Leoffa presbiter. ✠ Ego Wlstanus presbiter. ✠ Ego Æðelbaldus presbiter. ✠ Ego Wlfget presbiter. ✠ Ego Weremund presbiter. ✠ Ego Æðelsige presbiter. ✠ Ego Wineman presbiter. ✠ Ego Oswardus presbiter cum supradictis et cum aliis .c^{m}.VII. presbiteris infractores huius firmitatis excommunicaui. ✠ Ego Ælfere dux. ✠ Ego Marthere dux. ✠ Ego Oslac dux. ✠ Ego Birnoð dux. ✠ Ego Osred dux. ✠ Ego Fordwine dux. ✠ Ego Friðelaf dux. ✠ Ego Anulf dux. ✠ Ego Alfeh dux. Ad ultimum itaque una cum rege et filiis eius nos omnes confratres et coepiscopi, et cum tota hac populosa et sancta sinodo eiusdem loci, om-

nes futuros abbates, decanos atque praepositos contes-
tamur, uerum etiam in nomine patris et filii et spiritus
sancti prohibemus, quatinus sacros illius aecclesiae
thesauros non distrahant, neque terras seu redditus
uel beneficia in suis uel parentum suorum usibus sto-
lide expendant, neque a seruis dei quae pro illis ibidem
habetur substantiam subtrahendo minuant. Quod si
aliquis praesumpserit, illum sicut uiolatorem atque
transgressorem huius nostri decreti, immo apostolici,
ante summum iudicem cum uenerit saeculum iudicare
per ignem responsurum super hac re inuitamus.

DLVI.
EÁDGÁR, 969.

✠ Nos sacrae auctoritatis agyographo commone-
mur, quae perspicue cunctis cautelam intimat, dicens :
' Nudus egressus sum ex utero matris meae, et nudus
reuertar illuc.' Et iterum : ' Nichil intulimus in hunc
mundum, uerum nec ab eo auferre quid poterimus.'
Quapropter ego Eadgar, tocius Bryttanniae basileus,
quandam telluris particulam . xxx . uidelicet cassatos
loco qui celebri æt Wyttannige nuncupatur uocabulo,
cuidam ministro michi oppido fideli, qui ab huiusce
patriae gnosticis nobili Ælfhelm appellatur onomate,
pro obsequio eius deuotissimo, perpetua largitus sum
haereditate ; ut ipse, uita comite, cum omnibus utensilibus, pratis uidelicet, pascuis, siluis, uoti compos habeat, et post uitae suae terminum quibuscumque uoluerit cleronomis inmunem derelinquat. Sit autem praedictum rus omni terrenae seruitutis iugo liberum, tribus exceptis, rata uidelicet expeditione, pontis arcisue
restauratione. Si quis igitur hanc nostram donationem
in aliud quam constituimus transferre uoluerit, priuatus consortio sanctae dei aecclesiae, aeternis barathri
incendiis lugubris iugiter cum Iuda, Christi proditore,

eiusque complicibus, puniatur, si non satisfactione
emendauerit congrua quod contra nostrum deliquit
decretum. His metis praefatum rus hinc inde gyratur.
Ðis synt ða landgemǽro ðára . xxx. hida æt Wyttannige : ǽrest of hafoces hlewe on wenrisc, on ða wiðig
rewe on hnutclyf; of ðám clyfe on hean leáge; ðæt on
lungan leáge weg ; andlang weges ; ðonne on swon-
leáge ; ðonne on swonweg ; andlang weges ðæt hit stí-
ca ð on norðeweardum cynges steorte ; ðanon on súga-
róde; andlang róde on huntena weg ; andlang weges
ðæt hit stícað æt wíchám; ðanon â be wyrtwale on
Ofling æcer, ðonon on ealdan weg ; andlang weges on
cycgan stán ; of ðám stáne on ðane grénan weg ; andlang weges ðonne on yccenes feld ; of yccenes felda
on ða hegerewe; andlang hegerewe on metsinc ; andlang metsinces on Ecgerdes hel úfeweardne æfter wyrt-
walan on wenríc; andlang wenricces on fúlan yge
eásteweardne ; ðonon æfter gemǽre on Tídredingford;
ðanon on occanslæw ; ðanon on Wittan mór súðeweardne ; ðonon on Colwullan bróc ; of ðám bróce on
ða ealdan díc ; of ðære díc on Fugelsled ; of ðám
slede on ða stánbricge; æfter bróce on ðane ealdan
weg ; of ðám wege on Horninga mǽre ; ðanon on
wæredan hlinc súðeweardne ; ðonan andlang slædes
on Tycan pyt; andlang bróces on ða myðy ; of ðás
gemyðon on Ceahhan mere ; ðanon on lythlan eorð-
beorg ; of ðære byrig on ða onheáfda; of ðás on-
heáfdon on cytelwylle ; of ðás wylle on ða strét; andlang stréte on hafoces hlew ; of ðám hlewe eft on
hnutclif, ðær hit ǽr árás. And ðis is ðæt medland
ðe ðártó gebyrað, æt Hengestesige án and twentig
æcra. Anno dominicae incarnationis . DCCCCLXVIIII .
scripta est haec carta, his testibus consentientibus quorum inferius nomina carraxantur.

✠ Ego Eadgar, rex Anglorum, concessi.   ✠ Ego
Dunstan archiepiscopus corroboraui.   ✠ Ego Oscytel
archiepiscopus consolidaui.   ✠ Ego Æðelwold epi-

scopus corroboraui. ✠ Ego Osulf episcopus confir-
maui. ✠ Ego Ælfstan episcopus consignaui. ✠
Ego Oswold episcopus adquieui. ✠ Ego Byrhtelm
episcopus confirmaui. ✠ Ego Ælfwold episcopus
concessi. ✠ Ego Eadhelm episcopus consolidaui.
✠ Ego Ælfðryð regina. ✠ Ego Ælfric abbas. ✠
Ego Æscwig abbas. ✠ Ego Osgar abbas. ✠ Ego
Ælfstan abbas. ✠ Ego Æðelgar abbas. ✠ Ego
Cyneweard abbas. ✠ Ego Ðurcytel abbas. ✠ Ego
Sydeman abbas. ✠ Ego Syferð abbas. ✠ Ego
Æðelstan dux. ✠ Ego Ælfhere dux. ✠ Ego Ælf-
heah dux. ✠ Ego Ordgar dux. ✠ Ego Æðelwine
dux. ✠ Ego Ordgar dux. ✠ Ego Byrhtnoð dux.
✠ Ego Oslac dux. ✠ Ego Eadulf dux. ✠ Ego
Byrhtferð dux. ✠ Ego Eanulf minister. ✠ Ego
Ælfwine minister. ✠ Ego Æðelweard minister. ✠
Ego Wulfstan minister. ✠ Ego Ælfweard minister.
✠ Ego Leofwine minister. ✠ Ego Byrhtric minister.
✠ Ego Leofa minister. ✠ Ego Wulfgar minister.
✠ Ego Byrhtric minister. ✠ Ego Ælfric minister.
✠ Ego Leofsige minister. ✠ Ego Ælfwold minister.
✠ Ego Ælfwine minister. ✠ Ego Wulfgar minister.
✠ Ego Wulfgeat minister. ✠ Ego Wulfsige minister.
✠ Ego Wulfstan minister.

DLVII.

ÔSWALD, 969.

✠ Ic Oswold bisceop þurh Godes giefe, mid geðafunge and leáfe Eádgáres Angulcynincges and Ælfheres Mercna heretogan and ðæs hierodes on Wiogurnæceastre, landes sumne dǽl, ðæt synt — hida on twám
túnum ðe fram cúðum mannum Teottingctún and Ælfsigestún sint gehátenne, sumum cnihte ðǽm is Osulf
nama, for godes lufon and for uncre sybbe, mid eallum
þingum tó freon ðe ðǽrtó belimpað his dǽge forgeaf,

and æfter his dæge twâm erfeweardum, ðæt beó his
bearn swilc lengest móte gief ðæt bið him giefeðe; æfter
ðǽra bearna dæge fó Eâdleofu tó his gebedde, hire
dæg; æfter hire dæge becweðe hire bróðrum twâm
swilc hire leófest sý; æfter hiera dæge eft intó ðǽre
hâlgan stowe. Sý hit ǽlces þinges freoh bûtan ferdfare and walgeworc and brigcgeworc. Ðis wæs gedón ymbe nigon hund wintra and nigon and seoxtig
ðæs ðe drihtnes gebyrdtíde wæs, on ðý nigoðan geare
ðæs ðe Oswald bisceop tó folgaðe fengc. Sancta Maria and sanctus Michael cum sancto Petro and
eallum Godes hâlgum gemiltsien ðis haldendum; gief
hwâ bûtan gewrihtum hit âwendan wille, God âdilgie
his noman of lifes bócum and hæbbe him gemǽne wið
hine on ðâm ytemestan dæge ðisses lifes, bûton he tó
rihtere bóte gecyrre.

✠ Her is seó hondseten Oswaldes bisceopes and
unna ðæs hierodes on Wiogurnaceastre. ✠ Wulfric
presbiter. ✠ Eadgar presbiter. ✠ Æðelstan presbiter. ✠ Brihstan clericus. ✠ Eadwine clericus.
✠ Wistan presbiter. ✠ Wulfgar clericus. ✠ Ælfgar clericus. ✠ Ælfred clericus. ✠ Cynsige clericus. ✠ Eadward clericus. ✠ Wulfhun clericus.
✠ Ælfstan clericus. ✠ Tuna clericus. ✠ Ufic
clericus. ✠ Wulfheah clericus. ✠ Leofwine clericus. ✠ Wulfnoð clericus.

Rubric. Teottingctún, and Ælfsigestún . Osulfe
and Leófan and Wihtgâre.

DLVIII.

ÔSWALD, 969.

✠ Anno incarnationis dominicae .dcccc.lxix. ego
Oswold gratuita Huuicciorum episcopus cum consensu
et unanima licentia uenerandae familiae in Wiogornaceastre, terram aliquam iuris nostri, id est, .iiii^{or}. man-

sas æt Saperetûn, swâ Alhstan hit hæfde, concedo
Eadrico ministro meo, ea uero [conditione], ut habeat
et perfruatur dies suos, et post uitae suae terminum
duobus tantum haeredibus immunem derelinquat; quibus defunctis aecclesiae dei in Wigornaceastre restituatur. Sit autem terra illa libera omni regi, nisi
aecclesiastici censi. Scripta est haec carta, his testibus consentientibus, quorum inferius nomina notantur.

✠ Ego Oswold episcopus subscripsi. ✠ Ego
Wulfric presbiter. ✠ Ego Eadgar presbiter. ✠
Ego Wistan presbiter. ✠ Ego Iohan presbiter.
✠ Ego Æðelstan presbiter. ✠ Ego Ælfstan cleri-
cus. ✠ Ego Ufic clericus. ✠ Ego Wulfheah cleri-
cus. ✠ Ego Tuna clericus. ✠ Ego Wulfheah
clericus. ✠ Ego Wulfhun clericus. ✠ Ego Byrh-
stan clericus. ✠ Ego Cy[ne]ðegn clericus. ✠ Ego
Wulfgar clericus. ✠ Ego Ælfsige diaconus. ✠
Ego Ælfgar clericus. ✠ Ego Eadwine clericus.
✠ Ego Eadward clericus. ✠ Ego Wenstan clericus.
✠ Ego Leofwine clericus.

Rubric. Æt Sapertûne . Eâdrîco and Ælfrîc and
Sirîc and Ælfild.

DLIX.

ÔSWALD, 969.

✠ ANNO dominicae incarnationis .DCCCC.LXIX. ego
Osuuald, superni rectoris fultus iuuamine praesul,
cum licentia Eadgari regis Anglorum ac Ælfere ducis
Merciorum, cuidam clerico, qui a gnosticis noto Uulfgar nuncupatur uocabulo, ob eius fidele obsequium,
quandam ruris particulam, unam uidelicet mansam,
quod solito uocitatur nomine Batenhale, cum omnibus
ad se rite pertinentibus, liberaliter concessi; ut ipse
uita comite fideliter perfruatur et, post uitae suae
terminum, duobus quibus uoluerit cleronomis dere-

linquat ; quibus etiam ex hac uita migratis, rus praedictum cum omnibus utensilibus ad usum primatis
aecclesiae dei in Wigurnaceastre restituatur immune.
His metis praefatum rus hinc inde giratur; eâc we him
wrítað ðone hagan be sûðan wealle wið sancte Petres
circan, his dæg and twâm ôðrum æfter him. Ðis syndon ðǽre halfre hide landgemǽru æt Batenhale; ǽrest
of ðâm reâdan ofre, ondlong strǽte, on Æðelmundes gemǽre; ondlong gemǽres ðæt in ðæt eorðe byrst; of
ðâm eorðgebyrste on reodleâge; ðæt ondlong ðæs
bróces in Tittenhalh; ðæt embûtan calfre croft, ðæt
cymeð eft in ðone bróc; ðæt swâ on eâstcrofte; ðæt
swâ ondlong ðǽre hegerǽwe; ðæt on Ondoncilles
wombe; ðæt ðâra . XII. æcras an west healfe ðǽre
strǽte, and an medwa beneoðan ðǽm hliðe; eft ondlonges holebróces; ðæt ûp ongean ða cotu on ða strǽt;
ondlong strǽte ðæt on reâdan ofre, and norðcroft ðǽrtô.
Ðis is ðæs feorðan dǽles landgemǽru ûp æt ðǽre pirian;
ǽrest of goldburnan ondlonges ðǽre hegce ðæt ûp on
ðone hyll; ðæt of ðǽm hylle ofer ðǽre portstrǽte, ûp
on ðone ôðerne hyll; of ðǽm hylle dûn in ðæt dæll;
ðæt ondlong ðæs dæles; ðæt ûp on ðone hyll be hionan
lipperd; ofer mid ðone gráf ðæt on ðæne midlestan
Holeweg; ondlong ðæs weges ðæt in ða hegce wið
westan ða cotu; ondlonges hegce eft in goldburnan.

✠ Ego Osuuald episcopus.   ✠ Ego Wulfric pres-
biter.   ✠ Ego Eadgar presbiter.   ✠ Ego Wistan
presbiter.   ✠ Ego Iohan presbiter.   ✠ Ego Æðel-
stan presbiter.   ✠ Ego Ælfred presbiter.   ✠ Ego
Brihstan presbiter.   ✠ Ego Kyneðen clericus.   ✠
Ego Wulfhun clericus.   ✠ Ego Ælfsige diaconus.
✠ Ego Eadwine clericus.   ✠ Ego Ælfstan clericus.
✠ Ego Leofwine clericus.   ✠ Ego Wulfheah cleri-
cus.   ✠ Ego Ælfgar clericus.   ✠ Ego Ufic clericus.
✠ Ego Tuna clericus.   ✠ Ego Wulfheah clericus.
✠ Ego Eadward clericus.   Ego Wenstan clericus.

   ✠ Eâc we wrítað him ða circan and ðone circstall

and ðone worðig tó ðǽre burnan and ðone croft be
súðan ðǽre burnan, and . vi. æcťas mǽde on ða geréf-
mǽde; and ic on him be godes bletsunga and be úre
ǽgðer ge [on] wuda ge on felda swá his bóc him
wísað.

Rubric. Ǽt Batanhagan . Wulfgáro and æt ðǽre
pyrian.

DLX.

ÓSWALD, 969.

✠ Ego Oswald, ergo Christi krismate praesul iudicatus, dominicae incarnationis anno .dcccc.lxix.
annuente [rege] Anglorum Eadgaro Ælfhereque Merciorum comite necnon et familia Wiogernensis aecclesiae, quandam ruris particulam, unam uidelicet
mansam, in loco qui celebri a soliculis nuncupatur æt
Hwitanhlince uocabulo, cuidam ministro meo nomine
Brihtmær, perpetua largitus sum haereditate et, post
uitae suae terminum duobus tantum haeredibus immunem derelinquat, quibus defunctis aecclesiae dei in
Wiogornaceastre restituatur. Ðis wæs gedón ymbe
.ix. hund wintra and .ix. and sixtig on ðý .xᵃⁿ. geare
ðæs ðe Oswald bisceop tó folgóðe fengc. Sancta Maria et sanctus Michahel, cum sancto Petro and allum
Godes hálgum gemiltsien ðis haldendum; gief hwá búton gewrihtum hit ábrecan wille, hæbbe him wið god
gemǽne búton he tó dǽdbóte gecyrre . Amen. Ðis
synd ða landgemǽru tó Hwítanhlince; of Portanmǽre ondlong síces innan ðone súðbróc; andlang
bróces innan Ceolmesgemǽre; andlang ðæs gemǽres
innan ða strǽt; andlang strǽte in ða óðer díc; andlang ðǽre díc in Heregrafunburh; [of] Heregrafun eft
in Portanmǽre. ✠ Her is seó hondseten.

✠ Osuuald bisceop. ✠ Wulfric presbiter. ✠
Eadgar presbiter. ✠ Wistan presbiter. ✠ Iohan

presbiter.   ✠ Æðelstan presbiter.   ✠ Wulfhun clericus.   ✠ Brihstan clericus.   ✠ Cyneðegn clericus.
✠ Ælfsige diaconus.   ✠ Ælfstan clericus.   ✠ Wulfgar clericus.   ✠ Eadwine clericus.   ✠ Ælfgar clericus.   ✠ Ufic clericus.   ✠ Wulfheah clericus.   ✠
Wenstan clericus.   ✠ Wulfheah clericus.   ✠ Tuna
clericus.

Rubric. Hwítanhlinic . Byrihtmǽr and Ælmǽr.

DLXI.

ÓSWALD, 969.

✠ ANNO dominicae incarnationis .DCCCC.LXVIIII. ego
Osuuald superni rectoris fultus iuuamine praesul, cum
licentia Eadgari regis Anglorum ac Ælfhere ducis
Merciorum, uni ministro meo, qui a gnosticis nota
Eadmær nuncupatur uocabulo, ob eius fidele obsequium, quandam ruris particulam .IIII. uidelicet mansas, quod solito uocitatur nomine Witleah, cum omnibus ad se rite pertinentibus liberaliter concessi; ut
ipse uita comite fideliter perfruatur et, post uitae suae
terminum, duobus quibus uoluerit cleronomis derelinquat; quibus etiam ex hac uita migratis, rus praedictum cum omnibus utensilibus ad usum primatis aecclesiae dei in Wiogornaceastre restituatur immune.
His metis praefatum rus hinc inde giratur.   Ðis syndon ða londgemæru æt Wítleag; ǽrest of Grimse-
tenegemǽre an Sihtferð; of Sihtferð an Fearnhege;
of Fearnhege an Gerdwege; of Gerdwege tó Fífacan;
of Fífacan tó þrim gemǽran; of þrim gemǽran tó
Kyllanrygce ondlong ðǽre aldan díc; óf Cyllanrygce
an Stánbróc; ondlong bróces an Tædesbróc; of Tæ-
desbróce an Beferic; of Beferic on Doferic; onlong
Doferic on Sæfern.   Eádmǽr wæs se forma man and
Wulfrún is se óðer.

✠ Ego Osuuold episcopus consensi.   ✠ Ego Wulf-

ric presbiter. ✠ Ego Eadgar presbiter. ✠ Ego
Wistan presbiter. ✠ Ego Ælfred clericus. ✠ Ego
Æðelstan clericus. ✠ Ego Wulfhun clericus. ✠
Ego Brihstan clericus. ✠ Ego Ælfstan clericus.
✠ Ego Wulfgar clericus. ✠ Ego Eadwine clericus.
✠ Ego Wunstan clericus. ✠ Ego Ælfgar clericus.
✠ Ego Ufic clericus. ✠ Ego Wulfheah clericus.
✠ Ego Leofwine clericus. ✠ Ego Tuna clericus.
✠ Ego Wulfnoð clericus. ✠ Ego Eadweard clericus.
Rubric. Witleah . Eádmǽr and Wulfrun.

DLXII.

EÁDGÁR, 959—970.

✠ IN nomine trino diuino, regi regnanti imperpetuum, domino deo sabaoth, cui patent cuncta pene-
tralia cordis et corporis, terrestria simul et coelestia,
nec non super aethera regnans, in sedibus altis ima
et alta omnia sua ditione gubernans ! Cuius amore et
aeternis praemiis ego Eadgarus rex Anglorum do et
concedo sancto Augustino Anglorum apostolo, et fratribus in illo sancto coenobio conuersantibus, terram
quatuor aratrorum quae nominatur Plumstede. Hanc
ergo terram cum consensu archiepiscopi Dunstani op-
timatumque meorum libenti animo concedo, pro redemptione animae meae, ut eam teneant perhenniter-
que habeant. Si quis uero haeredum successorumque
meorum hanc meam donationem seruare uel amplificare studuerit, seruetur ei desuper benedictio sempiterna. Si autem sit, quod non optamus, quod alicuius
personae homo diabolica temeritate instigatus surrex-
erit, qui hanc meam donationem infringere in aliquo
temptauerit, sciat se ante tribunal summi et aeterni
iudicis rationem esse redditurum, nisi ante digna et
placabili satisfactione deo et sancto Augustino fratri-
busque emendare uoluerit.

✠ Ego Eadgar Anglorum monarchus hoc donum
agiae crucis taumate roboraui.   ✠ Ego Dunstanus
archiepiscopus consensi.   ✠ Ego Osketel Eboracensis
archiepiscopus consensi.   ✠ Ego Æðelstan Lundoniensis episcopus consensi.   ✠ Ego Æðelwulf Herefordensis episcopus consensi.   ✠ Ego Ælfric abbas.
✠ Ego Osgar abbas.   ✠ Ego Oslac dux subscripsi.
✠ Ego Ælfere dux subscripsi.

DLXIII.

*EÁDGÁR, 970.[1]

OMNIPOTENTIS dei cunctorum sceptra regentis
moderamine regum, immo totius saeculi crea-
turaeque cunctae indissolubili regimine aeque
gubernantis habenas, ipsius nutu et gratia suffultus,
Ego Eadgarus basileus dilectae insulae Albionis, sub-
ditis nobis sceptris Scotorum, Cumbrorumque ac Britt-
tonum et omnium circumcirca regionum quiete pace
perfruens, studiosus sollicite de laudibus creatoris
omnium occupor addendis, ne nostra inertia, nostris-
que diebus plus aequo seruitus eius tepescere uideatur;
sed greges monachorum et sanctimonialium hac nostra
tempestate, ipso opitulante qui se nobiscum usque in
finem saeculi manere promittere dignatus est, ubique in regno nostro desertis monasteriis antiquitus
dei famulatu deficiente, nunc reuiuiscente, adsurgere
cupimus sub sancti Benedicti abbatis regula uiuentes,
quatinus illorum precatu et uigente religione sancta
seruitus dei nos ipsum placatum rectorem habere queamus.   Unde frequentes monitus uenerabilis Æðeluuoldi episcopi cordetenus pertractans cupio honorare
hoc priuilegio, rebusque copiosis monasterium quod

---

[1] The Latin version of this charter, which seems to me more modern
than the Saxon which follows it, is peculiarly the object of suspicion. The
Saxon charter itself bears marks of authenticity.

in regione Elig situm dinoscitur antiquitus, ac sancti
Petri apostolorum principis honore dedicatum, decoratumque reliquiis et miraculis almae uirginis Æðeldrydae, cuius uita uenerabilis nobis modernis historia
Anglorum promitur, quae etiam incorruptibili corpore
hactenus condita mausoleo marmoreo albo perdurat.
Locus denique praedictus, deficiente seruitio dei, nostra aetate regali fisco subditus erat; sed a secretis
noster Æðeluuoldus deique amator, diocesi Uuintoniensis ciuitatis fungens, datis nobis sexaginta cassatis
in uilla quae ab accolis Heartingas nuncupatur, mutuauit locum praedictum cum appendiciis eius, augmentauique mutuationi tres uillas quae his nominibus
uocitantur, Meldeburna, Earmingaford, Norðuuold,
et ipse ilico monachos, meo consilio et auxilio, deo
fideliter regulari norma seruientes perplures inibi collocauit, quibusque Brihtnoðum quendam sapientem
ac bene morigeratum uirum praepositi iure praefecit.
Cui effectui admodum ego congaudens laetabundus
pro amore Christi et sancti Petri quem patronum
michi sub deo elegi et sanctae Eðeldridae uirginis deo
dilectae, et eius prosapiae sanctae illic quiescentis, et
pro animabus patrum meorum regum antiquorum augmentare largiter mutuationem illam his donis, testibus consiliariis meis, uolo; hoc est decem millia
anguillarum quae omni anno in uilla quae æt Uuyllan
dicitur, pro expeditione redduntur, fratribus ad uictualia modo et deinceps concedo : et intra paludes causas saeculares duorum centuriatuum, et extra paludes
quinque centuriatuum in Uuiclauuan in prouincia
Orientalium Saxonum benigne ad fratrum necessaria
sanciendo largior.   Quinetiam omnes causas seu correptiones transgressionum iustae legis in sermonibus
saecularibus omnium terrarum siue uillarum ad monasterium praedictum rite pertinentium, et quae in futurum aeuum dei prouidentia loco praefato largitura
est, siue emptione, seu donatione aut aliqua iusta ad-

quisitione, stent causae saeculares emendandae, tam
clementi examine fratrum loco manentium uictui uel
uestitui necessaria ministrantes : adhuc insuper omnem quartum nummum reipublicae in prouincia Gran-
taceaster fratribus reddendum iure perpetuo censeo.
Et sit hoc priuilegium liberum quasi munus nostrum
deo deuote oblatum et sanctis eius praedictis, ad remedium animarum nostrarum sicuti praefati sumus,
ut nullus regum nec principum, aut ullius ordinis
quislibet praepotens, in posterum, obstinata tyrannide
aliquid horum infringere praesumat, si non uult habere
omnipotentis dei maledictionem et sanctorum eius, et
meam et patrum meorum, pro quibus ista omnia libera
haberi uolumus aeterna libertate in aeternum. Amen.
Hoc priuilegium huius donationis et libertatis fecimus
scribi anno incarnationis domini nostri Ihesu Christi
nongentesimo septuagesimo, indictione tertia decima,
anno regni mei aeque tertio decimo, in uilla regali quae
famoso uocabulo a solicolis Uulfamere nominatur, non
clam in angulo, sed sub diuo palam euidentissime
scientibus totius regni mei primatibus, quorum quaedam nomina hic infra inseri ad testimonium in posterum mandauimus.

Ego Eadgarus rex animo benigno hoc largiendo
deo concessi, et regia sublimitate corroboraui ✠. Ego
Dunstan archiepiscopus corroboraui ✠.   Ego Oscytel
archiepiscopus consolidaui ✠.   Ego Æðeluuold episcopus confirmaui ✠.   Ego Ælfstan episcopus consignaui ✠.   Ego Osulf episcopus confirmaui ✠.   Ego
Uulfric episcopus adquieui ✠.   Ego Uuynsige episcopus corroboraui ✠.   Ego Ælfuuold episcopus confirmaui ✠.   Ego Æluuold episcopus consolidaui ✠.
Ego Osuuold episcopus adquieui ✠.   Ego Byrhthelm
episcopus confirmaui ✠.   Ego Eadelm episcopus
consignaui ✠.   Ego Ælric episcopus consolidaui ✠.
Ego Uulfsige episcopus corroboraui ✠.   Ælfðryð regina ✠.   Ælfric abbas ✠.   Æscwig abbas ✠.   Os-

gar abbas ✠. Ælfstan abbas ✠. Æðelgar abbas ✠.
Cyneuueard abbas ✠. Ðurcytel abbas ✠. Ealdred
abbas ✠. Ordbriht abbas ✠. Siferð abbas ✠.
Martin abbas ✠. Æðelstan dux ✠. Ælfhere dux ✠.
Ælfheah dux ✠. Ordgar dux ✠. Æðeluuine dux ✠.
Oslac dux ✠. Malcolm dux ✠. Birhtnoð dux ✠.
Eadulf dux ✠. Birhtferð minister ✠. Eanulf m. ✠.
Ælfuuine m. ✠. Æðeluueard m. ✠. Ælfuuine m. ✠.
Uulfstan m. ✠. Ælfuueard m. ✠. Uulfgeat m. ✠.
Osulf m. ✠. Osuueard m. ✠. Leofa m. ✠. Briht-
ric m. ✠. Ælfsige m. ✠. Ulf m. ✠. Osulf
m. ✠. Heanric m. ✠. Hringulf m. ✠. Leofstan
m. ✠. Oslac m. ✠. Frena m. ✠. Siferð m. ✠.
Leofric m. ✠. Eadric m. ✠. Uulfnoð m. ✠. Ælf-
sige m. ✠. Ulfcytel m. ✠. Hroold m. ✠. Ðurstan m. ✠. Osgod m. ✠. Gota m. ✠. Friðegist
m. ✠. Ðurferð m. ✠. Ðurgod m. ✠. Osferð m. ✠.
Oscytel m. ✠. Siferð m. ✠. Ðurcytel m. ✠. Forne
m. ✠. Cnut m. ✠. Ðurstan m. ✠. Ðurcytel
m. ✠.

His igitur testibus, et aliis compluribus de omnibus
dignitatibus et primatibus regni mei, haec constituta
et peracta noscuntur; quae etiam nostra usitata ser-
mocinatione describi mandauimus hac eadem sceda,
quo possint in auribus uulgi sonare, ne aliqua scru-
pulositate admisceri uideantur, sed regia auctoritate,
seu potestate nobis a deo donata, omnis contradictio
funditus adnulletur.

Gode ælmihtigum rixiende ðe rǽt and-gewissað
eallum gesceaftum þurh his ágenne wisdóm and he
ealra cininga cynedóm gewylt. Ic Eádgár cyning
eác þurh his gife ofer Engla þeóde nú úp árǽred, and
he hæfð nú ġewyld tó mínum anwealde Scottas and
Cumbras and eác swylce Bryttas and eal ðæt ðis ig-
land him on innan hæfð, ðæt ic nú on sibbe gesitte on
mínne cynestól hohful embe ðæt, hú ic his lof árǽre ðe
læs ðe his lof álicge tó swíðe nú on úrum tíman þurh

úre áfolcennysse, ac ic wille nú þurh Godes wissunge
ða forlætenan mynstru on mínum anwealde gehwǽr
mid munecum gesettan and eác mid mynecenum,
and Godes lof geedniwian ðe ǽr wæs forlæten, Criste
wissiendum ðe cwæð ðæt he wolde wunian mid ús oð
ðissere worulde geendunge ; and ða munecas libban
heora lif æfter regole ðæs hálgan Benedictes ús tó
þingunge ðæt we ðone hǽlend hæbben ús glædne, and
he ús gewissige and úrne eard gehealde and æfter
geendunge ðæt éce lif ús forgife.   Nú is me on móde
æfter mynegungum Æðeluuoldes bisceopes ðe me oft
manode, ðæt ic wille gegoodian þurh Godes silfes fultum, ðæt mynster on Elig mid ágenum freodóme and
sinderlícum wurðmynte and siððan mid æhtum ðám
tó bigleofan ðe we gelogiað ðær tó Godes þeówdóme
ðe ðǽr simle wunian.   Seó stow wæs gehálgod in
fram ealdum dagum ðám hálgan Petre tó wyrðmynte
ðǽra apostola yldost, and heó wæs geglengd þurh
Godes sylfes wundra ðe gelome wurdon æt Æðelðrýðe
byrgene ðæs hálgan mædenes ðe ðǽr gehál lið oð
ðis on eallhwítre ðryh of marmstáne geworht; be
hire we rǽdað hú heó her on life wæs and hú heó
Gode þeówode drohtnunge, and be hire geendunge ;
and hú heó úp ádón wæs ansund of hyre byrgene
swá swá Beda áwrát Engla þeóðá láreow on his lár-
bócum.   Nú wæs se hálga stede yfele forlæten mid
læssan þeówdóme ðonne ús gelícode nú on úrum tíman
and eác wæs gehwyrfed ðám cyninge tó handa, ic
cweðe be me sylfum ; ac Æðeluuold bisceop ðe is mín
rǽdbora and sóð Godes freónd sealde me tó gehwerfe
ðone hám Heartingas, on sixtigum hidum wið ðám
mynsterlande ðe lið intó Elig ; and ic ða geeácnode
intó Elig mynstre ðás þry hámas ðe ðús sind gehá-
tene, Meldeburna, Earmingaford, Norðwold ; and he
ðǽr rihte mid mínum rǽde and fultume mid munecum gesette ðæt mynster æfter regole, and him ealdor gesette ús eallum fulcúðne Brihtnoð geháten,

ðæt he under him ðane hâlgan regol for Gode geforð-
ade æfter mynsterlîcum þeâwe ;

Ðâ gelîcode me ðæt he hit swâ gelogode mid
Godes þeôwum Gode tô lofe, and ic ða geeâcnode
tô ðære ærran sylene tyn þusenda ælfixa ælce geare
ðâm munecum, ðe me for fyrdinge gefyrndagum ârâs
binnan iggoðe of ðâm folce æt Wyllan, and ealle ða
sôcna eâc ofer ðæt fennland intô ðâm twâm hundredum him tô scrûdfultume, and on EâstEnglan æt
Wichlawan ; eâc ealle ða sôcna ofer fîf hundredum,
and ofer ealle ða land gelîce ða sôcna ðe intô ðâm
mynstre nû synd begytene, oððe ða ðe him gyt be-
cumað þurh Cristes foresceawunge, oððe þurh ceâp,
oððe þurh gife, habban hi æfre on eallum ða sôcne,
and ðone feorðan pening on folclîcre steore intô Gran-
tanbricge be mînre unnan ; and gif ænig mann ðis
âwendan wylle, ðonne gange eal seô sôcn ðe tô ânre
niht feorme gebyreð intô ðære stowe, and beô ðis
priuilegium, ðæt is sinderlîc wyrðmynt oððe âgen
freodôm, intô ðære stowe mid eallum ðisum þingum
Gode geoffrod mid ûrum goodum willan, Gode æfre
frig and Godes hâlgum, for mînre sâwle and mînra
yldrena ûs tô âlŷsednesse, swâ ðæt nân ðæra cyninga
þe cumað æfter me oððe ealdorman, oððe ôðer rîca mid
ænigum riccetere oððe unrihte ðiss ne âwende oððe gewanige be ðâm ðe he nelle habban Godes âwyrged-
nysse and his hâlgena and mînne . and mînra yldrena
ðe ðas þing fore synd gefreode on êcum freode on
êcnysse. AMHN.

DLXIV.

*EÂDGÂR, 970.

✠ REGENTE perpetualiter summo coelorum opifice
cunctaque conuenienti dum non erant condidit serie,
qui iure tripudiando in electorum triumphatur agmine,

cui uoluntarie supera atque infima deseruire conantur
per cromata, ne nos pellacis circumueniendo uapide
insidiatoris astutia imparatos dum memineremur sur-
ripiat, et sic ueluti indocibiles in inextinguibili Ulcani
olla peccaminum mole pressos inmisericorditer ut sui
moris est excruciet; ex omni mentis conamine cordis-
que auditu, prout uires diuina opitulante clementia
sufficiunt nostrae, animaduertendum est alma qui apostolica cotidie intonet tuba, dicens; 'Ecce nunc tempus acceptabile, Ecce nunc dies salutis:' et iterum,
'Dum tempus habemus operemur bonum ad .omnes,
maxime autem ad domesticos fidei.' Quid aliud de
uisibilium atque caducarum praesentis uitae fortu-
narum rebus, quae interueniente debitae mortis articulo
funditus euanescunt, habituri sumus nisi ut emolumentis bonorum actuum aeternam et inmarcessibilem, deo
suffragante, uitam, in quantum possumus mercari studeamus. Sermo enim sine scripturarum serris difficile
seruatur, sed omne quod obliuioni traditur memoria
labitur. Ideo ergo prudentes, et quique sapientes quorum uerba et probe actus memoriae in membranae
scedulis literarum notulis, prouidae mentis sagacitate,
sollerter commendare solent, ne quandoque uentura
progenium posteritas in aliquam praecedentium diffi-
nitionum obliuionis causa, superbae praesumptionis
disceptationem erumpere ualeat. Hinc est enim quod
ego Eadgarus totius Albionis basileus, monasterium
quod stabilitum in insula est quae a solicolis celebri
Ely nuncupatur onomate, cum binis extra praefatam
insulam territoriis quae hiis, ex more, uocitantur nominibus, Meldeburna et Earmingaford, pro uicaria
ruris mutatione, quod Hertingas dicitur, Æðelwoldo,
uenerabili ualde uiro Wyntoniensis uidelicet aecclesiae
antistiti, perpetua largitus sum haereditate, ut dum
uita fungitur sospite possideat, et euoluto uitae curriculo, cui uoluerit haeredi derelinquat. Cui enim
uero libens mutuationi per totam praefatam insulam

omnis emendationem reatus specialiter, communionem-
que in eadem re extra insulam quantum ad noctis
pastum regalem iure pertinere censetur unius, adiun-
gere decreui. Sit igitur haec terrarum commutatio
aeterna libertate radicitus confirmata, ut praefatus
rex Eadgar Hertingas cum omnibus utensilibus iure
possideat perpetuo, atque Æðelwoldus praesul Elig
cum omnibus sibi subiectis tam in delictorum emendatione, quam in caeteris rebus uita comite cum
Christi perfruatur benedictione, finitoque praesentis
uitae termino quibuscunque uoluerit haeredibus aeternaliter ad perfruendum, uoti compos, designet. Si
quis autem hanc nostram donationem quocumque molimine in aliud quam constituimus transferre uoluerit,
priuatus consortio sanctae dei aecclesiae uiuum eum
terra dehiscat atque aeternis barathri incendiis lugubris iugiter cum Iuda, Christi proditore, eiusque complicibus puniatur, si non satisfactione emendauerit
congrua quod contra nostrum deliquit decretum.
Anno dominicae incarnationis .DCCCCLXX. indictione
.XIII. anno regni sui .XIII. in paschali conuentu in uilla
regali quae Wluemere noto uocatur nomine, scripta
est haec cartula, hiis testibus consentientibus quorum
inferius nomina caraxantur.

 Ego Eadgarus rex Anglorum concessi ✠. Ego
Dunstan archiepiscopus corroboraui ✠. Ego Oscytel episcopus consolidaui ✠. Ego Æðelwold episcopus confirmaui ✠. Ego Ælfstan episcopus consignaui ✠. Ego Osulf episcopus confirmaui ✠. Ego
Wlfric episcopus adquieui ✠. Ego Wensige episcopus corroboraui ✠. Ego Ælfwold episcopus confirmaui ✠. Ego Oswold episcopus adquieui ✠. Ego
Brihtelm episcopus confirmaui ✠. Ego Æðelm episcopus consignaui ✠. Ego Ælfric episcopus consolidaui ✠. Ego Wlsige episcopus corroboraui ✠.

DLXV.
EÂDGÂR, 970.

✠ Regnante imperpetuum domino nostro Ihesu Christo! Cuncta siquidem quae in hoc saeculo corporalibus uidentur oculis fugitiua et transitoria sunt; quae autem non uidentur nisi per fidem aeterna sunt; et ideo ne futura posteritas ignauia torpescens decessorum decreta, causa incuriae obliuiscens a memoria obliteretur, caracteribus praenotare curauimus. Quapropter ego Eadgar diuina allubescente gratia totius Albionis imperator augustus quoddam ruris clima sub aestimatione decem cassatorum, ubi solicolae æt Idemestune appellatiuo nuncupant uocabulo, cuidam uiduae sanctimonialique habitu decoratae, quam uulgus assolet ludibundo Ælfswið uocitare onomate, pro fideli eius obsequela, quam michi a primaeua usque in praesens impertiuit aetate, in aeterna largitus sum haereditate; ut habeat ac fruatur quamdiu sibi uitalis inhaeserit flatus, deinde cuicumque uoluerit designet cleronomo. Si quis autem praedictum rus omni practici famulatui iugo solutum, tribus uidelicet exceptis, rata nempe expeditione, pontis arcisue restauratione, ergo si quis daemonico, quod absit, instinctus spiramine, huic nostrae munificentiae quippiam refragari satagerit, alienatus a participatione sacrosancti corporis Christi ac sanguinis aeternis cum Iuda eius proditore deputetur incendiis, ni digna hic poenitentia emendare curauerit quod contra nostrum deliquit decretum. Acta est haec praefata donatio anno ab incarnatione domini nostri Ihesu Christi . DCCCC.LXX.

✠ Ego Eadgar rex Anglorum praefatam donationem indeclinabiliter concessi. ✠ Ego Dunstan Dorouernensis aecclesiae archiepiscopus eiusdem regis beneuolentiam captans cum sigillo sanctae crucis confirmaui; cum multis aliis.

DLXVI.
EÁDGÁR, 970.

✠ FLEBILIA fortiter detestanda totillantis saeculi piacula diris obscoenae horrendaeque mortalitatis circumsepta latratibus, non nos patria indeptae pacis securos sed quasi foetidae corruptelae in uoraginem casuros prouocando ammonent, ut ea toto mentis conamine cum casibus suis non solum despiciendo sed etiam uelut fastidiosam melancoliae nausiam abominando fugiamus, tendentes ad illud propheticum, ' Diuitiae si affluant, nolite cor apponere.' Qua de re infima quasi peripsema quisquiliarum abiiciens, superna ad instar pretiosorum monilium eligens, animum sempiternis in gaudiis figens, ad adipiscendam mellifluae dulcedinis misericordiam perfruendamque infinitae laetitiae iocunditatem, ego Eadgar per omnipatrantis dexteram totius Britanniae regni solio sullimatus, quandam ruris particulam .x. uidelicet cassatos in loco qui celebri æt Cliftune nuncupatur, aecclesiae beato Petro apostolorum principi dedicatae [in] ciuitate quae celebri æt Hatum Baðum nuncupatur onomate, perpetua largitus sum haereditate ; quatenus rus praefatum ad usus monachorum inibi degentium, uti Æscwig abbas suo obtinuit famulatu, deuote aeterna deseruiat subiectione. Dedit enim pro huius commutatione telluris .c. auri mancusas ac .x. terrae mansas quae illius patriae gnostici Cumtun assuete nominant. Praedicta igitur tellus cum omnibus utensilibus, pratis uidelicet, pascuis, siluis, aquarumque discursibus supradictae iugiter subiiciatur aecclesiae. Sit autem praedictum rus omni terrenae seruitutis iugo liberum, tribus exceptis, uidelicet, expeditione, pontis arcisue restauratione. Si quis igitur hanc nostram donationem in aliud quam constituimus transferre uoluerit, priuatus consortio sanctae dei aec-

clesiae, aeternis barathri incendiis lugubris iugiter
cum Iuda Christi proditore eiusque complicibus puniatur, si non satisfactione emendauerit congrua, quod
contra nostrum deliquit decretum.   Anno dominicae
incarnationis .DCCCC.LXX°. scripta est haec carta his
testibus quorum inferius nomina carraxantur.

Ego Eadgar rex praefatam donationem cum sigillo
sanctae ✠ confirmaui.   Ego Dunstan Dorobernensis
aecclesiae archiepiscopus eiusdem regis donationem ✠
signo confirmaui.   Ego Ælfstan episcopus consignaui
✠.   Ego Æðelwold episcopus consensi ✠.   Ego
Osulf episcopus confirmaui ✠.   Ego Winsige episcopus consolidaui ✠.   Ego Oswald episcopus subscripsi ✠.   Ego Ælfwold episcopus corroboraui ✠.
Ego Ælfstan episcopus annui ✠.   Ego Wulfric episcopus concessi ✠.   Ego Wulfsige episcopus ascripsi
✠.   Ego Eadelm episcopus testificaui ✠.   Ego Ælfwold episcopus concessi ✠.   Ego Æscwig abbas ✠.
Ego Ælfstan abbas ✠.   Ego Æðelgar abbas ✠.   Ego
Foldbriht abbas ✠.   Ego Ælfsie abbas ✠.   Ego
Ælfhere dux ✠.   Ego Æðelstan dux ✠.   Ego Brihtnoð dux ✠.   Ego Eanulf miles ✠.   Ego Ælfwine
miles ✠.   Ego Ælfhelm minister ✠.   Ego Winsige
minister ✠.   Ego Kyneward abbas ✠.   Ego Godwine abbas ✠.   Ego Brihtnoð abbas ✠.   Ego Ælfheah dux ✠.   Ego Æðelwine dux ✠.   Ego Ælfheah
abbas ✠.   Ego Osgar abbas ✠.   Ego Osweard abbas ✠.   Ego Ordgar dux ✠.   Ego Oslac dux ✠.
Ego Wulfstan minister ✠.   Ego Osulf minister ✠.
Ego Eadwine minister ✠.   Ego Ælfsige minister ✠.
Ego Æðelweard minister ✠.   Ego Ælfweard minister ✠.   Ego Ælfric miles ✠.   Ego Wulfstan minister ✠.   Ego Wulfgeat minister ✠.   Ego Æðelsige
✠.   Ego Brihtric ✠.

DLXVII.

* EÁDGÁR, 971.

✠ IN nomine domini nostri Ihesu Christi. Quamuis decreta pontificum et uerba sacerdotum incon-
uulsis ligaminibus, uelut fundamenta montium, fixa
sint, tamen plerumque tempestatibus et turbinibus
saecularium rerum religio sanctae aecclesiae maculis
reproborum dissipatur ac rumpitur. Iccirco profuturum succedentibus posteris esse decreuimus, ut ea,
quae salubri consilio et communi assensu diffiniuntur,
nostris literis roborata firmentur: quapropter dignum
uidetur ut aecclesia beatae dei genitricis semperque
uirginis Mariae Glastoniae, sicut ex antiquo principalem in regno meo obtinet dignitatem, ita speciali
quadam et singulari priuilegii libertate per nos hono-
retur. Hoc itaque Dunstano Dorobernensi atque
Oswaldo Eboracensi archiepiscopis adhortantibus, consentiente etiam et annuente Brithelmo Fontanensi
episcopo, caeterisque episcopis, abbatibus et primatibus, ego Eadgar, diuina dispositione rex Anglorum,
caeterarumque gentium in circuitu persistentium gubernator et rector, in nomine almae trinitatis pro
anima patris mei, qui ibi requiescit, et antecessorum
meorum, praesenti priuilegio discerno, statuo et confirmo, ut praedictum monasterium, omnisque possessio
eius, ab omni tributo fiscalium negotiorum nunc et imperpetuum libera et quieta permaneant; et habeant
socam and sacam on stronde and on streame, on wude
and on felde; on griðbrice, on burhbrice; hundred setena;
morðas, aðas, and ordelas ; ealle hordas bufan eorðan
and beneorðan ; infangeneðeof and utfangeneðeof and
flemeneferðe ; hamsocne, friðbrice, forsteal, tol and
team : ita libere et quiete, sicut ego habeo in toto regno
meo ; eandem quoque libertatem et potestatem quam
ego in curia mea habeo, tam in dimittendo quam in

puniendo, et in quibuslibet omnino negotiis, abbas et
monachi praefati monasterii in sua curia habeant. Si
autem abbas uel quilibet monachus loci illius latro-
nem qui ad suspendium uel ad quodlibet mortis peri-
culum ducitur in itinere obuiam habuerit, potestatem
habeant eripiendi eum ab imminenti periculo in toto
regno meo. Confirmo etiam et corroboro, ut, quod
hactenus ab omnibus nostris antecessoribus diligenter
obseruatum est, Fontanensis episcopus uel eius ministri super hoc monasterium, uel super parochiales
eiusdem aecclesias, uidelicet Strete, Merlinche, Bude-
calea, Sceapwic, Sowi aut super earum capellas, nec
etiam super eas quae in insulis continentur, scilicet,
Beocherie quae parua Hibernia dicitur, Godeneia, Mar-
tineseia, Farlingmere, Paðeneberga, et Adredeseia, nul-
lam potestatem omnino habeant; nisi tantum cum ab
abbate causa dedicandi uel ordinandi aduocati fuerint;
nec eorum presbyteros ad synodum suam, uel capi-
tulum, uel ad quodlibet placitum conuocent, nec ab
officio diuino suspendant, et omnino nullum ius in eos
exercere praesumant. Monachos suos et praedictarum
aecclesiarum clericos secundum antiquam aecclesiae
Glastoniae consuetudinem et apostolicam auctoritatem, archipraesulis Dunstani et omnium episcoporum regni mei assensu, abbas, a quocunque compro-
uinciali episcopo uoluerit, ordinari faciat. Dedica-
tiones uero aecclesiarum, si ab abbate rogatus fuerit,
Fontanensi episcopo permittimus. In pascha quoque
crisma sanctificationis et oleum a Fontanensi episcopo ex more accipiat, et per praefatas aecclesias
suas distribuat. Hoc etiam super omnia, dei inter-
dictione et nostra auctoritate, salua tamen sanctae
Romanae aecclesiae et Dorobernensis dignitate, pro-
hibeo, ne persona cuiuscumque potestatis, siue rex,
siue episcopus, siue dux aut princeps, uel quilibet
ministrorum eorum, Glastoniae terminos uel supra-
dictarum parochiarum perscrutandi, rapiendi, placi-

tandi gratia, uel quicquam aliud faciendi, quod con-
trarium possit esse ibidem deo seruientibus, intrare
praesumant. Abbati tantummodo et conuentui potestas sit, tam in notis causis quam in ignotis, in
modicis et in magnis, et in omnibus omnino negotiis,
sicut supra memorauimus. Quisquis autem huius
priuilegii mei dignitatem qualibet occasione, cuiuscumque dignitatis, cuiuscumque ordinis, cuiuscumque
professionis, peruertere uel in irritum deducere sacri-
lega praesumptione amodo temptauerit, sciat se pro-
cul dubio ante districtum iudicem titubantem tremebundumque rationem redditurum, nisi prius digna
satisfactione emendare studuerit. Acta est haec priuilegii pagina et confirmata apud Londoniam, communi consilio omnium primatum meorum, anno ab incarnatione dómini nostri Ihesu Christi .DCCCC.LXXI.
indictione .XIV. Huius doni constipulatores fuerunt,
quorum nomina inferius caraxari uidentur.

✠ Ego Eadgar, rex totius Britanniae, praefatam
libertatem cum sigillo sanctae crucis confirmaui. ✠
Ego Ælfgiua, eiusdem regis mater, cum gaudio consensi. ✠ Ego Eadward, clito, patris mei donum cum
triumpho sanctae crucis impressi. ✠ Ego Kinadius
rex Albaniae adquieui. ✠ Ego Mascusius archipirata
confortaui. ✠ Ego Dunstanus Dorobernensis aecclesiae archiepiscopus, cum trophaeo sanctae crucis, et
cum suffraganeis praesulibus, regis donum corroboraui.
✠ Ego Oswald, Eboracensis aecclesiae primas, consentiens subscripsi. ✠ Ego Æðelwold, Wintoniensis
aecclesiae minister et Glastoniae aecclesiae quondam
monachus, signum sanctae crucis impressi. ✠ Ego
Brihthelm Fontanensis episcopus consentiens corroboraui. ✶ ✠ Ego Ælfstan episcopus confirmaui. ✠ Ego
Oswald episcopus concessi. ✠ Ego Ælfwold episcopus concessi. ✠ Ego Winsige episcopus cum signo
sanctae crucis conclusi. ✠ Ego Sigegar abbas confirmaui, uexillum sanctae crucis impressi. ✠ Ego

Ordgar abbas corroboraui.   ✠ Ego Æðelgar abbas concessi. ✠ Ego Kynewold abbas consensi. ✠ Ego Sideman abbas consolidaui. ✠ Ego Ælfheh abbas subscripsi. ✠ Ego Aðulf Herefordensis aecclesiae catascopus corroboraui. ✠ Ego Ælfhere dux dominae meae sanctae Mariae Glastoniensis aecclesiae libertatem omni deuotione cum sigillo sanctae crucis confirmaui. ✠ Ego Oslac dux consensi. ✠ Ego Æðelwine dux hoc donum triumphale agiae crucis propriae manus depictione impressi. ✠ Ego Oswald minister confirmaui. ✠ Ego Ælfward minister corroboraui. ✠ Ego Æðelsie minister consensi. ✠ Ego Ælfsie minister consensi. Hanc priuilegii paginam rex Eadgarus duodecimo anno regni sui sacro scripto apud Londoniam communi consilio optimatum suorum confirmauit.

DLXVIII.

* EÁDGÁR, 971.

✠ Uniuersis sophiae studium intento mentis conamine sedulo rimantibus liquido patescit, quod instabilis huius miserrimae ac caducae uitae curriculus cum marcido inanis gloriae floscula tabescendo lugubriter deficit, et friuola eius gloria nunquam in eodem statu permanens uelut fumus rotatu celerrimo euanescit, attamen, annuente Christi mundi creatoris ac redemptoris gratia, tam recidiuis praesentis uitae munusculis futuram aeternae uitae beatitudinem centuplicato quaestu adquirere lucrando, fide uigente catholica, prudentissime ualemus. Quamobrem ego Eadgar totius Brittannicae insulae regimina domini largiente gratia gubernans, tali sapientium monitu dinoscendo .xv°. mei terreni imperii anno, ob coelestis remunerationis praemium, ruris portionem æt Bearuwe, quam olim sanctus Ceadda ante paganorum uastationem posse-

derat, Æðelwoldo mihi praesulum amantissimo aeterna
largitus sum haereditate; quam etiam ipse episcopus
domino nostro Ihesu Christo et sancto Petro apostolo quem nostro adiutorio reaedificauit cui nomen
est Burch concedit, me uidelicet annuente, atque hac
firmissima stabilitate corroborante, quatinus pro nullius altioris uel inferioris gradus hominis reatu rus
praefatum a domini qui nunquam reatum commisit
possessione priuetur. Si uero crimen quod ueniae
non sit dignum suadente diabolo, quod absit, loci procurator commiserit, agatur rationabiliter de eo quod
de regis agitur praeposito, ut uidelicet reo rite decuriato ac iusto ordine depulso, illi qui dignus sit
Christi designetur uti regis solet praepositura, a nullo
decurium uiolata. Ut autem firmius esset largifluum
huius telluris donum, dedit praefatus episcopus regi
praedicto .XL. meri argenti libras et unam auream
crucem ei multo cariorem pecunia praedicta. Sit
autem praedictum rus omni terrenae seruitutis iugo
liberum tribus exceptis, rata uidelicet expeditione,
pontis, arcisue restauratione. Si quis igitur hanc nostram donationem in aliud quam constituimus transferre uoluerit, priuatus consortio sanctae dei aecclesiae,
aeternis barathri incendiis lugubribus iugiter cum Iuda
Christi proditore eiusque complicibus puniatur, si non
satisfactione emendauerit congrua quod contra nostrum deliquit decretum. His metis praefatum rus
hinc inde giratur. Ðis syndon ða landgemǽro tó
Baruwe. Ærest úp of Humbre andlanges ðere ealdan
díc ðæt it cymeð tó wyrðe; fram wyrðe tó Heopebricge; fram Heopebricge tó mercemót; fram merce-
móte tó Cumbrehole; fram Cumbrehole tó willun;
fram willun tó micle hoh; fram micle hohe tó middel
hille; fram middel hille tó mǽredíc, swá andlang
mǽredíc eft út on Humbre. Anno dominicae incarnationis .DCCCC.LXXI. scripta est haec carta his testibus
consentientibus quorum inferius nomina caraxantur.

✠ Ego Eadgar totius Albionis basileus hoc priuilegium cum signo sanctae crucis confirmaui. ✠ Ego
Dunstan Doruernensis aecclesiae archiepiscopus, hoc
idem cum trophaeo agyae crucis corroboraui. ✠Ego
Osuuald Eboracensis aecclesiae archiepiscopus subscripsi. ✠ Ego Æðeluuold praesul consignaui.
✠ Ego Ælfstan antistes consensi. ✠ Ego Aðulf
pontifex concessi. ✠ Ego Æscuuig abbas non renui.
✠ Ego Osgar abbas impressi. ✠ Ego Æðelgar abbas consensi. ✠ Ego Ælfhere dux. ✠ Ego Æðelwine dux. ✠ Ego Beorhtnoð dux. ✠ Ego Oslac
dux. ✠ Ego Æðeluuard discipulus. ✠ Ego Eanulf
discipulus. ✠ Ego Ælfsige discipulus. ✠ Ego
Ælfuuard discipulus. ✠ Ego Friðegist. ✠ Ðureð.
✠ Ulf. ✠ Wulfric. ✠ Osferð. ✠ Wulfstan. ✠
Friðegist. ✠ Hringulf. ✠ Ælfstan. ✠ Æðelsige.
✠ Leofsie. ✠ Wulfheah. ✠ Æðelmund. ✠ Ðurferð. ✠ Ælfhelm. ✠ Frena.

DLXIX.

* EÁDGÁR, 971.

✠ Anno ab incarnatione domini nostri Ihesu
Christi .dcccc.li. ego Eadgar, diuina allubescente
gra[tia rex et] primicherius totius Albionis, ruris
quandam particulam quinis ab accolis aestimatam
man[siunculis, ad] aecclesiam beati Petri apostoli,
quae sita est in nominatissimo loco, qui dicitur
Westmynster, libenter [admodum] largitus sum, eo
tenore quatinus nemo nostrorum successorum hoc
decretum nostrum sine [ira omnipotentis] dei audeat
uiolare. Haec particula terrae priscis temporibus ad
eandem [perhibetur aecclesiam pertinere] sicut legitur
in antiquo telligrapho libertatis, quam rex Offa illi

monasterio [dudum contulit quando] aecclesiis per uniuersas regiones Anglorum recuperatiua priuilegia Wulfredo archiepiscopo hortante [scribere ius]sit.

Hanc eandem libertatem praefatae aecclesiae sancti Petri [principis apostolorum, cui locus praedictus dedicatus ac consecratus mirabiliter ab antiquis temporibus dei prouidentia ab ipso clauigero fuit consecratus,] Dunstano commendaui archiepiscopo, ad reparanda diruta pastoforia aecclesiae et instituta monasterii reformanda, quatinus iura illic monasticae et regularis disciplinae in posterum regulariter uiuentium obseruentur.

Empta est enim haec donatio .cxx. a[ureis solidis in] una armilla. Et hoc actum est in monasterio Glæstingbiri quaeque his cingitur t[erritoriis]. Ærest ûp of Temese andlang Merfleótes tô pollenestocce, swâ on Bulunga fenn; of ðám fenne æft ðǽre ealdan díc tô cúforde; of cúforde ûpp andlang Teoburnan tô ðǽre wîde herestrǽt; æfter ðǽre herestrǽt tô ðǽre ealde stoccene sancte Andreas cyricean, swâ innan Lundene fenn; andlang sûð on Temese on midden streâme; andlang stremes be lande and be strande, eft on Merfleóte.

DLXX.

*EÂDGÂR, 972.

Porthodoxorum uigoris æclesiastici monitu creberrime instruimur ut illi oppido subiecti suppeditantes famulemur · qui totius mundi fabricam miro ineffabiliq· serie disponens micocrosmum adam uidelicet tandem quadriformi plasmatum materia · almo ad sui similitudinem instinctum spiramine · uniuersis quę in infimis formauerat uno proband[i] causa excepto uetitoq· pręficiens · paradisiacae amoenitate iocunditate conlaterana æua scilicet comite decentissime collocauit. Laruarica pro dolor seduc-

tus cauillatione   uersipellis suasibilisq· tergiuersatione uiraginis pellectus · anathematis alogia ambro
pomum momordit uetitum · et sibi ac posteris in hoc
ærumnoso deiectus sæculo loetum promeruit perpetuum. Vaticinantibus siquidem profetis et cœlitus
superni regis diuturna clandestino presagia dogmate
promentibus nitide orthodoxis · eulogium ex supernis
deferens · non ut iudæorum seditiosa elingue fatetur
loquacitas sed priscorum atq· modernorum lepidissimam ambiens facundiam · arrianas sabellianasq· proterendo nenias anagogico infrustrans famine nosq·
ab obtunsi cæcitate umbraminis ad supernorum alacrimoniam patrimoniorum aduocans angelus supernis
elapsus liminibus in aurem intemeratae uirginis ut
euangelica promulgant famina. Stupenda cecinisse uidetur carmina. Cui æclesia tota catholica consona uoce
altibohando proclamat.   Beata es uirgo maria que
credidisti perficientur in te quæ dicta sunt tibi a dño.
Mirum dictu incarnatur uerbum et incorporatur scilicet illud . de quo euangelista super eminens uniuersorum altitudine sensuum inquit . In principio erat
uerbum et uerbum erat apud deum et ds erat uerbum · et rl.   Qua uidelicet sumpta de uirgine incarnatione antiquæ uirginis facinus demitur et cunctis
mulieribus nitidis præcluens taumatibus decus irro-
gatur.   Intacta igitur redolente xp̄i diuinitate passaq·
ipsius humanitate libertas addictis clementer contigit
seruulis.   Hinc ego Eadgar altithrono ãminiculante
Anglorum ceterarūq· gentium in circuitu triuiatim
persistentium basileus · ut huius libertatis altithroni
moderatoris clementia merear optinere consortium ·
coenobio loco celebri qui ab huius prosapiẹ solicolis
Persoran nobili nuncupatur uocabulo situm· genetri-
ciq· dñi nr̃i semper uirgini mariæ · necnon beato petro
apostolorum principi · eiusq· coapostolo paulo dedicatum habetur monachis regulariter degentibus monastici aeternam priuilegii concedo libertatem · quate-

nus post decessum Foldbrihti abbatis egregii cuius
temporibus hæc libertatis restauratio xp̄o suffragante
concessa est · quem sibi uniuersa præfati coenobii congregatio apto elegerit concilio [secundum regularia
beati Benedicti instituta abbatem] iuste ex eodem fratrum cuneo eligens constituat. Huius priuilegii libertas deinceps usu perpetuo a cunctis teneatur catholicis · nec extraneorum quispiam tyrannica fretus contumacia in prædicto monasterio ius arripiens exerceat
potestatis · sed eiusdem coenobii collegium perpetuæ
ut prædixi libertatis glorietur priuilegio. Sit autem
prefatum monasterium omni terræne seruitutis eodem
tenore liberum quo a precessore nr̄o a rege uidelicet
coenulfo orthodoxę fidei strenuissimo fuerat uti uetusto
continetur priuilegio Beornotho duce optinente solutum · agri equidem qui ad usus monachorum dn̄o
nr̄o Ihū xp̄o eiusq· genetrici marię priscis modernisq·
temporibus a regibus et religiosis utriusq· sexus hominibus ut a meipso restituendo iure concessi sunt
id est in Perscoran uidelicet . . . . . . mansi · in
Brihtulfingtune .x. mansi · in Cumbrincgtune .x.
mansi · in Pedneshamme .v. mansi · in Eccyncgtune
.xvi. mansi · in Byrlingahamme .x. mansi· in Deo-
panforda . x . mansi · in Strengesho . x . in Bettes-
forda . x . in Cromban . . . in Stoce . x . in Pyritune
. x . in Uuadbreorhan . iiii . in Ciuincgtune . iii . in
Broctune . iii . in Piplincgtune . x . in Snoddesbyri
. x . in Niuuantune . vii . in Eadbrihtincgtune . iiii .
in Uuihtlafestune . v . in Flæferth . v . in Graftune . v .
in Deormodesealdtune . v . in Husantreo. ꒹ on Mere-
tune . v . in Broctune . iii . into Hleobyri . ii . to Lan-
gandune . xxx . in Poincguuic . vii . in Beornothes-
leahe . iii . in Actune . iii . in Suthstoce. ꒹ on Hil-
leahe ꒹ on Tresham ꒹ on Cyllincgcotan · ꒹ on Eald-
anbyri · ꒹ Dydimeretune · ꒹ Badimyncgtun · ꒹ Uptun
.xl. in Deorham .x. in Longanege .v. on Lidanege .vi.
in Uuiggangeate . vi . in Beoleahe . v . Gyrdleahe . v .

in Sture . x . in Bradanuuege . xx . in Coltune . x .
in Uuiguuennan . x . et ad usum conficiendi salis duobus in locis .xviii. doliorum situs on Middel wic . x .
ꞃ on Neodemestan wic .viii . et duarum fornacium
statio on Uuictune et uas quod dicitur westrincge
cum uno manso et dimidium mansi in loco qui dicitur
Hortun eiusdem perpetualiter sint libertatis. Tempore siquidem quo rura quae dño deuoto concessi
animo iniuste a sc̄a dī æclesia ablata fuerant · perfidi
quoq· nouas sibi hereditarias kartas usurpantes ediderunt · sed in patris et filii et sp̄s sc̄i nomine precipi-
mus· ut catholicorum nemo easdem recipiat· sed a cunctis repudiatę fidelibus in anathemate deputentur· ueteri
iugiter uigente priuilegio. Si quis uero tam epilempticus phylargirię seductus amentia quod non optamus
hanc nr̄æ munificentiæ dapsilitatem ausu temerario
infringere temptauerit · sit ipse alienatus a consortio
sc̄æ dī æclesię nec non et a participatione sacro sc̄i
corporis · et sanguinis ihū xp̄i filii dī per quem totus
terrarum orbis ab antiquo humani generis inimico
liberatus est · et cum iuda xp̄i proditore summa inpie-
tate deputatus · ni prius hic digna satisfactione humilis
penituerit quod contra sc̄am dī æclesiam rebellis agere
presumpsit nec in uita hac practica ueniam nec in
theorica requiem apostata obtineat ullam · sed æternis
barathri incendiis trusus cū anania et saphyra iugiter
miserrimus crucietur. Ðis sindon þa londgemǽra
ðǽra tūnlonda ðe intó Perscoran belimpað; ǽrest of
Piriforda on ða díc; andlang díc on ða pyrigan of
ðǽre pyrigan on ðone longa . . . . p . . a
. . . wyllan . . . . to . . . . eda . . . .
. . . . of ðæm egesbyrg
to weal . . . of we[al] . . . . ma . . . olle . on lindboh ; of
lindho on clottesmór ; of clottesmóra . . . . . ondlong
pulles on afene; of afene on caldanwyllan ; of caldanwyllan on wyrðhlinc; of wyrðhlinc [on hor]pyt;
of horpytte on culfran mere ; of ðǽm mere on hag

.... bróchrycg; of bróchrycge on ða ealdan
díc; of ð[ǽre] díc on swyne; of swyne on reód
díc; of ðǽre díc on weorces mere; of þǽre mere
on ða twycene; of ðǽre twycenan on ða hæselrǽwe
ondlong streámes on horwyllan; of horwyllan ondlong díc on Cymman leáhe; of ðǽre leáhe on Sæfern;
ondlong Sæfern tó hámstede; of hámstede on ropleáh
geat; of ðǽm geate ondlong díc þ on east mór;
ðær on ða róde; of ðǽre róde on Heaðeburhe
weorðyg; of ðǽm worðige ondlong hrycges tó bysceopes swýnhege; ondlong heges on Beartan weg;
of Beartan wege on calfan leáhe; ðæt ondlong díc
tó hǽðhalan; of hǽðhalan on ða ealdan díc; ondlong
díc on piddes meres weg; of ðǽm wege on ða
ealdan díc; of ðǽre díc on wádbeorgas; of wád-
beorgan tó ðám hlypgeate; of ðæm geate on seal-
tanmere; of ðám mere on súðmæduan; of ðǽre
mǽde ondlong síces ðæt on yrse; ondlong yrse on
hwítandúne; of hwítandúne on lúsðorn; of lúsðorne
on fúlan pyt; of ðám pytte on Beornwynne dene;
ondlong dene ðæt on hymelbróc æt wuduforda;
andlang bróces on oxaners; andlang síces tó ðán
stángedelfe; of ðám stángedelfe on ða díc; ondlong
díc on hunigburnan; ꝺlang burnan ðæt on hymelbróc; ondlang bróces tó Beccanleáhe on ða ealdan
díc; ꝺlang mǽrweges on ceaforleáhe; of ðǽre leáhe
on ða hegstowe; of ðǽre hegstowe on hennuc;
a[ndl]ong hennuc ðæt on ða þornrǽwe eástrihte
ðæt hit cyme tó ðám rahhege; æfter ðám hege â
be ðám ofre ðæt eft on ða díc ðæt on pidelan streám;
ꝺlang streámes on Afene; andlang Afene ðæt eft on
Piriford. Ðis sind ðára feower túna londgemǽra
Wihtlafestún ꝺ Eádbrihtincgtún ꝺ Niwantún ꝺ Ælf-
lǽdetún: ǽrest of pidelan on ða ealdan díc; of
ðǽre díc ꝺlang .... on þ[a] heafda tó winterburnan; of winterburnan on hina gemǽran on ðone
ealdan weg; of ðám wege on Tittandúne; of Tittan-

dûne on byligan fen; of byligan fenne on Wixena
brôc; andlang brôces on pidelan; ꝺlang pidelan ꝺæt
eft on Wihtlafes gemæra. Ðis sínd þa londge[mæ]ra
into Flef[erð]; ærest of ðâm ealdan slæde on [w]in-
terburnan; of ðære burnan on ðane swŷnhege; ꝺlang
heges on Eomeres mæduan; of ðâm mæduan on
Hodes âc; of ðære æc ꝺlang heges tô ðæm wege;
ꝺlang weges on winterburnan; ꝺlang burnan on
Hereferðes maduan; ðonan in ðæt síc; of ðæm síce
in ðæne cumb; of ðâm cumbe on ða ealdan díc;
ꝺlang díce in pidelan; ꝺlang pidelan tô brâdanhâme;
âbûtan brâdanhâme eft in pidelan; ꝺlang pidelan eft
tô ðæm slæde. Ðis sind ða londgemæra tô Hûsantreo:
ærest of ðære stræt ꝺlong díc tô brâdanforde; ꝺlang
burnan on sealeweorpan; ondlang sealeweorpan tô
côlforda; of côlforda ꝺlang ðære miclan díc on
alrbrôc; ꝺlang brôces on deornan môr; of ðâm môre
ꝺlang díc on feowergemæra; of ðâm gemæron to
þornlêhe; of þornlêhe ꝺlang díc; eft on ða stræt.
Ðis sind ðæs londes gemæra intô Langandûne: ærest
of Sæfern on Wiferðes mæduan hege; of ðâm hege
on ðone hricg of ðâm hricge on ðone wulfhagan
midne; of ðâm wulfhagan tô ðâm þrym gemæran;
of ðæm þrym gemæran tô pisbrêce; of pisbrêce tô
Tidbrihticghâme; of ðâm hâme on pyrtbrôc; ꝺlang
brôces tô pyrtanheale; of peartanheal tô [ha]gan geate;
of hagan geate tô twyforde; of twyfyrde tô lufbece;
of lufbece betweonan dûne; of ðære dûne on hwítan
cumb; of ðâm cumbe on swŷngeat; of swŷngeate ꝺlang
ecge ðæt on hæðhricg; of hæðricge on senetricg;
of senetricge on secmôr; of secgmôre on alr; of
alre on orices pul; of orices pulle eft on Sæfern.
Ðis sindan ða londgemæra intô Ceatewesleâhe ꝺ tô
Yldres felda ꝺ tô Stantûne ꝺ tô Wynburhe edisce:
ærest of an burnan tô Cumbran weorðe; of Cûbran
weorðe tô ðære mæran æc; of ðære æc tô stânhlincan; of stânhlincan tô reâde burnan; of reâde bur-

nan tó healre mere; of healre mere tó ꝺǽre ǽc; of
ꝺǽre ǽc tó haganleáhe; of ꝺǽre leáhe on secgbróc;
of secgbróce tó ꝺán heán dóre; of heán dóre tó brýd-
bróce; ꝥlang bróces ꝺæt in glencincg; ꝥlang glencincg
ꝺæt in ledene; ꝥlang ledene tó mǽrbróce; of mǽrbróce
tó brycggeleágan; of brycggeleágan on brádanford on
glencincg; ꝥlang glencincg tó blácanmóres forda;
of blácanmóres forda tó ꝺám hálgan geate; of ꝺám
hálgan geate tó rischeale; of hrischeale tó ꝺám hó;
of ꝺám hó á be wuda tó ꝺám æsc; of ꝺám æsce tó
ꝺǽre ecge of.   .tó brádanleáhe; of brádanleáhe
tó fæles grǽfe; of fæles grǽfe tó cram pulle tó ꝺam
mǽrhege; of ꝺǽm hege on Sæfern; of Sæfern eft on
án burnan.   Ðis sindon ꝺa londgemǽra intó Poincg
wican: ǽrest úp of Sæfern on Beornwoldes sǽtan;
of Beornwoldes sǽtan on hagangeat; of hagangeate
on secglages strod; of secglahes strode on trohhrycg;
of trohhrycg on æcles mór; of ꝺám móre on baldan
rycg; of baldan rycge on flótan rycg; of flótan rycge
on ꝺa smeꝺan ác; of ꝺǽre ǽc on lindrycg; of lindrycge
on Abbandúnes wícan; of Abbandúnes wícan in baldan geat; of baldan geate on custleáhe; of custleáhe in
Eádwoldincgleáhe middewearde; of Eádwoldingleáhe
on steápanleáhe; of steápanleáhe in ꝺa greátan lindan;
of ꝺǽre lindan on cardan stigele; of ꝺǽre stigele in
wearmandene tó hreódbrócgeate; of ꝺám geate on
wæꝺeburnan; ꝥlang wæꝺeburnan ꝺæt wiꝺútan ꝺone
snædhege ꝺæt tó scírhylt geate; of scírhylt geate
on codran ford; ondlang codran on croma ꝺæt tó
ꝺǽre ealdan strǽt; ondlong ꝺǽre strǽt tó mawpul;
ꝥlang pulles on temedan; ꝥlang temedan eft in s.
. . . . Ðis sind ꝺa land gemǽra intó Beornóꝺes leáhe:
ǽrest of Eádwoldincgleáhe on æcer; of þæm æce . . .
. . . . hege ꝥlong mer . . . on scea . p . . . .
. . . hylle on æꝺburnan; of ꝺǽre burnan on g . . . . .
rycg; of ꝺám rycge on codran; of codran to sylbeáme; of sylbeáme tó crome; of crome tó hwítan

wyllan; of ðǽre wyllan tó hagan geate; of hagan
geate tó ðǽre . . . . ǽc; of ðǽre ǽc on ða sand-
seáðas; of ðám seáðan in temedel; of temedel on ða
lytlan bécas; þanan . . . . . . of grindlesbece swá
ðæt gemǽre ligð in temedan; of temedan onbútan
eldres ege ðæt eft in temedan; andlang temedan ðæt
eft in mawpul. Ðis sind ða londgemǽra intó Actune : ǽrest on horsa bróc; of horsa bróce in heáfoc-
rycg; of heáfocrycge on bilincgbróc; of bylingbróce
in atleáhe geat; of atleáhe geate in ða hlydan; of
ðǽre hlydan in bycera fald; of bycera falde on sand-
ford; of sandforda in scotta pæð; of scotta pæðe in
gyslanford; of gislanforda on sondburnan; of sondburnan on sceadwællan; of sceadwellan in lámseáðan; of lámseáðan in ledene; of ledene in linleáhe;
of linleáhe in saltera weg; of saltera wege in heán
ofer; of heán ofre in súðbróc; of súðbróce in westbróc; of westbróce in clægwyllan; of clægwyllan in
Æðelstánes graf; of Æðelstánes graue on Hengestes
healh; of Hengestes heale eft in horsa bróc. Ðis sind
þara .VII. land gemǽra intó Súðstoce: ǽrest of mæd-
dene westeweardre on beaduchyl;   ꝺlang dene on
badan pyt; of ðám pytte on æscwyllan bróc; ꝺlang
bróces on Afene; ꝺlang Afene on Bróchardes ford;
[of ða]m forda on swýnburnan; of swýnburnan on
funtnes burnan; of funtnes burnan on bremerleáh;
of bremerleá ꝺlang dene on stánleáh; of stánleá on
seonecan dene; ꝺlang dene on ehanfeldes geat; ðonne
on gatewyllan; of gatewyllan on cyncges crundlu;
of cyncges crundlan ꝺlang dene on riscmere; of riscmere on æscdene; of æscdene on horddene; of horddene on ðone holan weg on luhinc wudu, on fileðleáhe;
of filetleáhe on æðelan wyllan; of ðǽm wyllan ádúne
on strem; ꝺlang streámes úp on hyrdewyllan; of hyrdewyllan on cyninga crundel; of cyninga crundele on
rycgweg; ꝺlang weges on ðone stapol; of ðám stapole
on ða hlydan; of ðǽre hlydan úp andlang streámes;

of ðǽm streáme be heáfdan ðæt on mihanleá eásteweardne on ðone garan úp ꞇlang weges; of ðám
wege be heáf[dæ]n ; ðæt eft on mædbeorh.   Ðis
sind þa landgemǽr[a int]ó deórháme : ǽrest of fúlan
forda on lodd . . wellan ðonon on bydyncel bi abban-
grafe to b.yde wyllan; ðæt swá on eccantreo; ðonon
on miclan mædua ðæt on byd; ðonne on hygere-
dincg æceras ; ꞇ swá bi clopæcere ufa in sulig
cumb ; ðonon on músbeorh ; ðæt swá tó Æðeredes
wellan ; ðonon on clægweg be ciricstede; ðæt swá
bi sadolhongran on fearnbeorh .... wuda on gemǽr
bróc ðæt eft on fúlan broc.   ✠ Ðis sind ða landgemǽra intó Beóleáhe : ǽrest of Beóleáhe on cundincg æceras ; of cundincg æceran on fearnhealas ;
of fearnhealan on burhleáhe ; of burhleáhe on geahes
ofer ; of geahes ofre on stángeat ; of stángeate on
wulfenes wyllan ; of ðǽre wyllan on deáwes bróc ; of
ðǽm bróce on mapoldren geat ; of ðǽm geate on
Beardyncgford ; of Beardingforda eft on Beóleáhe.
Ðis sind ða landgemǽra intó Gyrdleá : ǽrest of Gyrdleá on colle ; of colle on mǽrdíc; of mǽrdíce on
blácan mearcan ; of blácan mearcan on ðone hǽð-
garan on Dagarding weg ; of Dagarding wege on ácwyllan ; of ácwyllan on brádan apoldre ; of ðǽre
apoldre on mǽres ðorn ; of ðán ðorne on smalan bróc ;
of smalan bróce on Cinctunes bróc ; of ðǽm bróce on
dyrnanford ; of dyrnanforda on bromhalas; of brom-
halan on hwítan leáhe ; of hwítan leáhe on Leomman-
nincg weg ; ðonan on colle ; of colle on meosmór;
of meosmóre on ciondan ; of ciondan on spelbróc ;
ðonan on bulan wyllan ; of bulan wyllan on ða langan
ǽc ; of ðǽre langan ǽc [to] mundes dene ; of mundes
dene on colle ; of colle eft on Gyrdleáhe.   Ðis sind ða
landgemǽra ðæs londes ðe lympð to Sture; ðæt is ðonne
æt ǽrestan Denewaldincghommes ende scyt on Sture ;
ðonne scyt se díc ðæt hit cymð foran tó byrnan scylfe;
ðonne ðonan ꞇlang ðǽre ealdan strǽte ðæt hit cymð on

mǽrbróc; ꝺlang mǽrbróces ðæt hit cymð tó langan-
dúne ende; ðonon ðæt hit cymð tó poshliwan; ðonne
of poshliwan tó sealtmere; of sealtmere on fugelmere; of fugelmere on steápanhlinc; of steápanhlince
on bára bróc; of bára bróce ymb wydancumb; of wi-
dancumbe tó hǽðhylle; ðonon on stánhlinces ende;
ðonon on rambeorgas; ðonne ðonan tó cealcseáðan;
of cealcseáðan tó Tilðegnes triówan; ðonan tó meox
b . . . rhym; ðonan tó Pehtúnes triówan; fram Peh-
tunes triówan tó pioles clifan; ðæt andlang pioles
clifes middeweardes tó clophyrste; ðonne of clophyrste
on ða díc ðe ligð on Stúre. Ðis sind ða landgemǽra
tó Brádanwege: ǽrest of mǽrembe on pisbróc; ðonon
on ða heáfda æt westmæduwan; of westmedwan on
ða heaf[dan] ðæt on þistelmere; of ðǽm mere ꝺlang
slades in pincan dene; of pincan dene ðæt úp on
þeorna dune; ufewearde ðonon on ðone stapol;
of ðǽm stapole ofer ðone ealdan feld ðæt on fugel-
hlǽw; of ðǽm hlǽwe on egsanmór; of [þæm]
móre [úp] ꝺlang ðone ðæt [on] bæddes wellan; of
bæddes wellan on brerhlæw; of ðǽm hlǽwe on norðhám; on bútan norðhám ꝺlang þære ealdan díc,
ðæt on sandbróc; of sandbróce on bordriðig; of bordriðig on horpyttes riðig; of horpytte ꝺlang fura ðæt
on cadan mynster; ðonon on ða ecge ðæt on ða sealt
strǽt; ꝺlang strǽt on ða ealdan díc æt nánes
mannes lande; of ðǽre díc on asan wyllan; of asan
wyllan on þristlinga dene; of þristlinga dene úfeweardre ðæt on ða ealdan díc æt wádbeorhe; ꝺlang
díc eft on mǽrcumbe. Anno dominicæ incarnationis
.DCCCC.LXXII. scripta est huius munificentiæ singrapha
his testibus consentientibus quorū inferius nomina
scdm̄ uniuscuiusq· dignitatem utriusq· ordinis decusatim dño disponente caraxantur.

Ego eadgar brittannię anglorū monarchus hoc
taumate donū agie crucis roboraui. Ego dunstan
dorobernensis æclesie archieps̄ eiusdem regis beniuo-

lentiam confirmaui. Ego Oswold eboracensis basi-
licæ primas huic regali dono adsensum prebui. Ego
aðelwold wintoniensis presul edis canonica subscriptione manu ꝑpria depinxi. Ego ælfstan lundoniensis cathedre pontifex signum sc̄æ crucis lætus impressi. Ego alfwold scireburnensis cathedre antistes
hoc intepidus donum corroboraui. Ego brihtelm
plebi dī famulus huius regis dapsilitati lætabundus
aplausi. Ego alfwold legis dī catascopus testudinem agie crucis iussu regis impressi. Ego [Ælfstan
Roffensis sedis archimandrita tauma] crucis agie
hilaris imposui. Ego eadelm com[missarum] ple-
bium speculator hoc eulogium gaudens firmaui. Ego
kynsige dī allubescente gratia spiritalis ouilis opilio
hanc largitionē consolidaui. Ego aðulf dño codrus
amminiculante hoc donum tropheo sc̄e crucis confirmaui. Ego alfð[ry]ð præfati regis conlaterana hoc
sintahma cum sigillo sc̄e crucis subscripsi. Ego
ælfric aƀƀ subs̄. Ego æscwig aƀƀ cons̄. Ego osgar
aƀƀ dict̃. Ego æðelgar aƀƀ impr̃. Ego Cineweard
aƀƀ deꝑ. Ego foldbriht aƀƀ dēsc. Ego ælfeah
aƀƀ conf. Ego Sideman aƀƀ corr̃. Ego [osweard]
aƀƀ cons̄. Ego brih[teah] aƀƀ imꝑ. Ego godwine
aƀƀ cons̄. Ego brihtnoð aƀƀ as͞s. Ego germanus
aƀƀ firm̃. Ego ælfere dux. Ego oslac dux. Ego
æðelwine dux. Ego brihtnoð dux._ Ego æðelweard
m̃. Ego wulfstan m̃. Ego ælfweard m̃. Ego ælfsige m̃. Ego æðelsige m̃. Ego wulfric mī. Ego
ælfwine m̃. Ego wulfgeat m̃. Ego wulfstan m̃.
Ego æðelmær m̃. Ego eanulf m̃. Ego eadwine m̃.
Ego æðelweard m̃. Ego ælfric m̃. Ego aðelwold m̃.
Ego alfwold m̃. Ego wulfmær m̃. Ego ælfw[eard] m̃.
Ego ælfelm m̃. Ego ælfric m̃. Ego leofwine m̃.
Ego leofric m̃. Ego ælfelm m̃. Ego leofsige m̃.
Ego wulfric m̃. Ego godwine m̃. Ego ælfric m̃.
Ego ealdred m̃. Ego ælfeah m̃. Ego leofstan m̃.
Ego ælfric m̃. Ego æðelweard m̃. Ego brihtric m̃.

Ego leofa m̄. Ego brihtric m̄. Prefata quoq. . . .
bis trium iugerorum quantitas et duo predia in famosa
urbe quæ ab accolis dicitur wygorneceastre accidunt·
quæ sub eiusdem condicione libertatis perpetualiter
in nomine dn̄i nr̄i ihū xp̄i haberi precipio.

DLXXI.
* EÂDGÂR, 972.

✠ REGNANTE imperpetuum domino nostro Ihesu
Christo. Dum architectoris prouidentia omnis creatura in principio formata formoseque creata est, ac in
multis modis ac diuersis speciebus Olympum cum
syderibus rotari suo nutu perficiens, quique frugiferis
seminibus terram oceanique abyssos ex omni parte
supra simul et infra ut uoluerit sua multimoda potentia gubernat   Sicque ab initio mundi triumphalia
temperamenta usque ad diffinitionem cessantis saeculi
statuta praecepta conditoris custodiunt. Et tamen
improuida fragilitas hominum omnibus creaturis prae-
latior propter praeuaricationem corruens in caecita-
tem caliginosae mortis et primam immortalitatis stolam lugubriter amisit. Idcirco meritam incurrit iram
omne genus humanum regnumque post regnum mobi-
liter manens et perniciter recedens. Qua de re ego
Eadgar diuina adridenti gratia rex, cum archana cordis
indagatione euentilans perhennem gratulationem et
tutissimum fulcimentum, peculiari donatione quam
architenens hilariter a sui deuotis accipiet insuper et
uitam aeternam. Nunc uero aliquantulam ruris particulam, cum licentia Oswerdi aliorumque optimatum
meorum consensu, id est, .x. mansas ubi a rurigenis
Cynetan appellatur dilectissimae foeminae Ælflædae
satis deuote impendere curaui. Ita ut ab omni mundiali censu perpetualiter ditali munificatione colloce-

tur, nisi expeditione et arcis munitione ceu ab antiquis constitutum est. Inter agmina sancta aeternae beatitudinis tripudia reperiat qui nostrae donationis munus consentiat. Si quis uero non perhorrescat machinari nostrum decretum sciat se casurum in profundum aeterni orci barathrum. Ðis synt ða landgemǽro.

Ærest on ðone chiricstede; ðonne of ðám chiricstede innan Strædford on ðæt ellen ; of ðám ellenne on seofon beorgas; of seofon beorgas innan colta beorg; of colta beorg on ða twêgen dunne stânes, be estan colta beorg; of ðám stânes innan Scrowes bytt; of Scrowes bytt betweox.ɪɪ. beorgas. and ðǽr adún innan ðone ford; of ðám forda innan ðone dunnan stân wiðforan ðám burggete; of ðán stâne úp ofer Scyflingdúne on ðone langan hlinc eâstewerdne ; of ðám hlinche on ǽnne crundel; of ðán crundelle innan scythangran; of scythangran on meregrafe eâstewerdne ; of meregrafe on erslege; of erslege on Eâdgardes gete ; of Eâdgardes gete on ðone langan sceagan westeweardne ; of langan sceagan on ðæt hǽðene byrgils ; of ðan hǽðene byrgilse an lorta leâ westewerdne ; of lorta leâ eft on ðone chiricstede. Acta est autem haec mea donatio anno ab incarnatione domini nostri Ihesu Christi .ᴅᴄᴄᴄᴄ.ʟxxɪɪ. hiis testibus consentientibus quorum uocabula infra carraxata clare patescunt.

✠ Ego Eadgar sub titulo agiae crucis praedictum donum confirmo. ✠ Ego Dunstanus archiepiscopus confirmaui. ✠ Ego Æðelwoldus episcopus corroboraui. ✠ Ego Byrhtelmus episcopus roboraui. ✠ Ego Ælfstanus episcopus annui. ✠ Ego Ælfwoldus episcopus suppressi. ✠ Ælfhere dux. ✠ Ælfheah dux. ✠ Æðelwine dux. ✠ Wulfstan minister. ✠ Æðelwerd minister. ✠ Ælfwerd minister. ✠ Byrhtric minister. ✠ Æðelwerd minister. ✠ Ælfhelm minister. ✠ Eadulf minister. ✠ Eanulf minister.

DLXXII.

EÁDGÁR, 972.

✠ Nunc mutando fragilitas mortalis uitae marcescit, et rotunda saeculorum uolubilitas manescit, ac in
carorum propinquorum amicorumque amissione con-
queritur ac defletur. Ideo ego Eadgar totius Brittanniae basileus quandam ruris particulam, quatuor uidelicet cassatos, in loco qui celebri æt Auene, nuncupatur uocabulo, cuidam meo cubiculario nomine Win-
stano, pro obsequio eius deuotissimo perpetua largitus
sum haereditate; ut ipse uita comite cum omnibus utensilibus, pratis uidelicet, pascuis, syluis, uoti compos
habeat et post uitae suae terminum quibuscumque
uoluerit cleronomis immunem derelinquat. Sit autem
praedictum rus omni terrenae seruitutis iugo liberum
tribus exceptis, rata uidelicet et expeditione, pontis
arcisue restauratione. Si quis igitur hanc nostram
donationem in aliud quam constituimus transferre
uoluerit, priuatus consortio sanctae dei aecclesiae
aeternis barathri incendiis lugubris iugiter cum Iuda
Christi proditore eiusque complicibus puniatur, si non
satisfactione emendauerit congrua quod contra nostrum
deliquit decretum. Ðis synd ðára feower hida landgemǽra æt Afene ðe Eádgár cyning gebócade Wyn-
stáne his búrðene on éce yrfe. Ærest of Afene on
ða ealdan burhdíc on ðæne weg; ofer ðæne weg
eást swá Wulfsige hit gemǽrsode oð hit cymð tó
ðǽm wege ðe scæt fram Hambres buruh tó Æðel-
warebyrig oð hit cymð tó ðám wege ðe scæt eástan
fram Winterburnan west tó Billan cumbe tó ðǽm
ealdan wuduforda, ðonan úp on midne streám oð
hit cymð eft fornan gean ða ealdan burhdíc. Anno
dominicae incarnationis .DCCCC.LXXII. scripta est haec
carta his testibus consentientibus quorum inferius
nomina caraxantur.

✠ Ego Eadgar rex praefatam donationem concessi.
✠ Ego Dunstan Dorouernensis aecclesiae archiepiscopus consignaui. ✠ Ego Oswold archiepiscopus confirmaui. ✠ Ego Æðelwold episcopus corroboraui.
✠ Ego Ælfstan episcopus consolidaui. ✠ Ego Ælfwold episcopus confirmaui. ✠ Ego Ælfstan episcopus concessi. ✠ Ego Ælfðryð regina. ✠ Ego Æscwig abbas. ✠ Ego Osgar abbas. ✠ Ego Æðelgar abbas. ✠ Ego Ælfhere dux. ✠ Ego Æðelwine dux. ✠ Ego Byrhtnoð dux. ✠ Ego Oslac dux.
✠ Ego Æðelweard minister. ✠ Ego Ælfweard minister. ✠ Ego Ælfsige minister. ✠ Ego Heanric minister. ✠ Ego Leofa minister. ✠ Ego Leofwine minister.

DLXXIII.
EÁDGÁR, 972.

✠ Anno ab incarnatione domini nostri Ihesu Christi dcccc.lxxii. Ego Eadgar rex et primicerius totius Albionis, ruris quandam particulam, denis ab accolis aestimatam mansiunculis, in loco qui dicitur Corsantun, liberam, praeter arcem pontem expeditionemque, sub instinctu diuini amoris et timoris, deo omnipotenti et sancto Petro humillima deuotione in ciuitate Aquamania offero et commendo ea interposita ratione, ut nullius ordinis homo hoc nostrum donatiuum decretum, quamdiu christianitas in Anglorum uigeat partibus, sine ira et uindicta omnipotentis dei audeat irrumpere uel temptauerit infringere.

Ego Eadgar rex concessi et subscripsi ✠. Ego Dunstan archiepiscopus consensi et subscripsi ✠. Ego Æðelwold episcopus consensi et subscripsi ✠. Ego Ælfstan episcopus consensi et subscripsi ✠. Ego Ælfhere dux consensi et subscripsi ✠. Ego Æðelwine dux consensi et subscripsi ✠.

DLXXIV.

* EÁDGÁR, 972.

✠ Orthodoxorum uigoris aecclesiastici monitu creberrime instruimur, ut illi oppido subiecti suppeditantes famulemur qui totius mundi fabricam miro ineffabilique serie disponens microcosmum, Adam uidelicet, tandem quadriformi plasmatum materia almo ad sui similitudinem instinctum spiramine, uniuersis quae in infimis formauerat, uno probandi causa excepto, uetitoque praeficiens paradisiacae amoenitatis iocunditate collaterana Eua scilicet comite decentissime collocauit. Laruarica pro dolor! seductus cauillatione; uersipellis, suasibilisque tergiuersatione uiraginis pellectus anathematis alogia ambro pomum momordit uetitum, et sibi ac posteris in hoc aerumpnoso deiectus saeculo lethum promeruit perpetuum. Uaticinantibus siquidem prophetis, et coelitus superni regis diuturna clamdestino praesagia dogmate promentibus nitide orthodoxis, eulogium ex supernis deferens: non ut Iudaeorum seditiosa elingue fatetur loquacitas; sed priscorum, atque modernorum lepidissimam ambiens facundiam, Arrianas Sabellianasque proterendo nenias anagogico infrustrans famine, nosque ab obtunsi caecitate umbraminis ad supernorum alacrimoniam patrimoniorum aduocans, angelus supernis elapsus luminibus in aurem intemeratae uirginis, ut euangelica promulgant famina, stupenda cecinisse uidetur carmina, cui aecclesia tota catholica consona uoce altibohando proclamat, ' Beata es uirgo Maria quae credidisti, perficientur in te quae dicta sunt tibi a domino.' Mirum dictu incarnatur uerbum, et incorporatur scilicet illud, de quo euangelista supereminens uniuersorum altitudine sensuum inquit; ' In principio erat uerbum, et uerbum erat apud deum, et deus erat uerbum,' et reliqua. Qua uidelicet sumpta de uirgine incar-

natione antiquae uirginis facinus demitur, et cunctis
mulieribus nitidis praecluens taumatibus decus irroga-
tur. Intacta igitur redolente Christi diuinitate, passa-
que ipsius humanitate, libertas addictis clementer contigit seruulis. Hinc ego Eadgar altithrono amminiculante Anglorum, caeterarumque gentium in circuitu
triuiatim persistentium basileus, ut huius libertatis altithroni moderatoris clementia merear obtinere consortium, coenobio loco celebri qui ab huius prosapiae
solicolis Wigorna[ceastre] nobili nuncupatur uocabulo
situm, genitricique domini nostri semper uirgini Mariae
necnon beato Petro apostolorum principi eiusque
co-apostolo Paulo dedicatum habetur monachis regulariter degentibus monastici aeternam priuilegii concedo libertatem, quatenus post decessum N . . . . . .
[abbatis] egregii cuius temporibus haec libertatis
restauratio Christo suffragante concessa est, quem sibi
uniuersa praefati coenobii congregatio apto elegerit
consilio secundum regularia beati Benedicti instituta
abbatem, iuste ex eodem fratrum cuneo eligens constituat. Huius priuilegii libertas deinceps usu perpetuo
a cunctis teneatur catholicis, nec extraneorum quispiam tyrannica fretus contumacia in praedicto monasterio ius arripiens exerceat potestatis, sed eiusdem
coenobii collegium perpetuae ut praedixi libertatis
glorietur priuilegio. Sit autem praefatum monasterium omni terrenae seruitutis eodem tenore liberum,
quo a precessore nostro a rege uidelicet Coenulfo or-
thodoxae fidei strenuissimo fuerat, uti uetusto continetur priuilegio Beornoðo duce optinente solutum;
agri equidem qui ad usus monachorum domino nostro
Ihesu Christo eiusque genitrici Mariae priscis moder-
nisque temporibus a regibus et religiosis utriusque
sexus hominibus et a meipso restituendo iure concessi sunt. Tempore siquidem quo rura quae domino
deuoto concessi animo iniuste a sancta dei aecclesia
ablata fuerant, perfidi quique nouas sibi haeredita-

rias kartas usurpantes ediderunt, sed in patris et filii
et spiritus sancti nomine praecipimus, ut catholicorum
nemo easdem recipiat, sed a cunctis repudiatae fidelibus in anathemate deputentur, ueteri iugiter uigente
priuilegio.　Haec sunt nomina terrarum quae ad
Wigornam pertinent.　Praefato quoque coenobio
trium iugerum quantitas et duo praedia in famosa
urbe quae ab accolis dicitur Uuigornaceaster acci-
dunt, quae sub eiusdem conditione libertatis perpetualiter in nomine domini nostri Ihesu Christi haberi
praecipio, et ad usum conficiendi salis duobus in locis
.xviii. doliorum situs on Middel wic .x. et on Neoðo-
mæst wic .viii. et duarum fornatium statio on Wit-
tune et uas quod dicitur Westrincge cum uno manso et
dimidium mansi in loco qui dicitur Nortun, et dimidium mansi in loco qui dicitur æt Westwuda eiusdem perpetualiter sint libertatis.　Si quis uero tam
epilempticus philargiriae seductus amentia, quod non
optamus, hanc nostrae munificentiae dapsilitatem
ausu temerario infringere temptauerit, sit ipse alienatus a consortio sanctae dei aecclesiae necnon et a
participatione sacrosancti corporis et sanguinis Ihesu
Christi filii dei, per quem totus terrarum orbis ab antiquo humani generis inimico liberatus est, et cum
Iuda Christi proditore sinistra in parte deputatus, ni
prius hic digna satisfactione humilis poenituerit quod
contra sanctam dei aecclesiam rebellis agere praesum-
sit, nec in uita hac practica ueniam nec in theorica
requiem apostata obtineat ullam, sed aeternis barathri
incendiis trusus cum Anania et Saphyra iugiter miserrimus crucietur.　Anno dominicae incarnationis
.dcccc.lxxii. scripta est huius munificentiae syngrapha, his testibus consentientibus, quorum inferius
nomina secundum uniuscuiusque dignitatem utriusque ordinis decusatim domino disponente caraxantur.

✠ Ego Eadgar Brittanniae Anglorum monarchus hoc
taumate donum agiae crucis roboraui.　✠ Ego Dun-

stan Dorobernensis aecclesiae archiepiscopus eiusdem
regis beneuolentiam confirmaui. ✠ Ego Oswald
Eboracensis basilicae primas huic regali dono assensum praebui. ✠ Ego Æðelwold Uuintoniensis praesul aedis canonica subscriptione manu - propriā depinxi. ✠ Ego Ælfstan Lundoniensis cathedrae pontifex signum sanctae crucis laetus impressi. ✠ Ego
Ælfwold Scireburnensis cathedrae antistes hoc intepidus donum corroboraui. ✠ Ego Bribthelm plebis
dei famulus huius regis dapsilitati laetabundus ap-
plausi. ✠ Ego Ælfwold legis dei catascopus testudinem agiae crucis iussu regis impressi. ✠ Ego Ælfstan Rofensis sedis archimandrita tauma crucis agiae
hilaris imposui. ✠ Ego Eadelm commissarum ple-
bium speculator hoc eulogium gaudens firmaui. ✠
Ego Wynsige dei allubescente gratia spiritualis ouilis
opilio hanc largitionem consolidaui. ✠ Ego Aðulf
domino codrus amminiculante hoc donum trophaeo
sanctae crucis confirmaui. ✠ Ego Ælfðryð praefati
regis conlaterana hoc sintahma cum sigillo sanctae
crucis subscripsi. ✠ Ego Ælfric abbas subscripsi.
✠ Ego Æscwig abbas consensi. ✠ Ego Osgar abbas
dictaui. ✠ Ego Æðelgar abbas impressi. ✠ Ego
Cineweard abbas depinxi. ✠ Ego Foldbriht abbas
descripsi. ✠ Ego Ælfæh abbas confirmaui. ✠ Ego
Sideman abbas corroboraui. ✠ Ego Osweard abbas
consensi. ✠ Ego Brihteah abbas impressi. ✠ Ego
Goduuine abbas consensi. ✠ Ego Brihtnoð abbas
assensi. ✠ Ego German abbas firmaui. ✠ Ego
Ælfere dux. ✠ Ego Oslac dux. ✠ Ego Æðelwine
dux. ✠ Ego Brihtnoð dux.

Rubric. Ðis is se freolse and ðára landa bóc ðe
Eádgár cyning geúðe intó Wigernaceastre, Gode tó
lofe and sancta Marian and sancte Benedicte.

DLXXV.
* EÂDGÂR, 972.

✠ Gratia domini nostri Ihesu Christi regis omnium saeculorum, omnia suo nutu distribuentis regna
terrarum et moderantis habenas rerum, ego Eadgar sub
ipso sidereo rege praesidens regno magnae Britanniae
saepe petitionem uenerabilis et deo dilecti pontificis
Æðelwoldi, super stabilitate aecclesiarum, quarum ipse
est infatigabilis constructor accepi, maxime autem super antiqui monasterii restitutione ac libertate, quod
primitus Medeshamstede, modo dei adiutorio ac sua
atque nostra instantia restauratum, Burch appellatur;
quod scilicet quadam praerogatiua gratiae sancti Petri
ac pristinae nobilitatis eminentius diligit. Recolens
enim illud a pristinis regibus, Wlfero necnon Æðelredo,
aliisque successoribus magnifice ditatum et regalibus
priuilegiis fortissime stabilitum, sed ab externo paganorum exercitu destitutum; hic dei sapiens architectus
magno zelo domus dei studuit reparare: et acquisi-
tis, ac redemptis undique rerum possessionibus, cum
nostra regali donatione prout potuit amplificare. Ego
itaque pro gratia sancti Petri, tantique patris cari-
tate, atque animae meae redemptione concedo gratan-
tissime illud sanctum et apostolicum coenobium in perpetuum esse liberum ab omni saeculari causa et seruitute, ut nullus aecclesiasticorum uel laicorum super
ipsum uel super ipsius abbatem ullum unquam habeat
dominium, sed ipso abbate cum subiecta Christi familia
in pace dei et superni ianitoris Petri patrocinio illud regente, ac rege in omnibus necessitatibus adiuuante, ab
omni mundiali iugo tam securum aeternaliter persistat,
quam liberum, sed etiam ab episcopali exactione, et inquietudine, ex apostolica libertate, et reuerendissimi
archiepiscopi nostri Dunstani auctoritate cum suis
appendiciis, id est, Doddesðorpe, et Ege, et Pastune

perpetuo maneat absolutum. Uillam quoque Undale
cum toto iure adiacentium, quod Eahtahundred Anglice
nominatur, et cum mercato, ac theloneo, ea prorsus
libertate donamus, quatenus nec rex, nec comes, nec
episcopus praeter christianitatem attinentium parochiarum, nec uicecomes nec ulla unquam maior mi-
norue persona, ulla dominatione occupare, nec de ipsa
uilla Undale, ubi legitime consedere debet, in alium
locum transferre ullatenus praesumat: sed tantum
abbas praedicti coenobii illud cum suis causis et legi-
bus totum in sua potestate liberrime teneat, et quando
uel in quo loco sibi placuerit sine ulla contradictione
sedere faciat. Item terras nostro adiutorio uel dono,
uel optimatum meorum, per praefatum episcopum eidem monasterio adiectas, quae hic ex parte titulantur,
id est, Barwe, Wermingtun, Asctun, Kyteringas, Cas-
tre, Eilesuurðe, Waltun, Wiðeringtun, Ege, Ðorpe, et
unum monetarium in Stanforde in perpetuam libertatem
concedimus. Sint ergo tam istae uillae quam caeterae omnes, quae ad ipsum monasterium pertinent,
cum uniuersis rebus et rationibus suis et toto quod
appellatur sace et socne, ab omni regali iure et ab omni
saeculari iugo in aeternum liberae, et in magnis, et in
minimis, in siluis, campis, pascuis, pratis, paludibus,
uenationibus, piscationibus, mercationibus, theloneis,
omnibusque rerum procurationibus dei beneficio pro-
uenientibus. Concedimus etiam dimidiam partem
stagni quod dicitur Witlesmere, per episcopum Æðelwoldum acquisitam, cum omnibus scilicet aquis, piscariis, stagnis et paludibus attinentibus, usque ad
hos terminos circumiacentes, quorum septentrionalis
est, ubi primum intratur Merelade, de amne Nene,
orientalis ad Kingesdelf, australis ad Aldwinesbaruue,
qui locus est in palude contra medietatem uiae Ubbe-
merelade, occidentalis ubi aqua de Opbete finitur ad
terram; quae omnia antiquitus ad illud sacrosanctum
monasterium multo latius et longius pertinuisse pro-

bantur. Mercatum quoque constituimus in Burch sin-
gulare, ut nullum aliud habeatur inter Stanforde et
Huntedune, et ad illud damus, ibidemque persolui iubemus, totum sine ulla contradictione theloneum, hoc
est, primo de tota Witlesmere usque ad theloneum regis
quod iacet ad hundred de Normannes Cross, et de Witlesmere sicut Merelade uenit ad aquam Nene, et inde
sicut aqua currit ad Walmisforde ; et de Walmisforde,
usque ad Stanforde ; et de Stanforde iuxta cursum
aquae usque ad Crulande ; et de Crulande usque ad
Must ; et de Must usque ad Kingesdelf ; et deinde usque ad praedictam Witlesmere.   Propter uaria quippe
lucra et corporalium et spiritualium utilitatum hoc
mercatum decernimus illic celebrari, et undique illud
requiri quatenus et dei ministri, inde adiuuentur pro-
pinquius, et a concurrente populo inter terrena necessaria coelestia petantur subsidia, dummodo per sancti
Petri quaesita patrocinia, et per missarum audita
mysteria secundum fidem cuiuslibet ibi possint redimi
diuersarum offensionum debita.   Porro decedente
abbate de eadem congregatione, fratres successorem
idoneum eligant, et regis fauore ordinetur ; hanc igitur
totius abbatiae, tam in longinquis quam proximis
possessionibus regificam libertatem ab omnibus appro-
batam, excepta modo rata expeditione, et pontis arcisue
restauratione, satagimus per ipsum deuotissimum huius
descriptionis auctorem Æðelwoldum, a sede apostolica
Romanae aecclesiae iuxta primitiuam eiusdem monasterii institutionem perpetuo corroborare.   Quam quicunque in aliquo uiolare praesumpserit, ipsius summi
praesidis Petri, et Romanae hierarchiae, omniumque
sacrorum ordinum animaduersione in infernum aeternum damnetur ; qui uero prouexerit et defensauerit in
sorte electorum dei remuneretur.   Sancitum est hoc
priuilegium anno dominicae incarnationis nongentesimo septuagesimo secundo, meique terreni imperii
anno sextodecimo ; quod his probabilibus testibus

cum sanctae crucis indicio subnotatur iuxta meam subscriptionem.

✠ Ego Eadgar totius Albionis basileus hoc priuilegium cum signo sanctae crucis confirmaui. ✠ Ego Dunstan Dorouernensis aecclesiae archiepiscopus hoc idem cum trophaeo agiae crucis corroboraui. ✠ Ego Oswald Eboracensis aecclesiae archiepiscopus subscripsi. ✠ Ego Æðelwold praesul consignaui. ✠ Ego Ælfstan episcopus faui. ✠ Ego Aðulf pontifex consensi. ✠ Ego Æscwi abbas non renui. ✠ Ego Osgar abbas approbaui. ✠ Ego Æðelgar abbas consensi. ✠ Ego Ælfere dux. ✠ Ego Æðelwine dux. ✠ Ego Brihtnoð dux. ✠ Ego Oslac dux. ✠ Ego Æðelward minister. ✠ Ego Eanulf minister. ✠ Ego Ælfsi minister. ✠ Ego Ælfuueard minister. ✠ Ego Fryðegist. ✠ Ego Ðured. ✠ Ego Ulf. ✠ Ego Wlfric. ✠ Ego Osferð. ✠ Ego Wlstan. ✠ Ego Ringulf. ✠ Ego Ælfstan. ✠ Ego Æðelsige. ✠ Ego Wlfeah. ✠ Ego Æðelmund. ✠ Ego Ælfelm. ✠ Ego Ðureferð. ✠ Ego Frana. ✠ Ego Fryðegist.

DLXXVI.

ÓSWALD, 960—972.

✠ Aeterno genitori cum inclita prole, sanctoque paraclito laus et honor. In cuius onomate, ego Oswaldus, modicam ruris partem .i. uidelicet mansam, meo fideli artifici Wulfhelm utenti uocitamine, et post se, .ii.ᵇᵘˢ haeredibus, et post illorum uitam usui monastico in Wigracestre restituatur.

✠ Oswald bisceop. ✠ Wynsi presbyter. ✠ Ælfsi presbyter. ✠ Eadward presbyter. ✠ Ælfstan presbyter. ✠ Wulfward diaconus. ✠ Goding diaconus. ✠ Æðelric diaconus. ✠ Leofstan diaconus. ✠ Wulfgar clericus. ✠ Wulfnoð clericus. ✠ Godwine clericus.

DLXXVII.

EÂDGÂR, 973.

✠ ANNO ab incarnatione domini nostri Ihesu Christi .DCCCC.LXXIII. Ego Eadgar diuina allubescente gratia rex et primicerius totius Albionis, ruris quandam particulam, septenis ab accolis aestimatam mansiunculis, in loco qui dicitur Hamme, liberam praeter arcem, pontem, expeditionem, ad aecclesiam beatae dei genitricis Mariae quae sita est in monasterio quod dicitur Glastingaburghe in perpetuam possessionem libenter admodum largitus sum, ad supplementum necessarium fraternae conuersationis ibidem deo seruientium; hoc praecipiens in nomine domini nostri Ihesu Christi, ut nostrorum nemo successorum christiano uigente numine hoc nostrum decretum audeat uiolare; quod si quisque temptauerit hic et imperpetuum perpetuas inferni poenas luet. Hoc tamen inter notandum est, quod haec praefata terra in Hamme adepta est supradicto monasterio, per commutationem alterius terrae quae dicitur Brancminstre; et acta est haec commutatio pacta uicissitudine per consilium et licentiam omnium optimatum nostrorum quorum inferius nomina carraxantur; haec sunt territoria. Erest on smalmores heued suðe; endlang mors also ðe pil schet, of redmor estward, so souð to pille; endlang pilles on mirranford; ðanen wernanford mideward op on wernanstreme of ðe pirie, ðanen liggið þritte acres ðis kingis, and ðanen geð hit est on werne; op endlang wernestremes on bradanmores heued, ðanen on ðe smale hegrewe on widanleighe westward, ðanen on fautisham norðward; endlang weies on ðe olde dich on swicombes heued, on wolcombes heued forbi eche of wolschern westward, ðanen on holan wei, upward on ðan stone, so eare bi eue; on suapan westward, ðanen on Stanwei; upward endlang weies on russeleighe; upward so on Henleighe westward, ðanen on wirtroneshoc on peret westward; ðanen on midde mor; endlang mores eft on smalemor; ꝺanen is ðis merehande, oðer manne ðare kinge and ðare bisschop on pulessweran to ðan seuen hidin at hamme, to ðe come to þiwissh tuelf acres.

✠ Ego Eadgar rex Anglorum consensi. ✠ Ego Dunstan archiepiscopus subscripsi; cum multis aliis.

DLXXVIII.

EÁDGÁR, 973.

✠ ANNO ab incarnatione domini nostri Ihesu Christi .DCCCC.LXXIII. Ego Eadgar, diuina gratia allubescente rex et primicherius totius Albionis, ruris quandam particulam .VII. aestimatam mansiunculis, in loco qui dicitur Harawille, Ælfrico ministro meo libenter admodum pro eius satis placabili ministerio, iure haereditario de haerede in haeredem persoluo; hac interposita ratione, ut nostrorum nemo successorum, uigente christiani numinis imperio, hoc nostrum decretum sine uindicta omnipotentis dei audeat uiolare. Et his limitibus haec telluris particula quaquauersum gyrari uidetur. Ðis syndan ðára .VII. hida landgemǽro. Ærest of ðám ællanstubbe, on ðone óðerenne ellestub, and swá on ða ealdan firh; ðanon tó smalan wege and swá ymbútan flegges gáran; ðanon andlang ðæs smalan weges útt on Humbracumb; swá on Ycenylde weg; á forð be wege eft on ðone ellenstub; ðanon on ðone hærepað on hárandúne, and swá on cranwylle; ðanon on hesleá bróc, and swá on hreómǽde; ðanon on ða ealdan cotstowa and swá on smalan bróc; ðanon on ðæt lange furlang; swá on cylmæscumb on snelles gáron. Ðis syndon ðæra mǽda gemǽra. Ærest andlang ðæs ealdan bróces of Súðtúniga lace, and swá on Stoc-

wylle brōc; ðanon on ðone ealdan brōc, and swâ on
Wudubrigge. Et haec sunt nomina testium et huius
doni constipulatorum consensumque corroborantium,
quae inferius depingi carraxarique uidentur. ✠
Ego Eadgar rex consensi et subscripsi. ✠ Ego
Dunstan archiepiscopus consensi et subscripsi. ✠
Ego Oswald archiepiscopus consensi et subscripsi.
✠ Ego Æðelwold episcopus consensi et subscripsi.
✠ Ego Ælfstan episcopus consensi et subscripsi.
✠ Ego Wynsige episcopus consensi et subscripsi.
✠ Ego Aðulf episcopus consensi et subscripsi.
✠ Ego Ælfstan episcopus consensi et subscripsi.
✠ Ego Byrhtelm episcopus consensi et subscripsi.
✠ Ego Ælfwold episcopus consensi et subscripsi.
✠ Ego Eadhelm episcopus consensi et subscripsi.
✠ Ego Wulfsige episcopus consensi et subscripsi.
✠ Ego Ælfstan episcopus consensi et subscripsi.
✠ Ego Ælfhere dux.   ✠ Ego Oslac dux.   ✠
Ego Æðelward minister.   ✠ Ego Eanulf minister.
✠ Ego Ælfsige minister.   ✠ Ego Wulfgeat minister.
✠ Ego Wynsige minister.   ✠ Ego Ælfhelm minister.
✠ Ego Ælfric minister.   ✠ Ego Wulfric minister.
✠ Ego Eadwine minister.   ✠ Ego Ælfsige minister.

DLXXIX.

* EADGAR, 973.

✠ Uniuersis sophiae studium intento mentis conamine sedulo rimantibus liquido patescit quod instabilis huius miserrimae ac caducae uitae curriculus
cum marcido inanis gloriae flosculo tabescendo lugubriter deficit, et friuola eius gloria nunquam in eodem
statu permanens, uelut fumus rotatu celerrimo euanescit. Attamen annuente Christi mundi creatoris ac
redemptoris gratia, cum recidiuis praesentis uitae munusculis futuram aeternae uitae beatitudinem centupli-

cato quaestu adquirere lucrando fide uigente catholica prudentissime ualemus. Quamobrem ego Eadgar, totius Britanniae basileus, quoddam monasterium beatae dei genitrici, semperque uirgini Mariae ad laudem et honorem eiusdem domini nostri Ihesu Christi, mundi saluatoris, dedicatum in loco qui quondam Ancraig, nunc uero usitato Ðornig nuncupatur uocabulo, et rura praefato monasterio subiecta, cum omnibus utensilibus, pratis uidelicet, pascuis, siluis, piscariis, capturis, gronnis, atque culparum emendationem, quae reatu aliquo in ipsis peraguntur ruribus, domino nostro Ihesu Christo, eiusque genitrici, semperque uirgini Mariae octauo decimo mei terreni imperii anno, attamen primo meae regiae dedicationis, Æðeluuoldo mihi episcoporum dilectissimo, cum omni subiectionis humilitate impetrante, aeterna largitus sum haereditate; ea semper interposita conditione, ut nullius altioris uel inferioris gradus hominis reatu, a domino nostro Ihesu Christo, sanctoque loco quod tam a me, quam a praedicto episcopo, uel a caeteris catholicis, concessum uel concedendum est, ulla occasione diabolo instigante, priuetur. Si uero crimen quod ueniae non sit dignum, suadente diabolo, quod absit, loci procurator commiserit, agatur rationabiliter de eo, quod de regis agitur praeposito, ut uidelicet reo rite decuriato ac iusto ordine depulso illi qui dignus sit Christi designetur, uti regis solet praepositura a nullo saecularium Christi possessione uiolata. Nam in ipso praefato loco anachoreticae uitae aptissimo duo, quondam praecipuae sanctitatis germani antistites, Tancredus uidelicet et Tortredus, coelestis uitae beatitudinem, alter martyrio alter confessionis gloria obtinentes, cum gloriosa egregii triumphi palma migrauerunt ad Christum. Tona uero eorum soror non solum carnalis propinquitatis foedere compaginata sed etiam in imitatione uirtutum et caritatis repagulo connexa, in intima huius insulae parte anachoreticam

uitam ducens agonem sanctae conuersationis decentissime complens ac putidam huius fragilitatis mortem
deserens, membrum tripudians perrexit ad caput quod
est Christus humani generis redemptor, qui cum
coaeterno patre et spiritu sancto utriusque sexus
milites infiniti tripudii gloria beatificando coronat.
Hic namque tantae et tam secretae quietis ac uenus-
tatis locus peccatis promerentibus prius a paganis
uastatus, et diu postea miserabiliter a saecularibus
possessus, sine dei seruitio et spiritualium conuersatione extiterat. Tali igitur tantaeque miseriae praefatus praesul compassus, et insulam unius uidelicet mansae quantitatem a quadam muliere, quae noto Æðelflæd uocitabatur onomate, cum quadraginta mancusis
auri emendo obtinuit et aedificia monachorum habitationi conuenientia inibi construens, aecclesiam ad
laudem trinitatis quae in coaeterna deitatis unitate
consistit in unitate tripertitam construens, ad sanctitatis memoriam trium sanctorum quorum suffragiis praecipue confidebat, dei scilicet genitrici semperque uirgini Mariae orientale altaris presbyterium dedicans,
occidentalem uero cleri et populi eiusdem aecclesiae
partem beato Petro regni coelorum clauigero, necnon
aquilonarem ipsius basilicae porticum beato Benedicto
omnium monachorum patrono consecrauit, multisque
et diuersis telluris portiunculis locupletans, ac diuerso
aecclesiastici iuris supellectili ornans decorauit. Uitae
igitur regularis monachos inibi constituens ipse abbatis uice fungens, abbatem sanctae monachorum congregationi praeferre post obitum suum instituit; ut
ita deinceps abbatum electio secundum regulae praeceptum ex eadem congregatione usu teneatur perpetuo; id est ut ex eadem congregatione, qui ordinan-
dus est, et aliunde nequaquam nisi peccatis, quod
absit, promerentibus uel impediente imperitia, talis
qui dignus sit in ea reperiri nequiuerit, cum regis
consilio eligatur; rex autem non ad tyrannidem, sed

ad loci munimen et augmentum uti mos est super pastorem et Christi gregem, dominium solenti uigilantia
misericorditer custodiat. Saecularium uero nec episcoporum quispiam ne ad magni detrimenti ruinam
deueniat, ut dominium loci teneat excepto rege numquam eligatur. Sunt etenim rura haec quae a praefato
rege et diuinae seruitutis obsequio, cum magna humilitate obtinuit, et auro argentoque non solum a rege,
sed etiam a diuersis hominum personis comparauit, et
in exordio domino nostro Ihesu Christo eiusque
genitrici semperque uirgini Mariae, necnon beato
Petro apostolorum principi ad usus monachorum inibi
sub regula patroni nostri beati Benedicti degentium
aeterno concessit donario, id est, Witlesig, Niwantun,
Widestun, Geakeslea et oðer Geakeslea, Fearres-
heafod, Bearuwe, Tealfolscet ; duas mansas iuxta
Huntandune, et monasteriolum sanctae Mariae extra
oppidum dedicatum supradictum. Nam supradictam
insulam quae Witlesig nuncupatur, totam prudentissime adquirens eius mediam partem a Leofsige
filio Ælfiges, cum .XL. meri argenti libris, et cum sex
mansis æt Brigrafan emendo obtinuit ; duas uero
partes alterius medietatis, cum uiginti libris a Leofwine filio Aðulfi comparando acquisiuit ; tertiam uero
partem eiusdem medietatis et duas partes illius stagni
quod Witlesmere nominatur emit ab Ufan, et ab eius
uterinis fratribus cum .XXX. argenti libris purissimi ;
has autem triginta libras praefatus miles dedit Henrico,
et sibi ab eo rus quod Draegtun nuncupatur, cum ipsa
argenti pecunia quam illi episcopus subueniendo ne
depopularetur dederat, multis coram testibus comparauit ; rursumque cum illi immutare uellent hanc
commutationem, idem episcopus illis uiginti libras appendit Niwantun a quodam milite qui Ælfric Cild
uocatur deuotissime primo cum uiginti libris, ac deinde
cum praefatus miles hoc immutare disponeret, praedictus episcopus illi duas mansas æt Resuan, duasque

æt Yranceaster, unam quoque æt Ticcean Mersce,
insuper et tredecim libras pro pecunia appendit et sic
altera uice Niwantun mercando adquisiuit. Leofstan
quidam miles ob patrocinium sui muniminis, episcopo
mansam et dimidiam in Ticcean Mersce gratuite dedit;
dimidiam uero mansam a quadam uidua comparauit,
unam autem mansam quam fur quidam ante possederat,
a rege cum triginta mancusis auri emit. Wudestun
praefatus praesul a rege mutauit, dans uillam Paninc-
tun in commutatione quam episcopo superstiti Ælfsige
post obitum eius condixerat; uiginti quinque mansas
quae Geakesleia nominantur quas dedit sanctae dei
genitrici semperque uirgini Mariae æt Ðornige mutauit a Wulfstano, primo cum uiginti quatuor mansis
in Wassangatune in Suðsaxon; rursumque cum ille
totum hoc in aliud transferre moliretur episcopus alte-
ram comparationem innouans, cum sexaginta purissimi libris argenti ab Ælfrico supranominato praedictas
uiginti quinque mansas æt twam Geakeslean, et æt
Farreshehafde comparauit, nam uillam quae Beruwe
in Lindesige nominatur idem episcopus a rege praefato
cum quadraginta meri argenti libris emendo comparauit, et insuper munera sibi multo hac pecunia
cariora pro eadem addidit tellure; aecclesiam autem
in Huntandune, cum cimiterio et tribus agellulis mansis rex praefatus supradicto monasterio ob aeternae
beatitudinis praemium gratulabundus aeterna largitus
est haereditate; hoc excepto, supranominata rura
omnia mutauit uel emit a rege uel possessoribus maiori
minoriue pretio: piscaria uero in circuitu uillularum,
Wyllan scilicet et Eolum, praefatus emit episcopus
cum uiginti libris ac una libra in quibus per singulos
annos .xvi. millia anguillarum capiuntur. Cuius
medietatem capturae, octo scilicet millia, ad Ðornig,
similiter et octo millia ad Burh annuatim distribui
idem concessit episcopus. Quartam quoque partem
stagni quod solito Witlesmere nominatur onomate, ac

duo piscaria decemque mutata sunt iugera de Ðornig
uidelicet ad Burh pro commutatione centum uiginti
porcorum pascualium ac pro domorum, sepium, et
stabulorum emendatione. Sint igitur donanti domino
nostro Ihesu Christo eiusque genitrici semper uirgini
Mariae a praedicto rege et episcopo perpetualiter re-
praesentata, omni terrenae seruitutis iugo libera tribus exceptis rata uidelicet expeditione, pontis arcisue
restauratione. Si quis igitur hanc nostram donationem in aliud quam constituimus transferre uoluerit
priuatus consortio sanctae dei aecclesiae aeternis barathri incendiis lugubris cum Iuda proditore Christi
eiusque complicibus puniatur si non satisfactione
emendauerit congrua quod contra nostrum deliquit decretum. Anno dominicae incarnationis .DCCCC.LXXIII.
scriptum est hoc priuilegium primo meae regiae dedicationis anno, hiis testibus concordantibus quorum
infra caraxantur uocabula.

✠ Ego Eadgar totius Albionis basileus hoc priuilegium tanta roboratum auctoritate crucis taumate confirmaui. ✠ Ego Dunstanus Dorouernensis aecclesiae
archiepiscopus hoc idem cum trophaeo agiae crucis
corroboraui. ✠ Ego Oswold Eboracensis aecclesiae
archiepiscopus subscripsi. ✠ Ego Æðelwold episcopus consignaui. ✠ Ego Ælfstan praesul faui. ✠ Ego
Ælfstan antistes assensi. ✠ Ego Aðulf pontifex consensi. ✠ Ego Asige abbas non renui. ✠ Ego
Osgar abbas impressi. ✠ Ego Æðelgar abbas consensi. ✠ Ego Ælfhere dux. ✠ Ego Æðelwine dux.
✠ Ego Beortnoð dux. ✠ Ego Oslac dux. ✠ Ego
Æðelward discipulus. ✠ Ego Eanulf discipulus.
✠ Ego Ælfsige discipulus. ✠ Ego Ælfweard discipulus. ✠ Ego Friðegist. ✠ Ego Ðoreð. ✠ Ego Ðureferð. ✠ Ego Ælfhelm. ✠ Ego Frena. ✠ Ego
Ulf. ✠ Ego Sigeferð. ✠ Ego Trunið. ✠ Ego
Ulf. ✠ Ego Ðureferð. ✠ Ego Wlf. ✠ Ego Wlf-
ric. ✠ Ego Osferð. ✠ Ego Wulstan. ✠ Ego

Friðegist. ✠ Ego Hringulf. ✠ Ego Ælfstan. ✠
Ego Æðelsige. ✠ Ego Leofsige. ✠ Ego Wulfgeat.
✠ Ego Æðelmund.

_____

DLXXX.
ÔSWALD, 973.

✠ ANNO dominicae incarnationis .DCCCC.LXXIII.
consistente in ciuitate Lundonia rege Eadgaro cum
plurimis utriusque ordinis personis, Osuualdus archiepiscopus cuidam uiro, Byrhtric nuncupato .v. mansas
dedit terrae in loco quem Byrhtawelle uocitant soliculae; ut uiuens teneat et post se uni suorum cui magis
uoluerit, derelinquat; sicque eo defuncto, denuo ad ius
aecclesiae Wiogernensis deueniat.   Hoc uero actum
est sub praefati regis testimonio, Dunstanique archipraesulis, atque Ælfhere ducis, reliquorum etiam, tam
episcoporum quam nobilium, attestatione uirorum.
   Rubric.   Byrhtanwylle.   Ælfrîce and Leófwine.

_____

DLXXXI.
* EÁDGÂR, Dec. 28, 974.

✠ REGE regum, et domino dominantium, in aeternum et ultra omnipotenter ubique regnante, et ineffabili sua clementia uniuersa coelestium et terrestrium
ac infernorum agmina gubernante!   Ego Eadgarus
per magnam ipsius dei misericordiam totius Anglorum regni solio sublimatus omnibus post me futuris
regibus, archiepiscopis, episcopis, abbatibus, comitibus,
uicecomitibus, centenariis, caeterisque sanctae aecclesiae filiis innotesco quod quidam uir dilectissi-
mus mihi, necnon et propinquitatis consanguinitate
connexus, Aylwynus aldreman nomine, instigante diuina clementia cum beneuolo meo assensu ac licentia
in insula, quae nuncupatiuo usu ab incolentibus Rame-

seya promulgatur, in honore beatae dei genitricis ac
perpetuae uirginis Mariae, sanctique Benedicti, omniumque sanctarum uirginum arcisterium construxit;
praeuidens itaque incertum futurorum temporum statum, omnibus posteris meis scire profuturum decreui
quale omnipotentis gratia operante, ibidem miraculum
emicuit; sicut non incerta relatione quorundam episcoporum meorum immo et ipsius Aylwini didici.

Igitur diuturno ac laborioso cruciatu podagrae
pedum suorum praedictus illustris uir Aylwinus multis
laborans in annis, usque quo nox affuit salutifera in
qua piscator quidam ipsius qui Wlfget uocabatur cum
carinula et asseclis suis, et lino, aquam quae Anglico
nomine Rammesmere dicitur ingressus est, piscem
uidelicet gratia ad usum domini sui praedicti usu con-
sueto adquirendi.   Sicut itaque nouerat uelle domini sui rete suo sedulo huc et illuc proiiciendo
aliquid capere nitebatur, sed ex praedestinatione dei
omnipotentis frustra laborans, et tandem piscario labore nimium fatigatus in carinula sua soporatus ob-
dormiuit, cui sanctus in somnis apparuit sic fando
Benedictus, 'Aurora spargente polum, tuum eiiciens
tragum multitudini copiosae uoti compos obuiabis
piscium; captorum itaque piscium maiorem quem uos
Haked nuncupatis Aylwino domino tuo ex mea parte
offerens dices ei, ut meam donationem benigne assumens piae matri misericordiae et mihi omnibusque
sacris uirginibus in hac insula monasterium monachorum habitationi cum officinis necessariis congruum
sine dilatione studeat fabricare; ut ei igitur haec
omnia per ordinem innotescas exhortor, sermonem ad-
dens sermoni quatenus scrutetur diligentius in loco
praedicto quomodo noctu fessa terrae sua incumbant
animalia, ac ubi taurum surgentem pede dextro uide-
rit percutere terram ibidem proculdubio xenodochii
sciat se aram erigere debere.   Et ut mente perspica-
tiori et fide constantiori meis his credat mandatis,

hunc tuum tibi exteriorem incuruo digitum quem et
ipse mox a nexu podagrae solutus et signi certioris
indicio roboratus tibi erigat reparandum.'

Praedictus igitur piscatorum didasculus hiis auditis
euigilans lucisque diei spiculum in oriente conspiciens,
in aquam, sicut sibi iussum fuerat tragum suum lax-
are coepit, et sicut sanctus pater praedixerat copio-
sam multitudinem piscium conclusit quorum maiorem
eligens ex parte sancti Benedicti eum domino suo
obtulit eique omnia quae in somnis didicerat reuela-
uit, digitumque suum a sancto incuruatum ut erigat
obnixe rogauit; quae omnia mente sagaci concipiens
Aylwinus digitum uiri haerentem erexit piscemque
suscipiens matri domini Ihesu Christi, et sancto Benedicto grates innumeras benedicendo exsoluit, sur-
gensque uir insignis festinus iubet mannum praepa-
rari, et in insulam ipsam uadens, quomodo iacent sua
animalia, ut praeceptum erat, explorat. Mira res,
et miranda, ubi uir praedictus insulam est ingressus
ab intractabili statim, et gemino morbo, nutu dei funditus liberatus est, animaliaque sua in modum crucis
taurum uero in medio eorum iacere prospexit. Et
sicut quondam sancto Clementi agnus pede dextro
locum fontis, sic uiro isti taurus terram pede percu-
tiendo locum mensae futuri arcisterii significauit diuinitus. Unde uir praefatus deum laudans confestim
truncatis lignis accitari capellam ibi pulchro opere
praecepit, ac deinde scemate condecenti sicut mandatum sibi fuerat regulare futurae congregationi monachorum construxit coenobium. Deinde reuoluto
quinquennio diebusque duodeuiginti, precibus uenerabilium amicorum meorum Dunstani Dorobernensis et
Oswaldi Eboracensis archiepiscoporum eandem aecclesiam in honore beatae uirginis Mariae, sanctorumque praedictorum sexto idus Nouembris, anno
ab incarnatione domini nongentesimo septuagesimo
quarto, indictione secunda, solemniter, ut decebat,

dedicari concessi. Eodem uero anno, cum in natali
dominico omnes maiores totius regni mei, tam aecclesiasticae personae, quam saeculares, ad curiam
meam celebrandae mecum festiuitatis gratia conuenis-
sent, a praedictis amicissimis meis archiepiscopis itidem rogatus, omnes donationes terrarum uel possessionum quas uel idem Aylwinus uel quaecunque aliae
personae in dotalitium eiusdem aecclesiae, et ius haereditatis perseuerabile ad uictuale subsidium monachorum Christo iugiter ibi famulantium indulserant,
dando et concedendo hoc regiae maiestatis meae priuilegio coram tota curia mea corroboraui, et tam ipsas
donationes, quam nomina donatorum literis meis ad
futurae posteritatis notitiam exprimere curaui : hoc
est, primitus dona ipsius aldremanni, scilicet insulam
in qua sedet xenodochium praedictum cum omnibus
sibi pertinentibus pratis, pascuis, campis, paludibus,
siluarumque densitatibus : deinde rus illud quod Up-
wode nominatur, cum Raueleya berewico suo, Hem-
mingford, Saltreiam, Stiuecleiam, Brininton, Weston,
Hebugeh, Walsocnam, cum omnibus ad easdem uillas
pertinentibus ; in Welles quoque uiginti homines pisca-
tores, sexaginta millia anguillarum singulis annis de-
bentes ad usum fratrum praedictorum ; Wulfina uxor
eiusdem aldremanni, Brancestreiam cum omnibus ad
eam pertinentibus ; Dunstanus archiepiscopus Dorobornensis,Wardebusc cum omnibus sibi pertinentibus ; Oswaldus, archiepiscopus Eboracensis, Kingeston, id est,
Wistowe cum Raueleia, et Biri berewicis suis ac omnibus sibi pertinentibus ; Æðelstan, Mannessune, Slepam
et Chateriz,et de Elesworð partem orientalem cum omnibus sibi pertinentibus ; Briðnot aldremannus, Wy-
ðenton, et Ysham cum omnibus sibi pertinentibus ;
Aylfwoldus frater Aylwyni praescripti, Houtton, Wit-
ton, Riptonam, Clinton, et Biðernam, cum omnibus
sibi pertinentibus ; Limð uidua, Grauel, Dillington,
Stocton, et Gillinger, cum omnibus sibi pertinentibus.

Haec itaque rura, ut supradixi, pro adipiscenda dulcedinis diuinae misericordia et pro stabilitate regni mei, libenti animo in dote perseuerabili annui, cum aecclesiis, cum terris cultis et incultis, exitibus, redditibus, uiis, inuiis, segetibus, siluis, brueriis, secundum antiquos diu seruatos confinium terminos, in pratis, pascuis, aquis aquarumque decursibus, paludibus, piscariis, mariscis, molendinis, et theloneis, ad se pertinentibus, et cum omni utilitate quae inde poterit omni tempore euenire, et cum omnibus per circuitum terminis et metis suis ab regia actione et angaria uel a qualibet humanae seruitutis subiectione liberrima, lege, libertate, consuetudine, tam bene et tam plene, sicut ea sub mei iuris dominio suffragatore deo, melius et liberius praenominati nobilissimi possiderunt uiri, fauore et consensu primatum et optimatum meorum, praenominatae aecclesiae firmiter perpetuo habenda concessi et confirmaui.

Ut igitur hoc donationis meae decretum fixiori firmitate, et stabilitate perduret, praesentis paginae priuilegio decerno et statuo, ut sint libera et expedita tam praedicta territoria ibidem iam data, quam ea quae a fidelibus deinceps sunt danda, ab omni angaria constructionis pontis, arcisue restaurationis, et ab omnibus saecularibus seruitiis et operibus ita quod nullus unquam regum uel episcoporum, seu principum procuratorum siue exactorum ab illis pastum nec opera uel tributa exigat; sed omnia sint libera omnino et quieta quaecunque superius praenotantur. Praeterea ex consulto et admonitione uenerabilium amicorum meorum Dunstani Dorobernensis, et Oswaldi Eboracensis archiepiscoporum, decreta utilia statui, ut quicunque maiestatis regiae reus, uel cuiuslibet alterius offensae, ad locum illum confugerit, eius rei et membrorum ac uitae impunitatem consequatur: semperque sit habitatio monachorum, ac secundum beati Benedicti traditionem post obitum abbatis ex eadem con-

gregatione alter qui dignus sit eligatur; aliunde uero
nullus ibi praeficiatur nisi nullum, quod absit, ibi contigerit qui dignus tali officio sit, inueniri; quod si
contigerit, potestatem habeant de alio noto monasterio abbatem eligendi cuius uita sapientia et religione
clarescat; laicorum autem aut clericorum nemo loci
illius dominium usurpare praesumat. Possessiones
uero quae ibi a quibuscunque donatae sunt, non abbas,
non alia quaelibet persona licentiam habeat uendendi
extraneis uel dandi, sed regum munimine locus ille
semper tueatur, ipseque abbas regi deo soli seruiens
spirituali et temporali commissum sibi gregem pastu
diligenter foueat : liceatque ipsi congregationi quod
sibi per rectam delegationem collatum est perpetuo
possidere et pro me et pro stabilitate regni mei deum
iugiter exorare. Post huius itaque priuilegii mei
donationem, excommunicauerunt omnes episcopi, abbates, presbyteri qui in plurima numerositate eodem
die affuerunt, eos qui hoc constitutum infringerent uel
infringi permitterent, quantum in ipsis esset.

Et ut haec auctoritas meis et futurorum post me
regum temporibus, circa ipsum sanctum locum firma
perenniter permaneat et inuiolata, et ut ab omnibus
optimatibus meis et iudicibus priuatis et publicis
melius et certius credatur ; manus meae subscriptione
hanc cartulam quinto kalendas Ianuarii decreui roborare et sigilli mei impressione communire.

✠ Signum Edgari, et serenissimi Anglorum im-
peratoris. ✠ Signum Edwardi eiusdem regis filii.
✠ Signum Æðelredi fratris eius. ✠ Ego Dunstanus
Dorobernensis archiepiscopus confirmaui. ✠ Ego
Oswaldus Eboracensis archipraesul corroboraui.
✠ Ego Ælfstanus Londoniensis episcopus consolidaui.
✠ Ego Æðelwoldus Wintoniensis episcopus commo-
dum duxi. ✠ Ego Ælfnoðus Dorocensis episcopus
conclusi. ✠ Ego Ælfstanus Roffensis episcopus con-
sigillaui. ✠ Ego Ælfgarus Wintoniensis episcopus

amen dixi.   ✠ Ego Elsinus abbas cum coabbatibus
meis et presbyteris infractores huius firmitatis excommunicaui.

_____

DLXXXII.

EÁDGÁR, about 974.

✠ Diuinae auctoritatis ammonitione pie commone-
mur, ut recidiuis instantis uisibilisque uitae lucellis,
ea quae non uidentur et aeterna subsistunt toto mentis
annisu assidue indefessi lucremur, iugique animi nostri
conamine fidem trinitatis in unitatis substantia manentem scrutantes sanctis operibus roborati deuotissime
firmemus.   Thesaurum igitur terrenae substantiae
coelo collocans, ego Eadgar totius Brittanniae basileus
non solum habitaculum uetusti monasterii sed etiam
noui aeque sanctimonialium, ut coenobitae inibi degentes a ciuium tumultu remoti tranquillius deo ser-
uirent honorifice, magna dilataui cautela ; spacium-
que omne praefatis coenobiis contiguum, dissipatis
saecularium domunculis, in honore domini nostri Ihesu
Christi eiusque genitricis semperque uirginis Mariae,
sanctique Petri apostolorum principis et coapostoli
eius Pauli, iisdem sanctis locis in Wentana ciuitate
deifice locatis, aeterna largitus sum haereditate.   Maneat igitur praefatum donum perpetua libertate iocundum, quod ex suis beneficiis aeterno deo transitorius
deuote concessi.   In nomine almae trinitatis et indiuiduae unitatis praecipio, ut nemo successorum meorum
angustare temere praesumat, quod ego amplificans
circa monasteria dilataui, sed spacium omne muris uel
sepibus complexum uti dedi sanctis monasteriis perpetualiter deseruiat.   Si autem quispiam altioris uel
inferioris ordinis homo angustando donum nostrum
uiolare praesumpserit, anathema sit, et cum Iuda, filii
dei et domini nostri Ihesu Christi proditore, eiusque
complicibus infernali incendio sine fine cruciatus pu-

niatur, nisi ante obitum correctus emendauerit quod
contra nostrum deliquit decretum. Anno dominicae
incarnationis .dcccc.lxxxiiii. scripta est haec carta,
his testibus consentientibus quorum inferius nomina
caraxantur.

✠ Ego Eadgar rex praefatam donationem concessi.
✠ Ego Dunstan Dorouernensis archiepiscopus consignaui. ✠ Ego Æðelwold episcopus praedictum donum
consensi. ✠ Ego Oswulf episcopus adquieui. ✠ Ego
Ælfstan episcopus consignaui. ✠ Ego Ælfwold episcopus confirmaui. ✠ Ego Brihtelm episcopus non
renui. ✠ Ego Ealdelm episcopus conscripsi. ✠ Ego
Ælfðryð regina hanc donationem confirmaui. ✠ Ego
Æscwig abbas. ✠ Ego Ælfric abbas. ✠ Ego Cyneward abbas. ✠ Ego Osgar abbas. ✠ Ego Æðelgar
abbas. ✠ Ego Sideman abbas. ✠ Ego Ælfheah abbas. ✠ Ego Godwine abbas. ✠ Ego Ælfhere dux.
✠ Ego Bryhtnoð dux. ✠ Ego Æðelwine dux. ✠ Ego
Oslac dux. ✠ Ego Ealfward dux. ✠ Ego Æðel-
weard minister. ✠ Ego Eanulf minister. ✠ Ego
Wlstan minister. ✠ Ego Bryhtric minister. ✠ Ego
Leofa minister.

DLXXXIII.

* EÂDGÂR, 963-975.[1]

✠ Her is geswutelod on ðisum gewríte hû
Æðelwold bisceop begeat æt his leófan cynehláforde
Eâdgâre cyninge ðæt he, mid geðeahte his witana,
geniwode Ciltancumbes freols ðǽre hálgan þrynnesse
and sancte Petre and sancte Paule intô Wintanceastre,
ðân hirede on ealdan mynstre, eal swâ his yldran hit
ǽr gefreodon : ǽrest Cynegils cyning and his sunu
Cynewald cyning, ðe on angynne Cristendómes hit
sealdan, eal swâ hit lið on ǽlche healfe ðæs portes intô

---

[1] Comp. No. DXII.

ðǽre hálgan stowe; and syððan ealle heora æftergen-
gen, ðæt wæs Egcbert cynincg and Aðulf cyning and
Ælfred cynincg and Eádweard cynincg, and he geúðe
ðæt man ðæt land on eallum þingon for áne hide
werode, swá swá his yldran hit ǽr gesetton and gefreodon, wǽre ðǽr máre landes, wǽre ðǽr læsse. And
he beád on Godes naman ðæt náðer né ðǽre stowe
bisceop né nánes bisceopes æftergenga ðæt land næfre
of ðǽre stowe geútode, né hit nánan woruldmen
wið nánan sceatte né wið ceápe gesealde; and he
beád þurh Godes ælmichtiges myclan mægenþrymm
ðæt nán his beárna né nán heora aftergengcana ðæt
menster æfre leng mid preóstan gesette, ac ðæt hit
efre mid munecan stóde, swá swá he hit mid Godes
ælmihtiges fultume gesette, ða ða he hit ða módi-
gan preóstas for heora mándǽdon ðanan útádrefde
and ðerinne munecas gelogode, ðæt hi Godes þeówe-
dóm æfter sancte Benedictes tǽcinge and dæghwamlíce
tó Gode cleopodon for ealles cristenes folces álised-
nesse.   Ealles ðæs landes is án hund hida: ac ða
gódan cynegas and ða wísan, ǽlc æfter óðran, ðæt ylce
land swá gefreodon, Gode tó lofe and his þeówan tó
bryce intó fóstorlande, ðæt hit man æfre on ende for
áne hide werian sceolde.   Se ðe ðysne freols healdan
wille God ælmihtig hine gehealde her and on écnesse.
Gif hwá ðonne freols þurh ǽnige dyrstignesse oððe
þurh deófles láre ðisne freols ábrecan wille, oððe ðás
gesetednesse on óðer áwendan durre, sé he áwyrged
mid eallan ðán áwyrgednessan ðe synd áwritene on
eallan hálgan bócan, and sý he áscyred fram úres
drichtnes gemánan and ealra his hálgana, and sý
he gebunden ða hwile ðe he libbe on ðisum life
mid ðán ylcan bendan ðe God ælmihtig þyrh hine
sylfne betǽchte his hálgan apostolan Petre and
Paule, and æfter his áwyrgedan forðsíðe ligge he
efre on helle grundleásan pytte, and byrne he on
ðán écan fýre mid deófle and his englan á bútan

ǽlcan ende, bûtan he hit ǽr his forðsîðe gebête.
AMEN.

____

DLXXXIV.

* EÂDGÂR, 974.

✠ Cum uniuersitatem generalis massae meta maneat, certa uisibiliaque, ut apostolus inquit, temporalia, inuisibilia uero perpetua, restat unumquemque,
ut hic peracta illic percipere merita. Unde ego
Eadgarus, totius Albionis basileus, nec non mari-
timorum seu insulanorum regum circumhabitantium,
adeo ut nullus progenitorum meorum subiectione, largiflua dei gratia suppetente sublimatus, quid imperii
mei potissimum regi regum domino darem, tanti memor
honoris, sollertius saepe tractaui. Piae igitur fautrix
deuotionis peruigili meae studiositati superna subito
insinuauit pietas, quaeque in regno meo sancta restaurare monasteria, quae uelut musciuis scindulis cario-
sisque tabulis tigno tenus uisibiliter diruta, sic, quod
maius est, intus a seruitio dei ferme uacua fuerant neglecta. Idiotis nempe clericis eiectis, nullius regularis
religionis disciplinae subiectis, plurimis in locis sanc-
tioris seriei scilicet monachici habitus praefeci pastores, ad ruinosa quaeque templorum redintegranda
opulentos fiscalium munerum eis exhibens sumptus;
quorum unum nomine Ælfricum, uirum in omnibus
aecclesiasticum, famosissimi custodem constitui coenobii quod Angli biphario uocitant onomate Maldumesburg; cui pro commoditate animulae meae, ob
saluatoris nostri eiusdemque Θεοτόκου semper uirginis
Mariae, nec non apostolorum Petri et Pauli, Aldhel-
mique almi praesulis honorem, particulam terrae .x.
uidelicet manentium uocabulo Eastcotun cum pratis
et siluis munifica liberalitate restitui. Haec terra a
praedictis semel accommodata clericis diu a plerisque,
postremo a contentioso iniuste possessa est Æðelnoðo;

sed superstitiosa subtilique eius disceptatione a sapientibus meis audita, ac conflictatione illius mendosa
ab eisdem, me praesente, conuicta, monasteriali a
me reddita est usui, anno dominicae incarnationis
.DCCCC.LXXIIII. regni uero mei .XIIII. regiae consecrationis primo.   Hanc uero restitutionis scedulam
praedicti abbatis rogatu, ob futurae posteritatis memoriam tenacem caraxare praecepi, ne quamdiu
christiana fides uiget in nostratibus ab aliquo ty-
rannici potestatus praefatum rus, ab illo sancto loco
uiolenter, quod absit, aligenetur.   Ab affinitate uero
circumiacentium agellulorum haec memorata terra
giratur territorio.   Idonei testes regii doni astipula-
tores sunt isti.

✚ Ego Eadgar rex uexillifero signo trophaei
proprium datum corroboraui.   ✚ Ego Dunstan ar-
chipastor salutiferi stigmate gabuli consensi et subscripsi.   ✚ Ego Oswald antistes uiuifici signaculo
triumphi idem adstipulaui.   ✚ Ego Æðelwold praesul
taumatico crucis sigillo illud confirmaui.   ✚ Nos tres
uniformi proprio Ælfstani appellatiuo uocitamine episcopi consignauimus.   ✚ Ego Byrhthelm geminique
Æðelwoldi episcopi consensimus et subscripsimus.
✚ Ego Ælfhere dux consensi et subscripsi.   ✚ Ego
Æðelwyne dux consensi et subscripsi.   ✚ Ego Byrhtnoð dux subscripsi.   ✚ Ego Oslac comes et praefectus consensi.   ✚ Ego Wulfstan praefectus consensi.
✚ Ego Æðelwerd fraterque meus Ælfwerd ministri
consensimus et subscripsimus.   ✚ Ego Eadulf consensi et subscripsi.

DLXXXV.

* EÂDGÂR, 974.

✚ In nomine domini nostri Ihesu Christi saluatoris
cosmi!   Magnificentia concessionis diuinae sensibili

nos instruens mentis deuotione ad bona feliciter
agenda quatinus subrigamur, instigat cotidie cupiens
clementi pietate extemporaliter nobis indultis rediti-
bus uersa uice quo ipsius sponsam, aecclesiam uidelicet orthodoxam, certemus politae decorositatis munere exornare, in cuius amplificatione sanctus deus
gaurizans laetatur permaxime. Etenim dum pro
modulo uniuscuiusque possibilitatis, manente inco-
lumitate corporis, in huius operatione studii fas sit
operam dare, curaque omnimodis, praecipue plau-
dente deuotione interioris hominis, qui secundum
deum diatim renouatur in agnitione deificae ueritatis
agendum est nobis, quos domini Ihesu salutaris dig-
natio solio sublimauit imperii regalis, atque digne
concessit quo manentia adipisceremur praemia ex
collatione terrenae potestatis. Perpendens siquidem
ego Eadgar, sceptrifero dispositionis iure totius Bri-
tannici orbis basileus, iuxta Salomonici uerbi edictum,
generationem instantem ad ima delabi eandemque
humanitus reparari, agnoscensque circa nos quanta
diuinitus praeuisio maneat benigni dei, eius multiplici
inspirante clementia sum prouocatus, quatinus praesente caterua cunctorum nostri regni primatum sanc-
tificatione principali sacratus et sacri unguinis infu-
sione fierem delibutus, ut ex materiali infusionis munere munimen et subsidium perueniret benedictionis
calice. Quod etiam actitari in famosae celebritatis
urbe placuit serenitati nostrae cui ab aquis calentibus
Baðan dudum est impositum uocabulum, ipso uidelicet
reuolutionis die quo coelis spiritus sanctus adueniens
coenaculo, residentibus apostolis diuersa dona caris-
matum dignatus est ministrare. Unde nunc et deinceps comperiat omnis sexus, omnis aetas, omnisque
conditio principalitatem nostram gratanti dapsilitate
qualiter coenobium, quod ab atauo meo Eadwardo
rege, uidelicet in celebri loco qui a solicolis noto
Wiltun uocatur nomine situm est ; eliminatis inde

earum spurcitiis quae deum irritare potius quam digno
uidebantur cultu uenerari, cuidam uenerabili abbatissae
Wulfðryð nomine, libens cum omni mentis alacritate
commendare, atque perpetuo libertatis priuilegio cum
Cheolca caeterisque eodem rite pertinentibus praediis
laetabundus beare decreui, tribus exceptis, expeditione, pontis arcisue constructione. Sic inconcussa
huius priuilegii maneat libertas quatinus dum sors
irreparabilis extremae horae mundo exemerit abbatis-
sam prouisoremque ipsarum uitae illis quam potio-
rem in sanctitatis honestate repererint, ex ipsis matrem
sibi liceat substituere, nec sit extra consensus illarum
scientiam qui huic nostrae immo deificae constitutioni
aliquando conetur rebellis contrariusque existere. At
si quem profanum deoque odibilem ita melancoliae
uirus obsederit penitus, ut huius liberalitatis nostrae
munimento hinc inde malit fieri aduersarius, ab omni
sanctitatis coetu disparatus, Phlegethontis poenas
luens, sit iugiter miserrimus intra semet ni reuersus
fuerit quam citius, emendando praua cordis molimina.
Deuotus filius autem matris aecclesiae uires augmen-
tando praebens, in hac constitutione illud capessat
benedictum, quod praecurrens deriuatur de montibus
collium supernorum, laetus uitam degens sic in istam
quatinus sumat supernam. Haec quidem et laudanda
constat fore peracta largitio dominicae incarnationis
.DCCCC.LXXIIII. anno imperii nobis a deo collati anno
.XV. procreatus matris aluo quarto et tricesimo,
eorum confirmatione quorum inferius enarithmata li-
quescunt caraxata.

✠ Ego Eadgarus rex Anglorum praefatam donationem sub sigillo sanctae crucis indeclinabiliter consensi atque roboraui. ✠ Ego Dunstanus Dorobornensis aecclesiae archiepiscopus, eiusdem regis prin-
cipatum et beneuolentiam, sub sigillo sanctae crucis
conclusi. ✠ Ego Oswald archons diuinae seruitutis
officio mancipatus, Eboracae ciuitatis archiepiscopus,

sigillum sanctae crucis impressi. ✠ Ego Æðelwold
Wintoniensis aecclesiae episcopus testudinem sanctae crucis subscripsi et confirmaui. ✠ Ego Ælfstan
Lundoniensis aecclesiae episcopus corroboraui. ✠
Ego Wynsige episcopus consensum praebui figens
crucem. ✠ Ego Ælfstan Wiltuniensis aecclesiae
episcopus donum regis confirmaui. ✠ Ego Ælfwold
episcopus crucis uexillo corroboraui. ✠ Ego Brihtelm episcopus confirmaui uexillum crucis. ✠ Ego
Sideman episcopus crucis modum depinxi. ✠ Ælfric
abbas. ✠ Æscwig abbas. ✠ Osgar abbas. ✠
Cyneweard abbas. ✠ Æðelgar abbas. ✠ Ælfnoð
abbas. ✠ Ælfheah abbas. ✠ Brihteah abbas.
✠ Godwine abbas. ✠ Osweard abbas. ✠ Ælfhere
dux. ✠ Oslac dux. ✠ Æðelwine dux. ✠ Beorhtnoð dux. ✠ Eanulf minister. ✠ Ælfweard minister. ✠ Æðelweard minister. ✠ Wulfsige minister.
✠ Wulfgeat minister. ✠ Ælfhelm minister. ✠
Osweard minister. ✠ Ealdred minister. ✠ Wulfgar
minister. ✠ Leofwine minister. ✠ Beorhtwold
minister. ✠ Ælfric minister. ✠ Wulfric minister.
✠ Brihtric minister. ✠ Leofa minister. ✠ Ælfstan
minister.

Rubric. Ðis is seó freolsbóc tó Cheolcar and
ealra ðáre landa ðe intó ðæ mynechina life æt Wil-
túne forgifene synt, áðer oððe þurh Eádgár cynge,
oððe þurh his yldran, oððe þurh óðere riht gelýfede
men; and eác foregebod ðæt of nánum óðrum mynstre
ðe sý abbadisse gecoren æfter óðere forðsíðe búton of
ðære syluan geferrǽdene æfter Godes gecornnysse,
and ealles geres mid cinges geðeahte, eal swá se hálga
regul tǽcð.

DLXXXVI.
ŌSWALD, 974.

✠ Ego Osuualdus archiepiscopus ergo Christi crismate praesul iudicatus, dominicae incarnationis anno
.DCCCC.LXXIIII. annuente rege Anglorum Eadgaro
necnon et familia Wiogernensis aecclesiae, quandam
ruris particulam, unam uidelicet mansam, in loco qui
celebri a soliculis nuncupatur æt Cudinclea uocabulo,
cuidam ministro meo nomine Brihtlaf, perpetua largitus sum haereditate; et post uitae suae terminum
duobus tantum haeredibus immunem derelinquat; quibus defunctis, aecclesiae dei in Wiogurnaceastre restituatur.   Ðis syndon ðǣre āre hide landgemǣru tō
Cudincleā; ðæt is ðonne ǣrest on lytlan mǣdwe;
ðonne ondlong ðǣre hegerewe on Cuggan hyl; of
Cuggan hylle on Wytles leāge, ðonne ofer ða strǣte
on Cynelde weorðe; of Cynelde weorðe swā on ðǣre
lytlan mǣdwe; swā on swīnesheafde and ðǣr wiðūtan .XII. æcras; swā æfter ðǣre strǣte be ðǣre wællan
on Sunderlond; of ðon on omerlond ðæt ā be wudu ðæt
cymð eft tō lytlan mǣdwe, and tō þrym gemǣrum; and
.XXX. æcra on ðǣm twǣm feldan dallandes wiðūtan.
Ðis wæs gedōn on Winsiges gewitnesse decanus and
alra ðāra munuca æt Wiogurnaceastre.   Brihtlāf
wæs se forma man and nū hit stant his sunan on
handan Byrhtwine and Byrhtmǣre.

―――――

DLXXXVII.
*EĀDGĀR, 975.

✠ Annuente dei patris ineffabili humanae proli
clementia, qua filium suum redemptorem nostrum
huic mundo destinare dignatus, qui quod mortiferi
uetus peruenenata contulerat arma uirgine satis inte-

gerrima diuino refertus supplemento, ut pax noua
mundi detersit; pro cuius inenarrabilis gloriae recordatione ego Eadgar rex Anglorum aliarumque gentium
in circuitu persistentium, deo et sancto Petro mona-
chisque ueteris coenobii Wentanae ciuitatis, quandam
telluris particulam .v^{que}. uidelicet mansas, cum quindecim hydis et quindecim carucis terrae, cum octodecim
seruis, et sexdecim uillanis, et decem bordis, cum sexaginta acris prati, et pastura unius leuci et dimidii longitudine et dimidii leuci latitudine, ubi a ruricolis
Bledone nuncupatur, in perpetuam possessionem donando donaui; ut habeant et possideant bene, honorifice,
in aeternam haereditatem, et inde prout uoluerint libere
disponant et habeant ibidem omni die lunae liberum
mercatum. Sit autem praedictum rus liberum ab omni
mundiali obstaculo cum omnibus ad se pertinentibus,
campis, pascuis, pratis, siluis, mercatis et quibuscumque rebus aliis : haec dedi dictis monachis in puram
et perpetuam elemosinam. Si quis igitur hanc nostram donationem in aliud quam constituimus transferre uoluerit, priuatus consortio sanctae dei aecclesiae
aeternis barathri incendiis lugubris iugiter cum Iuda
Christi proditore eiusque complicibus puniatur, si non
satisfactione deo fauente emendauerit. Hiis metis
praefatum rus hinc inde giratur. Primo a Welpul; de
Welpul usque la droue; de la droue usque Chekewell;
de Chykewell usque Smalelynch; de Smallynch usque
Asschewell; de Asschewell usque Elmededich; de El-
mededych usque Solemeres westsnok; de Solemeres
westsnok usque Horehyrne; de Horehyrne usque Stretfolde; de Stretfolde usque Boylelane; de Boylelane
usque Beggaresthorne; de Beggaresthorne usque Sokedene; de Sokedene usque Cherchstede; de Cherchstede
usque Trendelye; de Trendelye usque Wrostlanwell; de
Wrostlanwell usque Geynesthorne; de Geynesthorne
usque Wargrode; de Wargrode usque Loxanwode-
warztreen; de Loxanwode-warztreen usque Wyteclane;

de Wyteclane usque Waterbergh; de Waterbergh
usque Wykestone; de Wykestone usque Schuppulladeswell; de Schuppulladeswell usque Taddeschakeswell; de Taddeschakeswell usque Merespull; de
Merespull usque Middeaxenestreem; de Middeaxenestreem usque Welpull. Anno dominicae incarnationis .DCCCC.LXXV. scripta est haec carta, hiis testibus consentientibus quorum inferius nomina caraxantur.

✠ Ego Eadgar rex praefatam donationem concessi.
✠ Ego Dunstan Dorobernensis aecclesiae archiepiscopus consignaui.   ✠ Ego Æðelwold episcopus
confirmaui.   ✠ Ego Ælfwold episcopus corroboraui.
✠ Ego Ælfstan episcopus consolidaui.   ✠ Ego Osgar
abbas.   ✠ Ego Æðelgar abbas.   ✠ Ego Ælfric
abbas.   ✠ Ego Ælfhere dux.   ✠ Ego Æðelwine
dux.   ✠ Ego Wirhmod dux.   ✠ Ego Æðelweard
minister.   ✠ Ego Ælfsige minister.   ✠ Ego Ælfweard minister.

DLXXXVIII.

* EÁDGÁR, 975.

℞ IN nomine dī summi et altissimi iħu xp̄i
egregius agonista sermocinatus · ē · in scripturis
diuinis sc̄æ predicationis · hortatus talem pro-
tulit sententiam dicens omnia nuda et aperta sunt coram oculis dī prima usquæ conticinium unius cuiusq;
actus prospicit · unde ego Eadgar · totius brittannię
basileus quandam ruris particulam · III · mansas in
uillam quæ ab eiusdem patrię incolis · madanlieg ·
nuncupatur uocabulo | cuidam episcopi mihi oppido
fideli qui ab uiusce patrię gnosticis nobili aþelwold
apellatur onomate | pro obsequio eius deuotissimo
perpetua largitus sum hereditate ut ipse uita episcopi cum omnibus utensilibus pratis uidelicet pas-

cuis siluis · uoti compos habeat et post uitæ suę terminum quibuscumque uoluerit cleronomis inmunem
derelinquat · Sit autem prędictum rûs omni terrenę
seruitutis iugo liberum tribus exceptis rata uidelicet
expeditione pontis arcisue restauratione · Si quis
igitur hânc nr̃am donationem in aliud quam constituimus transferre uoluerit priuatis consortio sc̃ę dĩ
ęcclę eternis barathri incendiis lugubris iugiter cum
iuda xp̃i· proditore eiusquę complicibus puniatur · si
non satisfactionę emendauerit congrua quod contra
nr̃m deliquit decretum · His mętis pręfatum rûs hínc
inde giratur :

Ðis syndon þa landgemæro to madanleage ærest
on witena leage in eardel of eardele in wriman
ford of wriman forda ondlong broces on hedenan mõs
of hedenan mõse ymbe heafca bæce of þan bæce on
þone hege of þon hege on wilburge wege of þæm wege
in cærsihtan wyll of þæm wylle in þa dic of þære
dic in þ micle mõs of þæm mose in þ sîc of þæm
sîce in wierdes ford of wierdes forda on þone hreo-
dihtan mor of þon more in þa hæþihtan lege of þære
lege in þa hyrste on þa greatan âc of þære âc in þ
sic of þæm sîce eft on witena leage :

Anno dominice incarnationis · DCCCC·LXXIIIII· scripta est hæc carta hís testibus consentientibus quorũ
inferius nomina caraxantur :

✠ Ego · Eadgar · rex pręfatum donationem consensi·

✠ Ego · dunstan · dorouernensis æcclę arhciep̃s
    c̃signaui·

✠ Ego · oswold · eboracensis æcclæ arhciep̃s confir-
    maui·

✠ Ego · aþelwold · ep̃s concessi· ✠ Ego · ælfþryþ · re-
                                   gina·

✠ Ego · alfwold · ep̃s c̃firmaui· ✠ Ego · æscwîg · ab-
                                   bod·

✠ Ego · ælfstan · ep̃s corroboraui· ✠ Ego · ælfric · ab-
                                   bod·

✠ Ego · wynsige · eps̄ consolidaui·   ✠ Ego · osgar · ab-
                                           bod·

✠ Ego · aþulf · eps̄ adquieui·   ✠ Ego · æþelgar ·
                                           abbod·

✠ Ego · sydeman · eps̄ adfirmaui·   ✠ Ego · sigar · ab-
                                           bod·

✠ Ego · ælfhere · dux·   ✠ Ego · ælfsige · mĩt·
✠ Ego · æþelwine · dux·   ✠ Ego · æþelmær · mĩt·
✠ Ego · oslac · dux·   ✠ Ego · wulfric · mĩt·
✠ Ego · byrhtnoþ · dux·   ✠ Ego · æþelsige · mĩt·
✠ Ego · ælfweard · mĩt·   ✠ Ego · æþelweard · mĩt·
✠ Ego · æþelweard · mĩt·   ✠ Ego · byrhtferþ · mĩt·

Dorso. ✠ þis is þara ·IIII· hida boc þe eadgar cing ge-
bocode aþelwolde bisceope on ēce yrfe æt madan
liege.

_____

DLXXXIX.

EĀDGĀR, 975.

✠ Anno ab incarnatione domini nostri Ihesu
Christi .DCCCC.LXXV. Ego Eadgar, allubescente deo
rex et primicherius totius Albionis, ruris quandam
particulam, quaternis ab accolis aestimatam mansiunculis, in loco qui dicitur Saxonice æt Stoce, liberam
praeter arcem, pontem et expeditionem, Oswardo
propinquo meo libenter admodum in ius perpetuum,
suis haeredibus quibus uoluerit relinquendam, largitus
sum; hoc praecipiens in nomine Ihesu Christi, ut
nostrorum nemo successorum, quamdiu fides uigeat
christiana, hoc nostrum decretum sine ira et uindicta
omnipotentis dei infringere temptet.   Quod si quisque
pertinacius praesumpserit, hoc ei hic et in perpetuum
iudex iustus et meritorum repensator deus elanceato
repensamine reddat.   Antiqua cartula incendio con-
sumpta, hanc nouitatis scedulam propinquo meo et
fideli ministro, ego Eadgar rex rescribere iussi.   His

inquam limitibus haec praefati ruris particula quaquauersum cingi uidetur. Ærest of ðám móre on mærcecumb, and swá tó mærchamme, and swá tó heanhammæ, and swá tó úlanhyrste, and swá tó ðám westhliðe norð andlang tó hogebura mearce, and swá útt tó crawan ersce, and swá tó heanleá, and swá be norðan dyrnanhammæ nyðær innan ða eá; ðys sind ðá ðen intó Stoce, Siblingchyrst and Trowincsceaddas and Rocisfald. Huius doni testes extiterunt quorum inferius nomina elucubratim carraxari uidentur.

✠ Ego Eadgar rex Albionis hanc donationem signo crucis perstrinxi. ✠ Ego Dunstan archiepiscopus consensi et subscripsi. ✠ Ego Oswald archiepiscopus consentaneus extiti. ✠ Ego Æðelwold episcopus consensi et subscripsi. ✠ Ego Ælfstan episcopus consensi et subscripsi. ✠ Ego Ælfwold episcopus consensi et subscripsi. ✠ Ego Ælfstan episcopus consensi et subscripsi. ✠ Ego Ælfnoð episcopus consensi et subscripsi. ✠ Ego Ælfheah episcopus consensi et subscripsi. ✠ Ego Cyneweard episcopus consensi et subscripsi. ✠ Ego Eadhelm episcopus consensi et subscripsi. ✠ Ego Sideman episcopus consensi et subscripsi. ✠ Ego Aðulf episcopus consensi et subscripsi. ✠ Ego Ðeodred episcopus consensi et subscripsi. ✠ Ego Wulfsige episcopus consensi et subscripsi.

DXC.

EÁDGÁR, 975.

✠ Anno ab incarnatione domini nostri Ihesu Christi .dcccc.lxxv. indictione.iii. Ego Eadgar, diuina allubescente gratia rex et primicherius Albionis, aliquantulam ruris partem, tribus ab accolis aestimatam mansiunculis, in loco qui dicitur æt Eastun, Ealhhelmo ministro meo, rogante me uenerabili propin

quo et monacho Ælfwino, liberam praeter arcem,
pontem expeditionemque, in perpetuum ius libenter
admodum concedo; quatinus diebus uitae suae possideat, et post se cuicunque uoluerit in perpetuum ius
haeredi derelinquat. Quod si quisque, quod non optamus, huius donationis cartulam adnichilare temptauerit, coram Christo se rationem redditurum agnos-
cat. Et his limitibus haec telluris pars circumgyrari
uidetur. Ærest on Wulfherdes treó, of ðám hlawe,
andlang ðæs leás on ða stræte in ðæs cynges gemǽre;
of ðǽre stræte in Ebban mór; of Æbban móre in ðára
hina gemǽre; swá andlang hina gemǽres in burcels;
of ðám byrcelse on wrocene; swá andlang wrocene
in Uppinghǽma gemǽre; swá andlang ðæs gemǽres
in ða wellan; swá of ðǽre wyllan in ðone mór; swá
of ðám móre in ðone bróc; swá andlang ðæs móres in
ðone díc on Uppinghǽma gemǽra; andlang díces on
Wætlinga stræte; swá of ðǽre stræte on ðone leá;
swá andlang ðæs leás, ðæt hit cymð æft on ðone stán
æt Tánhlaw æt Wulfherdes treó.   Acta est autem
haec praefata donatio in celebri monasterio, quod
dicitur Glestingaburuh, teste omni illa congregatione,
sed et aliis multis nobilibus quorum nomina subposita
esse uidentur.

✠ Ego Aðulf episcopus consensi et subscripsi.
✠ Ego Ælfhere dux consensi et subscripsi.   ✠ Ego
Ælfric abbas consensi et subscripsi.   ✠ Ego Æscwig
abbas consensi et subscripsi.   ✠ Ego Sigegar abbas
consensi et subscripsi.   ✠ Ego Sigeric abbas consensi et subscripsi.   ✠ Ego Ælfhun abbas consensi
et subscripsi.   ✠ Ego Æðelwerd minister.   ✠ Ego
Bryhtmer minister.   ✠ Ego Orddulf minister.

DXCI.

ÆÐELWOLD, 963-975.

✠ HER swutelað on ðyssum gewrite ðæt Æðelwold bisceop and Wulfstán Uccea hwyrfdon landa on
Eádgáres cyninges and on his witena gewytnesse. Se
bisceop sealde Wulfstáne ðæt lond æt Hwessingatúne,
and Wulfstán sealde him ðæt land æt Iacesleá and æt
Ægeleswurðe. Ðá sealde se bisceop ðæt land æt
Iacesleá intó Ðornige, and ðæt æt Ægelleswyrðe intó
Buruh. And ðæt land æt Ægeleswyrðe headde án
wyduwe and hire sunu ǽr forwyrt, forðan ðe hí drifon
[í]serne stacan on Ælsie Wulfstánes fæder, and ðæt
werð ǽreafe and man téh ðæt morð forð of hire incli-
fan. Ðá nam man ðæt wíf and ádrencte hí æt Lun-
denebrigce, and hire sune ætberst and werð útláh,
and ðæt land eóde ðám kynge tó handa, and se kyng
hit forgeaf ðá Ælfsie, and Wulfstán Uccea his sunu
hit sealde eft Æðeluuolde bisceope, swá swá hit her
búfan sægð.

DXCII.

EÁDGÁR, 975.

✠ DOMINO dominorum dominante in saecula saeculorum! Regna regnorum huius praesentis saeculi
transeunt sicut ignominica, et omnis gloria et iocus
huius mundi peribit et non sunt aeterna, sed superna aeterna sunt. De qua memoria ego Eadgar totius Brittanniae basileus, quandam ruris particulam .v. uidelicet cassatos, in loco qui celebri
æt Fifhidon nuncupatur uocabulo, cuidam ministro
michi oppido fideli, qui ab huiusce patriae gnosticis
nobili Ælfweard appellatur onomate, pro obsequio
eius deuotissimo, perpetua largitus sum haereditate; ut ipse uita comite cum omnibus utensilibus,

pratis uidelicet, pascuis, siluis, uoti compos habeat, et
post uitae suae terminum quibuscunque uoluerit cleronomis immunem derelinquat. Sit autem praedictum
rus omni terrenae seruitutis iugo liberum, tribus exceptis, rata uidelicet expeditione, pontis arcisue restauratione. Si quis igitur hanc nostram donationem in
aliud quam constituimus transferre uoluerit, priuatus
consortio sanctae dei aecclesiae, aeternis barathri incendiis lugubris iugiter cum Iuda Christi proditore
eiusque complicibus puniatur, si non satisfactione
emendauerit congrua, quod contra nostrum deliquit
decretum. His metis praefatum rus hinc inde gyratur. Ðis synd ða landgemæro tó Fífhidan ; Ærest tó
Wures byrgylse, norð tó wæterdellæ tó Ælfheres
stapole; swá norð tó Bæhildestoccæ; swá forð tó God-
wines gemǽre; and swá andlang gemǽres on Healf-
heages gemǽre; and swá of Ealfheages gemǽre on
Bugan stoc ; of Bugan stoccæ on ða háran apoldre on
blácan grafas tó fíf beorgan; of fíf beorgan on ða
mǽde ; of ðǽre mǽde ðæt eft tó ðán byrigelse. Anno
dominicae incarnationis .DCCCC.LXXV. scripta est haec
carta, his testibus consentientibus quorum inferius
nomina carraxantur.

✠ Ego Eadgar rex praefatam donationem concessi.
✠ Ego Dunstan Dorouernensis aecclesiae archiepiscopus consignaui. ✠ Ego Æðelwold episcopus confirmaui. ✠ Ego Ælfwold episcopus corroboraui. ✠
Ego Ælfstan episcopus consolidaui. ✠ Ego Sideman
episcopus consensi. ✠ Ego Ælfstan episcopus adquieui. ✠ Ego Aðulf episcopus non renui. ✠ Ego
Ælfðryð regina. ✠ Ego Ælfhere dux. ✠ Ego Æðelwine dux. ✠ Ego Byrhtnoð dux. ✠ Ego Oslac dux.
✠ Ego Æðelweard dux. ✠ Ego Ælfsige dux. ✠ Ego
Æscwig abbas. ✠ Ego Osgar abbas. ✠ Ego Æðelgar
abbas. ✠ Ego Ælfric abbas. ✠ Ego Godwine abbas.
✠ Ego Ælfweard minister. ✠ Ego Leofwine minister. ✠ Ego Ælfric minister. ✠ Ego Eanulf

minister. ✠ Ego Æðelweard minister. ✠ Ego Leofa minister.

Rubric. Ðis is ðǽra fíf hida land bóc ðæ Eádgár cing gebócade Ælfweard bisceope on ǽce yrfe.

DXCIII.

ÆLFHEAH, 965-975.

✠ HER is geswutelod án ðis gewrite hú Ælfheáh ealdorman his cwidæ gecweðen hæfð be his cynehláfordes geðafuncge, ðæt is ðonnæ ǽræst ðæt he gean his drihtne for his sáwlæ þearfæ ðæs landæs æt Ællændúne and ðæs æt Crundelom tó ealdan mynstære tó Winticeastræ; and ðǽra twæntiga hida æt Ceorlatúnæ intó Mealdælmæs byrig; and ðǽra fiftyna hida æt Súðtúne intó Baðan; and he gean his cynehláfordæ ðǽra hundtwyntiga hida æt Wyrðæ, and ðæs landes æt Cocchám and æt Ðæchám, and æt Ceólæs wyrðæ, and æt Incgenæs hám, and æt Ægelesbyrig, and æt Wændofron; and þreó hund mancusa goldæs, and ánnæ dics an þrym pundom, and ánæ soppcuppan an þrym pundan, and án handsex, and ðǽræ lecge is hundeahtati mancussa goldæs, and seax swurð and seax hors, mid geredan, and swá fæla spæra and scylda. And he gean Ælfriðæ ðæs cyninges wífæ his gefæðeran ðæs landæs æt Scyræburnan eal swá hit stænt; and ðám yldran æðælingæ ðæs cyngæs suna and hiræ, þritiga mancussa goldæs and ánæs swurdæs; and ðám gincgran ðæs landes æt Wolcnæsstede. And he gean Ælfhære his breðær ðæs landæs æt Færndúnæ, and æt Ealdincburnan; and Godwinæ his suna ðæs æt Tudincgatúnæ; and Ælfwerda æt Wyritúnæ; and Æðelwerdæ his mēge æt Wicurnun; and Ælfwine his swustur suna ðæs æt Froxafelda. Ðonnæ an ic Ælfsiðæ mínon wífæ gyf heó leng beoð ðonne ic and it swá gehylt swá ic hiræ

truwan tó hæbbe, ealra ᵭára óᵭæra landa ᵭæ ic lǽfæ.
And heó ᵭanne geornlícæ of ᵭám god geᵭæncæ and
for uncre sáwle geornlícæ beó ; and brúcæ heó ᵭæs
landæs æt Batancumbæ hyræ dæg, and æfter hire
dæge gá hit an Ælfwærdes hand uncres suna, gif hæ
lifæs beó, gyf hæ næ beó[1] fón[2] mine bróᵭorn tó ᵭa
hwilæ ᵭæ hí beón, and æfter hyra dege gá intó
Glæstingabyrig for úrnæ fædær and for úræ modor
and for ús eallæ.   And ic wullan ᵭæt man gefreo-
gen ǽlcne wíteᵭeówne man on ǽlcum ᵭǽra landæ
ᵭæ ic mínon freóndon bæcwedden hæbbæ.   And ᵭis-
seræ geᵭafuncga ᵭæ sæ cyning geúᵭæ, is tó gewit-
næssæ, Ælfᵭryᵭ ᵭæs cynincges wíf, and Æᵭelwold
bisceop,   and   Ælfhære   ealdorman,   and   Æᵭelwine
ealdorman, and Ælfwinæ and Æscwig abbod.

DXCIV.

EÁDGÁR, 963—975.

✠ Her is geswitulod on ᵭysum gewrite hú Eádgár
cining mid rýmette gedihligean hét ᵭa mynstra on
Wintancestræ, syᵭᵭan he hí þurh Godes gyfe tó munuc-
life gedyde, and ᵭet ásmeagan hét ᵭæt nán ᵭéra
mynstera ᵭær binnan þurh ᵭet rýmet wiᵭ óᵭrum sace
næfde ; ac gif óᵭres mynstres ár on óᵭres mynstres
rýmette lege, ᵭæt ᵭes mynstres ealdor ᵭe tó ᵭám rýmette fenge, ofeóde ᵭæs óᵭres mynstres áre mid swil-
cum þingum swylce ᵭám hirede ᵭe ᵭa áre ahte ge-
cweme wǽre ; for ᵭý ᵭonne Æᵭelwold bisceop, on ᵭes
cinges gewitnesse and ealles ᵭæs hiredes his bisceop-
stoles, gesealde twá gegrynd bútan Súᵭgeate intó
Niwan mynstre, ongen ᵭes mynstres mylne ᵭe stód on
ᵭám rýmette ᵭe se cing hét gerýmen intó Ealdan
mynstre ; and se abbod Æᵭelgár mid geᵭeahte úres

---

[1] Repeated in MS.   [2] MS. for.

cyneláfordes and ðes bysceopes Æðelwoldes and ealles
ðæs hiredes ða ylcan mylne ðe se bisceop seolde, and
óðre ðæ hí ǽr áhtun binnan ðǽre byrig, tó sibbe and
tó some gesealde intó Nunnan mynstre; and Eádgyfe
abbedesse ðæs cinges dóhter betéhte ongen ðone
weterscype ðe he intó Niwan mynstre be ðes cinges
leáfan geteáh, and ǽr ðes nunhiredes wes, and him
setige sume mylne ádilgade; and he gesealde ðám
cinge hundtwelftig mancæs reádes goldes tó þance beforan Ælfðryðe, ðǽre hlǽfdian, and beforan ðám bis-
ceopan Æðelwolde wið ðám lande ðæ seó eá on yrnð,
fram ðám norðwealle tó ðæs mynstres súðwealle an-
lencge, and twégræ metgyrda brád ðér ðæt wæter
ǽrest infylð, and ðér ðæt land unbrádest is ðér hit
sceol beón eahtatyne fóta brád. Ðyses ic geann
Æðelgáre abbode and ðám hirede intó Niwan mynstre
for his gecwemre gehyrsumnesse á on écnesse, and ic
halsige ǽlc ðára ðe æfter me cyneríces wealde þurh ða
hálgan þrynnesse, ðet hyra nán næ undó ðæt ic tó ðám
háligum mynstrum binnan ðǽre byrig gedón hæbbe.
Se ðe ðis ðonne áwendan wylle ðe ic tó sibbe and tó
gesehtnesse betweoh ðám mynstre geradigod[1] hæbbe,
oððe ðára þinga ðe on ðissan þrim cyrografum ðe on
ðissum þrym mynstrum tó swytelungum gesette syndon, áwende hine se éca drihten fram heofenanríce
and sii his wunung æfter his forðsíðe on helle wíte
mid ðám ðe symle on ǽlcre ungeðwærnesse blissiað,[2]
bútan he hit ǽr his forðsíðe gebéte.

DXCV.
EÁDGÁR, 976.

✠ REGNANTE domino nostro Ihesu Christo imperpetuum! Siquidem insertim uoluminibus legitur quorum praeclaris satisque salutaribus cotidie instruimur

---

[1] MS. we radi god.   [2] *Sic* MS.

oraculis, hoc solum superesse homini in omni labore
suo quod laborat sub sole, et in cunctis quae possidet
diebus uanitatis suae : si quid in elemosinarum largitate piis intentus operibus expenderet, proximo-
rumque communicanda necessitatibus pro possibilitate
uirium, faciat sibi secundum saluatoris praeceptum
amicos de mammona iniquitatis qui eum recipiant in
aeterna tabernacula.   Qua de re ego Eadgar totius
Albionis basileus quandam ruris portionem .XLV. cassatos, loco celebri qui Crundelas noto appellatur uocabulo, euolutis .XVII. annis postquam totius nationis
Anglicae regimen suscepi, attamen primo meae regiae
dedicationis, aecclesiae reuerendae trinitatis, Petro
Pauloque eius coapostolo Wentanae ciuitate almifice
dedicatae, pro facinorum meorum ac filiorum totius
regni profectu, ad usus monachorum inibi degentium
aeterna largitus sum haereditate.   Sit autem praedictum rus omni terrenae seruitutis iugo liberum tribus
exceptis, rata uidelicet expeditione, pontis arcisue restauratione.   Si quis igitur hanc nostram donationem
in aliud quam constituimus transferre uoluerit, priuatus consortio sanctae dei aecclesiae, aeternis barathri incendiis lugubris iugiter cum Iuda Christi proditore eiusque complicibus puniatur, si non satisfactione emendauerit congrua quod contra nostrum deliquit decretum.   His metis rus hoc gyratur.   Ærest of
isenhyrste gate on slahðor weg, ðonon on ðone norð-
mæstan weg, ðæt on Æðeredes hagan æt Wiðig-
hamme ; forð on ða mearce in on ða tigelǽrnan ; forð
andlang mearce on Gisteardeswylle ; ðonon andlang
mearce on ðæt wottreów æt ðǽre baran fyrhðe ;
ꝺonnon on ðet fæstergeat, swā on ðet deópe dél ;
ðonon on Icæles ǽwilmas tó Æðelbrihtes mearce æt
ylfethamme ; ðonon ūt on ðone hæðfeld on fugelmere ;
swā on bromhyrste ; ðæt andlang burnan on Bedecan-
leá ; ꝺonon ofer ealne ðǽre hæðfeld ūp tó Hnæfes
scylfe ; ðanan west andlang mearce tó stréte ; ðæt

west tô Ceólbrihtes stâne ; ðæt west on ða festæn dîc; swâ on ða mearce on eferæs cumb; ðæt andlang mearce on mûles fen; ðæt on Duddan bróc andlang streâmes on Brydanford ; ðæt on Fearnleáford ; swâ inon Æscæsslew; forð andlang streâmes inon hrunig- fealles wæt; ðonon andlang streâmes op tô æmices oran ; ðæt andlang weges tô ðære wulfruscan, ðonan forð tô ðon hæðfeldheale ; andlang mearce on ðet hig- geat ; ðon on Lilles beâm ; ðonan forð on ða mearce tô Beonetlegæ gæmære ; swâ on ðone hæðenan byr- gels ; ðonan west on ða mearce ðær Ælfstân lið on hæðenan byrgels ; ðæt on Badecan dæne, swâ forð on Sibbes weg ; ðonan Wulfstânes mearce æt Wearge- burnan ; ðon on Cannæn dene westewearde ; ðon on Pattan dene westewearde; ðon on Hegleá tô Ceó- leáges treówe ; ðon forð on ða dûpan furh ðær Deocca berena stódan; swâ in on Wîfæles mære, ðæt in on ðone tôbrocænan beorð ; swâ on Hâmstedes wyllas norðewearde ; ðon eft in on îsenhyrsten geat.

✠ Ego Eadgar rex totius Brittanniae praesentem donationem cum signo sanctae crucis confirmaui. ✠ Ego Dunstan Doruernensis aecclesiae archiepiscopus eiusdem regis donationem cum triumpho agiae crucis consignaui. ✠ Ego Ælfstan Lundoniensis aecclesiae episcopus consignaui. ✠ Ego Æðelwold Wintonien- sis aecclesiae episcopus confirmaui. ✠ Ego Ælfstan episcopus roboraui. ✠ Ego Ælfric abbas. ✠ Ego Osgar abbas. ✠ Ego Æðelgar abbas. ✠ Ego Ælfhære dux. ✠ Ego Æðelwine dux. ✠ Ego Oslac dux.

DXCVI.

ÓSWALD, 977.

✠ Anno dominicae incarnationis .DCCCC.LXXVII. Ego Oswold superni rectoris fultus iuuamine archi- praesul, cum licentia Eadgari regis Anglorum ac

Ælfhere ducis Merciorum, uni fideli meo qui a
gnosticis noto Uulfeah nuncupatur uocabulo, ob eius
fidele obsequium, quandam ruris particulam, quinque
uidelicet mansas, quod solito uocitatur nomine æt
Codestune, cum omnibus ad se rite pertinentibus
liberaliter concessi; ut ipse uita comite fideliter perfruatur, et post uitae suae terminum, duobus quibus
uoluerit cleronomis derelinquat; quibus etiam ex
haç uita migratis, rus praedictum cum omnibus utensilibus ad usum primatis aecclesiae dei in Wiogornaceastre restituatur ınmune.   Ðis synd ða londge-
mǣro ðe gebyriað intô Codestûne.   Ǣrest on Gytincges ǣwylm; of Gytincges ǣwylm on nôðdene on
ðone grênan weg, ðæt on ðone hâran stân; of ðâm
hâran stâne andlang grênan weges on scepe clif; andlang scepe clifes inon meos mǣre; of meos mǣre
andlang dene on geolowonford; of geolowonforda
on þristlongan dene; ondlong þristlongan dene tô
brocces slæde; of brocces slæde ondlong ecce ðæt on
ða twêgen þornas; of ðâm twâm þornan on wâdbeorh;
of wâdbeorhce on lâfercan beorh; of lâfercan beorhge
â bi ðâm æcran heâfdan ðæt on scyttan fæn; of scyttan fæn ðæt on Gytinc; ondlong ðæt eft on Gytincges
ǣwylm.

✠ Ego Oswold archiepiscopus.   ✠ Ego Wynsige
presbyter.   ✠ Ego Wulfric presbyter.   ✠ Ego Wulfheah presbyter.   ✠ Ego Æðelstan presbyter.   ✠
Ego Ælfsige presbyter.   ✠ Ego Eadgar presbyter.
✠ Ego Wistan presbyter.   ✠ Ego Eadweard presbyter.   ✠ Ego Ælfgar diaconus.   ✠ Ego Godingc
diaconus.   ✠ Ego Leofstan diaconus.   ✠ Ego
Æðelsige diaconus.   ✠ Ego Wulfweard diaconus.
✠ Ego Cyneðegn clericus.   ✠ Ego Leofwine clericus.   ✠ Ego Brihstan clericus.   ✠ Ego Wulfhun
clericus.   ✠ Ego Wulfgar clericus.   ✠ Ego Cynestan clericus.   ✠ Ego Eadwine clericus.   ✠ Ego
Wynstan clericus.   ✠ Ego Ælfnoð clericus.   ✠ Ego

Æðelric clericus. ✠ . . . . clericus. ✠ Ego Wulfnoð clericus.

DXCVII.

*EÂDGÂR.

✠ Licet sacra eloquia uariis thomis diffusaque
sedulo nos exhortantur monitu, ut illuc bonis perseueranter actibus insistendo magnopere festinemus ubi
perennis foelicitas, aeterna bonitas, alma sanctitas,
continua tranquillitas, summa iocunditas, perpeti
uiget tripudio, uelut montium fundamenta inextrica-
bilibus fixa sint repagulis, tamen plerumque tempestate et turbine rerum transitoriarum, etiam religio
sanctae aecclesiae maculis reproborum dissipatur ac
rumpitur; idcirco incertum futurorum temporum statum prouidentes, posteris succedentibus profuturum
esse decreuimus, ut ea quae communi tractatu salubri
consilio definiuntur, certis litterulis roborata confir-
mentur.   Hoc igitur est quod ego Eadgar, annuente
altithroni moderatoris imperio, Anglorum caeterarumque gentium in circuitu persistentium gubernator
et rector, cuidam uenerabili matronae, auae scilicet
meae, quae nobili Eadgifu nuncupatur onomate, deuotionis eius sollertia eiusdemque placatus obsequio,
dignatus sum impertiri .LX. et .V. telluris mansas, loco
celebri qui ab huius prosapiae solicolis æt Meone
uocitatur.   Hoc igitur praefatae munificentiae donum
eo aeternaliter concessi tenore, ut uita comite, cum
omnibus utensilibus quae deus in ipsa telluris superficie mirabiliter edidit, uoti compos tenens possideat,
et post uitae suae terminum quibuscumque uoluerit
haeredibus inmune derelinquat.   Ueterem etenim
huius telluris cartam tempore quo clitonis fungebar
officio mea michi ad custodiendum commisit aua, sed
per tumultuantis uitae incuriam eam perdidi, uel infi-
deli qui eam celat ignoranter ad custodiendum com-

mendaui ; futuro igitur tempore si deus concessit ut
reperiatur, uel quispiam rus usurpare per eam uoluerit,
cum quo reperta fuerit furti crimine dampnetur. Sit
autem praedictum rus, quod ego cum consensu optimatum meorum praefatae concessi matronae, ab omni
terrenae seruitutis iugo saecularisque negotii liberum,
tribus his exceptis, rata uidelicet expeditione, pontis
arcisue restauratione. Si quis uero tam epilempticus
philargyriae seductus cauillatione, quod non optamus,
hanc nostrae munificentiae dapsilitatem ausu temerario infringere praeceps temptauerit, sit ipse se-
questratus a communione sanctae dei aecclesiae, necnon et a participatione sacrosancti corporis et sanguinis Ihesu Christi filii dei, per quem totus terrarum
orbis ab antiquo humani generis inimico liberatus est,
et cum Iuda Christi proditore sinistra in parte deputatus, nisi prius hic digna satisfactione humilis poenituerit, quod contra sanctam dei aecclesiam nostrumque decretum rebellis agere praesumpsit; nec in
uita hac practica ueniam, nec in theorica requiem
apostata obtineat ullam, sed aeternis barathri incen-
diis trusus iugiter miserrimus crucietur. | Istis uero
limitibus praefatum rusculum examussim circumgi-
ratur.   Ðis synt ða landgemẽre tõ Meõne. Ærest
on Seolesburnan ; andlang Seolesburnan on clǽnan
ford ; of clǽnan ford on hincstes grẽfan ; of hincstes
grǽfan andlang rícweges on ðone litlan beorh be
Westantũne ; of ðãm beorhe þeõwres ofer Meõne hũt
tõ ðǽre strẽte ; andlang strẽte ũp tõ linestõde ; of
linestẽde be ðon herpoðe bũtan writeles þorn ; of
writeles þorne andlang ðæs grẽnan weges tõ wuda
huw, onbũtan ðæt hit cymð hũt æt Beorhtulfes treõwe ;
of Beorhtulfes treõwe andlang weges be ðǽre efisc
hũtan Wlutan mere ; of Wlutan mǽre andlang Heð-
burge dene hũtan ceõla get ; of ceõla gete andlang
strẽte on ðæt nyrðre geat ; of ðon nyrðan gate on
þacsele heal ; of þacsele heal on wigið mere ; of

wigið mere on sædeles streat; of sædeles steorte
innan Dosaburnan; andlang Dosaburnan hútan esc
forð húp tó ácsceates geate; of ácsceates gate on
sceafles oran ; foreweardne of sceafles oran on Hwo-
burnan ; andlang burnan húton heofes brycce ; andlang scyre on hweðeles heal; of hweðeles heale andlang burnan on ludeburnan ford; of ludeburnan ford
andlang weges bútan wenne ; of wenne be ðám wyrt-
trumman hútan waccan hám ; andlang ðǽre litlan
alhrewe hútan wopbinc ; andlang wopbinc oð tychel
leache west ende ; of tychel leache west ende on ðone
greátan mearcbeám on ðám wuda lace; andlang
ðám wuda lace hútan greótburnan; andlang greótburnan on wiðigford ; of wiðigford innan circumbe
lace; of circumbe hracan hútan on ðone mearcam;
of ðǽm mearcam on ðæt heowbéc ; andlang heow-
béces húpp án Byrhtes oran, of ðǽm mearcleá on
medeman oran nyðerweardne ; of ðǽm greátan hele-
beáme on langgan leá forewearðne ; andlang langgan
leá hút on finces stapel ; of fincces stapele west andlang wuda on ða greátan apeldre ; of ðǽre greátan
apeldre on æscstéde róde ; andlang wuda on cyrt-
wara bæc ; andlang cytwara bæcce of þeófacumb,
andlang weges on ðone norðlangan hlinc ; of ðone
norðlangan hlinc on ðonne westlangan hlinc ; of
ðes westlangan hlinces ende on ðonne mearcgréfan
on Seolesburnan. Anno dominicae incarnationis
.DCCCC. scripta est haec carta his testibus consentientibus quorum inferius nomina caraxantur.

✠ Ego Eadgar Bryttanniae Anglorum monarchus hoc
taumate agiae crucis roboraui. ✠ Ego Wulfhelmus
Dorobernensis aecclesiae archiepiscopus eiusdem regis
beneuolentiam concessi. ✠ Ego Oscytel Eboracensis
basilicae primas insegnis hoc donum regale confirmaui. ✠ Ego Osulf praesul canonica subscriptione
manu propria hilaris subscripsi. ✠ Ego Byrthelm
plebis dei famulus, iubente rege, signum sanctae crucis

laetus impressi.   ✠ Ego Aðulf pontifex testudine
agiae crucis intepidus hoc donum corroboraui.   ✠
Ego Ælfwold antistes trophaeo sanctae crucis hanc
regis donationem consolidaui.   ✠ Ego Ælfstan legis
dei catascopus hoc eulogium propria manu depinxi.
✠ Ego Æðelwold abbas.   ✠ Ego Ælfhere dux.   ✠
Ego Ælfheah dux.   ✠ Ego Æðelstan dux.   ✠ Ego
Æðelwold dux.   ✠ Ego Byrhtnoð dux.   ✠ Ego Ead-
mund dux.   ✠ Ego Æðelmund dux.   ✠ Ego Ælfgar
minister.   ✠ Ego Ælfwine minister.   ✠ Ego Byrht-
ferð minister.   ✠ Ego Æðelsige minister.   ✠ Ego
Oswig minister.   ✠ Ego Eadric minister.   ✠ Ego
Osweard minister.   ✠ Ego Osulf minister.   ✠ Ego
Wlfgar minister.   ✠ Ego Æðelsige minister.   ✠ Ego
Ælfsige minister.   ✠ Ego Wulfhelm minister.   ✠
Ego Ælfsige minister.   ✠ Ego Ælfred minister.
✠ Ego Ealdred minister.   ✠ Ego Æðelsige minister.

     Rubric. Ðis is ðára .LXV. hida bóc æt Meóne ðæ
Eádgár cinig gæbócadæ Eádgifæ his ealdan moder on
éce hyrfæ.

DXCVIII.

*EÁDGÁR, 978.

     ✠ HAC autem cartula liquido declaratur qualiter
ego Eadgar Anglorum basileus Tantunes libertatem
deuotus renouaui ob amorem reuerendae trinitatis
consubstantialisque unitatis, necnon beati Petri apostolorum principis eiusque coapostoli Pauli, uti episcopali cathedrae Wintoniensis aecclesiae eadem de-
seruiret libertate qua priscis temporibus ab eius auo,
Eadwardo uidelicet rege, insignita libere gloriabatur.
Usus itaque saluberrimo optimatum meorum consilio
ammodum Christo dapsilis concessi, ut episcopii homines tam nobiles quam ignobiles praefato rure degentes, hoc idem ius in omni haberent dignitate quo
sui proprii perfruuntur regalibus fiscis commorantes;

omnia enim saecularium rerum iudicia ad usus praesulum exercere eodem modo diligenti iussi examine,
quo regalium negotiorum discutiuntur iudicia. Praedictae igitur uillae mercimonium censusque omnis
ciuilis sanctae dei aecclesiae Wentanae ciuitatis, sine
retractionis obstaculo cum omnibus commodis aeternaliter deseruiat. Haec autem libertas antecessorum
meorum temporibus Ælfeago antistiti, aliisque eodem
rure fruentibus concessa fuerat, quam ego renouando
humillime restauraui. Qui autem hanc libertatis dapsilitatem augere uoluerit, augeat dominus eius uitam
et prosperitatem hic et in aeuum ; si quis autem
praesumptuosus diabolo instigante hanc libertatem
infringere, minuereue, uel in aliud quam constituimus
transferre uoluerit, anathema sit, et in Christi maledictione permanens aeterno barathri incendio, cum
Iuda Christi proditore eiusque complicibus miserrimus puniatur, si non cum satisfactione ante obitum
emendauerit quod contra nostrum deliquit decretum.
Dedit autem Æðelwoldus Wintoniensis aecclesiae episcopus pro huius libertatis recuperatione regi Eadgaro
ducentas auri mancusas, eiusque coniugi Ælfðryðae
quinquaginta, et quoddam uas argenteum quinque
libras appendens. Priscis utique temporibus pro hac
eadem libertate datae sunt Eadwardo regi sexaginta
terrae mansae quatuor in locis diremptae .x. uidelicet æt Crawancumbe et .x. æt Cumbtune .xx. æt
Scealdeburnan stoce et .xx. æt Bananwylle. Hoc
idem rus Eadward praefatus rex dedit famulis famu-
labusque domini on Ceodre degentibus pro commutatione illius telluris, quae Carintum nominatur.
Acta est autem huius libertatis nota renouatio pascali
sollempnitate sede regali æt Ceodre, anno dominicae incarnationis .DCCCC.LXXVIII. decimo uero anno
eius regalis imperii. His testibus consentientibus
quorum inferius nomina ordinatim carraxantur.

Her ys geswutelod on ðysum gewrite, hú Eádgár

cyning mid geðeahte his witena geniwode Tantûnes
freols ðǽre hâlgan þrynnesse, and sancte Petre and
sancte Paule intô Wintanceastre tô ðâm biscopstole,
ealswâ Eâdweard cyning hit ǽr gefreode, and geûðe
ðæt ǽgðer ge twelfhynde men ge twyhynde wêron on
ðâm Godes hâme ðâra ylcan gerihta wyrðe ðe his
âgene men sindon on his âgenum cynehâmum; and
man ealle spæca and gerihtu on ðæt ylce gemet gefe
tô Godes handa ðe man tô his âgenre drifh, and
ðes tûnes cŷping and seô innung ðâra portgerihta
gange intô ðêre hâlgan stowe, ealswâ heô ǽr dyde
on mŷra yldrena dagon and Ælfeâge biscope gehafod
wæs and gewylcum ðâra ðe ðes landes breâc. Se ðe
ðisne freols geŷcean wille, geŷce God his gesynta tô
langsumun life her and on êcnesse; gif hwâ ðonne
þurh gedyrstignesse and deôfles oððe his lima lâre
ðysne freols âbrecan wille oððe on ôðer âwendan,
bûton he hit ǽr his forðsîðe gebête, sŷ he mid âwur-
geduesse âscyred fram ûres drihtnes gemânan and
ealra his hâlgena, and on helle susle êcelîce getin-
tragod, mid Iudan ðe Cristes lêwa wes. Ðonne gesealde Æðelwold biscop his cynehlâforde twâ hund
mancussa goldes, and ânne sylfrene lefel on fîf pundum wið edniwunge ðyses freolses, and Ælfðryðe his
gebeddan, healf hund mancussa goldes wið richtes
ǽrendes fultume, and ǽr wǽron wið freolse gesealt
on Eâdwardes dege cinges, syxtig hide landes .x. æt
Crawancumbe, and .x. æt Cumbtûne, and æt Bananwille .xx., and .xx. æt Scealdeburnan stoce, and eft
Eâdward cyning gesealde ðæt land æt Cumbtûne and
æt Bananwille ðân hiwon æt Ceodre, wið ðân lande æt
Carintûne. Ðis wæs gedôn æt Ceodre on ðêre hâlgan Eâster tîde, ðŷ geare wêron âgangene .dcccc.
geara and eahta and hund seofontig fram Cristes âcyn-
nednesse, and ðe teoðan geare his cynelîcan anwealdes;
on gewitnesse ðâra witena ðe hiora noman her wið-
neôðan âwritene syndon.

✠ Ego Eadgar Anglorum basileus hoc priuilegium in honore reuerendae trinitatis atque consubstantialis unitatis crucis signo deuotissime confirmaui.
✠ Ego Dunstan archiepiscopus confirmaui. ✠ Ego Oscytel archiepiscopus consensi. ✠ Ego Æðelwold episcopus corroboraui. ✠ Ego Ælfstan episcopus consolidaui. ✠ Ego Byrhtelm episcopus consensi.
✠ Ego Oswold episcopus corroboraui. ✠ Ego Ælfwold episcopus consolidaui. ✠ Ego Osulf episcopus consensi. ✠ Ego Wynsige episcopus corroboraui.
✠ Ego Ælfðryð regina. ✠ Ego Æðelstan dux. ✠ Ego Ælfhere dux. ✠ Ego Ælfheah dux. ✠ Ego Ordgar dux. ✠ Ego Æðelwine dux. ✠ Ego Byrhtnoð dux. ✠ Ego Oslac dux. ✠ Ego Eadulf dux. ✠ Ego Ælfric abbas. ✠ Ego Osgar abbas. ✠ Ego Ælfstan abbas. ✠ Ego Æscwig abbas. ✠ Ego Æðelgar abbas. ✠ Ego Cynewerd abbas. ✠ Ego Ðyrcytel abbas. ✠ Ego Ælfheah abbas. ✠ Ego Ealdred abbas. ✠ Ego Eanulf minister. ✠ Ego Ælfwine minister. ✠ Ego Æðelweard minister. ✠ Ego Wulfstan minister. ✠ Ego Byrtferð minister. ✠ Ego Oswerd minister. ✠ Ego Osulf minister. ✠ Ego Ælfwerd minister. ✠ Ego Æðelweard minister.

DXCIX.

EÁDGÁR.

✠ALTITHRONUS totius creaturae plasmator uniuersa quae miro ineffabilique condidit ordine, per sex dies luculenter exprimens formulas, distinxit, singulorum. Nam bona a bono edita creatore cuncta tenorem pulchre asseruant naturalem, excepto homine miseranda seducto cauillatione, et angelo praeuaricatore superbissimo, per quem, pro dolor! omnis inrepsit aduersitas in genus humanum; nam multis infaecatum probrosi saeculi naeuis cunctis liquido intimatur sophis-

tis, inlectum siquidem nefandi neniis cosmi, scelestas
ipsius pompas inconsiderate ambiendo, supernaeque
patriae emolumenta amittendo, celsithroni moderatoris
gratia priuatum, barathri incendiis lugubriter depul-
sum, iugi miseria puniri merito compulsum est. Quod
tandem diuina gratia cunctis succurrens mortalibus
gratuite, bonum uidelicet pro malis restituendo, so-
lutis facinorum repagulis baptismatis regeneratione
piando, crucisque gabulum ascendendo in saeculorum
fine miserando, gloriosa eripuit libertate : quae uidelicet libertas in totum per apostolos dilatata orbem,
domini annuente clementia ad Uuest-Seaxan, sancto
praedicante Birino directa est : praefatus equidem
pontifex primo regem Cynegisl, deinde Cynewealh
nuncupatum, fidei rudimentis imbutum, baptismatis
fonte regenerauit. Qui uidelicet rex aecclesiam
Uuintoniae ilico pulchre edidit, reuerendaeque trinitati ac indiuiduae unitati, necnon beato Petro apostolorum principi eiusque coapostolo Paulo dedicare
fecit, cathedramque episcopalem inibi constituens
bonis a deo sibi collatis locupletans uberrime ditauit;
inde itaque primum copiosa fidei seges, paulatim
pereunte gentilitatis lolio, baptismatis lauacro irrigata,
pullulans secreuit, quae domini gratia per totam occidentalem Saxoniam aecclesiae cultoribus sata granaria
domini multiplici reditu replendo, usque in hodier-
num diem incessabiliter accumulat. Hinc ego Eadgar, tocius Brittanniae basileus, eiusdem laetae se-
getis Christi annuente clementia occa exuberans,
primitias christianae dapsilitatis a praedicto Cyne-
walhho, humani generis redemptori oblatas, et a
Ceadwalla rege successionis tempore haereditaria con-
solidatas cartula, et a quibusdam praedecessoribus
meis iniuste moderno ablatas tempore, ob animae
meae remedium regnique nostri prosperitatem, praedictae Uuintoniensi aecclesiae humillima reddo deuotione .c. scilicet mansas loco qui celebri æt Duntune

nuncupatur onomate, atque .xxx. in Uecta insula,
quae noto æt Dreðecumb appellantur uocabulo, cum
omnibus utensilibus, pratis uidelicet, siluis, salinariis,
capturis, molendinis et omnibus commodis huic ruri
pertinentibus, reuerendae trinitati praedictisque eius
apostolis satisfaciendo restituens. Identidem sub-
urbana eiusdem praecipuae ciuitatis Cyltancumb uidelicet cum suis appendiciis benignissime renouare
cupiens eadem dito libertate, qua a rege uti dicam
primogenito eiusdem aecclesiae neophyto, ad usum
praesulis eidemque loco subiectae familiae a catholicis priscis ditatum perhibetur temporibus. Pastus
igitur praedictae familiae nullatenus praesumptuose
minuatur, sed fideliter, ut olim constitutum fuerat a
praesule dispensando largiatur: dignum itaque saluberrimo optimatum meorum utens consilio nostrae
mentis duxi archano, ut nostrae occidentalium Saxonum aecclesiae caput, nostraeque religionis exor-
dium nullatenus aliqua suae portionis priuaretur substantia, sed redintegrata ad liquidum cuncta clares-
cerent, ut nobis et praesentis uitae iocunda prosperitas, et futurae aeternae beatitudinis meritum multiplici foenore fiducialiter eueniret Christo largiente, qui
cum patre et spiritu sancto cuncta gubernat quae
condidit. Supradictae igitur augmentum aecclesiae,
dum nostrae fit prosperitatis supplementum, nostrae
religionis exordia restaurare cupiens, nouis quidem
cartulis eius territoria, partim per incuriam ueterano
usu deleta, Æðelwoldo praesule humiliter obtinente, in
hoc praesenti syntahmate distinctis locis semotim, non
solum ea quae iniqua ante abstracta rapina a me
restituta sunt, sed etiam illa quae olim a praedecessoribus meis aeternae trinitati concessa fuerant, pro
animae meae redemptione et regni nostri prosperitate
renouare iubeo. Hoc etenim in nomine Ihesu Christi
eiusque genitricis semperque uirginis Mariae, et
beati Petri apostolorum principis, omniumque sanc-

torum subnixus praecipio, ut nemo successorum meorum hoc nostrum decretum restaurationemque possessionum aecclesiastici ruris uiolare uel minuere instinctu daemonis praesumens audeat. Qui autem hoc
nostrum decretum libertatemque iuris aecclesiastici
augere munifica uoluerit dapsilitate, augeat omnipotens dominus eius et uitam et prosperitatem hic et in
futuro saeculo, ruantque aduersarii cuncti ante faciem
eius terrore domini uelociter prostrati, robustusque
uictor, Christi suffragante gratia, semper sui cursus
stadio persistens uigeat, omnisque eius successura
posteritas pollens perpetuo proficiat; qui uero audax praesumptor ausu temerario philargyria seductus, uiolare minuereue temptauerit, deleatur eius
nomen de libro uitae, ac per beati Petri apostolorum
principis regnique coelorum clauigeri auctoritatem
paradysi ianuis eliminatus, aeternis barathri incendiis
iugiter ustulatus Acharonte putido torridoque suffo-
catus, cum Iuda Christi proditore eiusque complicibus
perenni calamitate iugique miseria, a deo et omnibus sanctis iusto dampnatus puniatur iudicio, nisi
satisfactione congrua restituerit, quod in Christi possessione minuere praesumpsit.

DC.

EÂDGÂR.

✠ BENIGNA nos exhortatione patientissimus Iob
aerumpnosae caduci saeculi uitae fragilem conquerens
calamitatem subtili proclamat indagine dicens; ' Nudus egressus sum de utero matris meae, et nudus illuc
reuertar;' et iterum, ' Nichil intulimus in hunc mundum, uerum nec auferre ab eo quid poterimus:' quapropter ego Eadgar diuina fauente clementia tocius
Albionis basileus, intra mei pectoris archano superni
moderatoris instinctu attactus obnixe rimari coepe-

ram, quomodo caducis aeterna, perituris mansura
mercari ualerem. Occurrit igitur animo deliberanti,
ut non solummodo territoria Wintoniensis episcopatus
aecclesiae, uidelicet consecratae ob reuerentiam agiae
trinitatis unitatisque, necnon Petri apostolorum principis atque Pauli eximii uerbi satoris, pro redemptione animae meae statuque mei imperii ac dilectione
Æðelwoldi uenerandi antistitis, quae meis inibi degebat
temporibus, renouarem, atque in una colligerem scedula, uerum etiam fundos praefatae basilicae qui
iniuste ab aliquibus marcidulae fastu superbiae in-
domite tumentibus abstracta uidebantur, intercapedine
modici cromatis magnopere, qualiter olim a meorum
dapsilitate praedecessorum benigne, cum suis rite
sibi pertinentibus dati cessentur, meorum testimonio
functus procerum quorum nomina in ultima huius
scedulae pada caraxata uidentur, humillime restitue-
rem. Hinc Tantun eiusdem quantitatis .c. uidelicet
mansis spatiose dilatatum, successorumque omnium
prosperitate a nobis aeternaliter restituitur aecclesiae;
praefatum etenim rus prius a quadam antiquitus largitum est regina religiosa, ac postea ab Aðulfo rege
glorioso tocius sui regni rura decimante copiose aug-
mentatum, renouatisque supradicti territorii cartulis
aeterna firmatum est dapsilitate. Rex itidem Eadweard nouis haereditatum cartis, hoc idem rus aeterna
consolidauit libertate acceptis, uidelicet .LX. pro eadem
libertate mansis .XXX. scilicet æt Banewillan .XX.
æt Scealdeburnan stoce .X. æt Crawancumbe, quod
tamen tot regum procerumque fixa firmatum donatione instigante diabolo iniuste a quibusdam praedecessoribus meis philargyriae uitio seductis uiolenti abstractum est rapina; a me iterum Christi amnuente
gratia restitutum, perpetua ad usus praedicti pontificatus praesulum ditatae libertate. Si quis autem
hanc nostram uiolare minuereue munificentiam tyrannica fretus superbia praesumpserit, anathema sit, et

domini clementia sanctorumque omnium priuatus
contubernio inimicorum omnium persecutione uallatus
depopulatusque intereat, nec in hac uita ullam obtineat
ueniam, sed in futuro perenni supplicio deputatus,
inferni fauce consumptus, sine fine persistat cruciatus,
nisi satisfaciendo redintegrauerit quod insipiendus
minuendo deleuit.   Tres mansae in Cearn ad rus
praefatum pertinent et duae æt Wecetforda.

DCI.

EÂDGÂR.

✠ Cum sacrae auctoritatis doctrina nos ueridica
sedulo ammoneat exhortatione, ut non solum actiue
uisibilibus religiose conuersando, sanctisque profici-
endo uirtutibus carismatis dono perfusi decentissime
perfruamur, uerum etiam contemplatiuae inuisibilia
uitae toto mentis conamine partim a recidiuis semoti
libentissime, cum puro tranquilloque animi intuitu
contemplando amplectemur, dicens, ' Cuncta quae uidentur temporalia sunt, quae autem non uidentur
aeterna;' quapropter ego Eadgar Christi annuente clementia tocius Albionis basileus, his recidiuis practicae
uitae possessiunculis aeterna theoricae emolumenta lucrando mercari desiderans, quoddam rus a supradicta
Wintoniensi aecclesia iniusta quondam a philargi-
riis abstractum rapina, Æðelwoldo obtinente praesule, ab illo qui iniuste possederat iusto arripiens
iudicio trinitati reuerendae, eiusque apostolis Petro
et Paulo humillima reddens restituo deuotione .XL.
uidelicet cassatos loco qui celebri Alresford nominatur uocabulo : nam rex religiosus Cynewalh nuncupatus, a Birino pontifice fidei sacramentis imbutus, idem
rus in christianae religionis exordio praefatae dei
aecclesiae magna animi largitus est deuotione; hoc
idem Ecgbirct regali fretus stemmate noua territorii

consolidauit cartula. Quidam aliquando praedictae pontifex basilicae a notis Denewulf nuncupatus, cuidam propinquorum suorum Ælfred uocitato, eatenus cum consensu aecclesiasticae familiae accommodauit, ut annis singulis censum tocius telluris uita comite rite persolueret: is equidem insipiens adulterans stuprum, propriam religiose pactatam abominans, scortum diligens, libidinose commisit. Quo reatu omni substantia peculiali recte priuatus est, et praefatum rus ab eo abstractum rex huius patriae suae ditioni auidus deuenire iniuste optauit: cuius auiditati praesul supradictus minime consentiens, datis centum uiginti auri mancusis, praedictam tellurem ad usus praesulum satisfaciendo aecclesiae dei restituit: succedente itaque tempore supradicti adulteri et scelerati filius, falso dicens esse sibi naturale, suo iniuste subiiciens dominio ab aecclesia dei praesumptuosus arripuit, haereditariamque cartulam nouis litterarum apicibus, rege Eadredo cum animae suae consentiente periculo, daemonis instinctu fascinatus edidit. Quae igitur cartula, et omnes qui ei ausu consenserint temerario in domini maledictione permaneant, ut nullo umquam tempore ad aliquam utilitatem perueniat. Uetus namque et haec noua quam edidi cartula iugiter Christi omniumque iudicio fidelium incolumis praeualeat; adulterina quam praedixi cartula aeterna dampnatione ad nichilum redacta, et imperpetuum anathematizata. Si quis igitur hanc nostram largifluam augere uoluerit donationem, augeat eius dominus et uitam et prosperitatem, hic et in futuro: qui autem lenocinante diabolo fastu superbiae inflatus, nostra uiolare uel minuere praesumpserit statuta, in domini maledictione permaneat, et a sanctae dei aecclesiae consortio sanctorumque omnium contubernio priuatus, aeterna misellus dampnetur miseria, nisi resipiscens satisfaciendo restituerit quod in domini possessione uiolare praesumpsit.

DCII.
EÁDGÁR.

✠ DOMINUS omnipotens qui uiuit in aeternum creans
omnia simul diuino et co-aeterno uerbo sex diebus
formulas rerum distinxit singularum ! Ex creatura
igitur creatorem agnoscens mirabilem, praesentia ad
futurorum comparationem bonorum, uelut quisquiliarum peripsema, uel foetidam melancoliae nausiam
apporiando reprobans, aeternae beatitudinis emolumenta medullitus lucrari desiderans, ego Eadgar
diuina largiente gratia totius Brittanniae rex, ob animae meae salutem regnique nostri ac filiorum successorumque omnium prosperitatem, quoddam rus .x.
uidelicet mansarum quantitate taxatum, usitato æt
Clearan nuncupatum uocabulo, olim ab Aðulfo rege
totius sui regiminis rura decimante ad refocillationem
pontificum praedictae Wintoniensi aecclesiae aeterna
largitum est dapsilitate, modernoque tempore a quibusdam perfidis iniuste abstractum raptoribus, reuerendae trinitati Petroque apostolorum principi eiusque
co-apostolo Paulo aeterna solutum libertate humiliter restituo. Hoc in Christi nomine praecipio ut
nemo successorum meorum uiolare audacter praesumat
quod ego meorum auctoritate procerum domino recu-
perando restitui. Si quis autem philargiria seductus
aliqua noua et adulterina cartula hanc nostram largifluam a domino abstrahere uoluerit munificentiam,
anathema sit, et inferni incendiis assiduo punitus iugi
miseria cruciatus intereat. Uetus namque et haec
noua quam edidi domino instigante cartula iugi profectu uigeat, et omnes qui ei iuuamen impenderint peccaminum suorum ueniam consequendo, aeternae uitae
beatitudinem Christo largiente obtineant. Sit autem
hoc rus Æðelwoldo praesule obtinente, eadem libertate
gloriosum qua priscis fuerat temporibus insignitum:

qui uero eiusdem libertatis gloriam uiolare inique
praesumpserit, a Christo reprobatus inferni miseria
puniatur, nisi satisfaciendo se humiliatum correx-
erit.

DCIII.

EÂDGÂR.

✠ Ecce Christo in aeternum regnante! Cunctis
sophiae studium intento mentis conamine sedulo rimantibus liquido patescit, quod huius uitae periculis
nimio ingruentibus terrore recidiui terminus cosmi
appropinquare dinoscitur, ut ueridica Christi promulgat sententia qua dicit, 'Surget gens contra gentem,
et regnum aduersus regnum,' et reliqua. Quamobrem
ego Eadgar Christi conferente gratia tocius Britanniae
basileus, domino nostro Ihesu Christo totis uiribus
ante futuri tempus iudicii placere desiderans, quandam
telluris particulam .XL. uidelicet mansas, tribus in locis
diremptas .XX. æt Uferantune, cum silua æt Tadan-
leage, huic ruri pertinente .XV. æt Wealtam .V. æt
Bradanleage, ut a meis dudum supradictae Wintoniensi basilicae reuerendae trinitati, eiusque apostolis
Petro atque Paulo, aeterne largitum fuerat, ita hac
noua cartula cum meorum auctoritate procerum Æðelwoldo praesule obtinente roboratum, aeterna humilis
renouo libertate. Sint autem omnia haec supradicta
rura omni terrenae seruitutis iugo libera, tribus exceptis, rata uidelicet expeditione, pontis arcisue restauratione. Maneat igitur haec nostra largiflue renouata dapsilitas, uti fuerat fixa per aeuum. Si quis
igitur hanc aecclesiae libertatem uiolare praesumpserit, anathema sit, et inferni cruciatibus attritus infoelix intereat, nisi satisfaciendo ante obitum ueniam
obtinuerit.

DCIV.
EÁDGÁR.

✠ FORTUITU saeculorum patrimonia incertis nepotum haeredibus relinquuntur, et omnis mundi gloria appropinquante uitae morte termino ad nichilum
reducta fatescit! Idcirco terrenis caducarum possessionibus semper mansura supernae patriae emolumenta adipiscentes, domino patrocinante, rebus recidiuis
lucranda sanctorum decernimus hortatu. Quamobrem ego Eadgar celsithroni moderatoris annuente
clementia totius Bryttanniae triuiatim potitus regimine, ad aeterni regni beatitudinem toto mentis conatu largiente domino uenire desiderans .LX. telluris
cassatos, in nostrae christianae religionis exordio a
Cynewalh rege catholico Wintoniensi aecclesiae, ob
reuerentiam summae trinitatis, eiusque apostolorum
Petri et Pauli, deuotissime largitam, nouis litterarum
apicibus domini instigante gratia renouare studeo, ne
successores futurae prosapiae ignorantes possessionis
domini quippiam ad animae suae detrimentum uio-
lando minuant. Supradictae igitur telluri ab incolis
nomen inditum uidetur æt Ticceburnan, and æt Beo-
wyrðe, and æt Ufinctune. Quam cum optimatum
meorum consilio eadem renouans libertate munificus
ob animae meae remedium, regnique ac successorum
futurae posteritatis prosperitatem, libentissime dito,
qua dudum a praedecessoribus meis ditata fuerat.
Maneat igitur, ut praefatus pontifex Æðelwold humiliter deposcit, omni terrenae seruitutis iugo libera,
tribus exceptis, rata uidelicet expeditione, pontis
arcisue restauratione. Si quis hanc nostram munifi-
cam renouatamque libertatem auidus uiolare praesumpserit, anathema sit, et in Christi omniumque
sanctorum maledictione permaneat, nisi cum humili
satisfactione poenitens emendauerit.

DCV.
EÂDGÂR.

✠ GRATIA dei cunctis spiritali praeditis sapientia,
qui deificae contemplationis beatitudinem purae mentis intuitu lachrimarum ualle degentes crebro anhe-
lantes suspirio cernere desiderant, manifestissimis
scripturarum liquido declaratur indiciis, quod unusquisque fidelium ad supernam coelorum tendens patriam potis est imis coelestia, caducis aeterna, lucrando
insegniter promereri, ac mundi huius principem qui
uitiorum sectatoribus infestissime dominatur, in huius
uitae stadio robustissime expugnare ; quapropter ego
Eadgar Angligenarum caeterarumque gentium hinc
inde persistentium rex a domino constitutus, non
immemor ob hoc mihi transitoria, ut his aeterna
Christi opitulante gratia lucrarer, fore concessa, quoddam rus .LXX. mansis spaciose dilatatum a praedecessoribus meis olim Wintoniensi aecclesiae ob almae
trinitatis, eiusque apostolorum Petri et Pauli, reuerentiam dedicatae, aeterna largiti sunt haereditate, hac
haereditaria carta nouis litteris ad praefatam recu-
perans reduco libertatem, quod a gnosticis Fearnham
noto nuncupatur uocabulo .LX. mansis consistens, æt
Beonetleh .X. determinatum cassatis.   Nullus igitur
hanc nostram libertatem quam Æðelwoldo praesule
deposcente nuper ut antiquitus fuerat deuotus edidi,
infringere uel minuere praesumat.   Sit autem omni
terrenae seruitutis solutum, excepta expeditione, pontis arcisue recuperatione.   Si quis hanc nostram
uiolauerit libertatem anathema sit.

DCVI.
EÁDGÁR.

✠ Haec autem omnia quae secundum aecclesiasticam normam iusto decernuntur moderamine, quamuis proprium robur iure obtineant, tamen quia humanae uitae status euidenter incertus agnoscitur, paginis saltem uilibus pro ampliori firmitate roborata signantur; quapropter ego Eadgar totius Albionis basileus, ob amorem coelestis patriae et meorum indulgentiam criminum, aliquam terrae particulam, .lxx. scilicet mansas, illic ubi solicolae Beaddinctun dicunt, territoria renouando, qualiter ante mei potentatus croma extiterant, uoluntarie perpetualiter permanere concessi, et hac noua rudibus litterarum apicibus edita cartula Wintoniensi pontificum cathedrae, Æðelwoldo deposcente antistite, humiliter restituens reuerendae trinitati, eiusque apostolis Petro et Paulo, ut olim a praedecessoribus meis data fuerat, perpetua repraesento libertate. Ex his .lxx. mansis sunt rura, quae cum siluis sibi pertinentibus, his appellantur uocabulis, Cyslesdun, Tenhric, Lace. Sint autem omnia haec supradicta rura omni terrenae seruitutis iugo libera, tribus exceptis, rata uidelicet expeditione, pontis arcisue restauratione. Si quis igitur hanc aecclesiae libertatem uiolare praesumpserit, anathema sit, et inferni cruciatibus attritus infoelix intereat, nisi satisfaciendo ante obitum ueniam obtinuerit.

_____

DCVII.
EÁDGÁR.

✠ Ineffabili rerum creatore ac moderatore domino nostro Ihesu Christo in aeternum regnante ! Abominabilia titillantis saeculi piacula diris obscoenae

horrendaeque mortis circumsepta latratibus, quae in
huius incolatus patria christianae religioni subiectos
nequaquam securos degere sinunt, sed quasi foetidae
corruptelae in uoraginem casuros incitando prouocant
libidinoso miserrimoque saeculi appetitu; piaculorum
itaque auctorem cum omnibus pompis eius toto mentis
conamine non solum despiciendo, sed etiam uelut
fastidiosam melancoliae nauseam abominando fugiamus, cauentes mundi fragilis prosperum excursum, ne
nimio eius amore irretiti apostatando a domini lugubriter recedamus clementia, illud sedulo rimantes
propheticum, ' Diuitiae si affluant, nolite cor apponere.' Quapropter infima quasi peripsema quisquiliarum abiiciens, superna ad instar preciosorum monilium eligens, animum sempiternis in gaudiis figens,
ad adipiscendam mellifluae dulcedinis misericordiam,
perfruendamque infinitae laetitiae iocunditatem, ego
Eadgar per omnipatrantis dexteram totius Britanniae
regni solio sublimatus, quandam ruris particulam, id
est .xxx. mansas loco qui celebri æt Fearnham nuncupatur onomate, praedictae episcopatus cathedrae ob
sanctae trinitatis, apostolorumque Petri et Pauli reuerentiam aeterna libertate, uti priscis data fuerat
temporibus, renouando humili restituo deuotione.
Hanc itaque libertatem praefatus pontifex Æðelwold
domini cooperante gratia cum magna obtinuit humilitate. Sit igitur praefata terra, cum omnibus ad se
rite pertinentibus, omni terrenae seruitutis iugo libera,
tribus exceptis, rata uidelicet expeditione, pontis
arcisue restauratione. Si quis diaboli hortatu hanc
nostram minuere praesumpserit libertatem, anathema
sit.

DCVIII.

EÂDGÂR.

✠ Kalante diuinae auctoritatis agiographo com-
monemur ut terrena praesentis saeculi lucra dantes,
coelestia aeternae beatitudinis emolumenta iugi inde-
fessoque adquiramus labore; ideoque incertum futuri
temporis statum mutabilitatemque certis dinoscens
indiciis, totis uiribus, prout posse dederit qui cuncta
creauit, subnixe delibero, ut redemptoris nostri possessionem aecclesiis iure delegatam in priorem sanctae
religionis statum certis roborata litterulis medullitus
consolidarem; quapropter ego Eadgar diuina indulgente clementia totius Britannicae insulae solio sullimatus, quoddam rus quod prisco Wealtham onomate
.xxxviii. cassatorum olim Wintoniensi ueteris monasterii cathedrae commutando concessum, nouis apicum
signis renouare, Æðelwoldo praesule suppliciter deposcente, gratanter permitto.   Praefatum siquidem rus
antecessores nostri sanctae dei aecclesiae reuerendae
trinitati, eiusque apostolis Petro et Paulo dicatae
pro commutatione illius oppidi, quod Porteceaster
nuncupatur, omni mundiali seruitio solutum concesserunt.   Sit igitur praefatum rus cuius ego cum optimatum meorum consilio libertatem fideliter renouaui,
aeterna iocunditate gloriosum cum omnibus sibi rite
pertinentibus, pratis uidelicet, pascuis, siluis; expeditionis laborem, pontis arcisue restaurationem tantummodo persoluat, alias aeterna iocundetur libertate.   Si quis autem diaboli pellectus instinctu hanc
perpetuam nostrae renouationis libertatem uiolare uel
minuere audax praesumpserit, a sancta corporis et
sanguinis domini nostri Ihesu Christi communione,
et sancta dei aecclesia, ac sanctorum omnium contubernio segregatus, aeterna inferni miseria dampnatus
intereat, si non satisfactione congrua humiliter cor-

rectus emendauerit quod contra nostrum tumidus deliquit decretum.

DCIX.

EÂDGÂR.

✠ Luce constat clarius quod huius uitae terminus uolubili uarie discurrens orbita, iamiamque imminere dinoscitur, ut ueridica Christi promulgat sententia, quae altiboando proclamat dicens, 'Surget gens contra gentem, et regnum aduersus regnum,' et reliqua; iccirco ego Eadgar Christi conferente gratia totius Angligenae nationis caeterarumque gentium Brittannica insula degentium rex gloriosus, sancti spiritus carismate partim attactus, mentis nostrae arcano deliberare coepi, atque optimatum meorum utens consilio, patulo uocum proclamare indicio, quanto inquam simulate transeuntis uitae gloria, ut foeni flos uelociter arescens deficit, letalisque huius uitae umbrificae finis imminendo incumbit, tanto etiam catholica christianae religionis studia totius uirtutis adnisu restauranda, et aecclesiarum possessione quaecunque oblitterata fuerant recuperanda fore, nostrae mentis arcano assidue rimamur. Hinc igitur .LX. et .IIII. mansas, octo locis distinctas quae his usualiter nuncupantur uocabulis, Tuifyrde, Crawanlea, Oselbirig, Hefesylting, Hortun, Stoce, Oterburna, Ceoliglond, Eastun, Hundetun, ut a meis dudum supradictae Wintoniensi basilicae reuerendae trinitati, eiusque apostolis Petro atque Paulo, aeterna largitae fuerant, ita hac noua cartula cum meorum auctoritate procerum, Æðelwoldo praesule obtinente, roboratas, aeterna humilis renouo libertate. Sint autem omnia haec supradicta rura omni terrenae seruitutis iugo libera, tribus exceptis, rata uidelicet expeditione, pontis arcisue restauratione. Si quis autem hanc recuperatam moderni

temporis libertatem uiolare praesumpserit, anathematizatus in domini persecutione horribiliter deficiat.

———

DCX.

EÁDGÁR.

✠ AD redemptionis suae augmentum omni conatu
cuncti student orthodoxi, ut fidei, spei caritatisque
alis ueluti uestium fulgore amicti, pretiosarumque
splendore gemmarum adornati, sanctarum uirtutum
copia perspicui, criminum pondere semoti, terreni
corporis ergastulo uersantes, lacrimarum ualle cum
nimio degentes certamine, totius animi cultum coelesti
habitatione theorico figunt meditamine : ' Nostra,' inquit apostolus, ' conuersatio in coelis est.' Hinc igitur ego Eadgar domini largiente gratia totius Albionis
basileus, sedula procurans sollicitudine, ne catholicorum quispiam actuali degens conuersatione, aliqua
saecularium rerum uexatione a contemplatiua impe-
ditus uita incongrue reuocetur, quod olim a praedecessoribus nostris aecclesiis domini ad sui famulatus
obsequium egregia concessum fuerat libertate, renouando libentissime recupero : huius rei gratia rura
omnia praedicta, et superius distinctis locis ordinatim
nouis litterarum apicibus designata Christi compunctus spiramine, iusto utens iudicio, ad usus pontificum
supradictae aecclesiae iura religiosa regentium, pro
animae meae salute regnique ac successorum meorum
prosperitate, aeterna libertate cum optimatum meorum consilio, deuotus ammodum restitui, omnique saeculari soluta gloriose ditaui seruitute, ne uexatione
mundanae afflictionis, mens praesulum pro nostris
facinoribus intercedentium a diuina contemplatione
remota deficiendo lassesceret. In nomine almae trinitatis ac indiuiduae unitatis praccipio, ut succedentium temporum episcopi ita gregem dyrocheo, id est

duplici pastu, nutriant monachorum, sicut nostris temporibus per sapientium ordinatum est prouidentiam,
et alimenta ex Ciltancumbe monachis copiose tribuant,
et sine ulla retractione hilariter subministrent, et
nullius nimietatis inquietudine perturbent; ne a uita
theorica, uel immoderata superfluitas, uel intolerabilis
paupertas, cum magno animi detrimento illos amo-
ueat, omnia in uictu et uestitu secundum regulae
modificet praeceptum. Certe canonici omni uiciorum
naeuo deturpati, inani gloria tumidi, inuidiae liuore
tabidi, philargyriae maculis obcaecati, luxuriae facibus libidi, gulae omnimodo dediti, regi terreno non
episcopo subiecti, praefati ruris usu ueterano moderno
tempore pascebantur alimentis. Ebrietatem siquidem
et homicidia sectantes, coniuges suas turpiter nimia
et inusitata libidine amplectentes, aecclesiam dei raro
et perpauci frequentare uolebant, nec horas celebrare
canonicas dignabantur : quo reatu eiectis cum praeposito canonicis, et eliminata immundorum spurcicia,
monachi in sede constituti sunt episcopali, qui sanctis adornati uirtutibus, humilitate praecipui, uigiliis,
hymnis et orationibus assidui, abstinentia macti, castitate perspicui, legitime uiuerent, et obsequium aecclesiae regulariter implerent. Rura absque dubio
superius notata renouare beneuola studii intentione,
et quae iniuste abstracta fuerant, Duntun uidelicet,
Tantun, Alresford, Cleares, Ticceburn, Uuorðig, Fun-
teal, Stoke, Fermesham, aecclesiae dei deuotus ammodum ideo restitui, ut tali et tam necessario iocundati
additamento, monachorum, Christo humani generis redemptori fideliter casteque seruientium, gregem facilius libentiusque pascerent, dum praefatis ruribus
sublatis, canonici turpiter contra fas inhonesteque
degentes, in tam angusti rerum possessione usu pascebantur perpetuo. Alantur igitur solito monachi, ab
huius uitae curis remoti, unde alebantur canonici, cum
auiditate nimia curis uitae recidiuae intenti : rura

omnia superius notata episcoporum usui peculiariter
ad uotum deseruiant; illa uero quae canonici olim
cum praeposito sine peculiari praesulis dominio usu
possederant ueterano, haec eadem monachi communiter ad necessarios usus iure possideant perpetuo, et
cum antistitis consilio ac iuuamine bene regant, et per
praepositum fratribus cunctis necessarium, episco-
poque uti regula praecipit cum omni humilitate sub-
iectum, sapienter disponant. Pastum ex monachorum
uillis nequaquam praesul diocesim lustrando auidus
exquirat : emptis necessariis fratrum indumentis,
quicquid ex lucro uillarum superfuerit, unito episcopi
fratrumque consilio, ob aeternae beatitudinis praemium Christi erogetur pauperibus, et non loculis episcopi peculiaribus ad animae detrimentum reclusum
custodiatur. Post unius episcopi obitum, alter ex
eadem monachorum congregatione, qui dignus sit
pontificatus ordine fungi, et non aliunde eligatur : si
autem impedientibus peccatis uel imperitia, in eodem
monasterio talis qui dignus sit inueniri nequiuerit,
ex alio noto monasterio monachus, non autem canoni-
cus, ad tanti gradus dignitatem, qui dignus sit secundum meritum atque doctrinam, unanimi regis et monachorum eiusdem monasterii consilio sapienter eligatur : et non solum in hac pontificis electione, uerum etiam omnibus rebus regulae usus iugi teneatur
custodia, ut in omnibus quae egerint, uel regulae
normam hilariter custodiant, uel maiorum cum omni
deuotione imitentur exempla. Electus uero nulla
superfluitate monachos perturbet uel inquietet, nec
clericos siue laicos in claustra uel refectorium intro-
ducat, sed missam celebrans, monachorum reuerenter
fungatur officio, ac in refectorio quotiens uoluerit
comedens, eorum et non canonicorum uel laicorum
inibi utatur obsequio; monachos si quoslibet secum
suum lustrando episcopium habere uoluerit, illos
sumat qui prouectae aetatis sint, quorum profectu

et moribus ad Christi roboretur famulatum, et non pueros uel iuuenes lasciuos, quorum laeuitate laesus in aliquibus deprauetur. Rura tam a regibus quam a diuersis catholicis ad usus fratrum domino largiflue collata, huius saeculi militibus siue propinquis carnalibus pro munere quolibet adulando tribuens, ad animae suae detrimentum nequaquam disperdat. Qui praedicta statuta beniuola seruare uoluntate studuerit, domini nostri Ihesu Christi benedictione in praesenti saeculo perfruatur, et post eius obitum ad aeternae beatitudinis uitam Christo opitulante securus perueniat. Si quis autem philargyria seductus aliquid ex his quae cum consilio sapientium praecepta sunt uel minuere praesumpserit, deleatur nomen eius de libro uitae, et in Ihesu Christi saluatoris mundi eiusque genitricis Mariae omniumque sanctorum persecutione maneat, et post uitae suae terminum cum Iuda Christi proditore eiusque complicibus inferni miseria punitus intereat, si non cum satisfactione emendauerit, quod nequiter peiorando deliquit.

DCXI.

EÂDWEARD, 977.

✠ In nomine dei summi et altissimi! Certis adstipulationibus nos sancti et iusti patres frequentatiuis hortationibus admonent ut deum quem diligimus et credimus intima mentis affectione cum bonorum operum diligentia incessanter eum timeamus et amemus, quia retributionem omnium actuum nostrorum in die examinationis iuxta uniuscuiusque meritum reddet; ideoque subtilissima mentis certatione illum imitari satagamus, licet mortalis uitae pondere pressi et labentibus huius saeculi possessionibus simus infaecati, tamen miserationis eius largitate caducis opibus aeterna coelestis uitae praemia mercari queamus. Quapropter ego Eadweardus diuina michi annuente

gratia, rex Anglorum et aeque multarum gentium
monarchiae potestatis praeuisor, aliquam partem
terrae iuris mei perpetuali donatione libenter concedo
cuidam fideli meo ministro uocitato nomine Ælfric, ob
illius amabile obsequium dignatus sum largiri .x. mansas agelluli ibidem ubi uulgares prisco more ludi-
bundisque uocabulis nomen indiderunt æt Wilig; quatinus ille bene perfruatur ac perpetualiter possideat,
dum huius labentis aeui cursum transeat inlaesus
atque uitalis spiritus in corruptibili carne inhaereat,
et post se cuicunque uoluerit ceu corroborauimus
perenniter haeredi derelinquat, ceu supra diximus in
aeternam haereditatem. Sit autem praedictum rus
liberum ab omni mundiali obstaculo cum omnibus ad
se rite pertinentibus, campis, pascuis, pratis, siluis,
exceptis istis tribus, expeditione, pontis arcisue munitione. Si quis autem, quod non optamus, hanc
nostram diffinitionem elationis habitu incedens infringere temptauerit, perpessus sit gelidis glacierum
flatibus, et Pennino exercitu malignorum spirituum,
nisi prius irriguis poenitentiae gemitibus et pura
emendatione emendauerit. Istis terminibus praedicta terra circumgyrata esse uidetur. Ðis synt
ðara tyn hida landgemæra tó Wilig. Ærest úp of
Wylle forda ofer bican dúne on ðone midemestan
beorh; andlang ðæs widan cumbes on ðone hricweg;
andlang ðæs hricweges on norðewearde geonnan
beorh, ðonne útt on horsgeat tó eá on þeófa ford
eásteweardne on enne crundel; ðonne andlang eá
æft on Wylle ford. Acta est haec praefata donatio,
anno ab incarnatione domini nostri Ihesu Christi
.dcccc.lxxvii. indictione .v. Idoneis testibus quorum
nomina infra recitantur confirmauimus, quatinus nemo
successorum nostrorum in Christi nomine adiuratus,
hoc nostrum decretum uiolare audeat, sed inmune
magis conseruet.

✠ Ego Eadweard gratia dei rex tocius Albionis

hoc donum signo crucis confirmaui. ✠ Ego Dunstanus archiepiscopus consensi et subscripsi. ✠
Ego Oswoldus archiepiscopus consensi et subscripsi.
✠ Ego Æðelwoldus episcopus consensi et subscripsi. ✠ Ego Ælfstanus episcopus consensi et
subscripsi. ✠ Ego Ælfeagus episcopus consensi
et subscripsi. ✠ Ego Ælfhere dux. ✠ Ego Æðelwine dux. ✠ Ego Æðelweard dux. ✠ Ego Byrhtnoð dux. ✠ Ego Æðelmer dux. ✠ Ego Byrhtmer
minister. ✠ Ego Æðelweard minister. ✠ Ego
Ælfwerd minister. ✠ Ego Eadwig minister. ✠ Ego
Ælfwig minister. ✠ Ego Ælfsige minister. ✠ Ego
Æðelweard minister. ✠ Ego Leofric minister.
✠ Ego Ælfwold minister. ✠ Ego Æðelric minister.
✠ Ego Leofric minister.

DCXII.

ÓSWALD, 977.

✠ Ic Osuuold arcebisceop þurh Godes giefe mid
geðafunge and leáfe Eáduuardes Angulcyninges and
Ælfheres Mercna heretogan, and ðæs heorodes on
Weogornaceastre, landes sumne dǽl ðæt synd .II.
hida,—búton .LX. æcran ðæt hæft se arcebisceop genu-
men intó Cymesige tó his háme him tó hwæte-lande,—
ðe fram cúðum mannum Wulfringctún is geháten,
sumum cnihte ðǽm is noma Æðelwold, mid allum þingum ðe ðǽrtó belimpað, freolíce his dæge forgeaf, and
æfter his dæge twám yrfweardum, and æfter heora
forðsíðe tó ðǽre hálgan stowe intó Wiogornaceastre
ðǽm bisceope tó bryce. Sie hit ǽlces þinges freoh
búton ferdfare and walgeworc and brycgeweorc and
cyrcanláde. Ðis wæs gedón ymbe .VIIII. hund wintra
and .VII. and hund seofantig ðæs ðæ drihtnes gebyrdtíde wæs. Sancta Maria et sanctus Michahel cum
sancto Petro and allum Godes hálgum gemiltsien ðis
haldendum, gief hwá búton gewrihtum hit ábrecan

wylle God hine tō rihtere bốte gecyrre.   Amen.
Đis synd ða landgemǽru tố Wulfringctûne.   Ǽrest
of lûsðorne in hwîtan dene ; of hwîtan dene in yrse;
of yrse ðǽt cymð intố Baldrîces gemǽran in ðæt fûl-
gerîð ; of ðâm fûlgerîðe ðæt cymeð in ðæt heâfodland ;
of ðâm heâfodlonde ðæt sceot þwers ofer ðone port-
weig ; of ðâm portwege in ða dene; of ðǽre dene
ûp big ðǽm fearne; from ðâm fearne tố norðdîc; ondlong ðǽre dîc tố coppanege ; of coppanege healf
brâda mốr tố fnætes wyllan; of fnætes wyllan ðæt
cymeð tố rommes dene ; ondlang rommes dene ðæt tố
ðǽre strǽte ; ondlong ðǽre strǽte ðæt cymeð tố Oswaldes hlawe; of Oswaldes hlawe ondlong ðǽre sealtstrǽt tố fûlan mere; of fûlan mere eft in lûsðorn.
Her is seố hondseten.   Æðelwold is se forma man.

✠ Oswold arcebysceop.   ✠ Ego Winsige pres-
byter.   ✠ Ego Wulfric presbyter.   ✠ Ego Wul-
feah presbyter.   ✠ Ego Eadgar presbyter.   ✠ Ego
Æðelstan presbyter.   ✠ Ego Ælfsige presbyter.
✠ Ego Eadweard presbyter.   ✠ Ego Ælfgar dia-
conus.   ✠ Ego Godingc diaconus.   ✠ Ego Leof-
stan diaconus.   ✠ Ego Æðelsige diaconus.   ✠ Ego
Wulfweard diaconus.   ✠ Ego Cyneðegn clericus.
✠ Ego Wulfhun clericus.   ✠ Ego Wulfgar clericus.
✠ Ego Brihstan clericus.   ✠ Ego Leofwine clericus.
✠ Ego Cynestan clericus.   ✠ Wynstan clericus.
✠ Eadwine clericus.   ✠ Ælfstan clericus.   ✠ Ælf-
noð clericus.   ✠ Æðelwold clericus.   ✠ Wulfnoð
clericus.   ✠ Æðric clericus.

DCXIII.

ÔSWALD, 977.

✠ Anno dominicae incarnationis .dcccc.lxxvii.
Ego Oswald, superni rectoris fultus iuuamine archipraesul, cum licentia Eaduuardi regis Anglorum ac

Ælfhere ducis Merciorum, uni fideli meo, qui a gnosticis noto Æðelstan nuncupatur uocabulo, ob eius
fidele obsequium, quandam ruris particulam, unam
uidelicet mansam quod solito uocitatur nomine æt
Intanbeorgan, cum omnibus ad se rite pertinentibus
liberaliter concessi ; ut ipse, uita comite, fideliter perfruatur, et post uitae suae terminum duobus quibus
uoluerit cleronomis derelinquat ; quibus etiam ex
hac uita migratis, rus praedictum cum omnibus utensilibus ad usum primatis aecclesiae dei in Wiogurnacestre restituatur immune.

✠ Oswald archiepiscopus. ✠ Wynsige presbyter.
✠ Wulfric presbyter. ✠ Wulfheah presbyter. ✠
Æðelstan presbyter. ✠ Ælfsige presbyter. ✠ Eadgar presbyter. ✠ Wistan presbyter. ✠ Eadward
presbyter. ✠ Ælfgar diaconus. ✠ Godingc diaconus. ✠ Leofestan diaconus. ✠ Æðelsige diaconus.
✠ Wulfweard diaconus. ✠ Kyneðeng clericus. ✠
Leofwine clericus. ✠ Brihstan clericus. ✠ Wulfhun clericus. ✠ Wulfgar clericus. ✠ Cynestan
clericus. ✠ Eadwine clericus. ✠ Wynstan clericus.
✠ Ælfnoð clericus. ✠ Wulfnoð clericus. ✠ Æðelric clericus.

DCXIV.

ÔSWALD, 977.

✠ Anno dominicae incarnationis .DCCCC.LXXVII.
Ego Osuuald, superni rectoris fultus iuuamine archipraesul, cum licentia Eaduuardi regis Anglorum ac
Ælfhere ducis Merciorum, uni fideli meo, qui a gnosticis noto Ælfuueardo nuncupatur uocabulo, ob eius
fidele obsequium, quandam ruris particulam, quinque
uidelicet mansas quod solito uocitatur nomine æt
Tidelminctune, cum omnibus ad se rite pertinentibus
liberaliter concessi ; ut ipse, uita comite, fideliter perfruatur, et post uitae suae terminum, duobus quibus

TOM. III.   M

uoluerit cleronomis derelinquat; quibus etiam ex hac
uita migratis, rus praedictum cum omnibus utensilibus ad usum primatis aecclesiae dei in Wiogornaceastre restituatur immune.   Ðis syndon ðára .v.
hida landgemǽre æt Tidelminctûne.   Ærest on Sture;
ondlong Sture ongean streâm on Doferburnan; ondlong Doferburnan ongean streâm æt ða deópan furh;
of ðǽre deóppan ferh on ðǽre sandûne; of sandûne
on horpytte; of horpytte on ðæt riðig; ondlong riðig
ðæt eft in Sture.

✠ Ego Oswald archiepiscopus.   ✠ Wynsige presbyter.   ✠ Wulfric presbyter.   ✠ Wulfheh presbyter.   ✠ Æðelstan presbyter.   ✠ Ælfsige presbyter.
✠ Eadgar presbyter.   ✠ Wistan presbyter.   ✠
Eadweard presbyter.   ✠ Ælfgar diaconus.   ✠ Godingc diaconus.   ✠ Leofstan diaconus.   ✠ Æðelsige diaconus.   ✠ Wulfweard diaconus.   ✠ Cyneðeng clericus.   ✠ Leofwine clericus.   ✠ Brihstan
clericus.   ✠ Wulfhun clericus.   ✠ Wulfgar clericus.
✠ Cynestan clericus.   ✠ Eadwine clericus.   ✠
Wynstan clericus.   ✠ Ælfnoð clericus.   ✠ Æðeric
clericus.   ✠ Wulfnoð clericus.

Rubric.   Æt Tidelminctûne.   Ælfweard and Ælfwine and Wulfware.

_____

DCXV.

ÓSWALD, 977.

✠ ANNO dominicae incarnationis .DCCCC.LXXVII.
Ego Osuuald, superni rectoris fultus iuuamine praesul, cum licentia Eaduuardi regis Anglorum ac Ælfhere ducis Merciorum, uni ministro meo, qui a gnosticis noto Cynulf nuncupatur uocabulo, ob eius fidele
obsequium, quandam ruris particulam .I. uidelicet
mansam, quod solito uocitatur nomine æt Eastune,
cum omnibus ad se rite pertinentibus liberaliter concessi; ut ipse, uita comite, fideliter perfruatur, et

post uitae suae terminum, duobus quibus uoluerit
cleronomis derelinquat ; quibus etiam ex hac uita
migratis, rus praedictum cum omnibus utensilibus
ad usum primatis aecclesiae dei in Wiogornaceastre
restituatur immune. His metis praefatum rus hinc
inde giratur.

✠ Ego Oswald archiepiscopus consensi et subscripsi. ✠ Ego Wynsige monachus. ✠ Ego Wulfheh monachus. ✠ Ego Æðelstan monachus. ✠
Ego Æðelsige monachus. ✠ Ego Æðelstan monachus. ✠ Ego Wulfweard monachus. ✠ Ego Eadwine clericus. ✠ Ego Godingc clericus. ✠ Ego
Ælfstan clericus. ✠ Ego Ælfsige monachus. ✠
Ego Leofwine monachus. ✠ Ego Ælfgar monachus.
✠ Ego Æðelric monachus. ✠ Ego Brihstan clericus. ✠ Ego Eadweard clericus. ✠ Ego Æðelwold
clericus. ✠ Ego Ælfstan clericus. ✠ Ego Wulfnoð clericus. ✠ Wulfric clericus. ✠ Cyneðeng
clericus. ✠ Wulfhun clericus. ✠ Eadgar presbyter. ✠ Wulfgar clericus. ✠ Leofstan diaconus.
✠ Tuna clericus. ✠ Cynstan clericus. ✠ Wunstan clericus.

DCXVI.

ÔSWALD, 977.

✠ Anno dominicae incarnationis .dcccc.lxxvii.
Ego Osuuold, superni rectoris fultus iuuamine archipraesul, cum licentia Eaduuardi regis Anglorum ac
Ælfhere ducis Merciorum, uni fratri meo monacho,
qui a gnosticis noto Wynsige nuncupatur uocabulo, ob
eius fidele obsequium, quandam ruris particulam .iii.
uidelicet mansas quod solito uocitatur nomine Wasseburne, cum omnibus ad se rite pertinentibus liberaliter concessi ; ut ipse, uita comite, fideliter perfruatur, et post uitae suae terminum, duobus quibus
uoluerit cleronomis derelinquat ; quibus etiam ex hac

uita migratis, rus praedictum cum omnibus utensilibus ad usum primatis aecclesiae dei in Wiogurnaceastre restituatur immune. Ðonne is ðæs landes
.III. hida ðe Oswald arcebisceop bócað Wynsige his
munuce, swā swā Wulfstán his fæder hit hæfde, mid
ðæs heorodes gewitnesse on Wiogornaceastre. Ðis
is seó hondseten.

✠ Osuuald arcebisceop. ✠ Wynsige presbyter.
✠ Wulfric presbyter. ✠ Wulfheah presbyter. ✠
Æðelstan presbyter. ✠ Ælfsige presbyter. ✠ Eadgar presbyter. ✠ Wistan presbyter. ✠ Eadweard
presbyter. ✠ Ælfgar diaconus. ✠ Godingc diaconus. ✠ Leofestan diaconus. ✠ Æðelsige diaconus. ✠ Wulfweard diaconus. ✠ Cyneðeng clericus. ✠ Wulfhun clericus. ✠ Wulfgar clericus.
✠ Brihstan clericus. ✠ Leofwine clericus. ✠ Cynestan clericus. ✠ Wynstan clericus. ✠ Eadwine
clericus. ✠ Æðeric clericus. ✠ Ælfstan clericus.
✠ Ælfnoð clericus. ✠ Æðelwold clericus. ✠ Ufic
clericus. ✠ Wulfwine clericus.

Rubric. Wasseburne. Wynsie munuce and Wulf-
wynne.

DCXVII.

ÓSWALD, 977.

✠ ANNO dominicae incarnationis .DCCCC.LXXVII. Ego
Oswald, superni rectoris fultus iuuamine archipraesul, cum licentia Eadwardi regis Anglorum ac Ælfhere ducis Merciorum, uni ministro meo fideli, qui a
gnosticis noto Eadric nuncupatur uocabulo, ob eius
fidele obsequium, quandam ruris particulam .III. uidelicet mansas quod solito uocitatur nomine Tidingctun,
cum omnibus ad se rite pertinentibus liberaliter concessi; ut ipse, uita comite, fideliter perfruatur, et
post uitae suae terminum, duobus quibus uoluerit
cleronomis derelinquat; quibus etiam ex hac uita

migratis, rus praedictum cum omnibus utensilibus, ad usum primatis aecclesiae dei in Uuiogurnaceastre restituatur immune. Ðonne is ðæs landes .iii. hida ðe Oswald arcebisceop bôcað Eâdrîce his þegne ge ner tûne ge fyr, swâ swâ he hit ǽr hæfde tô lanlande mid ðæs heorodes gewitnesse on Wiogornaceastre. Ðis synd ða landgemǽra tô Teodintûne. Ærest of ðâm burhgangeate in kærente; of kærente in norð brôc; andlang brôkes in oxna dûnes cnol and swâ andlang ðǽre dûne in bula dîc; of bula dîce â bûtan secglæ mǽdwan, and swâ betweonan ðǽre mǽdwan and Pæuintûne in ðǽre portstrǽt; and swâ æfter ðǽre strǽte eft in kærente ðǽre eâ. Her is seô hondseten.

✠ Oswold arcebisceop. ✠ Wynsige presbyter. ✠ Wulfric presbyter. ✠ Wulfheah presbyter. ✠ Ælfsige presbyter. ✠ Æðelstan presbyter. ✠ Eadgar presbyter. ✠ Wistan presbyter. ✠ Eadward presbyter. ✠ Ælfgar diaconus. ✠ Godingc diaconus. ✠ Leofstan diaconus. ✠ Æðelric diaconus. ✠ Æðelsige diaconus. ✠ Wulfweard diaconus. ✠ Wulfhun clericus. ✠ Cyneðeng clericus. ✠ Wulfgar clericus. ✠ Leofwine clericus. ✠ Ælfnoð clericus. ✠ Cynestan clericus. ✠ Wynstan clericus. ✠ Eadwine clericus. ✠ Ælfstan clericus. ✠ Ufiç clericus. ✠ Æðelwold clericus. ✠ Wulfnoð clericus.

Rubric. Æt Tidinctûne. Eâdrîce and Wulfrune.

DCXVIII.

ÔSWALD, 978.

✠ Ego Osuuald ergo Christi krismate archipraesul iudicatus, dominicae incarnationis anno .dcccc.lxxviii. annuente rege Anglorum Eaduuardo, Ælfereque Merciorum comite, necnon et familia

Wiogernensis aecclesiae, quandam ruris particulam,
unam uidelicet mansam in loco qui celebri a solicolis
nuncupatur æt Smitan uocabulo, cuidam ministro meo
nomine Æðelnoð, perpetua largitus sum haereditate;
et post uitae suae terminum, duobus tantum haeredibus
immunem derelinquat; quibus defunctis aecclesiae dei
in Wiogernacestre restituatur. Ðis wæs gedón ymbe
.viiii. hund wintra and eahta and hund seofantig on
ðy eahtateoðan geare ðæs ðe Osuuold arcebisceop tó
folgóðe fengc. Sancta Maria et sanctus Michahel, cum
sancto Petro, and allum Godes hálgum gemiltsien ðis
haldendum, gief hwá búton gewríhtum hit ábrecan
wille hæbbe him wið God gemǽne búton he tó dædbóte
gecyrre. Amen. Ðis is ðǽre áre hide landgemǽru
tó Smitan, ðæt is ðonne ǽrest of Alhðretúne middeweardre tó ðǽre aldan byrig; from ðǽre byrig tó
ympan leáge; of impan leáge tó þornleáge; of þornleáge tó babeles beorgen; of ðǽm beorgen tó ðǽm
brádan slo on cylmes gemǽre; of ðǽm slo tó Smitan;
of ðǽre Smitan tó berge; of ðǽm berge tó bróces
crofte; of ðǽm crofte tó hefan crofte; of hefan crofte
tó ðǽre glædenun. Her is seó hondseten.

✠ Oswold arcebisceop. ✠ Wynsige presbyter.
✠ Wulfric presbyter. ✠ Wulfheah presbyter. ✠
Æðelstan presbyter. ✠ Ælfsige presbyter. ✠ Eadgar presbyter. ✠ Wistan presbyter. ✠ Eadward
presbyter. ✠ Ælfgar diaconus. ✠ Godingc diaconus. ✠ Leofstan diaconus. ✠ Æðelsige diaconus.
✠ Wulfweard diaconus. ✠ Cyneðegn clericus. ✠
Wulfgar clericus. ✠ Wulfhun clericus. ✠ Leofwine clericus. ✠ Cynstan clericus. ✠ Eadwine
clericus. ✠ Ælfstan clericus. ✠ Æðeric clericus.
✠ Æðelwold clericus. ✠ Ufic clericus. ✠ Ælfnoð
clericus. ✠ Wulfnoð clericus.

Æðelnoð wæs se forma man and Leófwine his
sunu is ðe óðer.

DCXIX.

ÔSWALD, 978.

✠ Ego Osuuold, ergo Christi krismate archipraesul iudicatus, dominicae incarnationis anno
.DCCCC.LXXVIII. annuente rege Anglorum Eaduuardo, Ælfereque Merciorum comite, necnon et familia
Wiogornensis aecclesiae, quandam ruris particulam, unam uidelicet mansam, in loco qui celebri a
soliculis nuncupatur æt Rydemære leage uocabulo,
cuidam ministro meo nomine Æðelmund, perpetua largitus sum haereditate; et post uitae suae terminum
duobus tantum haeredibus immunem derelinquat;
quibus defunctis aecclesiae dei in Wiogurnæceastre
restituatur. Ðis wæs gedôn ymbe .VIIII. hund wintra and eahta and hund seofantig on ðŷ eahtanteoðan
geare ðe Oswold arcebisceop tô folgôðe fengc. Sancta
Maria et sanctus Michahel cum sancto Petro, and
eallum Godes hâlgum gemiltsien ðis haldendum, gief
hwâ bûtan gewrîhtum hit âbrecan wille, hæbbe him wið
God gemæne, bûton he tô dædbôte gecyrre. Amen.
Ðis synd ðære âre hide landgemæru æt Rydemære
leâge. Ærest of freones dene ðe ligeð of Ledene; of
Ledene tô ðære heâfodstîge, ðæt swâ in ða heâhstræt;
ondlong ðære stræte ofer byrce leâge middeweardre
ðæt cymð tô Stântûnes gemære; ondlong ðæs gemæres
in mærbrôc; ondlong brôces in Ledene; ondlong
Ledene in freones dene. ✠ Her is seô hondseten.

✠ Oswald arcebisceop. ✠ Wynsige presbyter.
✠ Wulfric presbyter. ✠ Wulfheah presbyter. ✠
Ælfsige presbyter. ✠ Æðelstan presbyter. ✠
Eadgar presbyter. ✠ Wistan presbyter. ✠ Ead-
ward presbyter. ✠ Ælfgar diaconus. ✠ Godingc
diaconus. ✠ Leofstan diaconus. ✠ Æðelsige dia-
conus. ✠ Wulfward diaconus. ✠ Wulfhun clericus.
✠ Cyneðeng clericus. ✠ Wulfgar clericus. ✠

Leofwine clericus.   ✠ Cynestan clericus.   ✠ Wynstan clericus.   ✠ Eadwine clericus.   ✠ Ælfstan
clericus.   ✠ Ufic clericus.   ✠ Æðelwold clericus.
✠ Æðeric clericus.   ✠ Ælfnoð clericus.   ✠ Wulfnoð clericus.

Rubric.   Æt Rydemǽre leáge.   Æðelmundo and
Godwine.

———

DCXX.
ÓSWALD, 978.

✠ Ego Osuuald, ergo Christi krismate archipraesul iudicatus, dominicae incarnationis anno
.DCCCC.LXXVIII. annuente rege Anglorum Eaduuardo, Ælfereque Merciorum comite, necnon et familia
Wiogernensis aecclesiae, quandam ruris particulam,
duas uidelicet mansas, in loco qui celebri a soliculis nuncupatur æt Blace Wellan uocabulo, cuidam
ministro meo nomine Ælfnoð, perpetua largitus sum
haereditate; et post uitae suae terminum, duobus
tantum haeredibus immunem derelinquat; quibus defunctis aecclesiae dei in Wiogurnaceastre restituatur.
Ðis wæs gedón ymbe .VIIII. hund wintra and eahta
and hund seofantig and on ðȳ eahtateoðan geare ðe
Oswold arcebisceop tó folgóðe fenc.   Sancta Maria
et sanctus Michahel, cum sancto Petro, and eallum
Godes hálgum gemiltsien ðis haldendum, gief hwá
búton gewrihtum hit ábrecan wille hæbbe him wið
God gemǽne búton he tó dǽdbóte gecyrre.   Amen.
Ðis syndon ða landgemǽru æt Tredinctúne; of Buddan bróce westrihte on ðæt síc, ðæt swá be ðǽm
heáfdum on ðone díc; ondlong díces on ðone bróc;
ondlong bróces on ðone stánihtan ford ; of ðǽm forda
ondlong weges tó middelriðige west ; ondlong riðies
on ðone pytt; of ðǽm pytte on ðone díc, ðæt on mǽr-
ðorne ; of ðǽm þorne norð on ðone hwítan stán; of
ðǽm stáne ondlong díces ðe hsio díc forscoten wǽre;

on ðæt riðig tó ylman dúnes gemǽre; ondlong riðiges
on ðone díc; of ðǽm díce tó ðǽm mǽdwum wið
súðan ða mǽdwa bi ðára acra heáfdum, and swá on
ðæt riðig; ondlong riðiges on ða sondseáðas; of
ðǽm seáðum ondlong ðæs riðies eástrihtes on Buddan
bróc; úp ondlong bróces ðæt hit cymæð on ánne
micelne díc eástriht in fos; ondlong fos on aldan
stobb, ðonon west ondlong riðiges in ðone bróc foran
ongean ðæt óðer gemǽre, and ðæt mylenstall and
.VI. æcras ðǽrtó, and .VI. foðra truses ǽlce geare on
Bloccanleá. Her is seó hondseten.

✠ Oswold arcebisceop.   ✠ Wynsige presbyter.
✠ Wulfric presbyter.   ✠ Wulfheh presbyter.   ✠
Ælfsige presbyter.   ✠ Æðelstan presbyter.   ✠
Eadgar presbyter. ✠ Wistan presbyter. ✠ Eadward presbyter.   ✠ Ælfgar diaconus.   ✠ Godingc
diaconus. ✠ Leofstan diaconus.   ✠ Æðelsige diaconus.   ✠ Wulfward diaconus.   ✠ Wulfhun clericus.   ✠ Cyneðeng clericus.   ✠ Wulfgar clericus.
✠ Leofwine clericus.   ✠ Cynestan clericus.   ✠
Wynstan clericus.   ✠ Eadwine clericus.   ✠ Ælfstan clericus.   ✠ Ufic clericus.   ✠ Æðelwold cle-
ricus.   ✠ Æðeric clericus.   ✠ Ælfnoð clericus.
✠ Wulfnoð clericus.

___

DCXXI.

ÆÐELRED, 979.

✠ REGNANTE in perpetuum domino nostro Ihesu
Christo! Sacrae autem scripturae aedicta, fona catholicorum patrum nos ammonent ut memores simus
quoniam quidem transeuntis mundi uicissitudo cotidie
per incrementa temporum crescendo decrescit et am-
pliando minuatur, crebrescentibusque repentinis ua-
riorum incursuum ruinis, uicinus finis terminus esse
cunctis in proximo cernitur; iccirco uanis ac tran-
silibus rebus mansura coelestis patriae praemia mer-

canda sunt. Hinc ego Æðelredus annuente altithrono Anglorum basileus, caeterarumque gentium
triuiatim persistentium, gubernator et rector, quandam modicam numinis mei particulam .x. uidelicet
mansas, in illo loco ubi dicitur Ollaneg, cuidam mihi
oppido fideli comitate atque consanguinitate coniuncto,
qui a gnosticis noto nuncupatur uocabulo Ælfere, libens
perpetualiter concedendo in aeternam haereditatem
donabo ; quatinus uita comite hilariter possideat, et
post se quibuscumque uoluerit cleronomis liberaliter
derelinquat.   Maneat igitur meum hoc immutabile
donum aeterna libertate iocundum, cum uniuersis
quae deus coelorum in ipso telluris gramine ad usus
hominum procreauit, pascuis, pratis, atque siluis, ri-
uulorumque cursibus; exceptis tribus, expeditione, et
pontis arcisue constructione.   Si quis autem hanc
nostrae munificentiae dapsilitatem uersutus depra-
uare temptauerit, sciat se obstaculum irae dei incurrere, et in ultimo examine coram Christo et angelis
eius rationem reddere.   His limitibus praefatum rus
undique circumcingitur.   Ðis sint ðara .x. hyda
landgemǽre æt Ollanege.   Ærest on Calewan were
andlang lace intó hálgan bróce ; andlang bróces tó
hálgan welle ; of ðére welle tó dene æccre ; of dene
æcre andlang dene tó þreó gemǽre; of þrim gemǽrum
on ecgan croft ; of ecgan crofte on ða díc ; andlang
díces on ðone feld, ðæt andlang wyrttruman on Hildes
hlǽw ; of Hildes hlǽwe on ðone stán ; of ðám stáne
on ðone bróc ; andlang bróces inon Use ; andlang Use
on Wilinford ; of ðám forde andlang Use tó Kekan
were ; of Kekan were andlang Use on Caluwan wer.
Scripta est haec scedula anno ab incarnatione domini nostri Ihesu Christi.DCCCC.LXXVIIII. his testibus
consentientibus quorum inferius nomina karaxata
uidentur.

✠ Ego Æðelred rex ad confirmandum roboran-
dumque hoc meum donum signum sanctae crucis

impressi. ✠ Ego Dunstan Dorobernensis aecclesiae archiepiscopus consensi. ✠ Ego Osuuold Eboracensis aecclesiae archiepiscopus adquieui. ✠ Ego Æðeluuold Uuintoniensis episcopus confirmaui. ✠ Ego Ælfstan episcopus consensum dedi. ✠ Ego Ælfric episcopus. ✠ Ego Æscuuig episcopus dictaui. ✠ Ego Eadhelm episcopus. ✠ Ego Ælfstan episcopus solidaui. ✠ Ego Sigar episcopus. ✠ Ego Ælfheah episcopus annui. ✠ Ego Æðelsige episcopus. ✠ Ego Aðulf episcopus subscripsi. ✠ Ego Ælfstan episcopus. ✠ Ego Ðeodred episcopus. ✠ Ego Ælfhere dux. ✠ Ego Æðeluuine dux. ✠ Ego Æðeluuard dux. ✠ Ego Byrhtnoð dux. ✠ Ego Eaduuine dux. ✠ Ego Æðelmær dux. ✠ Ego Ðoreð dux. ✠ Ego Osgar abbas. ✠ Ego Æðelgar abbas. ✠ Ego Goduuine abbas. ✠ Ego Ælfuuold minister. ✠ Ego Ælfuuard minister. ✠ Ego Ælfric. ✠ Ego Æðelsige. ✠ Ego Ælfgar. ✠ Ego Æðelsige, ministri.

DCXXII.

ÆÐELRED, 979.

✠ Quia mortalis uitae fragilitas mutando cotidie marcescit, et rotunda saeculorum uolubilitas tabescendo euanescit, orthodoxorum monitis erudimur, ut his recidiuis aeternae uitae beatitudinem adipisci mercando seduli studeamus. Ego igitur Æðelred totius Brittanniae basileus, quandam ruris particulam .v. uidelicet cassatos, in loco qui celebri æt Suðtune nuncupatur uocabulo, episcopo nomine Æðelwoldo mihi carissimo perpetua largitus sum haereditate ; ut aecclesiae dei cui praeest, Petro et Paulo dicatae ciuitate Wintoniae, perpetualiter deseruiat, ita ut nullus successorum meorum ipsius terrae portionem ab aecclesia dei praesumptuosus auferat ; praesertim cum

hoc rus primum sit quod post nostram regalem dedi-
cationem domino nostro Ihesu Christo quasi donorum
primitias largitus sim ; praefata siquidem telluris
portio, ruri quod Crundelas nuncupatur, quondam
subiecta fuerat, quam deuotus restituens uti prius
Eadredus rex, ac deinde pater meus Eadgar egerant,
nouis litterarum apicibus, ut adunatae quinquaginta
existerent mansae, domini opitulante gratia consoli-
dare curaui ; has quinque quas ego ad supplementum addo mansas, Æðelbriht quidam oeconomus patri
meo iure concessit haereditario, sed territorii carta
neglecta uel potius furtim ablata si quopiam reperta
fuerit aecclesiae dei restituatur, ista tamen ad nostri
memoriam in aeternum uigente. Sit autem praedictum rus, cum certis ac cognitis territoriis, omni terrenae seruitutis iugo liberum, tribus exceptis, rata
uidelicet expeditione, pontis arcisue restauratione. Si
quis igitur hanc donationem in aliud quam constituimus transferre uoluerit, priuatus a consortio sanctae
dei aecclesiae, aeternis barathri incendiis lugubris
iugiter cum Iuda Christi proditore, eiusque complicibus puniatur, si non satisfactione emendauerit congrua quod contra nostrum deliquit decretum.   Anno
dominicae incarnationis .DCCCC.LXXIX. scripta est haec
carta, his testibus consentientibus quorum nomina
inferius caraxantur.

Ðis synd ðara fíf hida landgemǽru tó Súðtúne.
Ǽrest on Wífeles mére, ðæt ádúne tó ðam slede;
andlangas sledes syx æcera brǽde, ðet úp be healfan
furlange be riht landmearce tó ábrocenan beorge;
of ðam beorge út on strǽt; andlang strǽte on ða
mǽre slade; of ðán slade innan Witmundes leâ,
ðanne be wurtruman anlanges wudes tó ðǽre hwîtan díc; fram ðǽre hwítan díc tó Effanhamme,
ðanan on Trundlesham niðeweard; of Trundleshamme
tó æcces denes gǽate; of ðam geate tó Gistrældes
wille; fram ðán wille tó Hemstédes geate; fram

Hæmstēdes geate forꝸ bi strǣt eft tô Wîfeles mǣre.

✠ Ego Æꝸelred rex praefatam donationem concessi. ✠ Ego Dunstan Dorouernensis aecclesiae archiepiscopus consignaui. ✠ Ego Oswold archiepiscopus confirmaui. ✠ Ego Æꝸelwold episcopus corroboraui. ✠ Ego Ælfstan episcopus consolidaui. ✠ Ego Ælfꝸriꝸ regina. ✠ Ego Osgar abbas. ✠ Ego Godwine abbas.

_____

DCXXIII.

ÔSWALD, 979.

✠ ALMA et indiuidua ubique inlocaliter regnante trinitate, nec ne Æꝸelredo allubescente ac fauente per omniparentis nutum totius Albionis basileo, Ælfereque Merciorum comite consentiente: ego Oswaldus largiflua dei clementia archipraesul, quandam rurusculi partem, tres scilicet mansas, in loco quem illius terrae solicolae Degilesford uocitant, libenti concedo animo, cum omnibus ad eum utilitatibus rite pertinentibus, cum consultu atque licentia uenerabilis Wiogornensium familiae, Æꝸelstano meo uidelicet carnaliter fratri, pro eius humili subiectione atque famulatu ; ut uita comite, illo foeliciter perfruatur absque ullius refragatione, duobusque quibuscumque decreuerit post metam proprii aeui cleronomis relinquat, finitoque illorum uitae curriculo, ad usum primatis in Wiogornaceastre redeat inmunis aecclesiae. Sit autem praedictum rus liberum ab omni mundiali seruitio, cum campis, siluis, pratis, pascuis, excepta sanctae dei basilicae suppeditatione ac ministratione. Hoc quippe per omnipatrantis nostri saluatoris flagito ac omnimodo posco maiestatem, ut nemo nostrorum successorum, alicuius suasione, hanc nostram floccipendat uel immutet donatiunculam. Si quis autem contumax ac rebellis hoc nostrum donum decreuerit

peruersa frangere mente, sciat sese subinde damp-
nandum in tremendi examinis die, ex auctoritate
principis apostolorum Petri, tartaribusque tradendum
satellitibus, nisi in hac uita prius deo hominibusque
congrua emendauerit satisfactione.   Ðis syndan ða
landgemǽre intó Dæglesforde.   Ærest on Bladene be
westan túne and be norðan andlang ðæs síces tó
bægenwelle; of bægenwelle úp tó cynges ferdstrǽte;
andlang strǽte tó dúnemannes treówe; of dúnemannes treówe andlang strēte eást tó Nunnena
beorge; of ðám beorge west tó Babban beorge; of
ðám beorge eft intó Bladene be Súðantúne.   Anno
dominicae incarnationis .DCCCC.LXXIX. indictione .VII.
scripta est haec cartula; his testibus astipulantibus,
quorum nomina infra caraxata cernuntur.

✠ Ego Osuualdus Christi largitione archipontifex
cum caractere sanctae crucis corroboraui.   ✠ Wynsige presbyter.   ✠ Wulfric presbyter.   ✠ Wulfheah
presbyter.   ✠ Ælfsige presbyter.   ✠ Eadgar presbyter.   ✠ Wistan presbyter.   ✠ Eadward presbyter.
✠ Æðelstan presbyter.   ✠ Ælfgar diaconus.   ✠
Godingc diaconus.   ✠ Leofstan diaconus.   ✠ Æðelsige diaconus.   ✠ Wulfweard diaconus.   ✠ Æðelric
diaconus.   ✠ Cyneðeng clericus.   ✠ Wulfhun clericus.   ✠ Leofwine clericus.   ✠ Wulfgar clericus.
✠ Ælfstan clericus.   ✠ Cynestan clericus.   ✠ Eadwine clericus.   ✠ Æðelwold clericus.   ✠ Ælfnoð
clericus.   ✠ Ufic clericus.   ✠ Wulfnoð clericus.

DCXXIV.

ÆÐELRED, 980.

✠ Domino nostro Ihesu Christo cum co-aeterno
patre et spiritu sancto in aeternum regnante, qui
multimoda dispositione omnium rerum seriem inmuta-
bilis ordinat, gubernat et ne dispereant potenter cus-

todit, qui rationabili hominum creaturae ut mala
amittens, bona perseueranti fine peragat, piissime
suadet, ac terreni lucri commoda polo recondere
misericorditer iubet ita promulgando, dicens, ' The-
saurizate uobis thesauros in coelum,' et reliqua.
Tantae igitur mundi redemptoris doctrinae non inme-
mor, ego Æðelred quandam ruris particulam .vii.
uide-
licet cassatos loco qui noto nuncupatur uocabulo
Hamanfunta, beato Petro apostolorum principi et
co-apostolo eius Paulo ad usus monachorum in uetusto Wentanae ciuitatis monasterio degentium, aeterna largitus sum haereditate, eo tamen tenore, ut
uidua quae tercia post Wiðgarum haeres extiterat
omnibus ipsius telluris commodis uniuersis uitae suae
diebus perfruatur; et post obitum eius cum omnibus
praefatae terrae lucris, ut ipsa domino nostro Ihesu
Christo uouerat, non temporaliter sicut Wiðgaro militi Æðelstan rex temporalis concesserat, sed aeternaliter Christo regi aeterno cum co-aeterno patre et
spiritu sancto ubique regnanti, ut conuenit, deuotissime restituatur. Sit autem praefatum rus omni terrenae seruitutis iugo liberum, tribus exceptis, rata
uidelicet expeditione, pontis arcisue restauratione. Si
quis autem laruarico instinctus spiritu hoc donum
uiolare praesumptuosus temptauerit, nisi digna satisfactione ante obitum suum reus poenituerit, aeternis
barathri prostratus incendiis, cum Iuda Christi proditore aeternaliter lugubris puniatur. His metis praefatum rus hinc inde gyratur. Ðis synd ðæs landes
gemǽre æt Hamanfuntan. Ærest ðǽr Ocærburna
úttscyt on sǽ; ðæt úpp andlang Ocærburnan tó
hálegan mærsce éasteweardan, andlang brócæs, ðanon ofær ða strǽt æt Utelanbricge; ðænna ofær ða
strǽt twám læs ðe þryttig gyrda; andlang burnstowæ
ðænnæ ðǽr éast tó stucan wisc æt ðæne mearcbeorh;
ðonnæ andlang paðæ on þornwíc éastæweardæ tó
ðám hwítan stoccæ; ðonnæ of ðám hwítan stoccæ

þurh ðæt wudu gehæg tó neddan leáge tó ðám hære-
paðe ; ðonnæ andlang greddan leágæ ðe ðám wæge of
ða norðæfes ; ðonne andlang hærpaðes tó dúnne-
burnan on ðonæ wearrihtan stocc ; andlang dúnde-
burnan on ðonæ eást heræpað on ðæ twá æc ðæ
standað in on ðær paðæ, ðæt andlang hagan on Lamhyrstæ eástaweardæ on ywwara hagan ; andlang
iwwara hagan on ðonæ ifihtan stoc ; of ðám stoccæ
súð bæ rihtwegæ oð ða hyrnan ; andlang iwwara
hagan súð and eást on ða burnstowæ ; of ðære burnstowæ andlang hagan on Lamhyrstæ on Hærredes
leáge wæstæweardæ, ðonne bæ leáge on ðonæ stocc
ðæ ðæt hlidgeat on hangodæ ; of ðám stoccæ útt þurh
beorhleá middeweardnæ on ðonæ ealdan æsc ; of
ðám æscce syð ofær ðonæ weg on ða apoldræ ; of
ðære apoldran on ðæne hwítan hæsl ; of ðám hæsle
on hnutwíc eástæweardæ andlang grænan wæges oð
Wuhinglandæs hyrnan, ðæt west andlang wæges oð
ða wæstran Wuhinglandes hyrnan ; syð ðonnæ andlang hægerewæ oð Imbæs dǽl ; of Imbæs dællæ andlang hægeræwæ útt on Limburnan, ðonnæ andlang
Limburnan útt on sǽ.   Anno dominicae incarnationis
.DCCCC.LXXX. scripta est haec carta his testibus consentientibus quorum inferius nomina carraxantur.

✠ Ego Æðelred rex Anglorum praefatam donationem concessi.   ✠ Ego Dunstan archiepiscopus cum
signo sanctae crucis roboraui.   ✠ Ego Oswold archiepiscopus sigillum agiae crucis impressi.   ✠ Ego
Æðelwold episcopus.   ✠ Ego Ælfstan episcopus.
✠ Ego Æscwig episcopus.   ✠ Ego Ælfheah episcopus.   ✠ Ego Æðelsige episcopus.   ✠ Ego Ælfðryð regina.   ✠ Ego Sigar episcopus.   ✠ Ego Ælfstan episcopus.   ✠ Ego Ælfric episcopus.   ✠ Ego
Aðulf episcopus.   ✠ Ego Wulfsige episcopus.   ✠
Ego Ælfhere dux.   ✠ Ego Æðeluuine dux.   ✠ Ego
Beorhtnoð dux.   ✠ Ego Æðelueard dux.   ✠ Ego
Æðelmær dux.   ✠ Ego Eadwine dux.   ✠ Ego Siric

abbas. ✠ Ego Goduuine abbas. ✠ Ego Ælfric
minister. ✠ Ego Beorhtnoð abbas. ✠ Ego Leofric
abbas. ✠Ego Siric abbas. ✠Ego Æðelueard abbas.
✠ Ego Ælfuuold abbas. ✠ Ego Ordbriht abbas.
✠ Ego Ælfric minister. ✠ Ego Ælfueard minister.
✠ Ego Wlfsige minister. ✠ Ego Ælfsige minister.
✠ Ego Bryhtuuold minister. ✠ Ego Leofwine minister. ✠ Ego Leofric minister. ✠ Ego Ordulf
minister. ✠ Ego Fræna minister. ✠ Ego Leofwine
minister. ✠ Ego Ðuræferð minister. ✠ Ego Wlfric
minister. ✠ Ego Goduuine minister.

DCXXV.

ÔSWALD, 980.

✠ CHRISTO creaturarum propriarum omnia ubique
regna suo in mensura et pondere disponente sophismate! Sanctarum praecipui scripturarum oratores
hoc statuerunt dogmatibus, quatenus quicquid mortalium uellent addere necessitatibus litterarum apicibus
necteretur, ne forte in posteris rationes ad inuicem
compactas obliuio, siue potius insidiosa fraus deleat
succedentium. Propter quod, ego Oswaldus domini
nostri prouidentia archipontifex, aliquam telluris partem æt Bynnyncgwyrðe cuidam tribuo militi Ælfweard utenti nomine, tali scilicet conditione, ut ipse,
uita comite, habeat et bene perfruatur; post terminum
uero propriae uitae nulli praefatum rus commendet
nisi militi meo Eadwine appellamine, si ipse tunc
temporis superstes uixerit; et ipse uni e duobus suis
fratribus quem elegerit derelinquat post se; deinceps
reddatur antiquae matri, sanctae Mariae dei genitricis
basilicae. Maneat igitur praenominata tellus libera
ab omni mundialium seruitute tributorum, exceptis
sanctae dei aecclesiae necessitatibus atque utilitatibus.
Anno dominicae incarnationis .DCCCC.LXXX. caraxata

TOM. III.   N

est ista cartula, his testamentorum astipulatoribus
quorum nomina in subsequentibus praetitulata paginis aperte uidentur.

✠ Ego Oswald Christi dapsilitate aecclesiarches
cum crucis caractere consigillaui.   ✠ Ego Wynsige
presbyter.   ✠ Eadweard presbyter.   ✠ Wulfheah
presbyter.   ✠ Æðelstan presbyter.   ✠ Wulfweard
diaconus.   ✠ Cynstan clericus.   ✠ Æðeric diaconus.
✠ Eadwine clericus.   ✠ Æðelsige diaconus.   ✠
Wulfgar clericus.   ✠ Ælfsige presbyter.   ✠ Cyneðegn clericus.   ✠ Ælfnoð clericus.   ✠ Æðelwold
clericus.   ✠ Wulfhun clericus.   ✠ Godincg diaconus.   ✠ Leofstan diaconus.   ✠ Leofwine clericus.
✠ Ælfstan clericus.

DCXXVI.

ÆÐELRED, 980.

✠ CATHOLICORUM incitamento moniminum, ut emi-
nentem plasmatoris uniuersorum et inextricabilem
aeternitatis essentiam mira dispositionis indagine condita gubernantem interna penetralium subpeditatione
magnificare strenue suademur; ut quae tanto fre-
quentium assiduitate moliminum, cum indefessa magis
auiditate sensuum ad impetranda coelicolarum ala-
crimonia diligentius insudando studeamus, quanto
particulatim haec defectu compellente labilia, quibus
et ineffabilis ille creator misericordiarum exhibitione
formatorum reparator imaginaria sui similitudine com-
pactum, quadriformis adhibito materiei uigore corpo-
ratum, in ipso pene caducorum exordio praefecit hominem, fortuita nimium et repentina casuum uarietate penitus haec ipsa adnullari properantia uidentur.
Quapropter ego Æðelred altithroni fauente clementia
Anglicae nationis basileus, ut haec aerumnosa labo-
riosi exilii uitare pericula, et quae illius aeternitatis

libertate participari queam, quandam ruris particulam,
mansam uidelicet unam atque dimidiam, quae noto
Celcesora nuncupatur uocabulo ad capturas inibi
piscium conficiendas, honorabili uetusto coenobio
Wentana ciuitate magnifice constructo almae trinitatis et indiuiduae unitatis honori dedicato, perpetua
largitione donaui; hoc firmiter adiiciens ut nullius
dignitatis superba tumidus audacia hanc donationem
nostram in aliud quid immutare praesumat; dedit
namque Æðelwoldus eiusdem aecclesiae praesul pro
hoc litore capturae piscium apto, et pro supradicta
exiguae telluris particula, auream praetiosi ponderis
armillam. Sit autem praedictum rus omni terrenae
seruitutis iugo solutum, tribus exceptis, expeditione,
pontis arcisue restauratione. Si quis autem furenti
conamine uecors hanc nostram munificentiam quolibet modo temerarius auferre praesumpserit, alienatus ipse a communione sanctae aecclesiae, et omnium
electorum dei consortio, cum Iuda Christi proditore
sine fine dampnatus intereat, nisi digna prius in hac
uita satisfactione poenituerit quod contra sanctam
et indiuiduam trinitatem rebellis agere non distulit.
His metis hoc rus hinc inde giratur. Ðis sind ða
landgemǣra æt Celcesoran. Ærest of Solentan on
burnan; andlang burnan on Wealpaðabrygce; of
Wealpaðabrygce on Hyldingbróc úfeweardne, swā
forð andlang rewe on brádan fleót; andlang brádan
fleótes út on sǣ. Anno dominicae incarnationis
.DCCCC.LXXX. scripta est huius munificentiae syngrapha, his testibus consentientibus quorum inferius nomina secundum uniuscuiusque dignitatem caraxantur.

✠ Ego Æðelredus rex praefatam donationem con-
cessi. ✠ Ego Dunstan archiepiscopus consignaui.
✠ Ego Oswold archiepiscopus consolidaui. ✠ Ego
Æðelwold episcopus corroboraui. ✠ Ego Ælfstan
episcopus confirmaui. ✠ Ego Ælfric episcopus. ✠
Ego Aðulf episcopus. ✠ Ego Ælfeah episcopus.

✠ Ego Osgar episcopus.   ✠ Ego Æðelgar episco-
pus.   ✠ Ego Ælfære dux.   ✠ Ego Æðelwine dux.
✠ Ego Bryhtnoð dux.   ✠ Ego Æðelweard dux.
✠ Ego Æðelmær dux.   ✠ Ego Eadwine dux.

DCXXVII.
ÔSWALD, 980.

✠ EGO Osuuold ergo Christi krismate archipraesul
iudicatus, dominicae incarnationis anno .DCCCC.LXXX.
annuente rege Anglorum Æðelredo, Ælfhereque Merciorum comite, necnon et familia Wiogornensis aecclesiae, quandam ruris particulam .v. uidelicet mansas, in loco qui celebri a soliculis nuncupatur æt
Wereslæge uocabulo, cuidam clerico meo nomine
Wulfgar, perpetua largitus sum haereditate; et post
uitae suae terminum, duobus tantum haeredibus immunem derelinquat; quibus defunctis, aecclesiae dei
in Wiogornaceastre restituatur.   Ðis wæs gedón
ymbe .VIIII. hund wintra and hund eahtatig on ð
.xx. teoðan geare ðæs ðe Osuuold arcebisceop tó folgóðe fengc.   Sancta Maria and sanctus Michahel, cum
sancto Petro and allum Godes hálgum gemiltsien ðis
haldendum, gief hwá búton gewrihtum hit ábrecan
wille, hæbbe him wið God gemǽne búton he tó dǽdbóte gecyrre.   Amen.   Ðis syndon ða londgemǽru
ðǽra .v. hida intó Wæreslǽge; ðæt is, ǽrest of ðǽre
strǽt ðe sceot tó heortla byrig on ða díc; andlang
díces on ðone mór; of ðám móre ondlang geardes on
ðæt hlypgeat; of ðǽm hlypgeate on Elmsetena gemǽre; ondlong gemǽres on Ombersetena gemǽre;
ondlong ðæs gemǽres ðæt on ða portstrǽt; ondlong
strǽte on hakedes stub; of ðǽm stubbe on Cumbrawylle; of Cumbrawylle on faganstán; of faganstáne
on Æðelnóðes croft; of ðǽm crofte ondlong ðæs gemǽres eft on ða díc.

✠ Her is seó hondseten.

✠ Osuuold arcebisceop. ✠ Ego Wynsige presbyter. ✠ Ego Wulfric presbyter. ✠ Ego Wulfheah presbyter. ✠ Ego Æðelstan presbyter. ✠ Ego Ælfsige presbyter. ✠ Ego Eadgar presbyter. ✠ Ego Eadward presbyter. ✠ Ego Godingc diaconus. ✠ Ego Æðelsige diaconus. ✠ Ego Æðeric diaconus ✠ Ego Wulfhun clericus. ✠ Ego Leofwine clericus. ✠ Ego Eadwine clericus. ✠ Ego Wistan presbyter. ✠ Ego Ælfgar presbyter. ✠ Ego Leofstan diaconus. ✠ Ego Wulfward diaconus. ✠ Ego Kyneðegn clericus. ✠ Ego Wulfgar clericus. ✠ Ego Kynestan clericus. ✠ Ego Ælfstan clericus. ✠ Ego Æðelwold clericus. ✠ Ego Ufic clericus. ✠ Ego Ælfnoð clericus. ✠ Ego Wulfnoð clericus.

DCXXVIII.

BRIHTRĺC GRIM, 964—980.

✠ Her is geswutulad ðet Brichtríc Grim gean ðes landes æt Rimtúne intó Ealdan mynstre æfter his dege mid ðére hide ðe he syððan begeat intó ðán lande, and ágyfð ða bóc ðe Eádred cyning him gebócode intó ðám Ealdan mynstre tó ðǽre ealdan bæc ðe Æðelstán cyning ǽr gebócode, on ðet geräd ðet he hæbbe ðone bryce ðes landes swá lange swá his tyma sý; and gange syððan intó ðǽre stowe swá gewered swá hit stande mid mete and mid mannum, and mid ǽlcum þingan, his sáwle tó frófre; and ðyses is tó gewitnesse. Dúnstán arcebisceop, and Æðelwold bisceop, and Ælfstán bisceop, and Æðelgár abbod, and se hired on Glestingabyrig, and ða twégen hiredas on Ealdan mynstre and on Niwan mynstre on Wintanceastre.

DCXXIX.

* ÆÐELRED, 981.

✠ UNIUERSITATIS creatore in aeternum regnante ac iusto moderamine cuncta creata uisibilia et inuisibilia, miro incffabilique modo gubernante! Ego Æðelred Anglicae nationis caeterarumque gentium triuiatim intra ambitum Britanniae insulae degentium, regiae dignitatis solio ad tempus Christi mundi redemptoris gratia subthronizatus basileus, a quodam milite auunculo uidelicet meo, qui secundae regenerationis utero innouante gratia ineffabiliter editus, nobili Ordulf pollens floret onomate, humili deuotione compunctus, subnixis deposcens precibus efflagitare deum compunctus gratia beneuolus ceperat, ut arcisterium cui notabile at Tauistoce fulget uocabulum, ubi mater eius fraterque aua uidelicet mea, et auunculus, caeterique nostrae posteritatis prosapies mausoleis somate tumulati, tuba huius caducae uitae clangente ultima, tertiam resurrectionis natiuitatem, anima corpori deo faciente in ictu oculi mirabiliter associata, diem iudicaturi uel iudicandi praestolantur extremum, ut ibi loco celebri domino nostro Ihesu Christo eiusque genitrici semperque uirgini Mariae dedicato, monachos non saeculares sed regulares in omnibus sanctae regulae obtemperantes praeceptis, licenter constitueret fiscisque naturalibus deuotus locupletaret. Eius igitur uotis applaudendo, uoti compos animi, et quod fides catholica poposcerat, admodum libens tripudiansque concessi, admiranda namque eius fidei constantia. Nam illo in tempore quo praefatus miles sancti spiritus gratia compunctus, ad legitimos monachorum usus, ad aeternae uitae lucrum, hoc construxerat coenobium, caeteri quique infidelitatis naeuo turpati, loca sancta dissipantes, sanctae religionis monachos insipidi me impote nolenteque, infantili adhuc, ut ita

dicam, aetate uigente, atrociter ueluti pagani ad perpetuum sui dampnum fugabant. Eius igitur beneuolentiae congaudens meorum optimatum usus consilio
libertatis priuilegium, praefato loco sanctae dei genitrici semperque uirgini Mariae dicato, magna animi
alacritate tripudians concedo, et secundum patroni
nostri beati Benedicti traditionem, post obitum abbatis
qui nunc sancto praesidet loco, abbas ex eadem eligatur congregatione, qui dignus sit tali fungi officio,
aliorsum uero minime, nisi culpis promerentibus inibi
inueniri nequiuerit, qui aptus sit animabus lucrandis.
Quod si hoc, quod absit, miserabiliter euenerit, de
alio noto et familiari monasterio unanimi fratrum
consilio eligatur, cuius uita probabilis sapientia prae-
dita cultuque religionis fulgida fidelibus clarescat.
Finitis namque diebus beneuoli et laudabilis uiri, qui
specialis lucri copia sanctum dapsilis ditauerat locum,
laicorum nemo ipsius loci dominium praesumens sibi
usurpet. Rex uero quae ab eo domino nostro Ihesu
Christo eiusque genitrici semperque uirgini Mariae
ab aeterno, usque remunerationem concessa sunt uel
concedenda, nec abbas nec alicuius personae homo
licentiam habeat pro pecunia uendendi, uel gratis concedendi uel mutandi, sed aeterno deo maneat imperpetuum, quod ei concessum uel concedendum est.
Regum uero munimine deinceps ipse locus domino
protegente tueatur, ipsiusque loci abbas regi deser-
uiens gregem sibi commissum dirocheo, id est duplici
pastu foueat. Sit igitur praefatum monasterium omni
terrenae seruitutis iugo liberum, tribus exceptis, rata
uidelicet expeditione, pontis arcisue restauratione.
Si quis uero tam epilempticus philargyriae seductus
amentia, quod non optamus, hanc nostrae munificentiae
dapsilitatem ausu temerario infringere temptauerit,
sit ipse alienatus a consortio sanctae dei aecclesiae,
necnon et a participatione sacrosancti corporis et
sanguinis Ihesu Christi filii dei, per quem totus terra-

rum orbis ab antiquo humani generis inimico liberatus
est, et cum Iuda Christi proditore sinistra in parte
deputatus, ni prius hic digna satisfactione humiliter
poenituerit quod contra sanctam dei aecclesiam rebellis agere praesumpserit, nec in uita hac practica
ueniam, nec in theorica requiem apostata obtineat
ullam ; sed aeternis barathri incendiis trusus cum
Anania et Saphira iugiter miserrimus crucietur. Anno dominicae incarnationis .DCCCC.LXXXI. indictione
.IX. scripta est haec carta, hiis testibus consentientibus quorum inferius nomina caraxantur.

✠ Ego Æðelred rex totius Britanniae praefatam
donationem cum sigillo sanctae crucis confirmaui.
✠ Dunstan Dorobernensis aecclesiae archiepiscopus
eiusdem regis beneuolentiam consensi.   ✠ Ego Ælfðrið eiusdem regis mater hanc donationem confirmaui.   ✠ Oswald archiepiscopus triumphale trophaeum agiae crucis impressi.   ✠ Æðeluuold Winta-
niensis aecclesiae episcopus praedictum donum consensi.   ✠ Ego Ælfstan Londoniensis aecclesiae episcopus consignaui.   ✠ Ego Æðelgar episcopus trophaeum agiae crucis imposui.   ✠ Ego Ælfstan
episcopus iubente rege signum crucis infixi.   ✠ Ego
Ælfstan episcopus consensum praebui figens crucem.
✠ Ego Aðulf episcopus crucis modum manu propria
subscripsi.   ✠ Ego Ælfric episcopus.   ✠ Ego
Ælfeah episcopus.   ✠ Ego Cerdic episcopus.   ✠ Ego
Æðelric episcopus.   ✠ Ego Wulfric episcopus.   ✠
Ego Alchere dux.   ✠ Ego Æðelwine dux.   ✠ Ego
Bryhtnoð dux.   ✠ Ego Æðelbriht dux.   ✠ Ego
Æðelmere dux.   ✠ Ego Eadwine dux.   ✠ Ego
Æðelweard minister.   ✠ Ego Æðelweard minister.
✠ Ego Beorhtwold minister.   ✠ Ego Ælfric minis-
ter.   ✠ Ego Brihtwold minister.   ✠ Ego Ælfric mi-
nister.   ✠ Ego Ordelm minister.   ✠ Ego God mi-
nister.   ✠ Ego Ælfric minister.   ✠ Ego Leofwine
minister.   ✠ Ego Leofric minister.   ✠ Ego Ælfmere

minister. ✠ Ego Goduuine minister. ✠ Ego Ælfwine minister. ✠ Ego Ælfric minister.

DCXXX.
ÔSWALD, 981.

✠ REGNANTE in perpetuum domino! Ego Oswold archiepiscopus, quandam ruris particulam .I.
uidelicet mansam æt Cumtune, fideli concedo animo
Eadwio meo firmo ministro quamdiu uixerit; et
post metam proprii aeui, duobus tantum cleronomis
derelinquat; quibus defunctis, aecclesiae Wigorn-
ensi restituatur. Sitque omnis rei libera praeter arcis pontisue constructionem, et communem contra
hostes expeditionem. Anno incarnationis dominicae
.DCCCC.LXXXI. scripta est haec carta.

✠ Oswald bisceop. ✠ Æstan primus. ✠ Ælfsi
presbyter. ✠ Eadgar presbyter. ✠ Wistan presbyter. ✠ Æðelsi presbyter. ✠ Goding diaconus.
✠ Leofstan diaconus. ✠ Cyneðen clericus. ✠
Wulgar clericus. ✠ Wulfwi clericus. ✠ Wulnoð
clericus.

DCXXXI.
ÔSWALD, 981.

✠ ANNO dominicae incarnationis .DCCCC.LXXXI.
nostraeque redemptionis, qui iura diuina humanaque
proprio dispensat sophismate, suae creaturae perpetualiter ne deficiant temporalem atque aeternam
administrat alimoniam. In cuius onomate, ego Oswaldus omnipotentis dei iussu archipraesul, modicam
telluris particulam trium cassatorum, in loco qui ab
incolis noto Wæcgleswyrðe uocitatur appellamine,
meo fideli largior militi Æðelstan utenti nomine, duorum scilicet addendo diebus hominum, quam praefa-

tam tellurem meus antecessor dilectus deo, pontifex
Coenwaldus, suo prius per tria hominum spatia dona-
uerat patri; post metam uero istorum cleronomorum,
ad usum primatis in Wiogernacestre inmunis redeat
aecclesiae. Istis astipulatoribus corroborata est haec
donatio, quorum nomina in praesenti pagina luculentissimis caraxantur apicibus.

✠ Ego Oswaldus Christi largitione archipraesul caracterem saluificae crucis impressi.   ✠ Winsige presbyter.   ✠ Wulfeah presbyter.   ✠ Ælfsige presbyter.   ✠ Eadgar presbyter.   ✠ Wistan presbyter.
✠ Eadweard presbyter.   ✠ Æðelstan presbyter.
✠ Ælfgar diaconus.   ✠ Goding diaconus.   ✠ Leofstan diaconus.   ✠ Æðelsie diaconus.   ✠ Wulfweard
diaconus.   ✠ Æðeric diaconus.   ✠ Cyneðeng clericus.   ✠ Wulfwine clericus.   ✠ Wulfhun clericus.
✠ Leofwine clericus.   ✠ Leofric clericus.   ✠ Wulfgar clericus.   ✠ Ufic clericus.   ✠ Cynstan cleri-
cus.   ✠ Ælfnoð clericus.   ✠ Wulfnoð clericus.

DCXXXII.

ÆÐELRED, 982.

✠ Uniuersis crebro sophiae studio intente rimantibus liquido patescit, quod praesentis uitae terminus
uariante diuersae calamitatis aerumpnam stare, iamque
ingruere nimio terrore dinoscitur. Ego igitur Æðelredus, Christi opitulante gratia totius Albionis basileus egregius, optimatum meorum monitu instruc-
tus, aeterna caducis mercari cupiens, quandam ruris
particulam .x. uidelicet manentium quantitatem, loco
celebri qui ab huius patriae peritis noto Reodburna
nuncupatur onomate, domino nostro Ihesu Christo
eiusque genitrici semperque uirgini Mariae in ueneratione beati praesulis Aldelmi qui locum ipsum, qui
Maldumesburg usitato nominatur uocabulo, ad usus

monachorum sub Æðelwardi abbatis regimine inibi
degentium, aeterna largitus sum haereditate. Maneat
igitur hoc nostrum donum inuiolabile omni terrenae
seruitutis iugo liberum, tribus exceptis, rata uidelicet
expeditione, pontis arcisue constructione. Si quis
igitur hanc donationem nostram in aliud quam constituimus transferre uoluerit, priuatus consortio sanctae dei aecclesiae, aeternis barathri incendiis lugubris
iugiter cum Iuda proditore eiusque complicibus puniatur, si non satisfactione emendauerit congrua quod
contra nostrum deliquit decretum. Hii sunt termini
de Rodburne. Inprimis a loco qui appellatur Rodburne usque fegeran þorne ; et ab eadem spina directe
per la riðe per sceorte leye ; et sic per la forches usque
Sandweye ; et ab eadem uia usque sceorte graue ; et
per sceorte graue usque le wiðybedde ; et ab eodem
usque le heðene buryels, uel buriwelle ; et sic super
Rolidone ; et ab eodem monte usque le leuer bedde in
beuedone ; et ab eodem loco usque Coresbrok ; et per
Coresbrok usque in Auene ; et per Auene usque
henne pole ; et ab henne pole usque le riðe burne ;
et ab eodem usque ad locum primo scriptum, scilicet, fegeram þorne. Anno dominicae incarnationis
.DCCCC.LXXXII. scripta est haec carta, testibus consentientibus quorum nomina inferius caraxantur.

✠ Ego Æðelred rex praefatam donationem concessi.
✠ Ego Ælfðrið mater praefati regis consensi. ✠
Ego Dunstan Dorobernensis aecclesiae archiepiscopus
consignaui. ✠ Ego Oswald Eboracensis aecclesiae
archiepiscopus consensi. ✠ Ego Æðelwold episcopus
confirmaui. ✠ Ego Æscwy episcopus adquieui. ✠
Ego Ælfstan episcopus consolidaui. ✠ Ego Ælfstan
episcopus non renui. ✠ Ego Ælfric episcopus corroboraui. ✠ Ego Æðelwerd abbas. ✠ Ego Ordbirht
abbas. ✠ Ego Æðelwerd abbas. ✠ Ego Sygeric
abbas. ✠ Ego Leofric abbas. ✠ Ego Godwyne
abbas. ✠ Ego Æðelwerd dux. ✠ Ego Æðelwyne

dux.   ✠ Ego Byrhtnoð dux.   ✠ Ego Ælfric minister.
✠ Ego Æðelmer dux.   ✠ Ego Eadwyne dux.   ✠
Ælfward minister.   ✠ Ælfgar minister.   ✠ Ælfsige
minister.   ✠ Ego Byrhtwold minister.   ✠ Ulfsige
minister.   ✠ Ælfric minister.   ✠ Ælfhelm minister.
✠ Ego Ælfere dux.

DCXXXIII.

ÆÐELRED, 982.

✠ CREATURARUM inuestigabili plasmatore ac ea-
rundem inaestimabili dispositore, qui natiua sua in-
comprehensibili dispositione cuncta a primordio sui
regit atque disponit, in perenni saeculorum aeternitate
regni moderamina coercente ; eius inolita miseratione et gratiosa largitate, ego Æðelred totius Brittannicae nationis basileus aequa atque haereditaria
sorte praelatus, ruris quandam sed communem portionem, quam huius nationis indigenae usitato æt Stoce
nuncupant onomate, cuipiam michi pistica deuotione
subnixo uocitamine Leofrico, tres uidelicet mansas
ac .xxxᵗᵃ. iugerum dimensionem, in aeternam possessionem benigne concedo, ut ipse uita comite absque
ulla contradictione cum prosperitate meam hanc regalem donationem uoti compos aeterna possideat haereditate, et ipsam cum omnibus illuc rite pertinentibus pascuis, siluis, pratis et campis, aeternaliter
possidens, post uitae suae lancem cuicunque sibi placuerit in perennem derelinquat haereditatem.   Sit
autem rus praenotatum ab omni terrenae seruitutis
iugo liberum, excepta expeditione, pontis arcisue restauratione.   Si quis igitur ausu temerario hanc cartam meo iure caraxatam in aliud quicquam proterue
corrumpere praesumpserit, sciat se absque omni dubi-
etate ab aecclesiae dei consortio in hac uita priuatum,
et in futuro saeculo non se dubitet sed certissime

sciat inter omnium pariter malignorum spirituum cateruas aeternis gehennae incendiis cum Iuda Christi
proditore sine fine cruciandum, si non humili et congrua satisfactione poenituerit quod contra nostrum
deliquit decretum. Ærest seó landmearce lið of Terstán úpp be Hohtúninga mearce oð hyt cymð tó
middanweardes eorðbyrig ; swá hit geð tó Heánbyrig; of Heánbyrig hit gæð tó widian byrig ; of
widian byrig nyðer be ðǽre dǽne oð hyt cymð nyðer
tó ðám mylenhammæ and se mylenham and se myln
ðǽrtó and ðæs mearclandes swá micel swá tó þrim
hidon gebyrað. Anno dominicae incarnationis nongentesimo .LXXXII. indictione uero .X. scripta est
haec carta, his testibus consentientibus quorum inferius nomina caraxantur.

✠ Ego Æðelred rex praefatam donationem cum
sanctae crucis impressione donaui. ✠ Ego Dunstanus Dorobernensis aecclesiae archiepiscopus consensi. ✠ Ego Oswold Eboracensis aecclesiae archiepiscopus consignaui. ✠ Ego Æðelwold Wintoniensis aecclesiae episcopus confirmaui. ✠ Ego Ælfstan episcopus condonaui. ✠ Ego Ælfstan episcopus
corroboraui. ✠ Ego Æscwig episcopus conscripsi.
✠ Ego Aðulf episcopus consolidaui. ✠ Ego Ælfeah
episcopus adquieui. ✠ Ego Ælfric episcopus non
renui. ✠ Ego Æðelsige episcopus non abnui. ✠
Ego Æðelgar episcopus compressi ✠ Ego Wulfgar
episcopus consensi. ✠ Ego Ðeodred episcopus conclusi. ✠ Ego Ælfðryð regina. ✠ Ego Ælfhære dux.
✠ Ego Ælfwine dux. ✠ Ego Æðelwine dux. ✠ Ego
Beorhtnoð dux. ✠ Ego Æðelweard dux. ✠ Ego
Eadwine dux. ✠ Ego Godwine dux ✠ Ego Ælfwold abbas. ✠ Ego Godwine abbas. ✠ Ego Æðelweard abbas. ✠ Ego Ælfhun abbas. ✠ Ego
Beorhtnoð abbas. ✠ Ego Ealdulf abbas. ✠ Ego
Leofric abbas. ✠ Ego Sigeric abbas. ✠ Ego Ordbirht abbas. ✠ Ego Ealdred abbas. ✠ Ego Ælf-

weard minister. ✠ Ego Ordulf minister. ✠ Ego
Wulfric minister. ✠ Ego Ælfric minister. ✠ Ego
Wulfsige minister. ✠ Ego Leofric minister. ✠
Ego Æðelwig minister. ✠ Ego Ælfric minister.
✠ Ego Ordnoð minister. ✠ Ego Æðelnoð minister.
✠ Ego Leofsige minister. ✠ Ego Æðelsige minister.
✠ Ego Ælfsige minister. ✠ Ego Wulfric minister.

Rubric. Ðis is ðára þreóra hida and .xxx. æcera
bóc æt Stoce, ðæ Æðelred cing gebócodæ Leófríce
on éce yrfe.

DCXXXIV.

ÓSWALD, 982.

✠ AETERNO genitore cum inclita prole sanctoque
paraclyto in tribus tripudiante personis, atque in una
usia deifice omnia saeculorum iura sola sua gubernante potentia : cuius sermo est quicquid mortalium
subiacet uisibus, necnon quaeque clandestinis naturae clausulis hominum abduntur obtutibus. In
cuius onomate ego Oswaldus dei munificentia archipraesul, modicam telluris particulam, id est, unam
mansam, spontanea concessi donatione meo fideli artifici Wulfhelm utenti uocitamine, pro eius humili famulatu, atque studio dignoque pretio, ut quamdiu uita
illius comes fuerit, libere habeat beneque perfruatur ;
et post metam proprii aeui, cuicumque decreuerit relinquat haeredi ; post cuius terminum, pristinae sanctae
dei genitricis aecclesiae immunis restituatur. Scripta
est autem haec cartula anno dominicae incarnationis
.DCCCC.LXXXII. his testibus consentientibus, quorum
nomina inferius scripta cernuntur.

✠ Ego Oswaldus archipraesul donaui. ✠ Ego
Winsinus primus consensi. ✠ Ælfsinus presbyter.
✠ Ego Eadweard presbyter. ✠ Eadgar presbyter.
✠ Ego Æðelstan presbyter. ✠ Wistan presbyter.
✠ Ego Wulfweard diaconus. ✠ Ego Godinc diaco-

nus. ✠ Ego Æðelric diaconus. ✠ Ego Leofstan
diaconus. ✠ Wulfgar clericus. ✠ Wulfnoð clericus. ✠ Wulfwine clericus. ✠ Godwine clericus.
✠ Cyneðegn clericus. ✠ Ufic clericus. ✠ Tuna
clericus.

***

DCXXXV.

* ÆÐELRED, 983.

✠ PRAEPOLLENTI cunctitonantis dapsilitate trina
fauste rerum machina extat disposita, ac tam mirifica
inexhaustae bonitatis clementia citra aliarum creaturarum uisibilium, uidelicet seriem materialem proto-
plaustris luteo confectus tegmine somatis foelici per-
manet ditatus priuilegio; ut per malesuadae refrena-
tionem superbiae, ac [uo]luntatem humilitatis limpi-
dissimae per quae refrigerationem inopum, necne bonorum distributionem terrestrium ad nanciscendam Olym-
picae amoenitatis foelicitatem ualeat homuncio terres-
tris theoricae uitae percipere gaudia uirtutum nobiliter
decoratus bonarum praerogatiuis. Quapropter ego
Æðelredus diuina disponente prouidentia industrius
Anglorum aliarumque circumiacentium regionum basileos, cuidam mihi opido dilecto antistiti Æðelgaro
uocitamine, ob illius placabilissimam fidelitatem, quoddam pratum quod iacet in aquilonali parte famosae
urbis, quae scibili-appellamine Wyntonia uocatur,
quodque in orientali parte circumiacet fluuius, qui
Ichene nuncupatur, ad usus sibi necessarios in perpetuam concedo haereditatem cum omnibus ad illud
pertinentibus, tam magnis quam in modicis rebus,
uidelicet, aquarum cursibus, piscium captionibus, mo-
lendinarumque rotationibus; quatenus ille prospere
perfruatur, ac perenniter possideat dum labentis-aeui
incolarum artuum organa pertrahunt, postque uocante
mortalibus notissima morte debitum iuris ut soluat,
cuicunque sibi libuerit successori iure haereditario

cum Christi benedictione, nostraque libertate derelinquat. Si quis autem, quod absit, hanc donationem
liuore pressus nequissimo auertere studuerit in aliud,
quam hic extat usum, uel si quispiam fortuitu ad
hoc destruendum scedam aliquam demonstrauerit,
perpetuae combustionis atrocitate dampnatus, cum
Iuda Christi proditore, ac Satanan pestifero, Iuliano
necnon miserrimo, Pilatoque lugubri, ac caeteris infernalium claustrorum saeuissimis commanipularibus,
horrifluis sartaginibus perpetuae gehennae decoquatur, ac piceis tenebris miseriisque perennibus permaneat addictus, nisi ante mortis articulum cum nimia
satisfactione emendare, ac tantam praesumptionem
oblitterare toto conamine studuerit. Huius sane quantitatem prati longitudinem, necne latitudinem. Anno
dominicae incarnationis .DCCCC.LXXXIII. scripta est
cartula.

_____

DCXXXVI.

ÆÐELRED, 983.

✠ CUNCTA saeculorum patrimonia incertis nepotum haeredibus relinquuntur, et omnis mundi gloria
adpropinquante debitae mortis termino ad nichilum
redacta fatescit. Idcirco terrenis caducarum rerum
possessionibus semper mansura supernae patriae emolumenta adipiscentes domino patrocinante lucremur.
Qua de re ego Æðelred diuina dei gratia dispensante
basileus totius Bryttanniae, cuidam meo fideli ministro
nomine Æðelwine .x. mansas libenter concedens perdonabo, illic ubi uulgus prisca relatione uocitat æt
Clife; quatinus bene perfruatur ac perpetualiter possideat quamdiu uita comes fuerit; et post se cuicumque
haeredi derelinquere uoluerit liberam habeat potestatem donandi. Sit autem praedictum rus liberum
ab omni regali seruitio cum omnibus ad se rite pertinentibus, campis, pascuis, pratis, siluis, exceptis istis

tribus, expeditione, pontis arcisue coaedificatione. Si
quis uero contra hanc meam donationem tyrannica
potestate fretus et supercilio inflatus contraire cona-
uerit, sciat se ante tribunal Christi rationem redditurum, ni prius satisfactione emendet. Est autem. haec pars telluris istis circumcincta terminis.
Ærest andlang hrigweges tó Æðelwoldes gemǽro;
ðanon andlang weges innon ða dene; syðan be ðán and-
heáfdan ðæt cymð tó Clife; ðanon innan ðone gemǽrwyl andlang streámes on ða díc tó wudetúnnincga
gemǽro; andlang díc tó tocan stánæ; ðanon on
ceattan bróc tó micghǽma gemǽra; ðanon on ceattan
mǽre tó Ælfflede gemǽre; of ðám gemǽre eásta-
weardan æft on ceattan bróc; ðanon on ðone túnsteal
eásteweardne; ðonne úpp on ðone holan cumb; of
ðám holan wege úfweardan on Ælfflede gemǽre; be
Ælfflede gemǽre æft on hrigweg tó Wulfmǽres gemǽre. Anno dominicae incarnationis .DCCCC.LXXXIII.
indictione .XI. scripta est haec cartula, consentientibus his testibus quorum nomina inferius scripta
uidentur.

✠ Ego Æðelredus totius Albionis basileus huius
donationis libertatem libenter concessi. ✠ Ego
Dunstan Dorouernensis aecclesiae archiepiscopus
sanctae crucis taumate confirmaui. ✠ Ego Æðel-
wold episcopus consolidaui. ✠ Ego Ælfstan episco-
pus adquieui. ✠ Ego Æðelgar episcopus consig-
naui. ✠ Ego Æscwig episcopus roboraui. ✠ Ego
Wulfgar episcopus impressi. ✠ Ego Ælfric epi-
scopus benedixi. ✠ Ego Ælfhere dux. ✠ Ego
Æðelwine dux. ✠ Ego Æðelweard dux. ✠ Ego
Byrhtnoð dux. ✠ Ego Horeð dux. ✠ Ego Ælfric
dux. ✠ Ego Ordbyrht abbas. ✠ Ego Sigeric abbas.
✠ Ego Æðelweard abbas. ✠ Ego Leofric abbas.
✠ Ego Ealdred abbas. ✠ Ego Leofric abbas. ✠
Ego Ælfric minister. ✠ Ego Ælfweard minister.
✠ Ego Æðelweard minister. ✠ Ego Ælfsige min-

ister.   ✠ Ego Ælfgar minister.   ✠ Ego Wulfric minister.

Rubric. Ðis is ðára .x. hida bóc æt Cliuæ ðe Æðelred cing gebócode Æðelwine his þægne on éce yrfe.

DCXXXVII.

ÔSWALD, 983.

✠ Domini ac redemptoris nostri uniuersa orbis
terrarum regna gubernante clementia, 'Quosdam de
puluere suscitat egenos ut sedeant cum primatibus;
alios uero de stercore subleuat pauperes, ut teneant
solium gloriae eius.'   Ex quibus licet indigno mihi
archipraesuli Oswaldo tantum suae misericordiae im-
pertire dignatus est munus, ut praeter spem basilicam quam in episcopatu nostro, scilicet in Wiogornensi monasterio, in honore genitricis dei Mariae
constitui, ad finem usque perducerem, anno dominicae
incarnationis .DCCCC.LXXXIII°.   Quo scilicet anno
ego supradictus Osuualdus contuli cuidam consanguineo meo, nomine Gardulfo .v. mansas ruris, ubi
dicitur æt Lenc, uita trium hominum, sub testimonio
Ælfhere ducis Merciorum, cum pratis, pascuis atque
siluis.   Ipsam autem terram omnibus diebus uitae
suae possideat; quod si ei superuixerit coniux sua,
si in uiduitate manere decreuerit, uel magis nubere
uoluerit, ei tamen uiro, qui episcopali dignitati supradictae aecclesiae sit subiectus, eandem tellurem in
haereditate accipiat; quod si filium eis deus donauerit, tertius possessor accedat; sin autem proles de-
fuerit, et ex alio uiro genuerit, id est fiat; hisque ab
hac uita subtractis, restituatur aecclesiae supramemoratae.   Sit autem tellus ipsa libera ab omni mundiali
negotio, praeter pontis arcisue restaurationem, et
communem publicae rei expeditionem.   Si quis uero
huic nostrae donationi aliquid falsitatis uel contra-

dictionis machinatus fuerit, deleatur memoria eius de
terra uiuentium, et nomen eius non requiratur a generatione in generationem. Corroboratur denique haec
cartula adstipulatione eorum, quorum nomina subposita hic conspiciuntur.

✠ Ego Osuualdus Christi largitione archipontifex
cum caractere sanctae crucis corroboraui. ✠ Wynsige presbyter. ✠ Wulfric presbyter. ✠ Ælfsige
presbyter. ✠ Æðelstan presbyter. ✠ Godingc diaconus. ✠ Leofstan diaconus. ✠ Æðelwold clericus. ✠ Æðelsige presbyter. ✠ Wulfweard diaconus. ✠ Æðelric diaconus. ✠ Cyneðeng clericus.
✠ Wulfhun clericus. ✠ Ufic clericus. ✠ Leofwine clericus. ✠ Wulfgar clericus. ✠ Ælfstan
clericus. ✠ Cynestan clericus. ✠ Ælfnoð clericus.
✠ Wulfnoð clericus.

DCXXXVIII.

ÆÐELRED, 983.[1]

✠ Cuncta saeculorum patrimonia incertis nepotum
haeredibus relinquuntur et omnis mundi gloria appropinquante debitae mortis termino ad nichilum redacta
fatescit : idcirco terrenis caducarum rerum possessionibus semper mansura supernae patriae emolumenta adipiscentes, domino patrocinante lucremur!
Qua de re ego Æðelred diuina dei gratia dispensante
basileus totius Bryttanniae, cuidam meo fideli duci
nomine Æðelmero .x. mansas libenter concedens perdonabo, illic ubi uulgus prisca relatione uocitat æt
Clife ; quatinus bene perfruatur ac perpetualiter possideat quamdiu uita dux fuerit ; et post se cuicumque
haeredi derelinquere uoluerit liberam habeat potestatem donandi. Sit autem praedictum rus liberum ab

[1] Vide No. 636, which is verbatim the same, with the sole exception of
the grantee.

omni regali seruitio cum omnibus ad se rite pertinentibus, campis, pascuis, pratis, siluis, exceptis istis
tribus, expeditione, pontis arcisue coaedificatione. Si
quis uero contra hanc meam donationem tyrannica
potestate fretus et supercilio inflatus contraire cona-
uerit, sciat se ante tribunal Christi rationem redditurum, ni prius satisfactione emendet. Est autem haec pars telluris istis circumcincta terminis.
Ærest andlang hrigweges tó Æðelwoldes gemēro;
ðanon andlang weges innan ða dæne; syðan be ðán and-
heáfdan ðæt cymð tó Clife; ðanon innan ðone gemǽrwyl; andlang streámes on ða díc tó wudetúnnincga
gemēro; andlang díc tó tocan stánæ; ðanon on ceattan
bróc tó micghǽma gemǽra; of ðám gemēro eásta-
weardan æft on ceattan bróc; ðanon on ceattan ge-
mēra tó Ælflede gemēro; of ðám gemēre eástawear-
dan æft on ceattan bróc; ðanon on ðone túnsteal
eásteweardne; ðonne úpp on ðone holan cumb; of
ðám holan wege úfeweardan on Ælflede gemēran; be
Ælflede gemēre æft on hricwege tó Wulfmēres gemēre. Anno dominicae incarnationis .DCCCC.LXXXIII.
indictione .XI. scripta est haec cartula, consentientibus his testibus quorum nomina inferius scripta
uidentur.

✠ Ego Æðelredus totius Albionis basileus huius
donationis libertatem libenter concessi. ✠ Ego Dunstan Dorouernensis aecclesiae archiepiscopus sanctae
crucis taumate confirmaui. ✠ Ego Æðelwold episcopus consolidaui. ✠ Ego Ælfstan episcopus adquieui.
✠ Ego Æðelgar episcopus consignaui. ✠ Ego Æscwig episcopus roboraui. ✠ Ego Wulfgar episcopus
impressi. ✠ Ego Ælfric episcopus benedixi. ✠
Ego Ælfhere dux. ✠ Ego Æðelwine dux. ✠ Ego
Æðelweard dux. ✠ Ego Byrhtnoð dux. ✠ Ego
Horeð dux. ✠ Ego Ælfric dux. ✠ Ego Ordbyrht
abbas. ✠ Ego Sigeric abbas. ✠ Ego Æðelweard
abbas. ✠ Ego Leofric abbas. ✠ Ego Ealdred ab-

bas. ✠ Ego Leofric abbas. ✠ Ego Ælfric minister. ✠ Ego Ælfweard minister. ✠ Ego Æðelweard minister. ✠ Ego Ælfsige minister. ✠ Ego
Ælfgar minister. ✠ Ego Wulfric minister.

Rubric. Ðis is ðára .x. hida bóc æt Cliuæ ðe Æðelred cing gebócode Æðelmére his þegne on éce yrfæ.

DCXXXIX.

ÆÐELRED, 983.

✠ Regnante imperpetuum domino nostro Ihesu
Christo! Dum conditoris nostri prouidentia omnis
creatura ualde bona in principio formata formoseque
creata atque speciose plasmata est supra et infra
coelos, tam in angelis quam etiam in hominibus, ac in
multimodis ac diuersis speciebus iumentorum, anima-
lium, piscium, uolucrum, quae omnia naturae suae iura
nutu creatoris persoluant, nisi homo solus qui ad
imaginem suam plasmatus est et omnibus praelatus,
tamen propter praeuaricationem corruens in mortem,
et primam immortalitatis stolam miserabiliter domini
contempnendo mandatum amisit. Idcirco illae diuitiae diligendae sunt quae nunquam decipiunt haben-
tem, nec in ipsa morte amittuntur, sed plus abundant
dum cernitur quod amatur. Quapropter ego Æðelred
fauente superno numine basileus industrius Anglorum,
caeterarumque gentium in circuitu persistentium, cuidam fideli meo ministro uocitato nomine Ælfnoð, ob
illius amabile obsequium eiusque placabilem fidelitatem,
duas mansas et dimidiam largiendo libenter concedens
perdonabo, illic ubi uulgus prisca relatione uocitat
æt Westwuda; quatinus ille bene perfruatur ac perpetualiter possideat dum huius labentis aeui cursum
transeat illaesus atque uitalis spiritus in corruptibili
carne inhaereat; et post se cuicunque uoluerit perenniter haeredi derelinquat, sicuti praediximus, in aeter
nam haereditatem. Sit autem praedictum rus liber-

um ab omni mundiali obstaculo cum omnibus quae
ad ipsum locum pertinere dinoscuntur, tam in magnis
quam in modicis rebus, campis, pascuis, pratis, siluis,
exceptis istis tribus, expeditione, pontis arcisue coaedificatione. Hanc uero meam donationem minuentibus
atque frangentibus fiat pars eorum cum illis de quibus
e contra fatur, 'Discedite a me maledicti in ignem
aeternum, qui paratus est Sathanae et satellitibus eius,'
nisi prius digna deo poenitentia legali satisfactione
emendent. Anno ab incarnatione domini nostri Ihesu
Christi .DCCCC.LXXXIII. indictione .XI. his testibus
consentientibus quorum inferius nomina carraxari uidentur.

✠ Ego Æðelred rex Anglorum huius donationis
libertatem regni tocius fastigium tenens libenter concessi. ✠ Ego Dunstan Dorouernensis aecclesiae
archiepiscopus cum signo sanctae crucis roboraui.
✠ Ego Oswold Eboracensis aecclesiae archiepiscopus
crucis taumate adnotaui. ✠ Ego Æðelwold episcopus. ✠ Ego Ælfstan episcopus. ✠ Ego Æðelgar
episcopus. ✠ Ego Ælfstan episcopus. ✠ Ego Æscwig episcopus. ✠ Ego Sigar episcopus. ✠ Ego
Æðelsigæ episcopus. ✠ Ego Wulfgar episcopus.
✠ Ego Ælfhære dux. ✠ Ego Æðelwine dux. ✠
Ego Bryhtnoð dux. ✠ Ego Æðelweard dux. ✠
Ego Ælfric dux. ✠ Ego Ðuræð dux. ✠ Ego Ordbriht abbas. ✠ Ego Siric abbas. ✠ Ego Æðelweard abbas. ✠ Ego Leofric abbas. ✠ Ego Ælfric
minister. ✠ Ego Ælfweard minister. ✠ Ego Ælfsigæ minister. ✠ Ego Ælfgar minister. ✠ Ego
Wulfsigæ minister. ✠ Ego Ordulf minister. ✠
Ego Leofwinæ minister. ✠ Ego Ælfric minister. ✠
Ego Leofric minister. ✠ Ego Æðelweard minister.

Rubric. Ðis is ðara þryddan healfre hide bốc æt
Westwuda, ðe Æðelred cing gebốcode Ælfnốðe his
þegne on ēce yrfe, eal swâ swâ Sealemudda hit ǽr
hefde.

DCXL.
ÆÐELRED, 983.

✠ Nunc mutando fragilitas mortalis uitae marcescit, et rotunda saeculorum uolubilitas inanescit, ac
in carorum propinquorum amicorumque amissione
conquaeritur ac defletur! Ideo ego Æðelred totius
Brittaniae basileus quandam capturam in amne De-
rentan constructam, quae usitato æt Ginanhecce nuncupatur uocabulo, et exiguam ruris partiunculam
praedictae capturae piscatori atque procuratori ad
usus necessarios aptam, Æðelwoldo mihi episcoporum
carissimo, perpetua largitus sum haereditate, ut ipse
uita comite uoti compos habeat; et post uitae suae
terminum quibuscunque uoluerit cleronomis immunem
derelinquat. Hoc autem in nomine almae trinitatis
et indiuiduae unitatis atque in ueneratione sanctae dei
genitricis semperque uirginis Mariae et omnium sanctorum angelorum, patriarcharum, prophetarum, apostolorum, martyrum, confessorum et uirginum, ut
nemo successorum meorum nec aliquis hominum altioris uel inferioris gradus aliam capturam huic ante-
ponere a ripa usque ad ripam ullo modo praesumat.
Quod si quis diabolico instinctus spiritu praesumpserit anathema sit, et nisi satisfactione sui reatus
cessando ueniam obtinuerit, in maledictione domini
persistens aeternis barathri incendiis punitus crucietur; abyssos uero gurgitum ante capturam locatos
nemo retibus piscari sine licentia episcopi siue capturam possidentis ullo modo audeat. Si quis uero in
tribus abyssis ad capturam ipsam pertinentibus retia
piscando traxerit uel statuerit, furti crimine obnoxius
teneatur. Termini uero huius exigui telluris hi sunt.
Of Dærentan on ða ealdan þornrǣwe tó ðám æsce;
on ða þornrǣwe ðæt eft innon Dærentan. Haec
sunt nomina gurgitum qui ad piscandum extraneis
cum anathemate prohibiti sunt; Cytala pol, Lym

pol, Wylles muða.   Anno dominicae incarnationis
.DCCCC.LXXXIII. scripta est haec carta, his testibus
consentientibus quorum nomina inferius caraxantur.

✠ Ego Æðelredus rex praefatam donationem concessi. ✠ Ego Dunstan Dorouernensis episcopus consensi. ✠ Ego Oswald archiepiscopus confirmaui.
✠ Ego Æðelwold episcopus corroboraui. ✠ Ego
Ælfðryð praefati regis mater confirmaui. ✠ Ego
Ordbryht abbas confirmaui. ✠ Ego Leofric abbas
consensi. ✠ Ego Ælfere dux consignaui.

DCXLI.
ÆÐELRED, 984.

✠ O ALTITHRONI genitoris ingeniti, eiusdemque
natiui diuinitus unici cum sancti unione paracliti mon-
archia rebus essendi facultatem ac illis ne adnul-
lentur suauem imperiente gubernationem, 'filiis adop-
tionis non iam uetustae configuratis ignorantiae desi-
deriis, sed secundum eum' ut ait beatus apostolus Petrus, 'qui uocauit nos sanctum, ipsis quoque in omni
sancta conuersatione fundatis' commutatione tempora-
lium, spes futurorum ac aeternaliter possidendorum
conceditur fiducia bonorum. Huius michi gratuito
uti caeteris allubescente gratia, ego Æðelred regionis
Angligenarum rex monasterio sanctimonialium quod
insulani usitato Schaftesburi appellant onomate .xx.
mansas illo in loco qui noto æt Tissebiri uocatus uocamine sitas, quas sicut antiquis diebus omnes antecessores mei illuc donauerunt, ita ego quoque hiis regni
mei temporibus eandem donationem cum optimatum
meorum consultu renouando in haereditatem concedo
perennem. Nam et uicinis ante me temporibus, auus
meus Eadmund scilicet rex, idem pro commutatione
Bucticanlea adquisitum coniugi·suae Ælfgifae ius aeternaliter habendum concessit, et ipsa quoque illud ad
laudem domini et saluatoris nostri Ihesu Christi eius-

que genitricis semperque uirginis Mariae adque aeternam sui liberationem praefato studuit attribuere loco.
Sed patruus-meus Eadwig uidelicet rex post obitum
Ælfgifae supradictae ius mutauit, hoc ipsum sibi, uidelicet Bucticanlea, accipiens, sanctoque coenobio praefatam terram æt Tisseburi perpetualiter attribuens.
Quod iccirco cum optimatibus meis renouare studui,
ut omnibus mihi hanc uoluntatem inesse manifestem
eandem portionem cum omnibus ad se rite pertinentibus ab omni mundana seruitute sicut antiquitus liberam fore, tribus exceptis, rata expeditione, pontis arcisue recuperatione; siluam sane Sfgcnyllebar appel-
latam, quam meorum quidam praepositorum ausu diripere conabantur infesto idem monasterio totam inte-
gramque restituo, ut nullus hanc inuadere, nullus
unquam sibi aliquatenus audeat usurpare, sed uti
olim ceu praedixi, ita nunc et inposterum ad inibi deo
famulantium usum quamdiu rota uoluitur huius saeculi,
libera perpetualiter existat.   Si quis igitur hanc
meam cum dei uoluntate renouatam praesumpserit
infringere donationem, aeternis barathri incendiis cum
diabolo sine fine crucietur, nisi in hac prius emendauerit uita quod contra nostrum deliquit decretum.
Rus uero praefatum hiis metis in circo rotatur.
Ðis sant ða landimare ðare twentiwe hiwe at Tissebiri.   Arest ðe cigel marc scheð on nodre andlang
stremes oð Gofesdene; ðannen to ðere twichenen; of
ðere twichene on Wilburge imare on ðane grene wei
on wermundes trew; of wermundes tre adun richt inne
ðe imade of ðane miðon anlang stremes on ðane
ealde wdeforde on ðare grene wei on neðe heued-
stokes; of ðanne heuedstocken forð be twelf aceron
ðat it comet to wealwege; ðanen to higwege; ðannen
to wdesfloda; ðannen to suðames forde anlange hege-
reawe ðat it comet to nodre; anlang nodre on semene; anlang semene to rodelee; ðanen on ðere hwi-
ten mercs; ðannen on mapeldere hille; ðannen on ða

stigele; ðannen on sapcumbe; ðannen forder west on
cures rigt; ðanne cyrder it norð on poles leage; ðannen
on mare broc; ðanen on wiðig broch; ðanen on sidinic
mor; ðannen forð on cnugel lege and on hiclesham;
ðannen on mearc wei; of ðane wege anlang hrigces to
inpedeforde; anlang weges ðat it cumet to funtgeal
on ðone herpoð; ðannen to gificancumbe; anlang
cumbe to stan weie; anlang hrygges to ðere litlen
lege; ðannen on Leofriches imare; forð be gemare eft
on funtal of fintes hrigce; anlang hrigces to Alfgares
imare; forðer be his imare oð heuedstoccas; ðanen
to cigelmerc broce; anlang stremes eft on nodre.
Anno dominicae incarnationis .DCCCC.LXXXIIII. scripta
est haec donationis meae cartula, testibus hiis omnibus
unanimiter adquiescentibus quorum inferius onoma-
tum stigmata secundum competentem unicuique dignitatem caraxantur.

Ego Æðelred rex Anglorum praefatam donationem renouando cum sacrae crucis impressione deo
omnibusque sanctis eius aeternaliter concessi ✠.
Ego Dunstanus archiepiscopus concedendo adquieui
✠. Ego Oswold archiepiscopus consensi ✠. Ego
Æðelwold episcopus consolidaui ✠. Ego Ælfstan episcopus corroboraui ✠. Ego Ælfstan episcopus con-
scripsi ✠. Ego Aðulf episcopus consignaui ✠. Ego
Ælfheah episcopus consigillaui ✠. Ego Æscwig episco-
pus consensi ✠. Ego Ælfric episcopus corroboraui ✠.
Ego Æðelsige episcopus consignaui ✠. Ego Wlfgar
episcopus conclusi ✠. Ego Æðelgar episcopus con-
firmaui ✠. Ego Ælfwine dux ✠. Ego Beortnoð dux
✠. Ego Æðelweard dux ✠. Ego Ælfric dux ✠. Ego
Ordulf minister ✠. Ego Godwine minister ✠. Ego
Ælfric dux ✠. Ego Ælfward minister ✠. Ego Ælf-
sige minister ✠. Ego Wlfsige minister ✠. Ego
Ælfric minister ✠. Ego Beorhtwold minister ✠.
Ego Leofric minister ✠. Ego Æðelmer minister ✠.
Ego Ælfwine minister ✠. Ego Æðelsige minister ✠.

Ego Æðelweard minister ✠.   Ego Ælfgar minister ✠.
Ego Wlfsige minister ✠.   Ego Wlfric minister ✠.
Ego Leofric minister ✠.   Ego Leofwine minister ✠.

DCXLII.

ÆÐELRED, about 984.

✠ ÆÐELRED cynig grēt Ælfríc ealdorman, and
Wulmǽr and Æðelweard, and ealle ða þegenas on
Hámtūnscire frunlíce,|and ic cýðe ðe and eow eallum
ðæt Ælfheáh biscop sende tó me ðæs landes bóc æt
Ciltancumbe, and ic hí let rēdan ætforan me : ða lícode
me swýðe wel seó gesetnesse and seó ælmesse ðe
mínne yldran on angunne Cristendomes intó ðēre hálgan stowe gesetten, and se wísa cing Ælfred sýððan
ge-edniwode on ðǽre bēc ðe man ætforð me rǽdde.
Nū wille ic ðæt hit man on eallum þingon for áne hide
werige, swā swā míne yldran hit ǽr gesetten and
gefreodan, sý ðér máre landes, sý ðér lesse.   Ðús
mycel is ðæs landes intó Ciltecumbe; ðæt is ealles án
hund hida, mid ðám ðe ðer á bútan lið.   Æstūna .IIII.
Æt Afintúna .V. and æt Ufintúna .V.   Æt Ticceburn-
nan .XXV.   Tó Cylmestúna .V.   Tó Stoce .V.   Tó
Brombrygce, and tó Oterburnan .V.   Tó Twyfyrde
.XX.   Tó Ceólbandingtūne .XX.   Tó Hnutscillingæ
.V.   An hund hida tó Ciltancumba.   Tó Hysseburnan,
and tó Hwítcyrcan hunendlyftig hida.   Tó Uferan-
túne .XL. hida.   Tó Cleran .X.   Tó Alresforda .XL.
Tó Craweleá .II. lǽs .XXX.   Tó Wudatúna .XX.   Tó
Acleá .X.   Tó twám Polhǽmatūnan .X.   Tó Mycel-
defer .X.   Tó Endefer .X.   Æt Abbodestūn .X.   Tó
Crundelan .L.   Æt Beonytlēge .X.   Tó Drocelesford
.XVII.   Æt Byrhfuntan, and æt Hafunt .X.   Tó Fearr-
hám .XXX.   Tó Wealthám, and æt Myceldefer .L.
Oðer healf tó Faleðleá.   Ðæt is ealles fíf hund hida
and ehta, and hund seofontig hida.

DCXLIII.

* ÆÐELRED, 984.

✠ ANNO ab incarnatione domini nostri Ihesu Christi .DCCCC.LXXXIIII. Ego Æðelred dei gratia Anglorum rex imperiosus, quandam ruris particulam, tres uidelicet mansas atque dimidiam, loco qui celebri æt Welewe stoce nuncupatur, ad aecclesiam beati et praefati aecclesiasticorum cultoris seminum, quae sita fertur Bathonia praecordiali affectu, intimoque spiramine sub diuini timoris instinctu, liberam praeter arcem, pontem expeditionemque in perpetuum ius largitus sum. Huius namque syngrapham successorum christianum quamdiu uigeat imperium hanc uel in minimis audeat uiolare. Quod si quisque temptauerit infringere, nisi dignissime hic poeniteat, sese permansurum in aeternis poenis persentiat. Et his limitibus haec telluris particula circumgirari uidetur. Ðis synd ða landgemǽre. Ærest of hicemannes stǻne on Foss; andlang Fosse tó æscbeorge; of æscbeorge tó wudubeorge, ádún on strém on weleweheia; of weleweheia úpp tó hlýpcumbe; of hlýpcumbe eft on hicemannes stán.

Ego Æðelred rex Anglorum hoc donum animo concessi ✠. Ego Æðelstan huic donationi consensi ✠. Ego Eadgar clito consensi ✠. Ego Eadmund frater praedicti clitonis adiuui ✠. Ego Eadweard clito faui ✠. Ego Eadward filius regis libens annui ✠. Ego Eadwig frater clitonum annotaui ✠. Ego Ælfheah archiepiscopus Dorobernensis non abnui ✠. Ego Wulfstan archipraesul Eboracensis confirmaui ✠. Ego Aðulf episcopus subscripsi ✠. Ego Ordbyrht episcopus roboraui ✠. Ego Liuingc episcopus non renui ✠. Ego Æðelwold episcopus quisiui ✠. Ego Wulfgar abbas ✠. Ego Brihtwold abbas ✠. Ego Ælfmær abbas ✠. Ego Leofwine dux ✠.

Ego Ælfric dux ✠.   Ego Ulfkytel miles ✠.   Ego Æðelric miles ✠.

DCXLIV.

OSWALD, 984.

✠ REGNANTE in perpetuum domino saluatore ac redemptore nostro Ihesu Christo, et uniuersa terrarum regna mirabili maiestatis suae gubernante potentia! Anno eiusdem domini nostri Ihesu Christi incarnationis .DCCCC.LXXXIIII. ego Oswaldus, gratia dei annuente, episcopali sublimatus in sede quae est in Wiogernensi monasterio, quod est situm inter fines Merciorum; nec minus archipraesulatus adeptus culmen in Eboraca, Norðanhymbrorum ciuitate, largior cuidam matronae, nomine Wulflæd, terram .IIII^{or}. manentium ubi dicitur æt Intanbeorgan; ut habeat et possideat diebus uitae suae; et post temporis sui decursum sine ulla uerborum retractione supramemoratae restituatur aecclesiae. Sit autem terra illa libera ab omni saecularis rei negotio, praeter pontis et arcis restaurationem, et expeditionem contra hostes. Confirmata est autem haec cartula testimonio eorum, quorum nomina hic infra subposita sunt.

✠ Ego Oswaldus archipontifex consensi et subscripsi. ✠ Ego Wynsige presbyter. ✠ Ego Æðelstan presbyter. ✠ Ego Ælfsige presbyter. ✠ Ego Æðelsige presbyter. ✠ Ego Eadgar presbyter. ✠ Ego Wistan presbyter. ✠ Ego Æðelstan presbyter. ✠ Ego Eadweard presbyter. ✠ Ego Godingc diaconus. ✠ Ego Leofstan diaconus. ✠ Ego Wulfweard diaconus. ✠ Ego Æðeric diaconus. ✠ Ego Kyneðeng clericus. ✠ Ego Leofwine monachus. ✠ Ego Wulfgar clericus. ✠ Ego Wulfric clericus. ✠ Ego Æðelwald clericus. ✠ Ego Wulfnoð clericus. ✠ Ego Wulfwine clericus.

DCXLV.
ÓSWALD, 984.

✠ REGNANTE domino nostro Ihesu Christo! Anno
eiusdem domini incarnationis .DCCCC.LXXXIIII^{to}. regni
uero regis nostri Æðelredi anno quinto, ego Osuuold-
us diuina largiente clementia Eboracensis aecclesiae
archiepiscopus, non minus episcopalem adeptus sedem
quae est in Wiogorna monasterio in regione Merciorum,
cuidam consanguineo meo nomine Eadwig, pro eius
humillima obedientia, et coniugi eius nomine Wulfgyuu, trado in possessionem perfruendam terram trium mansarum in loco ubi dicitur Wulfrintun, diebus
quibus uixerint; quod si uiri uitae decursus super-
transcenderit coniugis suae terminum, sit ipse primus
terrae ipsius possessor; si autem ipsa uirum superuixerit maneat ipsa prima eiusdem telluris haeres; et
post se si prolem habuerint, posteritati relinquant;
si uero non habuerint, duobus quibus uoluerint haeredibus, qui diutius manserit post se derelinquat.   Sit
autem terra illa libera ab omni saecularis rei negotio,
praeter pontis et arcis restaurationem et contra hostes
expeditionem.   Scripta est autem haec cartula, et
corroborata uirorum nominibus, quae hic infra signo
crucis Christi praenotata esse conspiciuntur.   Ðis syndon ðára twégra hida landgemǽru tó Wulfringtúne.
Ǽrest of ymelmóre úp ondlong holan bróces, ðæt it
cymeð tó Monninghǽma díce; and swá ondlong ðæs
díces ðæt on ðone salt herpað; and swá ondlong ðæs
herpaðes ðæt on saltere dene; ondlong ðǽre dene on
ðone herpað be westan fugelmære; ondlong ðæs herpaðes on saltere wellan; of saltere wellan eástriht on
salt bróc; and swá ondlong salt bróces eft on hymel-
mór æt Wuduforda.

Eádwig wæs se forma man, and Wulfgyuu wæs se
óðer: nú hæft Æðelsige hit tó ðán ðe ðú wylle.

✠ Ego Osuuald archiepiscopus. ✠ Ego Wynsige presbyter. ✠ Ego Æðelstan presbyter. ✠ Ego Ælfsige presbyter. ✠ Ego Eadgar presbyter. ✠ Ego Wistan presbyter. ✠ Ego Eadward presbyter. ✠ Ego Æðelsige presbyter. ✠ Ego Wulfweard diaconus. ✠ Ego Æðeric diaconus. ✠ Ego Godingc diaconus. ✠ Ego Leofstan diaconus. ✠ Ego Wulfhun clericus. ✠ Ego Cyneðegn clericus. ✠ Ego Wulfgar clericus. ✠ Ego Leofwine clericus. ✠ Ego Ufic clericus. ✠ Ego Ælfnoð clericus. ✠ Ego Æðelwald clericus. ✠ Ego Wulfnoð clericus.

Rubric. Wulfringtûn. Eâdwige, Wulfgeofe, and heóra dôhtor.

DCXLVI.

ÔSWALD, 984.

✠ ALMA et indiuidua ubique inlocaliter regnante trinitate, nec ne Æðelredo allubescente ac fauente per omniparentis nutum totius Albionis basileo, Ælfrico Merciorum comite consentiente, ego Oswaldus, largiflua dei clementia archipraesul, quandam rurusculi partem, tres scilicet mansas in loco qui uocatur æt Bisceopes stoce, libenti concedo animo, cum omnibus ad eam utilitatibus rite pertinentibus, cum consultu atque permissione uenerabilis Weogernensium familiae, Æðelweardo meo uidelicet militi, pro eius humili subiectione atque famulatu; ut uita comite illo foeliciter perfruatur absque ullius refragatione; duobusque quibuscumque decreuerit, post metam proprii aeui cleronomis relinquat; finitoque illorum uitae curriculo, ad usum primatis in Weogornaceastre redeat immunis aecclesiae. Anno dominicae incarnationis .DCCCC.LXXXIIII. scripta est cartula ista, his testibus astipulantibus quorum nomina infra caraxata cernuntur. Ðis synd ða landgemǽro ðǽra þreóra hida æt Bysceopes stoce. Ærest on ðæs heges hyrnan be West-

an stoce; of ðâm on ða ealdan dîc on hâran mǽre norð-
wardne ; of hâran mǽre innan filidleáge norðwarde ;
of filidleáge norðward in ðone holan brôc; of ðǽm
holan brôce innan sweoperlan streâm ; of sweoperlan
streâme on dinningcgrâfes wyrttruman ; of dynningc-
grâfes wyrttruman eall swâ se dîc sceot on esnig mǽd-
wǽ wearde ; of esnig mǽdwan eal swâ ðæt ealde
riðig sceot ûp on ðone ealdan hearpað ; of ðǽm ealdan hearpaðe ûp on ða ealdan dîc wið stoces weard;
of ðǽre ealdan dîc eal swâ se hege sceot be stoce
westan eft on ðæs heges hyrnan.

✠ Ego Oswaldus Christi largitione archipontifex
cum caractere sanctae crucis corroboraui. ✠ Ego
Wynsige presbyter. ✠ Ego Æðelstan presbyter.
✠ Ego Ælfsige presbyter. ✠ Ego Æðelsige presbyter. ✠ Ego Eadgar presbyter. ✠ Ego Wistan
presbyter. ✠ Ego Æðelstan presbyter. ✠ Ego
Eadward presbyter. ✠ Ego Godingc diaconus. ✠
Ego Leofstan diaconus. ✠ Ego Wulfweard diaconus. ✠ Ego Æðelric diaconus. ✠ Ego Cyneðegn
clericus. ✠ Ego Wulfgar clericus. ✠ Ego Leofwine monachus. ✠ Ego Wulfric clericus. ✠ Ego
Æðelwold clericus. ✠ Ego Wulfnoð clericus. ✠
Ego Wulfwine clericus.

Rubric. Ceanbêc intô Gleweceaster æt Bisceopes
stoce. Æðelweard and Æðelmǽre.

DCXLVII.
ÆÐELRED, 985.

✠ Summi tonantis onomate! Ratis nos affirma-
tionibus sancti iustique patres diuinis ammonent oraculis, ut deum quem diligimus et credimus intima
mentis affectione cum exhibitione operum bonorum
diligentia incessanter timeamus et amemus, qui retributionem omnium actuum nostrorum in die examinationis iuxta uniuscuiusque meritum reddet. Qua-

propter ego Æðelredus totius Albionis basileos meo
fideli sacerdoti Wulfric nomine pro remedio animae
meae, aliquam ruris particulam, unam uidelicet mansam, tribus in locis, dimidiam mansam in loco qui
dicitur æt Borstealle, et dimidiam mansam æt Hæs-
tan dic et æt Cnollam, libenti animo perpetuali libertate largitus sum; ut, uita comite, habeat possideatque
in aeternam haereditatem cum omnibus ad se rite pertinentibus, id est, pascuis, pratis, siluisque ; et quando
de hoc mundo uolubili migrauerit cuicumque haeredi
uoluerit tribuat.   Sit autem rus praedictum in omnibus liberum mundialibus causis, exceptis istis tribus,
uidelicet, expeditione, pontis arcisque constructione.
Si autem aliquis, quod non cupimus, inflatus diabolica
temeritate, aliquid in hoc nostro dono mutare uel
minuere temptauerit, sciat se proculdubio in uora-
ginibus ultricium flammarum iugiter arsurum, et in
aeternum periturum, nisi prius hoc digna satisfactione,
deo fauente, studuerit emendare.   Territoria autem
huius ruris ab incolis sic distincta et circumcincta
clarescit.   Haec autem scedula carraxata est anno
dominicae incarnationis .DCCCC.LXXXV. indictione .XIII.
hiis testibus consentientibus quorum nomina infra carraxata sunt.

✠ Ego Æðelredus rex Anglorum hanc meam donationem cum consensu episcoporum, ducum et optimatum meorum libenter concessi.   ✠ Ego Dunstan
archiepiscopus Dorouernensis aecclesiae cum signo
crucis Christi confirmaui.   ✠ Ego Oswold Eboracae
ciuitatis archiepiscopus crucis taumate adnotaui.   ✠
Ego Ælfstan Lundoniensis urbis superspeculator uexillum sanctae crucis consignaui   ✠ Ego Ælfheah Wintoniensis ciuitatis praesul trophaeum agiae crucis consolidaui.

DCXLVIII.

* ÆÐELRED, 985.

✠ In patris ac prolis sanctique flaminis onomate!
Cum pius orbis sator eliminatis priscis Paradisi accolis diffusae telluris ambitum proauum nostrum
mancipasset exercere laboribus, quatinus tellus nascentibus priorum patrum sobolis, passim uiridis abundaret manipulis, ne rigida mortales quateret fames,
quos pellax cerastes mordaci mendatio ab immortali
lugubriter pepulerat quiete Paradisi, diuersas nationum monarchias uariis concessit dominari rectoribus,
sceptra quoque uastissimi cosmi omnipotenti nutu regibus praeordinauit regenda praecluis, quatinus sobriis
atque sibi deuote obsecundantibus procerum satrapumque frui libere concedant infulis, turgidos uero
atque gazifero huius saeculi astu arridentes perniciter
pro meritis aeui labentis trudant aerumpnis.   Sibi
quoque indefessa ,theoricae uitae amoenissima cum
terrestribus bonis lucrentur gaudia ubi suauitate pascantur melliflua, atque pro temporalis uitae perparuissimis, iusticiae gratia Christo sibique famulantibus,
collatis muneribus, aeternalis regni conscendant fastigia, ac cum coelicolis aeternitatis indigenae immarcescibili flauescentique ditentur laurea.   Qua de re,
infima quasi peripsema quisquiliarum abiiciens, superna ad instar praetiosorum monilium eligens, animum sempiternis in gaudiis figens, ad nanciscendam
mellifluae dulcedinis misericordiam perfruendamque
infinitae laetitiae iocunditatem, ego Æðelredus rex
Anglorum per omnipatrantis dexteram totius Bryttanniae regni solio sublimatus, quandam telluris particulam cuidam michi dilecto ministro Æðelrico, id est,
.xvii. cassatos segetibus mixtis in loco quem solicolae
æt Harewillan uocitant libenter tribuo, cum pascuis
ac pratis foeni ad hoc rus rite pertinentibus, qua-

tinus sibi uita comite habeat ac possideat, cum autem dissolutionem sui corporis imminere cognouerit, cuicunque sibi libuerit haeredi commendet ut supradiximus in aeternam possessionem. Si autem tempore contigerit aliquo quempiam hominum aliquem libellum ob istarum apicum adnichilationem in palam producere, sit omnimodis ab omnibus ordinibus hominum condemnatus, omnique abolitus industria ueritatis, cuiuscumque regum antecessorum meorum tempore fuerit perscriptus. Sit autem praedictum rus liberum ab omni mundiali obstaculo, cum omnibus quae ad ipsum locum pertinere dinoscuntur, tam in magnis quam in modicis rebus, campis, pascuis, pratis, siluis, diriuatisque cursibus aquarum, exceptis istis tribus, expeditione, pontis arcisue coaedificatione. Hanc uero meam donationem minuentibus atque frangentibus, fiat pars eorum cum illis de quibus e contra fatur, ' Discedite a me maledicti in ignem aeternum qui paratus est Sathanae et satellitibus eius,' nisi prius digna satisfactione deo poenitentia legali emendent. Istis terminis praedicta terra circumgyrata esse uidetur. Ærest of Hârandûne wege ðonne hit stícað on Middelhǽma gemǽra on Suttûninga lace; of Suttûninga lace on Leófsiges gemǽra on ða hnottan díc; of ðǽre hnottan díc on brembel þorn; of brembel þorne on Hengestes geat; of Hencstes geate on ða ealdan dûne tô Brihtwoldes gemǽra; of Brihtwoldes gemǽra æft on Hârandûne. Anno dominicae incarnationis .DCCCC.LXXXV. scripta est haec cartula, indictione .XIII. his testibus consentientibus quorum inferius nomina carraxantur.

✠ Ego Æðelredus rex Anglorum huius donationis libertatem regni totius fastigium tenens libenter concessi. ✠ Ego Dunstanus Dorouernensis aecclesiae archiepiscopus cum signo sanctae crucis corroboraui. ✠ Ego Oswoldus Eboracensis aecclesiae archiepiscopus crucis taumate adnotaui. ✠ Ego Ælfstanus

episcopus confirmaui. ✠ Ego Æðelgarus episcopus
consolidaui. ✠ Ego Ælfheah episcopus consignaui.
✠ Ego Aðulf episcopus non renui. ✠ Ego Ælfric
episcopus dictaui. ✠ Ego Æðelsige episcopus annui.
✠ Ego Wulfgarus episcopus faui. ✠ Ego Æðel-
wine dux. ✠ Ego Brihtnoð dux. ✠ Ego Æðel-
weard dux. ✠ Ego Ælfric dux. ✠ Ego Ðureð
dux. ✠ Ego Ordbryht abbas. ✠ Ego Syric abbas.
✠ Ego Leofric abbas. ✠ Ego Ælfhere abbas. ✠
Ego Ælfweard minister. ✠ Ego Ælfsige minister.
✠ Ego Wulfsige minister. ✠ Ego Ælfgar minister.
✠ Ego Æðelsige minister. ✠ Ego Ælfric minister.
✠ Ego Leofric minister. ✠ Ego Wulfric minister.
✠ Ego Æðelmer minister.

Rubric. Ðis is ðára .xvij hida land bóc æt Háre-
wylle ðe Æðelred cing gebócode Æðelrícæ his þegne
on éce yrfæ.

DCXLIX.

ÓSWALD, 985.

✠ Anno dominicae incarnationis .dcccc.lxxxv.
Ego Osuuold gratia dei gratuita Hwicciorum archiepiscopus, cum consensu et unanimi licentia ueuerandae
familiae in Wiogornaceastre, terram aliquam iuris nostri,.id est unam mansam æt Cloptune concedo Wulfgaro clerico; ea uero conditione, ut habeat et perfruatur
dies suos; et post uitae suae terminum duobus tantum
haeredibus immunem derelinquat; quibus defunctis,
aecclesiae dei in Wiogornaceastre restituatur. Sit autem terra ista libera omnis rei, nisi aecclesiastici cen-
sus. Ðis synt ða landgemǽru æt Cloptúne. Ærest
of Wermundingcforda ondlong hegstowe tó Wulfríces
gemǽre; ondlong ðæs gemǽres on Ælfríces gemǽre;
ondlong ðæs gemǽres on ða ealdan strǽt; ondlong
strǽte on breggeburnan ford; onlang burnan on

ðone hege; ondlong heges on færweg; ondlong weges
on ðone wuduherpað; ondlang herpaðes on ciólan-
weg; ondlong weges ðæt be eástan ða bircan on Cyne-
ðegnes gemǽre; ondlong gemǽres in on Lawern;
ondlong Lawern on ceólanford; ðæt swâ be Cyne-
ðegnes gemǽre swâ ða ealdan díc, â beligcað; ðæt eft
swâ on Weormundinc ford: ond ðis is ðæt mǽd land
ðǽrtô; ǽrest of Temedan on Lullan hlyd on ða hegestowe úfewardre; ondlong hegstowe on langan æcer;
ondlong æceres on hina hom; ðæt swâ eft in Temedan.
Ðonne is ealles ðæs landes ân hid ðe Osuuald erce-
biscup bôcað Wulfgáre preóste þreóra manna dæg mid
his hláfordes leáfe, and ðone hagan binnan mynstre on
porte ðe Wulfríc mæssepreóst becwæð Wulfwarde
his mæge, ic his geon him his dæg and he his wel
brúce; and æfter his dæge twâm mannan swilce him
leófeste seu tô brúcenne. Scripta est haec cartula,
his testibus et consentientibus quorum inferius nomina notantur.

✠ Ego Osuualdus archipontifex consensi et subscripsi. ✠ Ego Kyneðegn clericus. ✠ Ego Wulfgar clericus. ✠ Ego Wynsige presbyter. ✠ Ego
Æðelstan monachus. ✠ Ego Ælfsige presbyter.
✠ Ego Æðelsige presbyter. ✠ Ego Æðelstan presbyter. ✠ Ego Eadgar presbyter. ✠ Ego Wistan
presbyter. ✠ Ego Eadward presbyter. ✠ Ego
Godingc diaconus. ✠ Ego Leofstan diaconus. ✠
Ego Wulfward diaconus. ✠ Ego Æðelric diaconus.
✠ Ego Leofwine monachus. ✠ Ego Wulfric clericus. ✠ Ego Wulfwine clericus. ✠ Ego Wulfnoð
clericus.

DCL.

* ÆÐELRED, 985.

✠ IN patris ac prolis sanctique flaminis onomate!
Cum pius orbis sator eliminatis priscis Paradisi accolis

diffusae telluris ambitum proauum nostrum mancipasset exercere laboribus, quatinus tellus nascentibus
priorum patrum sobolis, passim uiridis abundaret manipulis, ne rigida mortales quateret fames, quos pellax
cerastes mordaci mendatio ab immortali lugubriter
pepulerat quiete Paradisi, diuersas nationum monarchias uariis concessit dominari rectoribus, sceptra
quoque uastissimi cosmi omnipotenti nutu regibus
praeordinauit regenda praecluis, quatinus sobriis atque
sibi deuote obsecundantibus procerum satrapumque
frui libere concedant infulis, turgidos uero atque gazifero huius saeculi astu arridentes perniciter pro meritis aeui labentis trudant aerumpnis. Sibi quoque
indefessa theoricae uitae amoenissima cum terrestribus bonis lucrentur gaudia ubi suauitate pascantur
melliflua, atque pro temporalis uitae perparuissimis,
iusticiae gratia Christo sibique famulantibus, collatis
muneribus, aetherealis regni conscendant fastigia, ac
cum coelicolis aeternitatis indigenae immarcescibili flauescentique ditentur laurea. Qua de re, infima quasi
peripsema quisquiliarum abiiciens, superna ad instar
praetiosorum monilium eligens, animum sempiternis in
gaudiis figens, ad nanciscendam mellifluae dulcedinis
misericordiam perfruendamque infinitae laetitiae iocunditatem, ego Æðelredus rex Anglorum per omnipatrantis dexteram totius Brittanniae regni solio sublimatus, cuidam foeminae Wulfrun uocitamine, quas-
dam terrarum particulas .x. scilicet cassatos, duobus
in locis diremptas .ix. uidelicet in loco qui dicitur æt
Heantune, et aeque unam manentem in eo loco quae
Anglice æt Treselcotum uocitatur, in aeternam concedo haereditatem ; quatenus illa bene perfruatur ac
perpetualiter possideat dum huius labentis aeui cursum transeat illaesa atque uitalis spiritus in corruptibili carne inhaereat; et post illius ab hac uita
discessum, cuicumque haeredi illi placuerit liberam
concedendi habeat potestatem. Si autem tempore

contigerit aliquo quempiam hominum aliquem libellum ob istarum apicum adnichilationem in palam producere, sit omnimodis ab omnibus hominum ordinibus condemnatus, omnique abolitus industria ueritatis, cuiuscunque regum antecessorum meorum tempore fuerit praescriptus. Sint autem praedicta ruricula libera ab omni mundiali obstaculo cum omnibus quae ad ipsa loca pertinere dinoscuntur, tam in magnis quam in modicis rebus, campis, pascuis, pratis, siluis, aquarumque cursibus, exceptis tribus, expeditione, pontis constructione arcisue munitione. Si qui denique, michi non optanti, hanc libertatis cartam cupiditatis liuore depressi uiolare satagerint, cum agminibus tetrae caliginis lapsi uocem audiant examinationis die magni iudicii sibi dicentis, 'Discedite a me maledicti in ignem aeternum,' ubi cum daemonibus ferreis sartaginibus crudeli torqueantur in poena, si non ante mortem digna hoc emendauerint poenitentia. Istis terminis praedicta terra circumgyrata esse uidetur. Ærest ðer góse bróc scyt on sæffan mór; ðanon ongean streám of seofan wyllan bróc; of ðám bróce on áne wyllan; of ðære wyllan on óðre wyllan; of ðære wyllan innan ða díc; andlang díc on áne mære; of ðám mære on Bilsatena gemæro; ðanone on secges leáge gemæra; andlang gemære ðæt on sceorfes mór; of ðám móre on hlyðe bróc; andlang bróc ðæt on wæte leáhe; of wæte leáhe úpweard on ðone snawan; of ðám snawan on gerihte ofer ðone feld hit cymð ðér seó stíge scyt on ða stræte ðe liggeð fram Byrngyðe stáne; æfter ðære stíge ðæt on geaggan treów; of ðám treówe on ða brádan stræte ðæt hit cymð on médwe; ðonne æfter médwe síce ðæt hit cymð on tresel; úpp andlang tresel ðæt heft ðer góse bróc scyt on sæffan mór. Anno dominicae incarnationis .DCCCC.LXXXV. scripta est haec cartula, indictione .XIII. his testibus consentientibus quorum inferius nomina caraxantur.

✠ Ego Æðelredus rex Anglorum huius donationis

libertatem regni totius fastigium tenens libenter concessi. ✠ Ego Dunstanus Dorouernensis aecclesiae
archiepiscopus eiusdem libertatem cum signo sanctae
crucis roboraui. ✠ Ego Oswaldus Eboracensis aecclesiae archiepiscopus eiusdem donationem crucis taumate adnotaui. ✠ Ego Ælfstanus episcopus confirmaui. ✠ Ego Æðelgarus episcopus consignaui.
✠ Ego Ælfheah episcopus consolidaui. ✠ Ego Æscwig episcopus consensi. ✠ Ego Sigar episcopus conclusi. ✠ Ego Aðulf episcopus subscripsi. ✠ Ego
Ælfric episcopus non renui. ✠ Ego Æðelsige episcopus adquieui. ✠ Ego Æðelwine dux. ✠ Ego
Byrhtnoð dux. ✠ Ego Æðelweard dux. ✠ Ego
Ælfric dux. ✠ Ego Ðureð dux. ✠ Ego Ordbriht
dux. ✠ Ego Siric dux. ✠ Ego Leofric dux. ✠
Ego Ælfhere abbas. ✠ Ego Ælfweard abbas. ✠ Ego
Ælfsige minister. ✠ Ego Wulfsige minister. ✠
Ego Ælfgar minister. ✠ Ego Æðelsige minister.
✠ Ego Ælfric minister. ✠ Ego Leofric minister.
✠ Ego Ælfhelm minister. ✠ Ego Leofstan minister.
✠ Ego Wulfric minister. ✠ Ego Æðelmer.

    Rubric. Ðis is ðára .x. hida bóc æt Heántúne ðæ
Æðelred cing gebócode Wulfrunæ on éce yrfæ.

DCLI.

ÓSWALD, 985.

✠ Anno dominicae incarnationis .DCCCC.LXXXV.
Ego Osuuald superni rectoris fultus iuuamine archipraesul, cum licentia Æðelredi regis Anglorum, ac
Ælfrici ducis Merciorum, uni ministro meo fideli,
qui a gnosticis noto Eadric nuncupatur uocabulo, ob
eius fidele obsequium, quandam ruris particulam,
quinque uidelicet mansas, quod solito uocitatur nomine Tidantun cum omnibus ad se rite pertinentibus
liberaliter concessi; ut ipse, uita comite, fideliter per-

fruatur; et post uitae suae terminum, duobus quibuscumque uoluerit cleronomis derelinquat; quibus etiam
ex hac uita migratis, rus praedictum, cum omnibus
utensilibus, ad usum primatis aecclesiae dei in Wiogornaceastre restituatur immune. Sit autem terra
illa libera ab omni saecularis rei negotio, praeter
pontis et arcis restaurationem, et publicam expeditionem contra hostes. ✠ Ðis synd ða landgemǽru
intó Eanulfestúne, and intó Tidantúne, ꝥonne fēhð hit
ǽrest on Doddanforda; of Doddanforda on ·cyngces
bróc; andlang bróces on ða díc; of ðǽre díc on ðone
hláw; of ðǽm hláwe on ðone weg; of ðǽm wege on
locsetena gemǽre; of ðǽm gemǽrum on ðone hrygc-
weg; of ðǽm hrygcwege innan westbróc; of ðǽm
bróce on saltmǽre; of saltmére on clǽgbróc; andlang bróces on ða strǽt; ondlang strǽte on Strǽtford;
úp andlang streámes ðæt hit cymð eft on Doddanford.
Ðonne is ðæs landes fíf hida ðe Oswald arcebiscup
bócað Eádríce his þegne, ge neor túne ge fir swá swá
he hit ǽr hæfde tó lǽnlande, mid ðæs heorodes gewitnesse on Wiogornaceastre. Her is seó handseten.

✠ Ego Oswald arcebiscop. ✠Wynsige presbyter.
✠ Ælfsige presbyter. ✠ Æðelstan presbyter. ✠
Æðelsige presbyter. ✠ Eadgar presbyter. ✠ Ego
Wistan presbyter. ✠ Ego Eadward presbyter. ✠
Ego Godingc diaconus. ✠ Ego Leofstan diaconus.
✠ Ego Æðelstan presbyter. ✠ Ego Wulfweard dia-
conus. ✠ Ego Æðeric diaconus. ✠ Ego Cyne-
ðeng clericus. ✠ Ego Wulfgar clericus. ✠ Ego
Leofwine clericus. ✠ Ego Wulfric clericus. ✠ Ego
Æðelwold clericus. ✠ Ego Wulfnoð clericus. ✠
Ego Wulfwine clericus.

   Rubric. Æt Tidinctúne. Eádríce and Wulfrune.

DCLII.

*ÆÐELRED, 985.

✠ Mundus iste transibit et qui eum diligit, qui
dominum diligit manebit in aeternum! Sic diligendus
est mundus ut nullus abutatur eo; male utitur mundo ille qui philargyriam retinet in clauso uiscere tanquam heram principalem, quia mundana retinendo
minuuntur, tribuendo multiplicantur, intonante apostolica fone, 'Quid habes, quod non accepisti? Si accepisti, quid inde gloriaris quasi non acceperis?' Adeo
decantante psalmigrapho, ' Domini est terra et pleni-
tudo eius, orbis terrarum et uniuersi qui habitant in
eo.' Quamobrem ego Æðelredus rex Anglorum prae-
noscens quorsum praedicta tendant, scilicet ad dili-
gendos homines bonis moribus adornatos, concedo cuidam meo amico fideli nomine Ælferd quandam telluris
particulam, id est .xi. mansas in loco uulgari uocitamine æt Miclamersce, quatinus uita comite habeat
ac perenniter possideat; cum autem interitum communem aduenire cognouerit, cuicunque sibi libuerit
haeredi post se commendet in propriam haereditatem.
Sit autem praedicta tellus libera ab omni saeculari
offendiculo, cum omnibus quae ad ipsa loca pertinere
dinoscuntur, tam in magnis quam in modicis rebus,
campis, pascuis, pratis, siluis, exceptis istis tribus,
expeditione, pontis arcisue coaedificatione, anathematis antiquis cartulis, ita ut nichil ualeant ultra, etiam
si iterum emergant. Hanc uero meam donationem
cupientes minuere uel mutare uel frangere habeant
portionem cum illis quibus dicitur, ' Discedite a me
operarii iniquitatis in flammas ignium,' nisi prius poenitentiae digna satisfactione emendent. Est autem
praedictum rus talibus circumdatum terminis. Ærest
of Terstán úpp on Iww cumb; of Iwwa cumbe on wǽnhyrste; of wǽnhyrste on ðone ealde iw; ðonone of

ðon iwe tó Lullan setle; of Lullan setle tó beócera
gente; of beócera gente tó horsweges heale; of hors-
weages heale tó æppen léga; of hæppen lége tó Higsolon; of Higsolon on fæstan ác; of fæstan ác on
feora burnan æwylman; of feora burnan tó ceomman
bricge; of ceomman bricge tó wyrtwalun; úp be
wyrtwalun oð Cerswyll; of Cæorswylle úp tó ðám
ellene; of ðám ellene tó populfinige; of populfinige
tó Lambhyrste; of Lambhyrste tó huntan wícan;
ðonone eft on Terstán. Anno dominicae incarnationis .DCCCC.LXXXV. his testibus consentientibus quorum
inferius nomina caraxantur.

✠ Ego Æðelredus rex Anglorum huius donationis
libertatem regni totius fastigium tenens libenter concessi. ✠ Ego Dunstanus Doruernensis aecclesiae
archiepiscopus cum signo sanctae crucis roboraui.
✠ Ego Oswoldus Eboracensis aecclesiae archiepiscopus crucis taumate adnotaui. ✠ Ego Ælfegus Wintoniensis praesul confirmaui. ✠ Ego Ælfstanus Lundoniensis praesul corroboraui. ✠ Ego Æðelwine
dux. ✠ Ego Bryhtnoð dux. ✠ Ego Æðelweard
dux. ✠ Ego Ælfric dux.

DCLIII.
ÓSWALD, 985.

✠ REGNANTE in perpetuum domino nostro Ihesu
Christo per uniuersa quadriflui orbis climata! Anno
eiusdem incarnationis .DCCCC.LXXXV. ego Oswaldus
Weogornensis aecclesiae sedem episcopalem gerens,
trado cuidam meo familiari amico nomine Leofwine,
eius bene promerentibus meritis, dimidiam manentem
ex septentrionali plaga uillae quae dicitur Heortlan-
byrig tempore quo uixerit; et post se duobus derelinquat haeredibus; quibus ex hac uita sublatis,
restituatur supramemoratae aecclesiae. Sit autem
terra illa libera ab omni saecularis rei negotio, praeter

pontis arcisue restaurationem, et contra hostes communem expeditionem. Ðis syndon ða gemǽru ðe tó
ðisson londe gebyriað. Ǽrest of Stúre on ða díc æt
súð dene ; ondlong díces tó ðǽm heáfdum ; á be ðǽm
heáfdum on þreó hláwas ; of þreóm hláwan in ðone
weg ; ondlong weges ðæt on ða aldan strǽte; ondlong
ðǽre aldan strǽte ðæt hit cymeð tó Heortlaforda ; of
Heortlaforda ðæt eft on Stúre. Hi sunt testes et
consentientes quorum infra nomina notantur.

✠ Ego Osuualdus archipontifex confirmaui et subscripsi. ✠ Wynsige presbyter. ✠ Æðelstan presbyter. ✠ Ælfsige presbyter. ✠ Wistan presbyter.
✠ Eadgar presbyter. ✠ Æðelstan presbyter. ✠
Æðelsige presbyter. ✠ Eadward presbyter. ✠
Godingc diaconus. ✠ Leofstan diaconus. ✠ Wulfweard diaconus. ✠ Æðeric diaconus. ✠ Cyneðegn clericus. ✠ Wulfgar clericus. ✠ Leofwine
clericus. ✠ Ufic clericus. ✠ Æðelwold clericus.
✠ Wulfnoð clericus. ✠ Wulfwine clericus.

DCLIV.

ÆÐELRED, 986.

✠ ANNO dominicae incarnationis .DCCCC.LXXXVI.
Ego Æðelred, diuina fauente gratia, rex Anglorum
caeterarumque circumquaque gentium, ruris quandam
particulam uulgariter Lytletun nominatam, quinque
mansiunculis aestimatam, liberam praeter arcem, pontem expeditionemque, Uuenoðo ministro meo in
ius perseuerabile uita comite perfruendam ; ultimoque
exhalato spiramine, cuicunque uoluerit relinquendam, pro eius satis placabili ministerio libenter admodum concedo cunctisque nostri generis unanimem
consensum praebentibus, hoc praecipiens in deique
nomine efflagitans, ut nostrorum nemo successorum
christiani uigente numinis potestate hoc nostrum

decretum nostrorumque cunctorum satrapum audeat
uiolare. Quod si quisque, quod non optamus, inire
temptauerit, nisi prius in hoc saeculo se digne casti-
gauerit, in poenis inferni aeternis se talionem passurum agnouerit. Huius donationis constipulatorum
nomina inferius caraxari uidentur, atque ne friuola
deceptione uiolentur apicum serie roborantur. Hii
sunt termini terrae de Lutletone. Inprimis de Lude-
pol iuxta Seuerne usque Colpuylle; et ab eodem super
heyt cowehuylle; et de heyf cowehuille usque flogges
iete; et ab eodem usque peuelles broke; et per eundem amnem directe usque stokkes broke; et ab
eodem usque in ualefelde; et ab eodem loco usque
haywode; et ab eodem usque ston egge; et ab eodem
usque eyshinige dich; et ab eodem usque ad eluuis-
ger; et ab eodem directe usque ludegarstone buyht;
et ab eodem buyhte usque æwelburhe heme diche; et
ab eodem fossato usque rihshammes puylle; et per
rihshammes puylle directe usque lude puylle; et ab
eodem loco usque Seuerne; et sic per Seuerne iterum
usque Colpuylle.

✠ Ego Æðelred, gratia dei totius Britanniae telluris rex meum donum proprio sigillo confirmaui. ✠
Ego Oswald archiepiscopus consensi. ✠ Ego Dunstan archiepiscopus consensi. ✠ Ego Ælfege episcopus depinxi. ✠ Ego Aðult episcopus praefixi. ✠
Ego Æðelgar episcopus praepunxi. ✠ Ego Æscwi
episcopus praenotaui. ✠ Ego Ælfeage episcopus adquieui. ✠ Ego Æðelsige episcopus consolidaui. ✠
Ego Æðelwyne dux. ✠ Ego Ælfstan episcopus confirmaui. ✠ Ego Æðelward dux. ✠ Ego Byrhtnoð
dux. ✠ Ego Ælfhelm minister. ✠ Ego Ælfward
minister. ✠ Ego Æðelnoð minister. ✠ Ego Ælfgar minister. ✠ Ego Wlfmer minister. ✠ Ego
Æðelwald minister. ✠ Ego Æðelmund minister.
✠ Frana minister. ✠ Ego Ælfward minister.
✠ Leofsige minister. ✠ Ego Wlfheah minister. ✠

Godwyne minister.   ✠ Ego Æðelsige minister.   ✠
Osward minister. ✠ Ego Æðelmer minister. ✠ Ego
Ælfsige dux.   ✠ Ego Leofstan minister.   ✠ Ego
Æðelward minister. ✠ Ego Æðelwyne minister.

Rubric.   De Litletun quam rex Æðelred dedit
Uenoðo ministro suo.

————

DCLV.

* ÆÐELRED, 986.

✠Altithrono in aeternum regnante ! Uaria rerum dispositio suo cunctis patefacit defectu sophistis,
nichil practica aerumpnosaque constare uita, quod
tum ad fatalem uitae terminum cum dedecore non
tendat, omnisque eius prosperitas tum allubescens,
ut uesicam turgentem fatuos inflat, itidemque ut uligo
terrae euanescens aduersitas inopinate superueniens
miserrimos calcetenus dispergit, igitur tam lubrici regimen potentatus nulli dubium cum magna teneri difficultate fieri potest.   Quamobrem ego Æðelred annuente summi moderatoris clementia, Anglorum rite
dicatus basileus optimatum meorum domino muniente
ob regni defensione plurimum indigens amminiculo,
quandam ruris particulam in loco qui a gnosticis Eb-
blesburne nuncupatur .v. uidelicet manentium quantitate, cuidam michi oppido fideli ministro qui nobili a
peritis Ælfgar nuncupatur onomate, ob eius fidele
obsequium quod erga me sedulus exhibuit, aeterna
largitus sum haereditate, quatenus ipse uita comite
cum omnibus utensilibus quae almus cosmi fabricator
in ipsa telluris edidit superficie, pratis, scilicet, pascuis,
siluis, hilariter possideat ; et post se quibuscunque
uoluerit cleronomis immunem uoti compos derelinquat.
Si autem tempore contigerit aliquo quempiam hominum aliquem libellum ob istarum apicum adnichilationem in palam producere, sit omnimodis ab omnibus

hominum ordinibus condempnatus omnique industria
ueritatis, cuiuscunque regum antecessorum meorum
tempore fuerit proscriptus. Si quis autem hanc nostram munificentiam beneuola augere studuerit uoluntate, augeatur dignitas prosperitasque eius hic et in
futuro aeternae uitae brauium domino largiente per-
cipiat. Quod si quispiam laruarico instinctus afflatu
aliquid nostrae dapsilitatis transferre minuereque subdola cauillatione uoluerit, minuatur eius potentatus
hic in praesenti saeculo, et in futuro sanctorum sequest-
ratus contubernio, barathri incendiis trusus cum Iuda
Christi proditore eiusque complicibus aeterna miserrimus dampnatione lugubriter puniatur nec inde unquam euulsus se euasisse glorietur, ni congrua satisfactione poenitens emendauerit, quod contra dei nostrumque decretum obstinatione fascinatus uiolenter
patrauit. Igitur maneat nostrum munificum donum
inuiolatum, plenaque perenniter omni iugo terrenae
seruitutis solutum glorietur libertate, tribus his exceptis, rata uidelicet, expeditione, pontis arcisue restauratione. His limitibus praefatum rus triuiatim
hinc inde gyrari uidetur. Ðis syndon ða landgemēre
ðēre .v. hida æt Eblesburnan. Ærest on ðone welig;
of ðām welige on ðone wītan weg; of ðām wege on
ðone hassuc ūpp ān hrofan hricge; of hrofan hricge on
Dolemannes beorh; of ðām beorge on ða greātan dīc;
of ðēre dīc on Stānbeorch; of ðām beorge on ðæt
hlēw et hrichwege; of hrichwegge on ða wītan dīc;
of ðēre dīc on þornhlinch; ðanone on dynes hlinch; of
ðām hlince on ðæt seade clif; of ðām clife on Eblesburnan; of ðēre burnan on ða streat; andlanges
streat on Strētford. Anno dominicae incarnationis
.DCCCC.LXXXVI. indictione .XIIII. scripta est haec nostrae munificentiae syngrapha, his testibus consentientibus quorum infra secundum cuiusque dignitatem
nomina incarraxantur.

✠ Ego Æðelred rex Anglorum rite dicatus basileus

hanc munificentiae cartulam crucis taumate tripudians corroboraui. ✠ Ego Dunstanus archiepiscopus
Doruernensis aecclesiae hoc regis praefati donum
cum caeteris suffragancis agiae crucis signaculo consentiendo firmaui. ✠ Ego Oswoldus Eboracae ciuitatis archipraesul crucis taumate adnotaui. ✠ Ego
Ælfstan episcopus Lundoniensis aecclesiae consensi.
✠ Ego Ælfheah episcopus adquieui. ✠ Ego Æðelgar episcopus consolidaui. ✠ Ego Æðelsige episcopus impressi. ✠ Ego Sigeric episcopus subscripsi.
✠ Ego Aðulf episcopus conclusi. ✠ Ego Æðelwine
dux. ✠ Ego Byrhtnoð dux. ✠ Ego Æðelwerd
dux. ✠ Ego Ælfric dux. ✠ Ego Ordbryht dux.
✠ Ego Leofric abba. ✠ Ego Leofric abba. ✠
Ego Leofsige abba. ✠ Ego Ælfsige minister. ✠
Ego Ælfgar minister. ✠ Ego Wulfsige minister.
✠ Ego Æðelsige minister. ✠ Ego Ælfwerd minister. ✠ Ego Ælfric minister. ✠ Ego Leofric minister. ✠ Ego Wulfric minister. ✠ Ego Leofric
minister. ✠ Ego Ordulf minister. ✠ Ego Æðelmer
minister. ✠ Ego Byrhtwold minister. ✠ Ego Ælfhelm minister. ✠ Ego Wulfhalh minister. ✠ Ego
Oswerd minister. ✠ Ego Wulfgeat minister. ✠
Ego Godwine minister.

Rubric. Ðis is ðara .v. hyda bóc æt Eblesburnan
ðe Æðelræd cyning gebócodæ Ælfgáre his þegne on
ēcæ yrfe.

DCLVI.

* ÆÐELMÆR, 987.

✠ ANNO incarnationis domini nostri Ihesu Christi,
nongentesimo octogesimo septimo, regnante ipso cum
coaeterno patre et spiritu sancto perpetua maiestate!
Ego Æðelmær filius Æðelwerdi, satrapa regis Æðelredi,
notum fore studui ipsius regiae sublimitati hoc salubre
meum consilium, et archiepiscopo Dunstano, et Ælf-

eago Wintoniensi episcopo, et omnibus episcopis,
cunctisque sapientibus gentis Anglorum ; quod ego
libere perpetua munificentia tribui illum locum qui
uulgo Cernel nuncupatur, cum possessionibus quas ei
subiugo cuncticreanti deo ad almi onomatis eius laudem, et ad honorem sanctae Mariae genitricis dei perpetuae uirginis, ac sancti Petri principis apostolorum,
necnon et sancti Benedicti, pro meo carissimo hero
basileo Æðelredo, et pro memetipso, necnon et pro
dilecta mihi animula mei genitoris, et redemptione
meorum praecedentium patrum, qui propria colla
sponte fidei christianae subdiderunt, suarum possessionum me haeredem haud ingratum relinquentes.
Illud monasterium uidelicet Cernel, de quo praefatus
sum primitus ditaui sicut mihi largitas tunc dictauit,
sed post paucorum annorum spacia maioribus illud
possessionibus deo inspirante ampliaui, largiens ei et
fratribus inibi degentibus illam uillam Cernel, cum
omnibus quae ad eam pendent, postquam ego mortali
iure hoc saeculum relinquam ; hac etiam ratione concedo illam uillam, quae Æscere dicitur cum cunctis
eis adhaerentibus ; denique me in carne, et post obitum perpetue has possideant, quas modo nomino
terras in illa uillula, quae a ruricolis Minterne nominatur sex cassatos, in Winceburnan decem mansas,
in Bridian sex, in ulteriore Bridian duodecim, in
Hreminescumbe tres. Haec nostra dona augmentauit
Leofricus clericus de Poceswylle, donans spontanea
largitate suam uillam de Poceswylle, cum omnibus
possessiunculis fratribus praedicti loci in adiutorium
cum territoriis quod postea concessit eodem iure noster
basileus Æðelredus coram testibus. Ælfriðus etiam
meus propinquus de Beuncumbe largitus est unum rus
iuxta Pydelan quatuor cassatos, post dies Leofwini
nostri propinqui ; Ælfwoldus quoque in Blacewyrðe
quinque mansas, post suae coniugis obitum illi monasterio concessit. Et ego mando in nomine omnipotentis

dei, ut decimae totius anni redditus in Cernel et Ceosol-
burnan, praefato monasterio cum omni diligentia dentur, quamdiu aura uitali alor, et aeque post metam labentis uitae, et ex meis reliquis ruribus mellis, casei,
et pinguium porcorum decimae similiter, per omne
aeuum incunctanter praescripto loco adducantur. Et
ego uolo, ut illuc habitent seruientes et uacantes deo,
et hiis commodis utantur qui sanctam regulam beati
Benedicti uita et moribus teneant. Qui locus et eius
habitatores deo omnipotenti sint commendati; et sit eis
liberum arbitrium saecularem patronum ubi melius au-
tumant sibi eligere; et insuper adiuro per nomen aeterni dei quemcunque superstitem derelinquo, ut nequaquam praesumat hoc priuilegium temere peruertere;
sed caueat ipse, et caueant id est ualde oppido omnes
iniqui raptores, ne nostrum donarium aut suis dominiis
uendicent, aut auare minuant, ut non cum impiis auaris
et sceleratis rapacibus, aeterna animaduersione in barathri incendiis crucientur. Precor nunc obnixe ut
quicumque fidelis illius loci res augmentare satagit,
multiplicet ei Christus dominus aeternas diuitias.

DCLVII.

ÆÐELRED, 987.

✠ Altithrono in æternum regnante uniuersis so-
phiæ studiũ ītento m̃tis conamine sedulo rimantib₃
liquido patescit꞉ quod huius uitæ periculis nimio in-
gruentib; terrore recidiui terminus cosmi appropinquare dinoscuntur. ut ueridica x̃p̃i promulgat sententia qua dicit . Surget gens contra gentem et regnum
aduersus regnum et reliqua. Quapropter ego æðel-
rædus fauente supno numine basileos industrius an-
glorũ cęterarũque gentium in circuitu persistentium
quandã telluris particulã id est .x. aratrorũ illo in
loco ubi a ruricolis. bromleg dicit^r cuidam mihi op-

pido fideli ministro qui a notis noto æðelsige nuncupatur onomate in perpetuã possessionẽ donando donaui. ut habeat et possideat quãdiu uiuat in æternã hereditatẽ. et post se cuicumq; sibi placuerit heredi inmunẽ derelinquat. Sit autẽ predictum rus liberũ ab omni mundiali obstaculo cum om̃ib; ad se rite pertinentibȝ cãpis. pascuis. pratis. siluis. excepto istis tribus expeditione uidelicet. pontis. arcisue munitione. Si quis igit[r] hanc ñram donationẽ in aliud quam constituimus transferre uoluerit priuat[9] consortio Sc̃æ ði ecclæ æternis barathri incendiis lugubris iugiter cum iuda xp̃i proditore eiusq; complicib; puniat[r] si non satisfactione emendauerit congrua quod contra ñrum deliquit decretũ. Istis terminib; prẹdicta terra circumcincta clarescit. ærest an norðan fram ceddanleage to langanleage bromleaginga mearc ⁊ leofsuhæma. þanne fram langanleage to ðam wónstocce. þanne fram ðam wónstocce be modinga hæma mearce to cinta stigole þanne fram cintan stigole be modinga hæma mearce to earnes bēame. ðanne fram earnes beame cræg sætena haga on easthealfe sced hit to leowsandēne ðanne fram leowsandene to swelgende. ðanne fram swelgende crægsetenahaga to siox slihtre. ðanne fram seox slihtre to fearnbeorhginga mearce fearn beorginga mearc hit sced to cystaningamearce cystaninga mearc hit sced suðan to weardsetle. ðanne fram weardsetle cystaningameãrc to wichæma mearce. ðanne seo west mearc be wichæma mearce ut to bipple styde. þonne fram bipple styde to acu styde to beoh hæma mearce. fram acu stede to ceddanleage. ðonne belimpað þær to ðam lande. fíf denn. an on ut wealda brocces ham ðæs dennes nama. ⁊ þæs oðres dennes nama sænget hryc. billan óra is þæs þriddan nama. þonne twa denn an glæppan felda. Añno ab incarnatione dñi nr̃i .DCCCC.LXXXVII. indictione .XV. his testib; consentientib; quorum nomina infra scripta sunt Scripta est autẽ hæc cartula.

✠ Ego æðelræd rex anglorum huius donationis libertatem regni totius fastigiũ tenens libenter concessi.

✠ Ego dunstan archieꝑs doruernensis ecclesiæ cum signo scæ crucis confirmaui.

✠ Ego oswold eboracę ciuitatis archipręsul crucis taumate adnotaui.

✠ Ego ælfstan eꝑs consensi.

✠ Ego ælfheah eꝑs adquieui.

✠ Ego æþelsige eꝑs consolidaui.

✠ Ego æþelgar eꝑs non rennui.

✠ Ego æscwig eꝑs impressi.

✠ Ego sigeric eꝑs consignaui.

✠ Ego sigegar eꝑs subscripsi.

✠ Ego aðulf eꝑs conclusi.

✠ Ego æðelwine dux	✠ Ego wulfric m̃t
✠ Ego byrhtnoð dux	✠ Ego leofric m̃t
✠ Ego æþelwerd dux	✠ Ego ordulf m̃t
✠ Ego ælfric dux	✠ Ego æðelmær m̃t
✠ Ego ordbryht abba	✠ Ego oswerd m̃t
✠ Ego leofric abba	✠ Ego wulfgeat m̃t
✠ Ego æluere abba	✠ Ego leofric m̃t
✠ Ego leofric abba	✠ Ego wulfsige m̃t
✠ Ego ælfsige m̃t	✠ Ego æðelric m̃t
✠ Ego ælfgar m̃t	✠ Ego leofstan m̃t
✠ Ego wulfsige m̃t	✠ Ego godwine m̃t
✠ Ego æðelsige m̃t	✠ Ego leofwine m̃t
✠ Ego ælfric m̃t	✠ Ego leofsige m̃t
✠ Ego leofric m̃t	✠ Ego æðelnoð m̃t.

DCLVIII.

ÆÐELRED, 987.

✠ ANNUENTE dei patris ineffabili humanae proli clementia qua filium suum redemptorem nostrum huic mundo destinare dignatus est, qui quod mortifer uetus per uenenata contulerat arma uirgine satus integer-

rima diuino refertus supplemento ut fax noua mundi
detersit ; pro cuius inenarrabilis gloriae recordatione
ego Æðelræd rex Anglorum aliarumque gentium in
circuitu persistentium, cuidam meo uenatori qui a notis
noto Leofwine nuncupatur uocabulo, quandam telluris
particulam .III. uidelicet mansas et tres perticas, duobus in locis diuisas .III. in loco qui dicitur Westwuda
.III. scilicet perticas in loco ubi a ruricolis Fearnlæh
nuncupatur, in perpetuam possessionem donando donaui, ut habeat ac possideat quamdiu uiuat in aeternam
haereditatem ; et post se cuicunque uoluerit haeredi
derelinquat.   Sit autem praedictum rus liberum ab
omni mundiali obstaculo, cum omnibus ad se rite pertinentibus, campis, pascuis, pratis, siluis, exceptis istis
tribus, expeditione, uidelicet, pontis arcisue munitione.
Si quis igitur hanc nostram donationem in aliud quam
constituimus transferre uoluerit, priuatus consortio
sanctae dei aecclesiae aeternis barathri incendiis lugubris iugiter cum Iuda Christi proditore eiusque complicibus puniatur, si non satisfactione deo fauente
emendauerit.   Istis terminis praedicta terra circumcincta clarescit.   Ðis syndon ða landgæmǽro tó Westwuda and tó Cissanhammæ.   Ærest on Stánford ; of
Stánforda andlang streámæs on Igford ; of Igforda on
bæræ hæhgæ ; andlang hægæs on Afonæ ; úp bæ
stræámæ on·Windærlæh mǽd ; of ðǽræ mǽd eást onbútan cading lǽgæ on hramæs hangran ; of ðám hangran súð tó ðǽre strǽt on ða streatan hlywan ; of ðǽre
hlywan súð onbútan færs scagan on ða díc ðæt hit
cymð tó ðǽre ródæ ; ðanon on crawan ác ; of ðǽre ǽc
æft on Stánford ; ðonnæ licgeað ða þreó gyrda on óðære
hæalfæ fromæ æt Fæarnlæágæ on gæmǽnum landæ.
Anno dominicae incarnationis .DCCCC.LXXXVII. scripta est haec cartula, his testibus consentientibus quorum nomina inferius scripta adnotantur.

✠ Ego Æðelred rex Anglorum hanc donationem
libenter concessi.   ✠ Ego Dunstan archiepiscopus

trophaeo agiae crucis confirmaui. ✠ Ego Oswold
archipraesul crucis taumate adnotaui. ✠ Ego Ælf-
stan episcopus. ✠ Ego Ælfheah episcopus. ✠ Ego
Æðelgar episcopus. ✠ Ego Æðelsigæ episcopus.
✠ Ego Æscwig episcopus. ✠ Ego Sigæric episco-
pus. ✠ Ego Sigegar episcopus. ✠ Ego Aðulf epi-
scopus. ✠ Ego Æðelwinæ dux. ✠ Ego Byrhtnoð
dux. ✠ Ego Æðelwærd dux. Ego Ælfric dux.
✠ Ego Ordbryht dux. ✠ Ego Leofric dux. ✠
Ego Leofric dux. ✠ Ego Ælfwærd dux. ✠ Ego
Ælfsige minister. ✠ Ego Ælfgar minister. ✠ Ego
Wulfsige minister. ✠ Ego Æðelsige minister. ✠
Ego Æðelric minister. ✠ Ego Leofric minister.
✠ Ego Wulfric minister. ✠ Ego Leofric minister.
✠ Ego Ordulf minister. ✠ Ego Æðelmer minister.
✠ Ego Leofstan minister. ✠ Ego Byrhtwold mi-
nister. ✠ Ego Oswerd minister. ✠ Ego Æðelwerd
minister. ✠ Ego Æðelwold minister. ✠ Ego Ælf-
helm minister. ✠ Ego Wulfhac minister. ✠ Ego
Ordric minister. ✠ Ego Æðelric minister. ✠ Ego
Wulfgeat minister. ✠ Ego Godwine minister. ✠
Ego Leofwinæ minister.

Rubric. Ðis is ðára .iii. hida land bóc æt Westwuda and ðára .iii. gyrda æt Fearnlége ðe Æðelred
cing gebócode Leófwine his huntan on éce yrfe.

DCLIX.

ÆÐELRED, 987.

✠ ANNUENTE dei patris ineffabili humanae proli
clementia, qua adnullata primi terrigenae piaculo
nouae restaurationis admirabile quoddam mundo
decus aeternae consortem maiestatis filium suum mittere dignatus, qui terrenae condolens fragilitati cus-
toditae per uirginei pudicitiam flosculi affatu angeli
uirginis claustra subintrans nouae incarnationis mys-

terium se ostentando dedicauit, ostendens se dictis uerborum factisque miraculorum, quibus deifice pollebat
dominum, curans omnium imperante sermone aegrotationum pondus, tandem quadrati pro nobis ferens
supplicia ligni, iugum haereditariae mortis assumens,
diu longeque interdictae reserauit limina portae. Pro
cuius inenarrabilis gloriae recordatione, ego Æðelredus gratia dei sublimatus, rex et monarchus totius
insulae Britanniae, quoddam praedium, id est .xl.
mansas, cum pratis siluisque, quod dicitur Kingtone,
deo eiusque uenerabili genitrici semper uirgini Mariae, ad monasterium Glastingense deuotus admodum
in perpetuam possessionem donando donaui; quod
quidem praedium quondam Ælfswið coniux Ælphegi
ducis digno plenoque pretio a gloriosissimo rege Eadgaro, cum .xl. puri auri emit mancusis. Hanc autem
praefatam donationem suprascripti praedii praefato
monasterio perpetua libertate concessi, eo scilicet tenore, ut uenerabilis ibidem abbas cum grege digne deo
degens habeat ac possideat, quamdiu fides in Anglorum catholica permanserit plebe. Si quis igitur
hanc nostram donationem in aliud quam constituimus
transferre uoluerit, priuatus consortio sanctae dei aecclesiae, aeternis barathri incendiis iugiter cum Iuda
Christi proditore eiusque complicibus puniatur, si
non satisfactione emendauerit congrua, quod contra
nostrum deliquit decretum. Haec autem scedula
scripta est anno ab incarnatione domini nostri Ihesu
Christi .dcccc.lxxxvii. indictione .xv. hiis testibus
consentientibus quorum nomina inferius scripta cernuntur.

✠ Ego Æðelredus rex Anglorum huius donationis
libertatem regni totius fastigium tenens libenter concessi. ✠ Ego Dunstan archiepiscopus Dorouernensis
aecclesiae cum signo sanctae crucis confirmaui. ✠
Ego Oswald Eboracensis ciuitatis archipraesul crucis
taumate annotaui.

DCLX.
ŌSWALD, 987.

✠ OMNIS usiae opifici sit laus deo patri eiusque
unigenito cum spiritu sancto, qui uetiti ligni malo
perditum crucis patibulo redemit genus humanum,
cuius benignissimae miserationis ope recreati, mortis
secundae poena, quae primi parentis incuria contigit,
euadere multimodis speramus. Ipsius itaque annuente clementia, ego Oswaldus archiepiscopus, ponti-
ficali utique usus licentia ut antecessores mei fece-
runt, praebeo cuidam inter primates huius regni nobi-
lissimo nomine Æðelmundo quinas telluris mansas, ubi
dicitur æt Codestune, ut habeat et perfruatur diebus
quibus uixerit ; et secundus, qui ei successerit haeres,
cui et donauerit. Decurso autem illorum duorum uitae
termino, sanctae aecclesiae genitricis dei Mariae, quae
est in Wiogornensi sita monasterio, praefatum rus ut
tribuatur sine detrimento omnium rerum ad se pertinentium, hominum uel pecorum seu ciborum, sicuti
tunc temporis inibi fuerit, unius ex ipsius monasterii
congregatione uita degente cuius praenotauerint nominis titulum : reuoluto demum ipsius fratris uitae
circulo, suprataxata tellus episcopali restituatur cathedrae, absque ullius controuersiae obstaculo. Sit
autem terra illa libera ab omni mundiali seruitio,
praeter pontis arcisue restaurationem, et communem
contra hostes expeditionem. Ðis synd ða landgemǣro
ðe gebyriað intō Codestūne. Ærest on Gytincges
ǣwylm ; of Gytinges ǣwylme on norðdene on ðone
grēnan weg ; ðæt on ðane hāran stān ; of ðǣm hāran
stāne andlang grēnan weges on scepe clif; andlang
scepe clifes iŋ on meos mǣre ; of meos mǣre andlang
dene on geolowonford ; of geolewanforde on þristlongan dene ; ondlang þristlongan dene tō brocces slǣde;
of brocces slǣde ondlong ecge ðæt on ða twēgen
þornas ; of ðǣm twām þornan on wādbeorh ; of wād-

beorhge on lafercan beorh; of lafercan beorhge â bi
ðâm æcra heáfdan ðæt on scyttanfæn; of scyttan-
fænne ðæt on Gyting; ondlang ðæt eft on Gytinges
éewylm. Anno dominicae incarnationis .DCCCC.LXXXVII.
scripta est et corroborata haec cartula, sub adstipulatione clerorum illustrium in eodem monasterio degentium, quorum onomata hic infra crucis dominicae
signo praenotantur.

✠ Ego Osuualdus archipraesul consensi et subscripsi. ✠ Ego Æðelstan primus. ✠ Ego Ælfsige
presbyter. ✠ Ego Eadgar presbyter. ✠ Ego Wistan presbyter. ✠ Ego Æðelsige presbyter. ✠ Ego
Æðelstan presbyter. ✠ Ego Godingc diaconus. ✠
Ego Leofstan diaconus. ✠ Ego Wulfweard diaconus.
✠ Ego Æðelric diaconus. ✠ Ego Cyneðeng clericus. ✠ Ego Wulfgar clericus. ✠ Ego Oswi monachus. ✠ Ego Leofwine monachus. ✠ Ego Wulfric clericus. ✠ Ego Wulfnoð clericus. ✠ Ego . . .
. . . . . ✠ Ego Wulfwine clericus.

Rubric. Æt Codestûne. Æðelmund and Wulfhelm
and Ælfnôð and Godwine.

DCLXI.

ÔSWALD, 987.

✠ REGNANTE in perpetuum domino nostro Ihesu
Christo, cuius incarnationis humanae anni laterculo
.DCCCC.LXXXVII. indictione uero .XV. ego Osuualdus
archiepiscopus, cum licentia illius familiae quae sita est
in Wiogurnaceastre, terram .V. manentium, ubi ruri-
culi Goldhora dicunt, Leofwardo fideli meo homini,
tradendo concedo, sibi dies suos perfruendum; et post
se uni haeredi tradendum, ea tamen conditione interposita, ut ipse mihi subditus sit, qui tunc terram
habeat, quamdiu uixerim, et semper possessor terrae
illius reddat tributum aecclesiasticum, quod circ-sceat
dicitur to Pirigtune, et omni anno unus ager inde

aretur to Pirigtune, et iterum metatur, et suus haeres
ueram amicitiam habeat cum domino aecclesiae; sin
autem, sit terra in potestate illius aecclesiae. Ipse
etiam Leofward mihi tradidit decem libras, ut sibi
suoque haeredi eo liberius possideatur; et nunc in
omnipotentis nomine praecipiendo obsecro, ut ex utraque parte ista traditio uel conditio conseruetur, et
conseruantibus hoc diuina clementia multiplicetur.

✠ Ego Osuuald archiepiscopus hanc meam dona-
tionem propria manu confirmo et subscribo. ✠ Ego
Æðelstan presbyter. ✠ Ego Ælfsige presbyter. ✠
Ego Eadgar presbyter. ✠ Ego Wistan presbyter.
✠ Ego Æðelsige presbyter. ✠ Ego Æðelstan pres-
byter. ✠ Ego Godingc diaconus. ✠ Ego Leofstan
diaconus. ✠ Ego Wulfward diaconus. ✠ Ego
Æðelric diaconus. ✠ Ego Cyneðegn clericus. ✠
Ego Wulfgar clericus. ✠ Ego Leofwine clericus.
✠ Ego Oswig clericus. ✠ Ego Wulfric clericus. ✠
Ego Wulfnoð clericus. ✠ Ego Wulfwine clericus.

DCLXII.

ÆÐELRED, 988.

✠ In nomine dei excelsi! Transeunt enim tempora praesentis uitae et in uelocitate deficiunt, et
quasi umbra uolatilis dies fugiunt, et semper ad mortem festinant: ideoque atramento caraxamus quae
stare firmiter optamus ad euitandum periculosam con-
tentionem hominum malignorum, ne a posteris fran-
gantur priorum decreta. Ideo ego Æðelredus totius
Albionis basileus aliquam telluris partem iuris mei,
fideli ministro meo Norðmanno cum consensu meorum
fidelium satrapum, libens condonabo, id est .v. manentium in loco illo ubi ab incolis habitantibus Heamtun
nominatur, ut habeat et possideat cum omnibus ad
eandem terram rite pertinentibus quamdiu uiuat;

postque uitae eius decursum cuicunque haeredi uoluerit derelinquat. Ipsa autem supradicta terra mihi
soli et nulli alii de istis tribus causis respondebit, hoc
est, expeditione, arcis pontisue constructione. Si autem aliquo modo contigerit tempore quempiam hominum aliquem antiquiorem librum producere, pro nichilo computetur. Si quis autem hanc meam donationem frangere uel minuere uoluerit, minuat deus
uitam eius hic et in aeuum nisi ante terminum uitae suae emendauerit. Istis itaque terminis. Ðys
sind ða londegemǽre tó Hamtúne; ðæt is ðonne
ǽrest of pedredan úpweard; ðæt on ðene rycgwege;
of ðám ricgwege ðæt onbúton ða .xxx. acera; ðæt
eft on ricgweg; of ricgwege ðæt on ða ealdan díc;
onlong díces ðæt on Eseburne; of Eseburne úp tó ðére
ealdan díc; of ðére ealdan díc ðæt on wylihte mǽdwan; of wylihte mǽdwan ðæt on mǽrbróc; onlong
bróces ðæt on domnipol; of ðám pole ðæt on ælles
beorh; of ðám beorge ðæt on mǽr wyllan; of ðám
wylle ðæt æft on Auene. Anno dominicae incarnationis .DCCCC.LXXXVIII. indictione .I. anno uero praefati regis .IX. die .X. kalendarum Aprilis, scripta est
haec scedula, et his consentientibus qui subnotati ui-
suntur.

✠ Ego Æðelredus Anglorum basileos hanc donationem libenter confirmaui. ✠ Ego Ælfricus archiepiscopus consolidaui. ✠ Ego Eadulfus archiepiscopus adquieui. ✠ Ego Ælfredus episcopus consensi
et subscripsi. ✠ Ego Wlstanus episcopus consensi.
✠ Ego Ælfwoldus episcopus consensi. ✠ Ego
Aðulfus episcopus consensi.

DCLXIII.
ÆÐELRED, 988.

✠ Domino dominorum dominante in saecula saeculorum! Regna regnorum huius praesentis saeculi trans-

eant sicut ignominica, et omnis gloria et iocus huius
mundi peribit et non sunt aeterna, sed superna aeterna sunt. Unde ego Æðelredus rex Anglorum gubernator et rector, cuidam fideli meo ministro, quem
nonnulli uocitant noto uocamine Leofstan, quatuor
mansas aeternaliter concedo, illic ubi Anglica appellatione dicitur æt Coleworð, ut hoc diebus suis possideat tramitibusque uitae suae ; et post se cuicunque
uoluerit haeredi derelinquat in aeternam haereditatem. Si autem tempore contigerit aliquo quempiam
hominum aliquem libellum ob istarum apicum adnichilationem palam producere, sit omnimodis ab omnibus hominum ordinibus condempnatus, omnique
abolitus industria ueritatis cuiuscunque regum antecessorum tempore fuerit praescriptus. Maneat igitur
meum hoc immobile donum aeterna libertate iocundum, cum uniuersis quae rite ad eundem locum pertinere dinoscuntur, campis, pascuis, pratis, siluis, sine
expeditione, et pontis arcisue instructione. Si quis
autem propria temeritate uiolenter inuadere praesumpserit, sciat se proculdubio ante tribunal districti
iudicis, titubantem tremebundumque rationem redditurum, nisi prius digna hic satisfactione emendare maluerit. Istis terminis ambitur praedicta tellus. Ærest of ðam hlidgeate tó wícan stígele ; ðanon
tó Ælfriðe ho ; ðanon andlang móres tó Tilmundes
ho ; ðanan andlang móres tó Beorganstedinga mearce ;
ðanne andlang móres tó baberhám ; ðanne tó þel-
brycge ; ðanne ðanen tó sealgate ; ðannen tó mycele
memerinn ; ðanen tó sealt róde ; ðanen tó feðer ciric-
an síðe ; ðanne tó þelbrige ; ðanne eft tó ðám hlidgeate and on hage on Cycester. Anno dominicae
incarnationis .DCCCC.LXXXVIII. indictione prima, scripta est haec cartula, hiis testibus consentientibus
quorum inferius nomina caraxantur.

✠ Ego Æðelredus rex Anglorum praefatam donationem concessi. ✠ Ego Æðelgarus Dorobernensis

aecclesiae archiepiscopus cum signo sanctae crucis roboraui. ✠ Ego Oswaldus Eboracensis aecclesiae archiepiscopus crucis taumate adnotaui. ✠ Ego Ælfeagus episcopus confirmaui. ✠ Ego Ælfstanus episcopus corroboraui. ✠ Ego Æðelstanus episcopus consensi. ✠ Ego Æðelwoldus episcopus non renui. ✠ Ego Æðelsinus episcopus conclusi. ✠ Ego Sigiricus episcopus annui. ✠ Ego Æscwygus episcopus consolidaui. ✠ Ego Sygegarus episcopus consignaui. ✠ Ego Æðelwine dux. ✠ Ego Byrctnoð dux. ✠ Ego Ælfric dux. ✠ Ego Ðureð dux. ✠ Ego Wulfric miles. ✠ Ego Æðelric miles. ✠ Ego Ælfric miles. ✠ Ego Ælfhelm miles. ✠ Ego Wulfric miles. ✠ Ego Wulfheah miles. ✠ Ego Leofric abbas. ✠ Ego Ælfgar miles. ✠ Ego Ælfwold miles. ✠ Ego Eadwine abbas. ✠ Ego Leofric miles. ✠ Ego Brihtwold miles. ✠ Ego Ælfhere abbas. ✠ Ego Ordwulf miles. ✠ Ego Ordbriht abbas. ✠ Ego Ælfsige abbas.

DCLXIV.

ÆÐELRED, 988.

✠ Annuente dei patris ineffabili humanae proli clementia, qua adnullata primi terrigenae piaculo, nouae restaurationis admirabile quoddam mundo decus aeternae consortem maiestatis filium suum mittere dignatus est ; qui terrenae condolens fragilitati custodite per uirginei pudicitiam flosculi affatu angeli uirginis claustra subintrans nouae incarnationis mysterium se ostentando dedicauit, ostendens se dictis uerborum factisque miraculorum quibus deifice pollebat dominum curans omnium imperanti sermone aegrotationum pondus ; tandem quadrati pro nobis ferens supplicia ligni, iugum haereditariae mortis absumens, diu longeque interdictae reserauit limina

portae. Pro cuius inenarrabilis gloriae recordatione,
ego Æðelredus fauente superno numine basileus industrius Anglorum caeterarumque gentium in circuitu
persistentium, cuidam meo oppido fideli ministro, qui a
notis noto Ælfgar nuncupatur onomate pro sua humillima deuotione, quandam telluris particulam .v. uidelicet mansas largiendo libenter concedens perdonabo
illic ubi uulgus prisca relatione uocitant æt Wigli; ut
habeat ac possideat quamdiu uiuat in aeternam haereditatem; et post se cuicunque sibi placuerit haeredi
immunem derelinquat. Sit autem praedictum rus
liberum ab omni mundiali obstaculo cum omnibus ad
se rite pertinentibus, campis, pascuis, pratis, siluis,
exceptis istis tribus, expeditione, uidelicet, pontis arcisue restauratione. Si quis igitur hanc nostram donationem in aliud quam constituimus transferre uoluerit, priuatus consortio sanctae dei aecclesiae, aeternis
barathri incendiis lugubris iugiter cum Iuda Christi
proditore eiusque complicibus puniatur, si non satisfactione emendauerit quod contra nostrum deliquit
decretum. Istis terminis praedicta terra circumcincta clarescit. Ðis syndon ðára .v. hida landgemǣro æt Wigli ðe Æðelwold and Ælfhelm his bróðor
hæddan. Ærest of Hunighamme westewearden úp
andlang streámes on ða ealdan díc; of ðǣre ealdan
díc swá on bican dúne westewearde; of bican dúne on
ðene hricweg; ðonne eást andlang hricweges on ða
ealdan furh; of ðǣre ealdan furh andlangan dúne;
forewearde of langan dúne on loc hylle; swá æft on
Hunigham westeweardne. Anno ab incarnatione
domini nostri Ihesu Christi .DCCCC.LXXXVIII. scripta
est haec cartula, his testibus consentientibus quorum
nomina infra carraxata sunt.

✠ Ego Æðelred rex Anglorum huius donationis
libertatem regni totius fastigium tenens libenter concessi. ✠ Ego Dunstan archiepiscopus Dorouernensis aecclesiae confirmaui. ✠ Ego Oswold Eboracae

ciuitatis archipraesul consensi. ✠ Ego Ælfstan epi-
scopus adquieui. ✠ Ego Ælfheah episcopus adno-
taui. ✠ Ego Æðelgar episcopus consolidaui. ✠
Ego Sigeric episcopus conclusi. ✠ Ego Æðelwine
dux. ✠ Ego Byrhtnoð dux. ✠ Ego Æðelweard
dux. ✠ Ego Ælfric dux. ✠ Ego Ordbryht abbas.
✠ Ego Leofric abbas. ✠ Ego Leofric abbas. ✠
Ego Ælfsige abbas. ✠ Ego Æðelsige abbas. ✠ Ego
Wulfsige abbas. ✠ Ego Ælfric minister. ✠ Ego
Leofric minister. ✠ Ego Wulfric minister. ✠ Ego
Orddulf minister. ✠ Ego Æðelmer minister. ✠
Ego Byrhtwold minister. ✠ Ego Ælfhelm minister.
✠ Ego Wulfheah minister. ✠ Ego Oswerd minis-
ter. ✠ Ego Æðelnoð minister. ✠ Ego Ceolred
minister. ✠ Ego Ordric minister. ✠ Ego Siric
minister. ✠ Ego Wulfric minister. ✠ Ego Ordric
minister.

Rubric. Ðis is ðære .v. hida land bóc tó Wilig ðæ
Æðelred cing gebócade Ælfgár bisceope on æce yrfe.

DCLXV.

ÆÐELRED, 988.

✠ Domino saluatore nostro Ihesu Christo in perpetuum regnante, ac cuncta aeternaliter sua ineffabili
potentia gubernante, cunctis fidelibus in hac ualle
lachrimarum degentibus necessarium est secundum
uirium possibilitatem ex infimis alta, ex caducis mansura, ex terrenis coelestia, toto cordis conamine promereri ! Qua de re ego Æðelredus per omnipatrantis
dei gratiam, totius Britanniae regni solio sublimatus,
inter caetera dapsilitatis munera quae abunde largior et distribuo, unam curtem Wiltoniae particulam
cuidam meo fideli ministro Æðelnoð nomine deuotionis eius sollertia dignatus sum impertiri. Tali
autem tenore haec praefata munificentia senium

tradendo concessi; quatinus possideat et usque ad
ultimum cursum uitae suae firmiter teneat; et postquam humani generis fragilitatem deseruerit, et ad
desiderabilem iocunditatis uiam per gratiam superni
moderatoris adierit, succedentium sibi cuicumque
libuerit, cum omnibus ad se pertinentibus aeternaliter
derelinquat. Nullus autem hoc decretum immutare
aut tyrannica potestate praesumat infringere. Si
quis uero adnullare et irritam facere pertemptet hanc
donationem, sciat se coram Christo titubantem tremebundumque rationem redditurum, nisi in hoc saeculo
poenitentiae prius fletu detersus hinc se corrigere
studuerit. Sit autem praeliberata donatiuncula libera
ab omni fiscali tributo saeculariumque seruitium exinanitum, nisi expeditione, arcis munimine, ac pontis
restauratione. Istis siquidem terminis praedicta donatio circumgyrata esse uidetur. Ðis syndon ðæs
hagan gemǽru æt sanctus Benedictus chirichean.
Ærest of ûtewerdan ðâm geate andlang strete þwyres
ofer Wilig on ða smalan twichenan; and swâ andlang twichenan tô Wulfriches gemǽre; ðæt ðonne
þwyres ofer eft on Wilig; ðonne swâ andlang Wulfriches heigrǽwe on ða wîdan strǽt. Scripta est haec
cartula anno dominicae incarnationis .DCCCC.LXXXVIII.
indictione .I. hiis testibus consentientibus quorum
nomina inferius caraxata esse uidentur.

✠ Ego Æðelredus rex hoc donum concessi. ✠
Ego Oswaldus Eboracensis aecclesiae archiepiscopus,
designando consensi. ✠ Ego Ælfbeah Wintoniensis
aecclesiae praesul consentiendo designaui. ✠ Ego
Æðelgar Australium Saxonum superspeculator subnotaui. ✠ Ego Æscwig Dorcensis aecclesiae episcopus impressi. ✠ Ego Sigeric Corruinensis aecclesiae episcopus sigillaui. ✠ Ego Æðelsie Scirburnensis aecclesiae episcopus adquieui. ✠ Ego
Sigegar Fontanae aecclesiae praesul corroboraui.
✠ Ego Ælfwold Cridiensis aecclesiae archimandrita

conclusi. ✠ Ego Æðelwinus dux. ✠ Ego Byrhtnoð dux. ✠ Ego Æðelweard dux. ✠ Ego Ælfric
dux. ✠ Ego Ælfweard abbas. ✠ Ego Leofric abbas. ✠ Ego Ordbryht abbas. ✠ Ego Leofric abbas.
✠ Ego Ælfsige minister. ✠ Ego Ælfgar minister.
✠ Ego Wulfsige minister. ✠ Ego Wulfgeat minister. ✠ Ego Æðelsige minister. ✠ Ego Æðelmær
minister. ✠ Ego Wulfric minister. ✠ Ego Osweard minister.

DCLXVI.

OSWALD, 988.

✠ Christo creaturarum propriarum omnia ubique
regna suo in mensura et pondere disponente sophismate! Sanctarum praecipui scripturarum oratores
hoc statuerunt dogmatibus, quatenus quicquid mortalium uellent addere necessitatibus litterarum apicibus necteretur, ne forte in posteris rationes ad inuicem compactas obliuio, siue potius insidiosa fraus
deleat succedentium. Propter quod ego Osuualdus,
largiflua dei clementia archipraesul, quandam rurusculi partem, tres, uidelicet, mansas et dimidiam, in loco
quem illius terrae soliculae Cloptun uocitant, and .vi.
æcras mǣdwan for ongean ða mylne æt Eanulfes tūne,
and healfe mylene æt Bluntesige intō Cloptūne, libenti
concedo animo, cum omnibus ad eum utilitatibus rite
pertinentibus, cum consulto atque permissione uenerabilis Wiogornensium familiae, Eadrico meo, uidelicet,
ministro, pro eius humili subiectione atque famulatu,
ut, uita comite, illo foeliciter absque ullius refragatione perfruatur; duobusque quibuscumque decreuerit, post metam proprii aeui, cleronomis relinquat;
deinceps reddatur antiquae matri sanctae Mariae dei
genitricis basilicae. Sit autem hoc praedictum rus
liberum ab omni mundiali seruitio, cum campis, pratis,
pascuis, excepta sanctae dei basilicae suppeditatione

ac ministratione. Anno dominicae incarnationis
.DCCCC.LXXXVIII. caraxata est ista cartula, his testamentorum astipulatoribus, quorum nomina in subsequentibus praetitulata paginis aperte uidentur.

✠ Ego Osuualdus Christi largitione archipontifex
cum caractere sanctae crucis corroboraui. ✠ Ego
Æðelstan primus. ✠ Ego Ælfsige presbyter. ✠ Ego
Eadgar presbyter. ✠ Ego Wistan presbyter. ✠
Ego Æðelsige presbyter. ✠ Ego Æðelstan presbyter.
✠ Ego Godingc diaconus. ✠ Ego Leofstan diaconus.
✠ Ego Wulfward diaconus. ✠ Ego Æðelric dia-
conus. ✠ Ego Cyneðeng clericus. ✠ Ego Wulfgar
clericus. ✠ Ego Oswig monachus. ✠ Ego Leof-
wine monachus. ✠ Ego Wulfric clericus. ✠ Ego
Ælfnoð clericus. ✠ Ego Wulfnoð clericus. ✠ Ego
Wulfwine clericus.

DCLXVII.

ÔSWALD, 988.

✠ DOMINI ac redemptoris nostri uniuersa orbis
terrarum regna gubernante clementia, ' Quosdam de
puluere suscitat egenos, ut sedeant cum primatibus;
alios uero de stercore subleuat pauperes, ut teneant
solium gloriae eius!' Idcirco ego Oswaldus, gratia
dei annuente episcopali sublimatus in sede, quae est
in Wiogornensi monasterio, quod est situm intra fines
Merciorum, nec minus archipraesulatus adeptus culmen in Eboraca, Norðanhymbrorum ciuitate, largior cuidam ministro meo nomine Æðelward, tres
mansas ruris, ubi dicitur æt Clifforda, uita trium hominum, cum pratis, pascuis et aquis; finitoque illorum uitae curriculo, ad usum primatis in Wiogernaceastre redeat immune aecclesiae. Sit autem terra
illa libera ab omni mundiali negotio, praeter pontis
arcisue restaurationem, et communem publicae rei expeditionem. Si quis uero huic nostrae donationi ali-

quid falsitatis uel contradictionem machinatus fuerit,
deleatur memoria eius de terra uiuentium, et nomen
eius non requiratur a generatione in generationem.
Ðis syndan ða landgemǽru intó Clifforda. Of Strǽtforda ondlong ðǽre mycelan strǽte; of ðǽre strǽte
on ruggan sloh; andlang bróces on ðone grénan weg;
andlang ðǽre dene ðæt on bromhlinc; of bromhlince
andlang ðǽre dene innan Stúre; andlang Stúre ðæt
cymð innan Afene; andlang Afene ðæt eft innan
Strǽtforda; mid were and mid mylene, ge inner, ge
útter swá tó ðǽm þreóm hidan gebyrige.] Anno dominicae incarnationis .DCCCC.LXXXVIII. corroborata est
haec scedula, adstipulatione eorum quorum nomina
subposita hic conspiciuntur.

✠ Ego Osuualdus Christi largitione archipontifex
cum caractere sanctae crucis corroboraui.   ✠ Ego
Æðelstan primus.   ✠ Ego Ælfsige presbyter.   ✠
Ego Eadgar presbyter.   ✠ Ego Wistanus presbyter.
✠ Ego Æðelsige presbyter.   ✠ Ego Æðelstan pres-
byter.   ✠ Ego Godingc diaconus.   ✠ Ego Leofstan
diaconus.   ✠ Ego Wulfweard diaconus.   ✠ Ego
Æðelric diaconus.   ✠ Ego Oswig monachus.   ✠
Ego Cyneðeng clericus.   ✠ Ego Wulfgar clericus.
✠ Ego Leofwine monachus.   ✠ Ego Wulfric cleri-
cus.   ✠ Ego Wulfnoð clericus.   ✠ Ego Ælfward
clericus.   ✠ Ego Wulfwine clericus.

Rubric. Æt Clifforda. Æðelwearde and Eádflǽde.

DCLXVIII.

ÓSWALD, 988.

✠ OMNIS usiae opifici sit laus deo patri eiusque
unigenito, cum sancto spiritu, qui uetiti ligni malo
perditum crucis patibulo redemit genus humanum,
cuius benignissimae miserationis opere creati mortis
secundae poena, quae primi parentis incuria contigit,

euadere multimodis speramus! Ipsius itaque annuente clementia, ego Oswaldus archiepiscopus, ponti-
ficali utique usus licentia, ut antecessores mei fece-
runt, praebeo cuidam meo fideli nomine Æðelward,
unam uidelicet mansam et dimidiam, in loco qui
dicitur æt Uptune, ea uero ratione, ut habeat et perfruatur dies suos; et post uitae suae terminum, duobus
tantum haeredibus inmunem derelinquat; quibus defunctis, aecclesiae dei in Weogerneceastre restituatur.
Sit autem terra illa libera ab omni mundiali seruitio,
praeter pontis arcisue restaurationem, et communem
contra hostes expeditionem. Anno dominicae incarnationis .dcccc.lxxxviii. scripta est haec scedula et
confirmata, sub testimonio eorum quorum nomina hic
infra subscribuntur.

✠ Ego Oswaldus archipraesul signaculum deificae
crucis propriis digitulis inpressi atque corroboraui.
✠ Ego Æðelstan primus. ✠ Ego Ælfsie presbyter.
✠ Ego Eadgar presbyter. ✠ Ego Wistan presbyter.
✠ Ego Æðelsige presbyter. ✠ Ego Æðelstan presbyter. ✠ Ego Goding diaconus. ✠ Ego Leofstan
diaconus. ✠ Ego Æðelric diaconus. ✠ Ego Wulfweard diaconus. ✠ Oswig monachus. ✠ Cyneðegn clericus. ✠ Wulfgar clericus. ✠ Leofwine
monachus. ✠ Wulfric clericus. ✠ Wulfnoð clericus. ✠ Wulfwine clericus.

Rubric. Uptûne. Æðelweard and Æðelmǽr.

DCLXIX.

ÔSWALD, 989.

✠ Regnante inperpetuum domino saluatore ac
redemptore nostro Ihesu Christo et uniuersa terrarum
regna mirabili maiestatis suae gubernante potentia!
Propter quod, ego Oswaldus, largiflua dei clementia
archipraesul, quandam rurusculi partem, unam, uide-

licet, mansam, in loco quem illius terrae soliculae Cumtun uocitant, libenti concedo animo, cum omnibus ad
eum rite pertinentibus, cum consultu atque permissione uenerabilis Wiogornensium familiae, Eadwio
meo, uidelicet, ministro; ut habeat et possideat diebus
uitae suae; et post temporis sui decursum, duobus,
quibuscumque decreuerit, post metam proprii aeui
cleronomis relinquat; et postea supramemoratae restituatur aecclesiae. Sit autem terra illa libera ab
omni mundialis rei negotio, praeter pontis arcisue restaurationem, et expeditionem contra hostes. Anno
dominicae incarnationis .DCCCC.LXXXVIIII. corroborata
est haec cartula, testimonio eorum quorum nomina
hic infra subscribuntur.

✠ Ego Oswaldus largitione archipontifex cum
caractere sanctae crucis corroboraui. ✠ Æðelstan
primus. ✠ Æðelsige presbyter. ✠ Eadgar presbyter. ✠ Wistan presbyter. ✠ Æðelsige presbyter.
✠ Æðelstan presbyter. ✠ Godingc diaconus. ✠
Leofstan clericus. ✠ Wulfward clericus. ✠ Æðelric clericus. ✠ Cyneðegn clericus. ✠ Wulfgar
clericus. ✠ Oswig monachus. ✠ Leofwine monachus. ✠ Wulfric clericus. ✠ Wulfnoð clericus.

DCLXX.

ÔSWALD, 989.

✠ CHRISTO creaturarum propriarum omnia ubique
regna suo in mensura et pondere disponente sophismate! Sanctarum praecipui scripturarum oratores hoc
statuerunt dogmatibus, quatinus quicquid mortalium
uellent addere necessitatibus literarum apicibus necteretur, ne forte in posteris rationes ad inuicem compactas obliuio siue potius insidiosa fraus deleat succedentium. Quapropter ego Osuuald, superni rectoris fultus iuuamine archipraesul, cum licentia Æðel-

redi regis Anglorum, ac Ælfrici ducis Merciorum, contuli cuidam consanguineo meo fideli, qui a gnosticis noto Gardulf nuncupatur uocabulo, ob eius fidele obsequium quandam ruris particulam, quatuor, uidelicet, mansas, quod solito uocitatur nomine Hwitintun, cum omnibus ad se rite pertinentibus, pratis, pascuis et siluis, ut ipse, uita comite, fideliter perfruatur; et post uitae suae terminum, duobus, quibuscumque uoluerit, cleronomis derelinquat; quibus etiam ex hac uita migratis, rus praedictum, cum omnibus utensilibus, ad usum primatis aecclesiae dei in Wiogurnaceastre restituatur inmune. Sit autem terra illa libera ab omni saecularis rei negotio, praeter pontis et arcis restaurationem, et publicam expeditionem contra hostes. Ðis synd ðára feówer hida landgemǽru æt Hwitintúne. Ǽrest on Tydanlǽgh; of Tydanleáge ðæt dún be ðǽm reádan wege; ðæt wið westan ꝥone beorh; ðæt on plumhyrgc; of plumhyrgce tó caldan wellan; of caldan wellan tó hreódlǽge; of hreódlǽge tó ðǽre hǽhstrǽte; andlang strǽte ðæt tó swýnes heáfdan; of swínes heáfdan tó Cinilde wyrðe; of Cynilde wyrðe tó wudu mǽdwan; of ðǽm mǽdwan dún be ðǽre hegceriewe; ðæt in langan bróc; of ðǽm bróce in brádan móres ríc; andlang ríces ðæt tó ðǽre hǽhstrǽte; andlang strǽte ðæt in langan bróc; anlang bróces ðæt wið úfan holan dene ofer ꝥa strǽte; ðæt eft ongeriht tó Tydanlǽge. Anno dominicae incarnationis .DCCCC.LXXXIX. scripta est haec scedula et confirmata adstipulatione uirorum illorum quorum nomina hic infra subscribuntur. Gárdulf wæs se forma man, and nú hit stant his sunanan on handan.

✠ Ego Osuuald gratia dei archipraesul consensi et subscripsi. ✠ Ego Æðelstan primus. ✠ Ego Ælfsige presbyter. ✠ Ego Eadgar presbyter. ✠ Ego Wistan presbyter. ✠ Ego Æðelsige presbyter. ✠ Ego Æðelstan presbyter. ✠ Ego Godingc dia-

conus. ✠ Ego Leofstan diaconus. ✠ Ego Wulfweard
diaconus. ✠ Ego Æðelric diaconus. ✠ Ego Cyne-
ðeng clericus. ✠ Ego Wulfgar clericus. ✠ Ego
Leofwine monachus. ✠ Ego Oswig monachus.
✠ Ego Wulfric clericus. ✠ Wulfnoð clericus. ✠
Wulfwine clericus.

   Rubric. Hwitintûn. Gârdulfe and Leófenôð.

DCLXXI.

ÓSWALD, 989.

✠ Anno dominicae incarnationis .dcccc.lxxxix.
nostraeque redemptionis, qui iura diuina humanaque
proprio dispensat sophismate, suae creaturae perpetualiter, ne deficiant, temporalem atque aeternam administrat alimoniam. In cuius onomate, ego Oswaldus,
diuina fauente clementia archiepiscopus, quandam
particulam telluris de monasterio sanctae Mariae in
Wiogorna castello, uidelicet, unam mansam et dimidiam, in loco nuncupante Norðtun, Byrcstano condonaui meo utique ministro, in ea quippe ratione, ut
ipse habeat et bene perfruatur; et post se, duobus,
quibuscumque uoluerit, derelinquat haeredibus. Sit
autem terra illa libera ab omni mundialis rei negotio,
praeter pontis et arcis restaurationem, et communem
expeditionem contra hostes. Istis astipulatoribus
corroborata est haec donatio, quorum nomina in praesenti pagina luculentissimis caraxantur apicibus.

✠ Ego Osuualdus Christi largitione archipraesul
caracterem saluificae crucis impressi. ✠ Ego Æðelstan primus. ✠ Ego Ælfsige presbyter. ✠ Ego
Eadgar presbyter. ✠ Ego Wistan presbyter. ✠
Ego Æðelsige presbyter. ✠ Ego Æðelstan presbyter. ✠ Ego Godingc diaconus. ✠ Ego Leofstan
diaconus. ✠ Ego Wulfweard diaconus. ✠ Ego
Cyneðegn clericus. ✠ Ego Wulfgar clericus. ✠

Ego Leofwine monachus.   ✠ Ego Wulfric clericus.
✠ Ego Ælfnoð clericus.   ✠ Ego Wulfnoð clericus.
✠ Ego Wulfwine clericus.

  Rubric. Norðtûn . Byrestân and Ælfstân.

DCLXXII.

* ÆÐELRED, 990.

✠ Cum nos in extrema pene huius uitae margine cernamus sistere, et ultima quaeque senescentis mundi pericula indesinenter luere, admonemur per hoc patenter paruipendere fugitiuam atque caducam huius temporis pompam, et ad immarcessibilem aeternae beatitudinis per bonorum operum exhibitionem tendere palmam : et quicquid utilitatis nostris fuerit dei mirifica allubescente clementia statutum temporibus hoc apicum notis inserere cartis, ne hoc ipsum, quod absit, a subsequentibus causa ignorantiae annullari ullo modo queat, et nostra tunc merces minoretur! Quapropter ego Æðelredus, sceptrigera ditione Anglis, caeterisque sistentibus in circuitu gentibus, uoce, habitu morumque uarietate distantibus rex subthronizatus, ob meae remedium animulae et ob stabilimentum regni coelitus mihimet concessi, atque etiam ob maximae pecuniae pretium mihimet pro hoc ipso collato, condono ad sancti et eximii huius patriae protomartyris Albani coenobium, quandam iuris mei portiunculam, cassatas equidem senas, binis in locis semotas, unam scilicet, ubi ab accolis usitato nomine dicitur Fleamstede, et quinque ubi noto uocitamine ob olim castellum iam pene dirutum Ausonica lingua dicebatur Uerulamium, quod nos uulgariter dicimus Wætlingaceaster, ubi et ipse sanctissimus Christi agonista uaria pro fide Christi sustulit tormentorum cruciamenta. Hoc sagaciter meo reuoluens animo iustius fore multo, locum in quo passus

est, suo aeternaliter mancipari coenobio almifico,
quam diutius fisco regali uel cuilibet terreno audacter
subiacere negotio. Decens est enim ut locus quem
suo sacratissimo agonizans pro Christo aspersit et
sacrauit cruore, ad ipsum perpetualiter reuertatur
locum, ubi et ipse martyrio expleto, capite truncato,
brauium coeleste et immarcessibilis uitae meruit coro-
nam. Hoc nempe meae dapsilitatis emolumentum
libens sub aeternali libertate liberum concedo, sicut
abauus praedecessor meus Offa, scilicet, rex inclitus,
omnia quae ipse ad ipsum coenobium contulit libertate ditauit. Eadem inquam libertate non solum
hanc possessiunculam liberam libens statuo, sed etiam
quicquid a meipso uel a qualibet persona maiori siue
minori ab heri et nudiustertius, et exin usque ad
terminum istius transitorii regni, uitaeque labantis
extrema datum fuerit ad supradicti martyris tumbam,
sub hac libertatis et renouationis cartula aeternali
libertate permaneat liberum. Et ne forte quis praesentium uel magis futurorum ambiget quae sit illa
libertas, qua ipsum coenobium rex beneuolus Offa
ditauit, et egomet nunc confirmando renouaui, dicam
plane, quod omnimodis cuncta illius monasterii possessio nullis est obnoxia fiscis, scilicet, nec expeditionis, nec pontis et arcis aedificamine, nec iuris
regalis fragmine, nec furis apprehensione, et ut
omnia simul comprehendam, nil debet exsolui, uel
regis praeposito, uel episcopi, uel ducis, uel ullius
hominis, sed omne debitum exsoluant iugiter, qui in
ipsa possessione fuerint, ad praedicti martyris mauso-
leum, secundum quod ordinauerit abbas, qui ipso
praefuerit coenobio. Notum etiam uobis cupio fore
quantum pretium pro hoc ipso abbas ipsius coenobii
nomine Leofricus mihimet contulit, quando illud graue
uectigal Danis exsoluebamus; praestitit nempe mihi
ducentas libras auri et argenti, ex appensione Dano-
rum, et pro foenore ipsius pretii accepit a me uillam

quae dicitur Eadulfinctun, quinquaginta quinque mansas habens, et has etiam sex mansas. Et nunc gratanter ipse mihimet mente beneuola reddit praedictas
quinquaginta quinque mansas, et contentus est in
ipsis sex mansis, pro ducentis libris ; ideoque hanc
libertatis et renouationis scedulam facilius adeptus
est. Permaneat itaque praedicta possessio, cum
omnibus utensilibus ad se rite pertinentibus, sub praedictae libertatis chirographo uoti compos. Et quisquis nostrae hoc liberalitatis donum augmentare mente
maluerit iocunda, sentiet se donis per hoc locupletari
diuinis. Si autem, quod absit, uspiam quis laruarico
attactus instinctu mente hoc subdola machinatus fuerit adnullare, uel quippiam in peius quam constituimus transuertere, sua pro audacia a coetu in hac
uita anathematizetur fidelium, et in tremendo dei examine astantibus coelorum agminibus hominumque
turmis, necnon et horrendis Erebi uernulis palam cunctis damnetur cum haedis, auerni cruciamenta sine
fine luiturus, ni ante obitum condigne emendauerit.
Scripta est autem huius libertatis cartula decursis
annis ab incarnatione Christi .DCCCC.XC. nouenis
terque binis in cursu millenario equidem sexto, his
testibus fauentibus quorum hic dignitates cum onomate
contemplari ualebis.

✠ Ego Æðelredus regia infula comptus propriae
munificentiae donum stabiliter confirmo. ✠ Ego
Wulfstanus archiepiscopus Eboracensis aecclesiae
assentio. ✠ Ego Æðelstan clito. ✠ Ego Ecbyrht
clito. ✠ Ego Eadmund clito. ✠ Eadred clito.
✠ Ego Eadwig clito. ✠ Ego Eadgar clito. ✠
Ego Eadward clito. ✠ Ego Ælfheh episcopus. ✠
Ego Ordbriht episcopus. ✠ Ego Aðulf episcopus.
✠ Ego Æðelsie episcopus. ✠ Ego Lifing episcopus. ✠ Ego Ælfwold episcopus. ✠ Ego Ælfhelm
episcopus. ✠ Ego Ælfric abbas. ✠ Ego Wulfgar abbas. ✠ Ego Kenulf abbas. ✠ Ego Ælfric

abbas. ✠ Ego Leofric abbas. ✠ Ego Eadnoð abbas. ✠ Ego Ælfwerd abbas. ✠ Ego Ælfric comes. ✠ Ego Ælfhelm comes. ✠ Ego Leofwine comes. ✠ Ego Æðelmær minister. ✠ Ego Wulfgeat minister. ✠ Ego Eadric minister. ✠ Ego Wulfhet minister. ✠ Ego Æðelric minister. ✠ Ego Æðelwine minister. ✠ Ego Æðelwerd minister. ✠ ✠ Ego Æðelstan minister. ✠ Ego Ulfcytel minister. ✠ Ego Bryhtric minister. ✠ Ego Leofwine minister.

DCLXXIII.

* ÆÐELRED, 990.

✠ In genitoris ac prolis almique flaminis onomate! Saeuissimi nempe arbitrii ingruente turbine ac dirae tempestatis minitante uoragine, luctuosis nobis inpraecandum quaestibus cuncta librantis Christi nouimus clementiam fore, quo circumquaque parma uallati protectionis diuinae uirulentas Phlegethonticae atrocitatis ualeamus combustiones euadere ac Leuiathan luridi theo protegente phalanges euincere, et Paradisiacae contubernio amoenitatis adiungi, florigerisque tripudiantium Christi tyronum promereamur cubilibus gratanter adscisci; id quoque sagaciter hisce gestientes modulis promereri, ut temporalibus gazis inopum penuriam refrigerantes tantis diuitiis fauste uti iam deprompsimus mereamur adunari. Quapropter ego Æðelredus famosus totius Brittannicae insulae imperator, cuidam dilecto mihi ministro, Æðelweardo uocitamine, quandam telluris particulam mei iuris, id est .xv. tributaria in eo loco cui solicolae scibile Wudatun appellamen indiderunt, in libertatem adscribo haereditariam, quatenus ille fauste fruatur quamdiu uiuido flatu artuum organa reguntur; et post huius uitae excessum cuicunque sibi ratum duxerit cleronomo derelinquat. Si autem tempore contigerit aliquo quempiam hominum aliquem antiquiorem librum contra istius libri libertatem producere, pro nichilo computetur, isto per omnia in sua stabilitate permanente atque uigente. Sit autem istud praefatum rus liberrimum ab omni mundiali obstaculo in magnis ac modicis, id est, in campis seu pascuis, pratis nec ne robore siluis, tribus, tantummodo rationabiliter, rebus exceptis, quae usuali ritu obseruantur hactenus id est cumglomerata sibi alternatim expeditioni compulerit populari commilitonum confligere castra, atque cum sua petunt pontis titubantia muniri uada, ac cum conciuium turma urbium indigent muniri stabiliter septa. Si quis igitur hoc nostrum in aliud quid transmutare praesumpserit donarium, anathematizatus ipse a deo et ab omnibus sanctis eius in inferno inferiori cum Sathana sine fine crucietur, nisi prius hic digna satisfactione emendare maluerit.   Istis terminis ambitur praedicta tellus.   Ærest on Wiðigford eástæweardne; ðanon ongerihtæ on turding sceatt on ðæt milgemæt; swá on ðone wrefet; andlang wrefetes on Cynedealle ródæ eástæweardæ; ðanan ongerihte on Stánhǽmstéde; swá andlang mearce on ða lámpyttas; ðæt andlang mearcæs on broccæs hlǽw; of broccæs hlǽwæ súð on ða hyrnan; swá andlang mearcæ on wáddúnæ; of wáddúnæ on Ængelhámstæde westeweardan; swá ongerihtæ on ðonæ hærepað; west andlang hærepaðes on ða hyrnan; swá andlang Fræccændúnæ on Cyteling gráf westeweardne; ðæt andlang mearcæ on smalan dæne on ðone hærepað; swá útt on sioluc ham; of sioluc hammæ on scobban byrygels wæsteweardan on sagel mǽre; swá on ða fúlan flódas; ðæt andlang mearce on ða wyllas; swá of westæweardan ðám wyllam ongerihte útt on ða lége norðeweardre; swá andlang streámes on Wiðigford norðæweardran. And .ix. hagan on Wintancestre on Tænnere strēt, and on

Embasinga stocæ ân mêd, and æt Hines clifæ ân
mylen. Anno dominicae incarnationis .DCCCC.XC.
scripta est haec cartula, indictione .III. his testibus
consentientibus quorum inferius nomina carraxantur.

✠ Ego Æðelredus rex Anglorum huius donationis
libertatem regni totius fastigium tenens libenter concessi. ✠ Ego Sigericus Dorouernensis aecclesiae
archiepiscopus cum signo sanctae crucis roboraui.
✠ Ego Oswoldus Eboracensis aecclesiae archiepiscopus crucis taumate adnotaui. ✠ Ego Ælfstanus episcopus. ✠ Ego Ælfeagus episcopus. ✠ Ego Æscwig episcopus. ✠ Ego Æðelsinus episcopus. ✠ Ego
Ælfstanus episcopus. ✠ Ego Sigegarus episcopus.
✠ Ego Ordbrihtus episcopus. ✠ Ego Æðelsinus
episcopus. ✠ Ego Æðelwine dux. ✠ Ego Byrhtnoð dux. ✠ Ego Æðelweard dux. ✠ Ego Ælfric
dux. ✠ Ego Ælfweard abbas. ✠ Ego Ælfsigæ
abbas. ✠ Ego Leofric abbas. ✠ Ego Ælfhære abbas. ✠ Ego Leofric abbas. ✠ Ego Ælfgar minister. ✠ Ego Ælfsige minister. ✠ Ego Æðelsige
minister. ✠ Ego Leofric minister. ✠ Ego Ordulf
minister. ✠ Ego Leofric minister. ✠ Ego Ælfric
minister. ✠ Ego Ælfhelm minister. ✠ Ego Leofstan minister. ✠ Ego Wulfheah minister.

Rubric. Ðis is ðára .XV. hida bôc æt Wudatûne,
ðe Æðelred cing gebôcode Æðelwearde his þegne on
êce yrfe.

_____

DCLXXIV.
ÔSWALD, 990.

✠ DISPONENTE regi regum cuncta coeli secreta,
necnon quae sub coeli culmine apud homines mutan-
tur miro ordine gubernante! Cuius incarnationis humanae anno .DCCCC.XC. indictione .III. haec donatio
quae in ista cartula Saxonicis sermonibus apparet,
confirmata et donata erat. In ûsses drihtnes noman

hǽlendes Cristes! Ic Oswald arcebisceop cýðu ðæt
seó heórǽdden æt Wiogurnacestre, ge ealde ge iunge
me þafedan ðat ic móste gebócian twá hida landes on
Mórtúne on þreóra monna dæg mínum twám getreów-
um mannum Beorhnæge and Byrhstáne twǽm ge-
bróðrum; and se ealdra hæbbe ða þreó æceras, and se
iungra ðone feorðan, ge innor, ge útter, swá tó ðám
lande gebyrige ðæt mon nemneð óðre naman, Uppðrop.
And we ealle hálsigað on Godes naman ðæt hió nǽnig
mann ðæs né bereáfige ða hwíle ðe hieó lifien; and ofer
heóra dæg cerre tó ðæs honda ðe heó unnen; and hit
seó ðonne ðǽm ágen ǽghwæs tó brúcenne tó freon
twégra manna dæg bútan ðǽm circsceatte, and ic
cýðe ðæt ða gebróðra twégen me gesealdon .IIII.
púnd lícwyrðes feos wið fullan unnan. Et nunc obsecramus per misericordiam dei, qui est proprius et
uerus dominus omnium terrarum quae ad aecclesiam dei pertinent et per amorem sanctae Mariae, in
cuius nomine consecratum est monasterium in Wiogurnaceastre in quo seruire debemus, ut haec nostra
largitio siue consentio inuiolata permanere queat. Et
si quis de nostris successoribus hoc in aliquo foedare
temptauerit et nostrae fraternae congregationis licentiam disrumpere, sciat se rationem redditurum in
tremendo examinis die, nisi prius satisfaciendo emendet. Ðis syndon ðára bróðra noman ðe ðás sylene
geðarfedan and gesealdan, and mid Cristes róde tácne
gefæstnodon.

✠ Oswald arcebisceop.   ✠ Æðelstán primus.
✠ Ælfsige presbyter.   ✠ Eádgár presbyter.   ✠
Wistán presbyter.   ✠ Æðelsige presbyter.   ✠ Æðelstán presbyter.   ✠ Godingc diaconus.   ✠ Leófstán
diaconus.   ✠ Wulfweard diaconus.   ✠ Æðelríc diaconus.   ✠ Cyneðegn clericus.   ✠ Wulfgár clericus.
✠ Leófwine clericus.   ✠ Wulfríc clericus.   ✠ Wulfnóð clericus.   ✠ Wulfwine clericus.

Ðas .v. béc locyað intó Breódúne.

DCLXXV.
ÓSWALD, 990.

✠ IN ússes drihtnes noman hǽlendes Cristes! Ic
Oswald arcebisceop mid geðafunge and læfe ðæs
árwurðan hyredes on Wiogernaceastre, ge iunges ge
ealdes, gebócige sumne dǽl landes mínan holdan and
getriówan men ðǽm is Æðelmǽr nama, on twâm stowum twêga hida landes on þreóra manna dæg, áne
hide on Cumtûne on his hámstealle, and healf ðone
wudu ðǽrtó; and óðre on Mersce for his eádmódre
hýrsumnysse and for his lícweorðan feo, ðat is twâ
púnd mére-hwítes seolfres, and .xxx. euwna mid
hióra lambum, and .iiii. oxan, and twâ cý, and ân
hors; ðat is, ðæt hæbbe and wel brúce his dæg; and
æfter his dæge twâm erfeweardan ðám ðe him leófest
sý and him tó geearnian wylle, and hió hit hæbben tó
frion ǽlces þinges bútan wealgeworce and brygc-
geweorce and ferdsócne. Ðis synd ðǽre ánre hide
landgemǽru on Mersce. Ǽrest of Æðelstánes gemǽre
tó ðám wylle on Biles hamme; ðonne út tó ðám middel
gemare. Ðis wæs gedón ðý geare ðe wæs ágán fram
Cristes gebyrdtíde, nigon hund wintra and hund nigon-
tig wintra, on ðára bróðra gewitnysse ðe hióra naman
hér beneoðan áwritene standað.

✠ Ic Oswald arcebisceop mid Cristes róde tácne ðas
sylene gefæstnode. ✠ Æðelstán primus. ✠ Ælfsige presbyter. ✠ Eádgár presbyter. ✠ Wistán
presbyter. ✠ Æðelsige presbyter. ✠ Æðelstán
presbyter. ✠ Godingc diaconus. ✠ Leófstán diaconus. ✠ Wulfweard diaconus. ✠ Æðelríc diaconus. ✠ Cyneðegn clericus. ✠ Wulfgár clericus.
✠ Leófwine monachus. ✠ Wulfríc clericus. ✠
Wulfnóð clericus. ✠ Wulfwine clericus. ✠ And ic
gean him ðæs worðiges æt Brynes hamme ðe Æðelm
áhte, and ðæs croftes ðǽrtó be eástan ðǽre strǽte on

ðat ilce geráð ðe ðis óðer is.   ✠ Ðas gen béc hyra ́ intó Wincescumbe.

DCLXXVI.

ÔSWALD, 991.

✠ In ússes drihtnes noman hælendes Cristes! Ic Osuuald arcebiscop mid geðafunge and leáfe ðæs árwyrðan hiredes on Wiogernaceastre, ge iunges ge ealdes, gebócie sumne dǽl landes mínum holdan and getriówan þegne ðǽm is Eádríc noma, on twám stowum þrióra hida landes on twégra monna dæg, twá on Tǽtlintúne and áne æt Nioweboldan, and ðat inlond ðǽrtó ðe Leófríc hædde for his eádmódre hersumnesse; ðæt is, ðæt he hæbbe and wel brúce his dæg; and æfter his dæg ánum erfewarde ðǽm ðe him leófest sé and him tó gearnian wille, and he hit hæbbe tó frion ǽlces þingces, bútan geweorce and brycgeworce and ferdsócne. Ðis wæs gedón ðý geare ðe ágán wæs from Cristes gebyrðtíde, nigon hund wintra and án and hund nigonti wintra, on ðára bróðra gewitnesse ðe hióra naman her beneoðan áwritene standað.

✠ Ic Osuuald ercebiscop mid Cristes róde tácne ðas sylene gefestnade. ✠ Ego Æðelstán primus. ✠ Ego Ælfsige presbyter. ✠ Ego Eádgár presbyter. ✠ Ego Æðelsige presbyter. ✠ Ego Godingc diaconus. ✠ Ego Wistán presbyter. ✠ Ego Æðelstán presbyter. ✠ Ego Leófstán diaconus. ✠ Ego Æðelríc diaconus. ✠ Ego Cyneðeng clericus. ✠ Ego Wulfgár clericus. ✠ Ego Leófwine clericus. ✠ Ego Wulfríc clericus. ✠ Ego Wulfnóð clericus. ✠ Ego Wulfwine clericus. ✠ Ego Godwine clericus. Ðas .iii. béc lociað intó Tredintúne.

DCLXXVII.
ÔSWALD, 991.

✠ REGNANTE in perpetuum domino nostro Ihesu Christo! Cuius incarnationis humanae anni laterculo .DCCCC.XCI. ego Oswaldus archiepiscopus cum licentia illius familiae quae sita est in Weogernaceastre, unam uidelicet mansam, ubi ruricolae Icenantun dicunt, Ælfstano fideli meo homini tradendo concedo, sibi dies suos perfruendam; et post se duobus haeredibus tradendam concessi; quibus defunctis, aecclesiae dei in Weogernaceastre restituatur. Sit autem terra illa libera ab omni mundiali seruitio, praeter pontis arcisue restaurationem, et communem contra hostes expeditionem. Scripta est haec scedula sub testimonio eorum quorum nomina hic infra subscribuntur.

✠ Ego Oswaldus archipraesul signaculum deificae crucis propriis digitulis inpressi atque roboraui. ✠ Ego Æðelstan presbyter. ✠ Ego Æðelsige presbyter. ✠ Ego Eadgar presbyter. ✠ Ego Æðelsige presbyter. ✠ Ego Wistan presbyter. ✠ Ego Æðelstan presbyter. ✠ Godinc diaconus. ✠ Leofstan diaconus. ✠ Leofwine clericus. ✠ Æðelstan diaconus. ✠ Cyneðegn clericus. ✠ Wulfgar clericus.

DCLXXVIII.
ÔSWALD, 991.

✠ REGNANTE in perpetuum domino nostro Ihesu Christo per uniuersa quadriflui orbis climata! Anno eiusdem incarnationis .DCCCC.XCI. ego Oswaldus, dei munificentia archipraesul, trado cuidam meo familiari artifici, nomine Æðelmær, eius bene promerentibus meritis, duas mansas, ubi Æsctun nominatur, tem-

pore quo uixerit, et post se duobus derelinquat haeredibus; quibus ex hac uita sublatis, restituatur
supramemoratae aecclesiae. Sit autem terra illa
libera ab omni saecularis rei negotio, praeter pontis
arcisue restaurationem, et contra hostes communem
expeditionem. Scripta est haec cartula, his testibus
consentientibus quorum nomina inferius scripta cernuntur.

✠ Ego Oswaldus archipraesul donaui. ✠ Ego
Æðelstan primus. ✠ Æðelsige presbyter. ✠
Ælfsige presbyter. ✠ Eadgar presbyter. ✠ Wistan presbyter. ✠ Æðelstan presbyter. ✠ Godingc
diaconus. ✠ Leofstan diaconus. ✠ Æðelric diaconus. ✠ Cyneðegn clericus. ✠ Wulfgar clericus. ✠ Leofwine monachus. ✠ Wulfric clericus.
✠ Wulfnoð clericus. ✠ Godwine clericus. ✠
Wulfwine clericus.

Rubric. Æsctûn. Æðelmǽre and Wulfware and
Eâdmǽre and Ælmǽre.

DCLXXIX.

ÔSWALD, 972—992.

✠ Ego Oswaldus, domini praedestinatione archipraesul, meo fideli clienti, unam largior curtam in
ciuitate Weogernensi, Ælfsige fruenti uocitamine, ut
sospes illa perfruatur; duobusque haeredibus post se
relinquat; quae deinceps in usum redigatur pontificalem. Eâc we wrîtað him ðone croft intô ðǽm
hagan ðe is be eâstan Wulfsiges crofte ðæt he hæbbe
hit swâ rûm tô bôclonde swâ he ǽr hæfde tô læn-
londe.

✠ Ego Oswald archipontifex confirmaui et subscripsi. ✠ Ego Wynsige presbyter. ✠ Ego Æðelstan
presbyter. ✠ Ego Ælfsige presbyter. ✠ Ego Æðel-

sige presbyter. ✠ Ego Eadgar presbyter. ✠ Ego
Wistan presbyter. ✠ Ego Æðelstan presbyter. ✠
Ego Godingc diaconus. ✠ Ego Leofstan diaconus. ✠
Ego Wulfweard diaconus. ✠ Ego Æðeric diaconus.
✠ Ego Cyneðegn clericus. ✠ Ego Wulfgar clericus.
✠ Ego Leofwine clericus. ✠ Ego Oswig clericus.
✠ Ego Wulfric clericus. ✠ Ego Wulfnoð clericus.
✠ Ego Wulfwine clericus.

Ðis is ágán twêgera manna dæg, and ðá nam Ealdulf hit and sealde ðám ðe he wolde tó earnignclande.

DCLXXX.

ÓSWALD, after 972.

✠ Ic Osuuold þurh Godes giefe arcebisceop, mid
geðafunge and leáfe Eádwardes Angulcyninges, and
Ælfheres Mercna heretogan, and ðæs heredes æt
Wiogernaceastre, landes sumne dǽl, ðæt is án hid æt
Hymeltúne, sumum cnihte ðám is Wulfgeat noma,
mid eallum þingum ðe ðǽrtó belimpað, freólíce his
dæge forgeaf; and æfter his dæge twǽm yrfweardum;
and æfter hiéra forðsíðe tó ðǽre hálgan stowe intó
Wiogernaceastre ðǽm biscope tó bryce. Sit autem
terra ista libera omni regi nisi aecclesiastici censi.
Sancta Maria et sanctus Michahel cum sancto Petro,
and eallum Godes hálgum gemiltsien ðis haldendum;
gief hwá búton gewrihtum hit ábrecan wille, hæbbe
him wið God gemǽne on ðám ýtemestan dæge ðisses
lifes búton he ǽr tó dǽdbóte gecyrre. Ðis is ðáre áre
hide landgemǽru æt Hymeltúne; ðæt is, ǽrest æt Egc-
brihtingc þirne; úfeweardre of ðǽre þyrne; ondlong
ðǽre hægce ðæt on scipeneleá; of scipeneleá ðæt on
efeneleá; ðæt tó mǽgdenne brigce; of ðǽre brigce
ondlong hegce ðæt tó hryan crofte; ondlong ðæs
croftes heáfodlondes ðæt tó ðǽm óðran heáfodlonde;

s 2

of ðǽm heáfodlonde ðæt tó bercrofte; of ðǽm crofte
ðat eft tó Hegcbrihtingc þyrne; úfeweardre ðonne ge-
bira ð se fífta æcer ðǽre dálmǽdue tó ðǽre hide.
Ðis is ðæs wuda gemǽre ðe tó ðǽre hide gebyreð; ðæt
is, ǽrest æt ceastergeate tó ceasterwege; ondlong
ceasterweges tó middelwege; of middelwege ðæt
eft tó ceastergeate; of ðǽm geate tó longanleáge; of
longanleáge ondlong ðǽre díc tó deor leáge tó ðǽm
hriðige; ondlong hriðies tó dúnhǽmstédes æcer-
gearde; ondlong ðæs æcergeardes tó longan æcre;
ondlong ðæs æceres tó ðǽm midlestan wícwege;
ondlong ðæs weges ðæt eft tó ceastergeate. Her is
seó hondseten.

✠ Ego Oswold archiepiscopus.　✠ Ego Wynsige
presbyter.　✠ Ego Wulfric presbyter.　✠ Ego
Wulfheah presbyter.　✠ Ego Ælfsige presbyter.
✠ Ego Æðelstan presbyter.　✠ Ego Eadgar pres-
byter.　✠ Ego Eadweard presbyter.　✠ Ego Ælf-
gar diaconus.　✠ Ego Æðelsige diaconus.　✠ Ego
Godingc diaconus.　✠ Ego Leofstan diaconus.　✠
Ego Leofwine clericus.　✠ Ego Kyneðegn clericus.
✠ Ego Wulfhun clericus.　✠ Ego Brihstan clericus.
✠ Ego Wulfgar clericus.　✠ Ego Cynestan clericus.
✠ Ego Eadwine clericus.　✠ Ego Wynstan clericus.
✠ Ego Ælfnoð clericus.　✠ Ego Wulfnoð clericus.
✠ Ego Wulfweard clericus.　✠ Ego Æðeric clericus.

Wulfgeat wæs se forma man and Wulfmǽr is ðe
óðer ðe hit nú on honda stant.

DCLXXXI.

ÓSWALD, after 972.

✠ Ic Osuuald þurh Godes giefe arcebisceop, mid
geðafunge Eádwardes Angulcyninges, and Ælfheres
Mercna heretogan, and ðæs heorodes æt Wygerna-
ceastre, landes sumne dǽl, ðæt is án gyrd æt Genen-

ofre mon cweð, sumum preóste ðám is Wulfheah noma,
mid allum þingum ðe ðǽrtó belimpað, freólíce his
dæge forgeaf; and æfter his dæg twám yrfweardum;
and æfter heóra forðsíðe tó ðǽre hálgan stowe intó
Wiogerneceastre ðǽm biscope tó bryce. Eác we
wrítað him ðone gráf ðǽrtó. Ðis syndon ða gemǽru
ðe tó ðǽm gráfe gebyriað. Ærest of ðám clife in
norðwearden stódleáge; ðæt swá eástriht in ðone æcer-
geard; ondlong geardes ðæt in lipperdes gemǽre;
ondlong gemǽres ðæt in steorfan halh; ondlong ofre
ðæt in ðone croft; of ðǽm crofte neoðewearde; eft
úp in ðone holan weg; of ðǽm wege in Wulfgáres
gemǽre; ondlong gemǽres ðæt eft on ðæt clif be
súðan ðǽm súðmestan holan wege. Sit autem terra
ista libera omni regi nisi aecclesiastici censi. Sancta
Maria et sanctus Michahel cum sancto Petro, and
allum Godes hálgum gemiltsien ðis haldendum; gief
hwá bútan gewrihtum hit ábrecan wylle, hæbbe him
wið God gemǽne on ðám ꝼtemestan dæge ðisses
lifes, búton he ǽr tó dǽdbóte gecyrre. Ðis is seó
hondseten.

✠ Osuuold arcebisceop. ✠ Ego Wynsige pres-
byter. ✠ Ego Wulfríc presbyter. ✠ Ego Æðel-
stán presbyter. ✠ Ego Ælfsige presbyter. ✠ Ego
Eádgár presbyter. ✠ Ego Wistán presbyter. ✠
Ego Eádward presbyter. ✠ Ego Ælfgár diaconus.
✠ Ego Godingc diaconus. ✠ Ego Leófstán diaco-
nus. ✠ Ego Æðelsige diaconus. ✠ Ego Wulfweard
diaconus. ✠ Ego Kyneðegn clericus. ✠ Ego Leóf-
wine clericus. ✠ Ego Wulfgár clericus. ✠ Ego
Wulfhun clericus. ✠ Ego Kynestán clericus. ✠
Ego Brihstán clericus. ✠ Ego Eádwine clericus.
✠ Ego Wynstán clericus. ✠ Ego Ælfstán clericus.
✠ Ego Æðelwold clericus. ✠ Ego Ælfnóð clericus.
✠ Ego Æðeríc clericus. ✠ Ego Ufic clericus.

Rubric. Æt Genanofre. Wulfege, Godwine,
Ælfríce.

DCLXXXII.
ÔSWALD, after 972.

✠ Ic Osuuald þurh Godes giefe arcebisceop, mid
geðafunge and leâfe Eâdwardes Angulcyningæs, and
Ælfheres Mercna heretogan, and ðæs heorodes æt
Wygerneceastre, landes sumne dæl, ðæt is ân hid æt
Witleâ, sumum preôste ðâm is Wulfgâr noma, mid
allum þingum ðe ðártô belimpað, freôlîce his dæge
forgeaf; and æfter his dæge twâm yrfweardum
and æfter hieôra forðsîðe tô ðære hâlgan stowe intô
Wiogornaceastre ðæm biscope tô bryce. Sit autem
terra ista libera omni regi nisi aecclesiastici censi.
Sancta Maria et sanctus Michahel cum sancto Petro,
and allum Godes hâlgum gemiltsien ðis haldendum;
gief hwâ bûton gewrihtum hit âbrecan wille, hæbbe
him wið God gemæne on ðâm ꝼtemestan dæge ðisses
lifes, bûton he ær tô dædbôte gecyrre. Ðis sindon ðæs
landes gemæra ðe gebyriað intô ðære westmestan
hide æt Witleâge feldlondes and wudulandes swâ
hit tôdæled is of þrym gemæran westrihte on ða dîc;
andlang dîces on kyllan hrigc; of kyllan hrigce on
sylweg; andlang weges on ða hæðihtan leâge, and
swâ on ðæt fûle sloh; of ðæm slo ofer buttingc grâf
on ecclesbrôc; andlang brôces on Doferic. ✠ Her
is siô hondseten.

✠ Oswald arcebisceop. ✠ Winsige presbyter.
✠ Wulfrîc presbyter. ✠ Wulfheah presbyter. ✠
Æðelstân presbyter. ✠ Ælfsige presbyter. ✠
Eâdgâr presbyter. ✠ Wistân presbyter. ✠ Eâdward presbyter. ✠ Ælfgâr diaconus. ✠ Godinc
diaconus. ✠ Leôfstân diaconus. ✠ Æðelsige
diaconus. ✠ Wulfward diaconus. ✠ Kyneðegn
clericus. ✠ Leôfwine clericus. ✠ Wulfhun clericus. ✠ Kynestân clericus. ✠ Brihstân clericus.
✠ Eâdwine clericus. ✠ Wynstân clericus. ✠

Ælfstán clericus. ✠ Æðelwold clericus. ✠ Ælfnōð clericus. ✠ Ufic clericus. ✠ Æðerîc clericus.

DCLXXXIII.

ŌSWALD, 978—992.

✠ Ic Osuuald þur Godes giefe arcebisceop, mid geðafunge and leáfe Æðelredes Angulcyningces and Ælfrîces aldermannes and ðæs heorodes æt Wygerneceastre, landes sumne dǽl ðæt syndon .iii. hida æt Brádingccotan and án gyrd æt Genenofre mon cweð, sumum preóste ðám is Godingc noma mid allum þingum ðe ðártó belimpað freólíce his dæg forgeaf; and æfter his dæge twám yrfweardum ðǽm ðe he sylf wille; and æfter heóra forðsíðe tó ðǽre hálgan stowe intó Wygerneceastre ðǽm biscope tó bryce. And ðǽrtó ic him sylle .vii. æcras mǽdue on ðǽm homme ðe gebyrað intó Tidbrihtingctúne, feorðe hælfne on ánum stéde, and feorðe halfne an óðrum stéde, alswá hit tó gedǽle gebyrað. Eác we wrítað him ðone hagan ðe he hæfð beforan ðǽm gete, and twám yrfweardum æfter his dæge. Ðis sindon ðǽra þreóra hida landgemǽru tó Brádingccotan; ðæt is ðonne ǽrest of calawan hylle on foreweardan ðǽre aldan díc; andlang ðǽre aldan díc tó ðǽre mǽre stowe; of ðǽre mǽre stowe ðæt in ða díc; andlang ðǽre díc ðæt tó ðǽre saltstrǽte; swá west ofer ðǽre strǽte in ða hegestowe tó Swǽchǽme gemǽre; of Swǽchǽme gemǽre be westan oxna leáge; be ðǽm hlíðe; of oxna leáge norð in ða hege stowe; andlang ðǽre hegestowe tó ðǽm fúlan slo; of ðǽm fúlan slo in ða díc; of ðǽre díc tó wynne mǽduan be ðǽre strǽt; andlang strǽte ðæt tó ðǽm lytlan hylle; of ðǽm hylle ðæt swá be ðǽm .iiii. þornan; of ðǽm þornan be ðǽm heáfdon tó ðǽm þornihtan heáfodlonde; of ðǽm heáfodlonde tó ðǽre hegestowe; andlang ðǽre hegestowe tó Humburnan; andlang

Humburnan tó ðǽre díc; of ðǽre díc tó ðǽm lytlan
slo; of ðǽm slo tó ðǽre aldan díc; andlang ðǽre díc tó
ðǽm hǽðe foreweardan; swá súð andlang ðǽre lytlan
díc; ðæt ðonne westweard ofer ðone hǽð tó ðǽm lytlan
gráfe; of ðǽm gráfe súðweard be eástan ðǽm wulfseáðe;
andlang ðǽre stíge ðæt eft tó calawan hylle tó ðǽre
díc foreweardan.   Sit autem terra illa libera ab omni
saecularis rei negotio praeter pontis et arcis restaurationem et contra hostes expeditionem.   Sancta Maria
et sanctus Michahel, cum sancto Petro, and allum
Godes hálgum gemiltsien ðis haldendum ; gief hwá
bútan gewrihtum hit ábrecan wille, hæbbe him wið God
gemǽne on ðám ȝtemestan dæg ðisses lifes, búton
he ǽr tó dǽdbóte gecyrre.   ✠ Ðis is seó hondseten.

✠ Ego Oswold arcebisceop.   ✠ Ego Æðelstan presbyter.   ✠ Ego Ælfsige presbyter.   ✠ Ego Eadgar
presbyter.   ✠ Ego Wistan presbyter.   ✠ Ego Æðelsige presbyter.   ✠ Ego Leofstan diaconus.   ✠
Ego Æðeric diaconus.   ✠ Ego Wulfward diaconus.
✠ Ego Æðelstan presbyter.   ✠ Ego Kyneðeng clericus.   ✠ Ego Wulfgar clericus.   ✠ Ego Osuui
clericus.   ✠ Ego Leofwine clericus.   ✠ Ego Wulfric clericus.   ✠ Ego Wulfnoð clericus.   ✠ Ego
Wulfwine clericus.

_____

DCLXXXIV.

*ÆÐELRED, 993.

P̄Aꞷ Al[tithr]oni [tonantis onomate! Orthodoxorum uigoris aecclesiastici monitu creberrime instruimur] ut illi opp[ido subiecti
supp]editantes famulemur qui totius mun[di fa]bri-
cã miro ineffabiliq; serie disp[onens] microcosmũ
Adam uidelic& tandẽ quadriformi plasmatũ materia · almo ad sui similitudinẽ instinctũ spiramine·
uniuersis quae in infimis formauerat uno probandi
causa excepto u&itoq; praeficiens paradisiacę amoeni-

tatis iocunditate conlaterana [Eua scilic]& comite
decentissime collocauit· Laruarica ꝑ dolor seductus cauillatione· uersipellis suasibilisq; tergiuersatione uiraginis pellectus· anathematis alogia ambro
pomū momordit u&itū· & sibi ac posteris in [hoc
aer]umnoso deiectus saeculo lo&ū ꝑmeruit pp&uū·
Uaticinantib; siquidē proph&is & cẹlitus supni regis
diuturna clandestino praesagia dogmate ꝑmentib;
nitide orthodoxis· eulogiū ex supnis deferens· non
ut iudaeoꝗ seditiosa elingu[e] fat&ur loquacitas· sed
priscoꝗ atq; modernoꝗ lepidissimā ambiens facundiā·
arrianas sabellianasq; proterendo nenias anagogico
infrustrans famine· nosq; ab obtunsi cẹcitate um-
braminis· ad supnoꝗ alacrimoniā patrimonioꝗ aduo-
cans· angelus supnis elapsus liminib; in aurē inte-
meratẹ uirginis ut euangelica ꝑmulgant famina·
stupenda cecinisse uid&ur carmina· Cui ẹcta tota
uidelic& catholica consona uoce altibohando ꝑclamat
Beata es uirgo Maria que credidisti· pficientur in
te quẹ dicta sunt tibi a dño· Mirū dictu incarnatr
uerbū & incorporatr scilic& illud· de quo euangelista supeminens uniuersoꝗ altitudine sensuum inquit·
In principio erat uerbū· & uerbū erat aput đm· &
đs erat uerbū· & rł. Qua uidelic& sumpta de uirgine
incarnatione antiq; uirginis facinus demitr· & cunctis mulierib; nitidis prẹcluens taumatib; decus irro-
gatur· Intacta igitr redolente [xp̄i diu]initate· pas-
saq; ipsius humanitate· libertas addictis clementer
contigit seruulis· Hinc ego Æþelræd altithrono am̄i-
niculante angloꝗ c&erarumq; gentiū in circuitu triuiatim psistentium basileus· non immemor angustiarū
michi meaeq; nationi septimo regni m[ei ann]o &
deinceps frequenter ac multipliciter accidentium· post
decessum uidelic& beatae memoriẹ ·michiq; interno
amore dilectissimi Adeluuoldi episcopi· cuius industria ac pastoralis cura non solū m[ea]e uerum
&iam uniuersorum huius patriae tam pr[incipum]

quam subditorum utilitati superno plasmatore inspirante consuluit· mecũ plurima uoluere tacitus
cepi· & quę tantorum causa periculo4 exister&· studiose pcunctari sollicit⁹ curaui· Tanto igitur taliq;
studio magnopere incitatus· & archana quaeq; dilig-
[enter mal]a mecũ examinans· tandem dñi conpunc-
tus gr̃a ad memoriã reduxi· partim hęc infortunia
pro meae iuuentutis ignorantia quę d[iu]ersis sol&
uti moribus· partim &iam pro quorundam illorũ
d&estanda philargiria qui meae utilitati consulere
debebant accid[iss]e   Siquidem inter caetera memoriae occurrit· me rogatu quorundam talium·
Uulfgari scilic& episcopi defuncti· atq; [abbati]s
ælfrici qui adhuc supest· sacri Æbbandunensis coenobii [pote]statem· pro munere inse . . . .
beate [mem]oriae episcopus Adeluuold a predeces-
soribus meis· Eadredo· scilic& rege· patruo patris
mei· necnon & a patruo meo rege Eaduuige nec
minus & a patre meo rege uidelic& E[ad]garo ad
usũ monachorum dño ñro iħu xp̃o eiusq; genitric[i]
Mariae humilitatis & obedientiae· c&erarumq; uirtutum meritis· in a&ernam promeruit hereditatem· &
in perhennem adquisiuit libertatem·   Haec igitur
mecum uigilanti pectore uoluens· & citius a tanto
tamq; exhorrendo anathemate liberari cupiens· anno
dñicę incarnationis DCCCXCIII· mei autem regni
XVII· sinodale conciliũ Uuintoniae in die sc̃o pen-
tecosten fieri iussi· illucq; episcopis· & abbatibus·
ac c&eris optimatũ meorũ [pr]imoribus uerba salu-
tatoria & pacifica benignissime destinaui· cun[ct]-
osq; xp̃i inspirante gratia monui· ut quaeq; superno
creatori digna· quaeq; spiritali animae meae saluti·
seu regali meae dignitati congrua· quaeq; &iam omni
anglo4 populo oportuna ualerent· dño consulente in
comũune tractarent· uouens &iam . . . . [u]ita
comite· & r&roactas ad purũ cohercere neglegen-
tias· & iuxta praedecessorum meorum decr&a· iħu

xpisto dño nro eiusq; genitrici priscũ restituere libertatis cyrographum· Hoc illi meo· immo xpisti
monitu simul & hortatu magnopere delectat[i] uoti
compotes saluatori xpisto gratias egerunt· & quaeq;
condigna salubriter instituta sanxerunt· pacto spiritali confirmauerunt· Nunc autem ego Æþelræd
anglorum xpisto opitulante basileus· quo debitum
uoti mei factis adimpleam . . . . a&ernae libertatis
altithroni moderatoris clementia merear optinere con-
sortium· pr&ium quod michi dux praefatus ælfric·
pro fratris sui Eaduuini prioratu contulit· quo praefata xpisti sc̃aeq; eius genitricis hereditas iniqua
seruitute est uenundata perp&ualiter anathemati-
zando reicio· & gratuita dñi inspirante gratia meo-
rumq; optimatum tam laicorum quam ordinatorum
rogatus simul & usus consilio· eidem sc̃ae xpisti
genitricis aeclesiae monachisq; inibi degentibus a&-
ernã priuilegii ut praedecessores mei renouandam
concedo libertatem· Huius &enim renouande̦ libertatis auctoritas· xpisti auctoritate nostraq; largitate
concessa & corroborata est die XVI kalendarum au-
gustarum· in oratorio uici qui usitato Gillingaham
nominari sol&· missaeq; caelebratione peracta sub
horum testium pre̦sentia me assensum pre̦bente confirmata est· abbatis scilic& aelfsini· Consanguineiq;
mei æþelmæri· necnon & auunculi mei ordulfi· ac pri-
oratum pre̦fati Æbbandunensis coenobii in manu &
potestate Uulfgari abbatis michi humillima deuotione
subiecti· gratis sine pr&io uoluntariae ren[o]uando
commisi· hancq; priuilegii libertatem tam sibi quam
cunctae simul eiusdem sc̃ae aeclesiae congregationi
pro mille quingentis missarum sollemniis· ac mille
ducentis psalteriorum melodiis quas spontanea deuotione pro a&erna anime̦ meae redemptione decant-
auerunt· a&ernaliter renouandam cum sc̃ae crucis
impressione concessi· quatinus post decessum eiusdem pre̦fati abbatis Uulfgari· cuius temporibus haec

ipsa libertatis restauratio xp̄o suff[rag]ante concessa ⊹
quem sibi uniuersa praefati coenobii congregatio apto
elegerit consilio secundũ regularia beati Benedicti
instituta abbatem iuste exodem f[rat]rum cuneo eligens constituat.

Huius priuilegii libertas deinceps usu perp&uo a
cunctis teneatur catholicis · nec extraneorum quispiam
tyrannica fr&us contumacia in prędicto monasterio
ius arripiens exerceat potestatis · sed eiusdem coenobii collegium perp&uae ut prędixi libertatis glori&ur
priuilegio· Sit autem prefatũ monasterium omni
terrenę seruitutis eodē tenore liberũ · quo a prędeces-
soribus nr̃is catholicis a sc̃o Leone uidelic& papa ·
& Coenulfo rege catholico u&usto contin&ur priuilegio Hrethuno abbate optinente solutum· Agri
equidem ad usus monachorum dño nr̃o ihũ xp̄o eiusq;
genitrici Mariae priscis modernisq; temporibus a
regibus & religiosis utriusq; sexus hominib; & a me-
ipso· meoq; patre Eadgaro rege· fr̃eq; eius meo
patruo rege Eadwigo eorumq; patruo scilic& Eadredo rege fidelissimo restituendo iure concessi sunt·
eiusdem perp&uę sint libertatis· Nam reges prefati
rus quod Abbandun nuncupatur · quod rex Ceadwealla
dño nr̃o eiusq; genitrici Mariae priscis temporibus
deuoto concesserat animo· In quo prędecessores
nr̃i diabolica decepti auaritia edificium sibi regale
iniuste‑construxerant· aeclesiae đi restituentes inter-
dixerunt · ut regũ nemo inibi pastũ requirer& · nec
edificiũ in sempiternũ construe[ret] Quod ego Æđel-
red angloꝝ basileus optimatũ meorum usu[s c]onsilio
tam meis quã meorũ successorum temporibus· fixum
in nomine patris & filii & sp̄s sc̃i fieri in a&ernum
precipio. Tempore siquidē quo rura quae dño deuoto p hoc modernũ priuilegiũ restauraui animo iniuste
a sc̃a đi aeclesia ablata fue[ra]nt · pfidi quiq; nouas
sibi hereditarias kartas usurpantes ediderunt · Sed
in patris & filii & sp̄s sc̃i nomine precipimus· ut

catholico₄ nemo easdem recipiat · sed a cunctis repudiatę fidelib; in anathemate deputentur u&eri iugiter
uigente priuilegio· Si quis uero tam epylempticus
phylargiriae seductus amentia quod non optamus·
hanc nr̃ae munificentiae renouatam libertatem ausu
temerario infringere temptauerit· Sit ipse alienatus a consortio sc̃ae đi aeclesiae· necnon & a participatione sacrosc̃i corporis & sanguinis dñi nr̃i ihũ
xp̃i· p quẽ totus terrarũ orbis ab antiquo hum[ani
g]eneris inimico liberatus est· & cum iuda xp̃i proditore in sinistra parte deputatus· ni prius hic
digna satisfactione humilis penituerit· quod contra
sanctam đi aeclesiam rebellis agere praesumpsit·
nec in uita hac practica ueniam· nec in [the]orica
requiẽ apostata optineat ullam· Sed a&ernis barathri
incendiis trusus iugiter miserrimus cruci&ur.

Anno dñice incarnat̃ ut prędixi ·DCCCCXCIII· indict̃
·VI· humillimo rogatu p̃fati & deuoti abbatis Uulfgari
scriptũ ✢ hui⁹ renouatę libertatis priuilegiũ· his testib; consentientib; quo₄ inferi⁹ nomina sc̃dm uni⁹
cui⁹q; dig[nit]atẽ utri⁹q; ordinis decusat̃i dño disponente karaxantur·

Ego Æþelred brittannię anglo₄ monarchus· hoc
tauma[te crucis] roboraui·

✠ Ego Sigeric dorobernensis aectę archiep̃s·
eiusdẽ regis beniu[ole]ntiã subscripsi·

✠ Ego ælfstan lundoniensis aectę ep̃s· hanc regis
munificentiã confirmaui·

✠ Ego ælfheah uuintoniensis ęctae ep̃s· hanc renouationis libtatẽ corroboraui·

✠ Ego ælfric coruinensis parrochię ep̃s· qᵃᵉ p̃fatũ
adiac& monasteriũ· huic dono sc̃am crucẽ imp̃ssi·

✠ Ego ælfheah· licetfeldensis aectę ep̃s· testudinẽ
sc̃ę crucis depinxi·

✠ Ego æscwig dorccensis ęctę ep̃s· hoc regale donũ
consolidaui·

✠ Ego þeodred orientaliũ anglo₄ ep̃s· huic largitati
assensum prebui·

✠ Ego ælfstan hrofensis ęctę ep̄s· huic dapsilitati crucē imposui·

✠ Ego ordbyrht australiū saxonū ep̄s· sigillū scę̄ crucis annotaui· ✠

✠ Ego wulfsige scirburnensis ęctae ep̄s· gaudenter consensi·

✠ Ego ealdulf wigorensis ecłae ep̄s· hilari uultu subscripsi·

Ego aþulf herefordensis ęclę ep̄s . . . . di·

Ego sigar wyllensis ęcłę ep̄s· ita posse . . . . [si]g-nū duxi·

Ego alfwold cridiensis ęctę ep̄s· huic sc[ript]o non contradixi·

Ego ealdred cornubiensis ęctę ep̄s· hoc decretū čsentiendo laudaui·

Ego ælfðryð maȳ eiusdē regis hui⁹ doni fautrix extiti·

Ego æþelstan eiusdē regis filius· hoc stare non rennui·

Ego ecgbyrht eiusdē quoq; regis fili⁹· assensū p̄bere ñ distuli·

Ego eadmund eiusdē &iā regis fili⁹· hoc posse fieri non inꝼdixi·

Ego eadred ei⁹dē quidē regis filius· hoc mⁱ placere professus sum·

Ego Uulfgar aƀƀ abbandunens coenobii hoc sin-tagma triūphans dictaui·

Ego ælfweard glæsꝽ aƀƀ·

✠ Ego ælfsige niw̃ aƀƀ·

✠ Ego wulfric aug̃ aƀƀ·

✠ Ego byrhtnoþ· ælig̃ aƀƀ·

✠ Ego lifinc [f]onꝼ aƀƀ·

✠ Ego ælfric· meał aƀƀ·

Ego ælfere· baþan aƀƀ·

Ego leofric· miceł aƀƀ·

✠ Ego ælfhun· middeł aƀƀ·

Ego byrhthelm· eaxc̃ aƀƀ·

Ego æþelric · æþeł aƀƀ ·
Ego wulfsige · westm̄ aƀƀ ·
Ego germanus ram̄ aƀƀ ·
Ego kenulf · burh aƀƀ ·
Ego godeman Iorñ aƀƀ ·
Ego alfwold winð · aƀƀ ·
✖ [Ego] . . . . [al]bañ aƀƀ ·
[Ego æþel]weard dux ·
Ego [æl]fric dux ·
Ego ælfhelm dux ·
Ego ælfsige mis̃ ·
Ego æþ[e]lsige mis̃ ·
Ego [æþe]lmær mis̃ ·
[Ego by]rhtwold mis̃ ·
[Ego o]rdulf mis̃ ·
[Ego w]ulfheah mis̃ ·
[Ego w]ulfric mis̃ ·
[Ego w]ulfgeat mis̃ ·
✖ Ego ælfwig westm̄ aƀƀ. [1]

DCLXXXV.

ÆLFLÆD'S WILL [reciting Æðelflǽd's].

✖ Ðis is æþelflæde cwyde þ is ærest þ ic gean minũ hlaforde þes landes æt lamburnan 7 þæs æt ceolsige 7 æt readingan. 7 feower beagas on twam hund mancys goldes. 7 .IIII. pellas. 7 .IIII. cuppan. 7 .IIII. bleda. 7 .IIII. hors. 7 ic bidde minne leouan hlaford for godes lufun. þ min cwyde Standan mote 7 ic nan oðer nebbe geworht on godes gewitnesse. 7 ic gean þæs landes æt domarhame into glestingabyrig. for ædmundes cinges sawle. 7 for eadgares cinges. 7 for mire sawle. 7 ic gean þes landes æt hamme into cristes cyrcan. æt cantwarebyrig for eadmundæs cinges sawle. 7 for mire sawle. 7 ic gean þes landes. æt

---

[1] Now 'Ego' follows twenty-three times, but not filled up by any name.

wuda ham bæorhtnoðe. æaldormen. 7 mire swustær
hyre dæg. 7 ofer hire deg into sc̄a marian cyrcan. æt
byorcingan. 7 ic gean þes landes. æt hedham bæorhtnoðæ ealdormen. 7 mire swuster hæora dæg. 7 æfter
hæora dæge into paulus byrig æt lundænæ. to bisceop-
hamæ. 7 ic gean þæs landæs. æt dictunæ into ylig to
sc̄æ æþældryð 7 to hire geswustran. 7 ic gean þara
twegra landa æt cohhanfeldæa 7 æt cæorlesweorþe
bæorhtnoðæ æaldormen. 7 miræ swus̃t hire dæg. 7
ofer hire dæg into sc̄æ eadmundes stowe to byderices
wyrðe 7 ic gean þæs landes æt fingringahō bæorhtnoðe æaldermen 7 mire swus̃t hiræ deg 7 ofer hire
dæg into sc̄æ pætres cyrcan æt myres igæ. 7 ic gæan
þæs landes æt polstede bæorhtnoðe æaldormæn. 7
mire swus̃t hire deg. 7 ofor hira dæg into stocy. 7 ic
gæan þæs landæs æt hwifersce into stocy ofer minnæ
deg 7 ic gæan bæorhtnoðæ æaldermen. 7 mire swus̃t
þæs landes æt strætforda hire dæg. 7 ofer hire dæg.
Ic his gæan into stocy. 7 ic willæ þ̃ lauanham ga
into stoce ofær þes æaldermannes dæg. 7 mire swus̃t.
7 ic gean þæs landes æt byliges dynæ into stocy ofer
þæs æaldermanes dæg. 7 mire swus̃t. 7 ic gean þara
landa æt peltandune. 7 et myres ige. 7 æt grenstede
into stocy ofer minnæ dæg. 7 ofer bæorhtnoðes æal-
dormannæs. 7 ofær mire swus̃t. 7 ic gean þes landes æt
ylmesæton beorhtnoðe æaldormen. 7 mire swus̃t hira
dæg. 7 ofær hira dæg. ic his gæan æadmundæ. 7 ic
an þæræ. aræ hide æt þorpæ into hedlæge. for mire
sawle. 7 for mira eldrena ofer . . . . . . 7 ic gean
ðæra .x. hida æt wicforda Sibrihte minū mægæ ofer
minne dæg. 7 ic gean ægwinæ minū geræfan. þara
.iiii. hida. æt hedham. ofer miminne deg. swa hit on
æald dagū gestod . 7 ic gæan brihtwolde minū cnihtæ
þara twegra hida. on dunninc lande ofer minnæ dæg.
7 ic an alfwolde minū preoste twægra hida on dunning lande ofer minne dæg. 7 ic gean æþælmære minū
præoste twægra hida on dunninglandæ ofæ minne

dæg . 7 ic gæan ælfgæate minũ megæ. twegra hida on
dunning lande ofar minnæ dæg. 7 ic gæan ðæs landæs
æt wæaldinga fælda crawa mira magan ouær minnæ
dæg. 7 ic wille ꝥ man frigæ hæalue mine men on
elcũ tune for mine sawlæ. 7 ꝥ man dele æal healf ꝥ
yrue ꝥ ic hæbbæ on ælcũ tune for mire sawle.

Ælflæd gæswytelaþ on þis gewrite hu hæo wile
habban gefadad hiræ æhta for gode. 7 for worldæ.
Ærest ꝥ ic an minũ hlaforde þara .VIII. landa æft
minũ dege ꝥ is erest æt douorcortæ. 7 æt fulanpettæ.
7 æt ælesforda· 7 æt stanwægun. 7 æt byrætune. 7
æt læxadyne. 7 æt ylmesætun. 7 æt bucyshealæ. 7
twægra bæha on twera punda gewihte. 7 twa sopcuppan. 7 an sæolfran fæt; 7 þæ leof æadmodlice bidde
for godes luuan 7 for mines hlafordæs sawle lufan. 7
for minræ swystor sawlæ lufan ꝥ þu amundie þa
halgan stowæ et stocæ þæ mine yldran onrestaþ· 7 þa
are þæ hi þider insæadon a to freogon godæs rihte ;
ꝥ is þonno ꝥ ic gean æalswa mine yldran his er
gæuþan ꝥ is þonne ꝥ land æt stoce into þeræ halagan
stowæ. 7 æal ꝥ ꝥ þær to tunæ gæhyrð· 7 þonæ wuda
æt hæþfælda þæ min swystar gæuþæ· 7 mine yldran.
þonñ synd þis þa land þæ minæ yldran þærto bæcwæd-
on ofær minre swystor dæg. 7 ofær minne. ꝥ is
ðonne stredfordæ. 7 fresantun. 7 wiswyþetun. 7 lauanham. 7 bylies dyne. 7 polstyde. 7 wifærmyrsc. 7
grænstydæ. 7 peltandune. 7 myræsegæ. 7 ꝥ wudæ-
land æt tothã þæ min fæder geuþæ into myresiæ. 7
colne. 7 tigan; þonñ synd þis þa land þe minæ yldran
becwædon into oþrũ. halgũ stowũ. ꝥ is þonñ into
cantwarabyrig to cristæs circan þan hired to brece
þes landes æt illanlege 7 into paules mynstre into
lundene· þes landes æt hedhã to biscophame. 7 þes
landes æt tidwoldingtune þan hirede to brece into
paules mynstre. 7 into beorcingan þã hirede to brece
þes landes æt babbing þyrnan. 7 ic gean ælfþræðe
minæs hlauordæs medder wuduhamæs æftær minũ

dæge. 7 æftī hiræ dege gange hit into sčа marian
stowæ into beorcingan æal swa hit stænt mid mæte.
7 mid mannū; 7 ic gæan into sčæ æadmunde. þara
twegra landa cæorlesweorþæ. 7 cochanfelde þam
hiræde to bræce æal swa mine yldran his er geuþan 7
þæs landes æt hnyddinge æftær crawan degæ miræ
magan. 7 ic gæan into myresie. æftī minū degæ eal
swa min hlaford 7 min swestī geuþan. þ is fingringaho.
7 þara six hida þæ þ mynstær onstent; 7 ic gæan
eftær crawan dege þes landes æt wealdingafelda into
suðbyrig to sčæ gregoriæ eal swa min swestar hit er
foræwyrde; 7 ic gean into ælig sčæ petre. 7 sčæ æþæl-
dryþe. 7 sče wihtburhe. 7 sčæ sexburhe. 7 sče æor-
menhilde þer mines hlafordes lichoma rest þara þreo
landa þe wit buta geheotan gode · 7 his halga · þ is æt
rettendune þe wes min morgangyfu · 7 æt sæghā · 7
æt dictune eal swa min hlaford 7 min swæstar his er
geuþan. 7 þaræ anre hide æt cæafle þe min swystar
begeat. 7 þes bæahges gemacan þe man sæalde minū
hlaforde to sawlescæatte. 7 ic gean æðelmære æaldorm̄
þes landes æt lellinge ofer mine deg mid mete. 7 mid
mannū æal swa hit stent on þet gerad þ he beo on
minū life min fulla freod. 7 forespreca. 7 mira manna.
7 efter minū dege beo þara halgan stowe. 7 þeræ are
ful freod. 7 forespeca æt stocæ þe mine yldran on-
restaþ. 7 ic gean þes landes æt lissingtune eðelmere
mines . . . . mid mete. 7 mid mannū eal swa
hit stent · 7 hine eadmodlice bidde þ he min fulla
freod · 7 mundiend beo on minū dege. 7 eftī minū dege
gefelste þ min cwide 7 mira yldran standan mote;
þis sind þa landmearca to byligesdyne of ða burnan. æt humelcyrre. frā humelcyrre [þ hit cymð] to
heregeres heafode. frā heregeres heafode æftī ðā ealdan
hege to ðare grenne ǣc. þoñ forð þ hit cymð to þare
stan stræte. of þare stan stræte 7lang sorybbe þ hit
cymð to acantune frā acyntune þ hit cymð to rigen-
dune frā rigindune æft to þara burnan. 7 þær is.

landes fif hida. Ðis sind þa landgemæra to hwifer-
mirsce 7 to polestede. of loppandyne to scelfleage
frã leage to mercyl 7lang mercyle into sture. 7lang
sture to leofmannes gemære 7lang leofmannes gæmære to amalburnan. frã amalburnan to norðfelda.
ðoñ forð to bindhæcce. frã bindhæcce to tudanhæcce.
frã tudanhæcce to giddincgforda frã giddingforda to
hnutstede frã huntstede to hwitincghó frã hwitingho
to wudemannes tune. frã wudemannes tune to cære-
sege gæmære. frã cæresige gemære to hædleage gemære. frã hædleage gæmære to hlighã gemære. frã
hlighã gemære eft to loppandyne. To hwifræme ...
landes . . . .

Dorso. Ælflæd Ceorlesworðe 7 Cokefelde.

DCLXXXVI.

* ÆÐELRED, 994.

✠ Rector altipolorum culminis atque architector
summae fabricae aethereae aulae, ex nihilo quidem
cuncta creauit, coelum, scilicet, et terram, et omnia
quae in eis sunt, candida quidem angelica agmina,
solem, lunam, lucidaque astra, et caetera quae super
firmamento sunt; mundi autem fabricam inenarrabili
disponens ordine ut Genesis testatur, ' Et hominem
sexto die formauit ad similitudinem suam,' Adam uidelicet quadriformi plasmatum materia, unde nunc constat genus humanum, quae in terris moratur, et ima
terra laruarica latibula, ubi et Lucifer cum decimo
ordine per superbiam de coelo ruit. Sed et hoc inuidet pestifer Chelidrus protoplastum a deo conditum intellexerat ut hoc impleret, a quo ipse miser, et
satelliti illius de coelo proiecti sunt. Heu! quidem
boni creati sunt sed miserabiliter decepti. Ideo in-
uidus Zabulus totis uiribus homini inuidet, suadet
mulieri, mulier uiro, per suasionem atque per inobe-

dientiam ambo decepti sunt fraudulenter per gustum
pomi ligni uetiti, atque amoenitate Paradisi deiecti
sunt in hoc aerumnoso saeculo, et loetum sibi ac posteris suis promeruerunt, atque in tetrum abyssi de-
mersi sunt.   Sed hoc misericors et piissimus pater
indoluit perire tamdiu nobilem creaturam sui imaginem; misertus est generi humano; misit nobis in tempore, id est post quinque millia annorum, proprium
filium suum, ut mundum perditum iterum renouaret;
ut sicut mulier genuit mortem in mundo, ita per
mulierem enixa est nobis uita in mundo; et sicut per
delictum Adæ omnes corruimus, ita per obedientiam
Christi omnes surreximus; et sicut mors per lignum
introiuit, ita et uita per lignum sanctae crucis uenit;
et antiquum inimicum superauit; et fortis fortem alli-
gauit, et in imo barathro retrusit: iuste periit qui iniuste decepit, atque omnes antiquas turmas a fauce
pessimi leonis eripuit, et ouem perditam in humeris
posuit, et ad antiquam patriam reduxit, et decimum
ordinem impleuit.   Unde ego Æðelredus, compunctus
dei misericordia, totius Albionis caeterarumque gentium triuiatim persistentium basileus, dum plerumque
cogitarem de huius saeculi caduci rebus transitoriis,
quomodo superni arbitris examine, cuncta quae uidentur uana sunt, et quae non uidentur aeterna, et
cum transitoriis rebus perpetua praemia adquirantur.
Qua de re, nunc patefacio omnibus catholicis, quod
cum consilio et licentia episcoporum ac principum,
et omnium optimatum meorum, pro amore domini
nostri Ihesu Christi atque sancti confessoris Germani
necnon et beati eximii Petroci, pro redemptione
animae meae, et pro absolutione criminum meorum
donaui episcopium Ealdredi episcopi, id est in prouincia Cornubiae ut libera sit, eique subiecta omnibusque posteris eius, ut ipse gubernet atque regat
suam parochiam sicuti alii episcopi qui sunt in
mea ditione, locusque atque regimen sancti Petroci

semper in potestate eius sit successorumque illius.
Itaque omnium regalium tributorum libera sit, atque
laxata ui exactorum operum, poenaliumque causarum,
necnon et furum comprehensione, cunctaque saeculi
grauedine, absque sola expeditione, atque libera perpetualiter permaneat. Quicunque ergo hoc augere
atque multiplicare uoluerit, amplificet deus bona illius
in regione uiuentium, paceque nostra conglutinata
uigens et florens, atque inter agmina beatitudinis
tripudia succedat, qui nostrae donationis muneri consentiat. Si quis uero tam epilemticus philarguriae
seductus amentia, quod non optamus, hanc nostrae
eleemosynae dapsilitatem ausu temerario infringere
temptauerit, sit ipse alienatus a consortio sanctae
dei aecclesiae, necnon et a participatione sacrosancti
corporis et sanguinis Ihesu Christi filii dei, per quem
totus terrarum orbis ab antiquo humani generis inimico liberatus est, et cum Iuda Christi proditore
sinistra in parte deputatus, ni prius hic digna satisfactione humilis poenituerit, quod contra sanctam dei
aecclesiam rebellis agere praesumpsit, nec in uita
hac practica ueniam, nec in theorica requiem apostata
obtineat ullam, sed aeternis barathri incendiis trusus
iugiter miserrimus crucietur. Anno dominicae incarnationis .DCCCC.XCIIII. indictione .VII. scripta est haec
cartula a uenerabili archiepiscopo Sigerico Dorobernensis aecclesiae huius munificentiae chirographa;
hiis testibus consentientibus, quorum inferius nomina
decusatim domino disponente caraxantur.

✠ Ego Æðelredus Britanniae totius Anglorum
monarchus hoc agiae crucis taumate roboraui.
✠ Ego Sigeric Dorobernensis aecclesiae archiepiscopus praefati regis beneuolentiae laetus consensi.
✠ Ego Ælfheah praesul canonica subscriptione manu
propria hilaris et triumphans subscripsi. ✠ Ego
Ealdred plebis dei famulus iubente rege signum sanctae crucis plaudens impressi. ✠ Ego Ælfwold pon-

tifex agiae crucis testudine intepidus hoc donum
lepidissime roboraui.   ✠ Ego Ordbricht legis dei
catascopus hoc eulogium propria chira deuotus consolidaui.   ✠ Ego Ælfrich episcopus Wiltanae ciuitatis
consensi et subscripsi.   ✠ Ego Wulfsye episcopus
Shyreburnensis aecclesiae consensi et subscripsi.   ✠
Ego Æðelwerd dux.   ✠ Ego Ælfric dux.   ✠ Ego
Leofric dux.   ✠ Ego Leofwyne dux.   ✠ Ego Leofric abbas.   ✠ Ego Ælfred abbas.   ✠ Ego Ælfric
abbas.   ✠ Ego Brichtelm abbas.   ✠ Ego Æðelmar
minister.   ✠ Ego Ordulf minister.   ✠ Ego Beorhtwold minister.   ✠ Ego Æðelmar minister.   ✠ Ego
Ælfric minister.   ✠ Ego Ælfwine minister.   ✠ Ego
Leofwyne minister.   ✠ Ego Osulf minister.

DCLXXXVII.
ÆÐELRED, 994.

✠ Cunctitonans largitor multiplici ac ineffabili
modo terrestria cuncta per uices mutationes locaque
distinguens, quodammodo sibi seruientibus perpluri-
mis in hoc quoque terrestri habitaculo, prout sibi
complacet, recompensans suimet famulis ac famula-
bus, etiam praesentes dignitates offert, quo se certius
si has rite seruauerint, aeterna praemia nouerint
adepturos ! | Quapropter ego Æðelred, Christo domino
annuente, cunctis Anglorum populis et tribubus prae-
ordinatus in regem, cum consensu pontificum et consultu cunctorum a quibus sceptra imperii et gubernacula regni reguntur, quandam ruris particulam quae
.x. cassatorum numero supputatur, cuius uocabulum
est æt Fobbafuntan tradidi deo et domino nostro
Ihesu Christo, aecclesiaeque sanctae Mariae semper
uirginis, quae sita est in uico regio æt Wiltune, iure
perpetuo ; optans ut et ibidem coenobialis uitae for-
mula, et regularis disciplinae normula, Christo patro-

cinium praestante, indisrupta uigilitate exerceatur, et
ut mihi merces permaneat aeterna. Sit autem supra-
scripta terra libera, exceptis tribus, expeditione, uidelicet, pontis arcisue constructione. Si quis uero contra haec decreta nostrae diffinitionis tyrannica potestate fretus uenire temptauerit, nouerit se in tremendo
ultimae districtionis examine, praesentiae diuinae rationem acturum. Enimuero et si temporibus futuris
quisque obiecerit, se priscam habere generalitatem,
monstraueritue antiqua conscripta, sint ea omnia in
nichilum redacta, permaneatque haereditas domini
domino. His metis praefatum rus hinc inde giratur.
Ðis syndon ða landgemǽre tó Fobbefunten; ðat hys,
ǽrest on ðone háran hǽsel; of ðám háran hǽsle on
earnhylle middewerde; of earnhylle on pottwyll; of
pottwille on ða ealdan wyrðe; of ðǽre wyrðe tó hearpaðe; ðonne andlang hearpaðes tó ðám anheáfdan; of
ðám anheáfdan on lokeres leáge; of lokeres leáge on
sigwynne díc; ðonne of sigwynne díc úpp on dúne
þrittig gyrda, be eástan ceaster blǽdbyrig on ða byrigenne; of ðáre byrigenne on ðane hearpað; ðonne
andlang herepaðes on ðone scearpan gáran westewerdne; of ðám gáran in on ða yfre; of ðǽre yfre in
on ða gareðru; of ðám gereðran feower ǽkeras be
westan ðám hangran; of ðám feower ǽkeran andlang
heáfda on blácan hylle middewerde; ðonon of blácan
hylle norð tó hearpaðe; of ðám hearpaðe on ða westran
dúne westwerde; of ðǽre dúne on chealfhylle
middewerde; ðonne of chielfhylle on wulfhylle middewerde; of wulfhylle tó wuda; swá be ðán eald
wyrtruman in on Nodre; ðonon andlang streámes eft
on ðǽne hǽran hǽsl. Scripta est haec scedula anno
dominicae incarnationis .DCCCC.XCIIII. his testibus
consentientibus quorum inferius nomina caraxata
uidentur.

✠ Ego Æðelred per gratiam dei rex Anglorum
donationis istius inscriptionem crucis signo corroboro.

✠ Ego Sigeric Dorobernensis aecclesiae archiepiscopus eiusdem regis donationem cum trophaeo agiae crucis consignaui. ✠ Ego Ælfheh Wintoniensis aecclesiae episcopus praefatam donationem cum sigillo sanctae crucis confirmaui. ✠ Ego Ælfstan Lundoniensis aecclesiae episcopus triumphalem trophaeum agiae crucis impressi. ✠ Ego Æscwig Dorccensis aecclesiae episcopus praedictum donum cum signo sanctae crucis confirmo. ✠ Ego Ælfric Wiltuniensis aecclesiae episcopus ad munimentum praedictarum rerum signum sanctae crucis appono. ✠ Ego Aðulf episcopus consensi. ✠ Ego Ælfheh episcopus concessi. ✠ Ego Ðeodred episcopus consolidaui. ✠ Ego Sigegar episcopus adquieui. ✠ Ego Ælfwold episcopus praenotaui. ✠ Ego Ealdulf episcopus confirmaui. ✠ Ego Wulfsie episcopus conclusi. ✠ Ego Ælfwerd abbas. ✠ Ego Ælfsige abbas. ✠ Ego Leofric abbas. ✠ Ego Brihtelm abbas. ✠ Ego Wulfgar abbas. ✠ Ego Ælfere abbas. ✠ Ego Ælfric abbas. ✠ Ego Æðelwerd dux. ✠ Ego Ælfric dux. ✠ Ego Ælfhelm dux. ✠ Ego Leofwine dux. ✠ Ego Leofsige dux. ✠ Ego Norðman dux. ✠ Ego Wælðeof dux. ✠ Ego Æðelmær minister. ✠ Ego Ordulf minister. ✠ Ego Ælfsige minister. ✠ Ego Æðelsige minister. ✠ Ego Fræna minister. ✠ Ego Wulfget minister. ✠ Ego Leofric minister. ✠ Ego Æðelwerd minister. ✠ Ego Æðelwold minister. ✠ Ego Brihtwold minister. ✠ Ego Ælfgar minister. ✠ Ego Wulfsige minister. ✠ Ego Æðelnoð minister. ✠ Ego Leofsige minister. ✠ Ego Æðelric minister. ✠ Ego Wulfheh minister. ✠ Ego Wulfric minister. ✠ Ego Ordric minister. ✠ Ego Wulfmær minister. ✠ Ego Ælfwig minister.

DCLXXXVIII.

ÆÐELRED, 995.

✠ Cum exigente protoplasti piaculo, successionis-
que eius promerente naeuorum contagio, lubrica mundanae uolubilitatis orbita nunc infimis summa, nunc
uero summis infima uersare conspicitur, et hoc modo
prosperitatibus erigendo, nunc indiscreto cuiuslibet
infortunii ictu deiiciendo solum adusque deludit; nec
cuiquam mortalium quis sibi finis maneat patet, unum
proculdubio restat unicuique sollicita consideratione
pensandum, eo scilicet ardentius in aeternitatis amore
spem figere, quo uelocius omnia temporalis uitae
prospera, uelut umbra cernuntur elabere, et quod
propriis quisque nequit meritis sanctorum mereatur
optinere suffragiis, ut eos in illo tremendi iudicis
examine patronos inueniat, quos in hac uita uel patri-
monii sui haereditatibus ampliare, uel in potestate
sibi diuinitus allata prout ualuit honorare sategit.
Quapropter ego Æðelred, totius Anglorum nationis,
summo rerum opifice largiente, regni gubernacula
sortitus, superni regis instinctu memor apostolicae
beati Pauli sententiae, qua diuinae longanimitatem
patientiae sublimiter extollens, opacam uniuscuiusque conscientiam uigore asperae inuectionis increpat,
dicens, 'An ignoras, quia patientia dei ad poenitentiam
te adducit?' Ea quae negligenter iuuentutis meae
tempore, quae diuersis solebat uti moribus excessi,
dum me diuina praeueniente gratia in uirilis robur
aetatis euasi, totis uiribus ad melioris arbitrii cultum
mutare studui, ut et reatum prioris ignorantiae salubriter euaderem, et ne tantae benignitati ingratus, sed
tota mentis intentione gratus existerem. Unde et
rogatu cuiusdam michi admodum dilecti pontificis,
ipsa non minus actuum probitate quam naturalis uoca-
buli impressione Goduuini, quandam ruris portionem,

duobus in locis sitam, sex quidem mansas quas Cantu-
arii syx sulunga nominare solent, illo, scilicet, in loco,
cui iamdudum gentis eiusdem indiginae uocabulum
Wuldaham indiderunt; unam quoque mansam, solita
Anglorum uocitatione æt Lytlanbroce celebriter ap-
pellatam, saluatori omnium domino nostro Ihesu
Christo, eiusque sancto ac beatissimo Andreae apostolo, ad pontificalem Hrofensis aecclesiae sedem, cum
hoc praesenti eiusdem praefatae portionis chirographo,
in perennem haereditatem et incommutabilem renouare concessi libertatem. Hancque super additam
conditionem tam mea quam supernae maiestatis auctoritate, cum sanctae crucis ✠ impressione uigilant[er]
interponere iussi ; ut nulla deinceps altior inferior-
ue cuiuslibet dignitatis persona, uel ausu temerario,
uel quolibet inuenticio friuolae ac nouellae adinuen-
tionis membranulo, hoc omnipotentis dei nostrumque
praesumat uiolare decretum. Sed ut iam praenomi-
natus antistes cum summae deuotionis et humilitatis
industria a regia mea dignitate uoti compos optinuit,
eandem portionem cum omnibus utensilibus quae
deus omnipotens in illa prouenire concesserit, inposterum semper et ipse cuius sollertia pro me dono
renouata est, absque ullo contradictionis obstaculo
Christo auctore gubernet et regat; ac post uitae suae
terminum omnes quotquot ei ad regendam praefatae
aecclesiam sedis praescia Christi prouidente gratia
successerint. Sit autem praefata portio ab omni
mundanae seruitutis iugo libera, excepta expeditione, pontis arcisue restauratione. Si quis uero mortalium huius chirographi renouationem qualibet occasione temerarius infringere praesumpserit, omnibus
ueteris ac noui testamenti maledictionibus strictus in
hac uita permaneat, et post mortem omnibus gehenna-
lium tormentorum poenis sine fine puniatur, nisi citius
ad congruam satisfactionem conuolare maluerit. His
terminis eadem portio gyratur.   ✠ Ðis sint ðára .vi.

sulunga landagemǽro tó Wuldahám. Ærest hit
féhð on eásteweardum Ceðǽma mearce súð; ðonon of
Ceðǽma mearce on burhhǽma mearce; ðonne west
ðonon be burhhǽma mearce út andlang Medwæge be
middeweardum streám oð ðára hiwena land tó Hrofeceastre; ðonon norð be ðára hiwena mearce on
hyscen denes mearce; of hyscan denes mearce eft on
Ceðǽma mearce, and ðǽre mǽde ðe tó Wuldahám
gebyrað; on cingmǽde .x. æceras; and on burhhám
on ðám mǽdum .viii. æceras; and on myclan wysce
.v. æceras; and ðæt den æt cildan spic; and ðæt den on
powes hyrste; and hund teontiga swína ingang æt hors-
hyrste on ðám snade, and mid eallum ðám mannum, swá swá hit stód ðá ic hit ǽr hæfde, etc. Anno
dominicae incarnationis .dcccc.xcv. indictione .viii.
caraxata est haec renouationis praefata cartula, et
cum uiuificae signaculo crucis impressa, his idoneis
testibus unanimitatem praebentibus quorum uocabula
secundum uniuscuiusque dignitatem hic inferius scripta
adesse uidentur.

✠ Ego Æðelred rex Anglorum praenotatam terrarum portionem deo omnipotenti sanctoque Andreae
apostolo libentissime renouari concessi. ✠ Ego
Ælfric Doruernensis aecclesiae electus episcopus adquieui. ✠ Ego Ælfheah Uuintoniensis aecclesiae
adultus episcopus corroboraui. ✠ Ego Ealdulf Eboracensis aecclesiae electus episcopus consignaui. ✠
Ego Ælfstan Lundoniensis aecclesiae episcopus assensum praebui. ✠ Ego Æscwig Dorkecensis aecclesiae
episcopus non rennui. ✠ Ego Ælfheah Licetfeldensis aecclesiae episcopus consentaneus extiti. ✠
Ego Aðulf Herefordensis aecclesiae episcopus confirmaui. ✠ Ego Ðeodred Orientalium Anglorum
episcopus consigillaui. ✠ Ego Ælfwold Cridiensis
aecclesiae episcopus libens adfui. ✠ Ego Sigar
Uuillensis aecclesiae episcopus consensi. ✠ Ego
Ordbirht Seolesensis aecclesiae episcopus consolidaui.

✠ Ego Wulfsige Scirburnensis aecclesiae episcopus consensum indidi. ✠ Ego Ealdred Cornubiensis aecclesiae episcopus conclusi. ✠ Ego Goduuinus eiusdem praefatae Hrofensis aecclesiae episcopus ✠ hoc crucis sanctae uexillo munitus hoc donum uoti compos optinui. ✠ Ego Æðelweard dux. ✠ Ego Ælfric dux. ✠ Ego Ælfhelm dux. ✠ Ego Leofsige dux. ✠ Ego Leofwyne dux. ✠ Ego Ælfsige minister. ✠ Ego Ordulf minister. ✠ Ego Beorhtwold minister. ✠ Ego Æðelmar minister. ✠ Ego Wulfget minister. ✠ Ego Leofwine minister. ✠ Ego Wulfric minister. ✠ Ego Æðelric minister. ✠ Ego Æðelweard minister. ✠ Ego Wulfnoð minister. ✠ Ego Fræna minister. ✠ Ego Wulfsige minister. ✠ Ego Æðelnoð minister. ✠ Ego Siweard minister. ✠ Ego Sigered minister. ✠ Ego Ælfhelm minister. ✠ Ego Wynhelm minister.

DCLXXXIX.

ÆÐELRED, 995.

✠ In nomine sancti saluatoris, qui cuncta a se ex nihilo condita iure gubernat et ad suae potestatis imperium ne in nichilum redacta fluant sui regiminis potentia fortiter constringit seruatque honeste! Cum enim a sapientibus saepe multipliciterque narratum cognouimus quod labentia quaeque ad suae perditionis detrimentum festinare uidentur magno opere cuique fidelium esse satagendum uidetur quo se in praesenti bonis iugiter actibus, ut possibile est, exerceat uita ut in futura de retributionis gaudeat mercede. Qua de re, ego Æðelredus, Anglorum rector caeterarumque gentium per circuitum adiacentium gubernator, cuidam meo mihi ualde fidelissimo-episcopo nomine usitato Æscwigo, quandam ruris particulam suae-potestatis arbitrio concedo libentissime .xxxª. uidelicet mansi-

unculas, in loco qui ab-indigenis at Risenburga nuncupatur uocabulo; sed et hoc fidelibus quibuslibet, ut
necessarium aestimamus, intimare curamus qua praedictum rus serie in propriam praefati episcopi potestatem concessum erat. Cum enim gens-pagana Can-
tiam suis stomachando caedibus deuastaret et hostiliter
bachando deleret, promittebant se ad aecclesiam sancti
saluatoris, quae in Dorouernensi ciuitate sita-est
ituros, et eam suis-incendiis funditus delere, nisi pecunia, quae eis ab archiepiscopo Sirico promissa fuerat,
ad plenum daretur. Unde multis agitatus ancxietati-
bus archiepiscopus, cum nec unum tantummodo nummum haberet, iniit consilium, et mittens ad praesul-
em praefatum, Æscwium uidelicet, et eum multis obnixe
rogitabat precibus quo sibi pecuniam, quae deerat, pro
sui amoris diligentia donaret, et antedictum rus quo
in suo potestatis arbitrio pro hac accipere non renue-
ret multa prece deposcit. Unde talibus permotus
miseriis praefatus-praesul accepta pecunia, nonaginta,
uidelicet, libras meri argenti ducentasque purissimi
auri mancusas, per eosdem nuncios quibus perlatum
est ad archiepiscopum mittens consensum praebuit;
qua accepta, archiepiscopus accersitis-hostibus ad
plenum praebuit quod ante quamuis-coactus promisit,
et librum ruris-praefati me praesente meisque optimatibus testimonium praebentibus episcopo Æscwig
libentissimo tribuens donauit animo, ut habeat et possideat quamdiu se esse praesentialiter cognoscat; et
post se haeredi cui uoluerit concedat. Sit autem
praedictum rus ab omni mundiali obstaculo liberum,
cum omnibus quae ad se pertinere dinoscuntur, tam
in magnis quam in modicis rebus, campis, pascuis,
pratis, siluis, exceptis istis tribus, expeditione, uidelicet, pontis arcisue coaedificatione. Est autem praedictum rus talibus circumcinctum terminis qui continentur in originali codicello isto literis Saxonicis et
Saxonico idiomate conscripti, etc. Hanc sane nostrae

munificae concessionis libertatem conantes mutare uel
minuere siue frangere, habeant partem cum his quibus
dicitur, ' Discedite a me operarii iniquitatis in ignem
flammiuomum, ibi erit fletus oculorum et stridor dentium,' nisi prius digna poenitentia et legali satisfactione ante exitum corporalis uitae diligenter canonice emendauerit.   Anno dominicae incarnationis
.DCCCC.XCV. indictione uero .VII. praesens cartula caraxata notatur, hiis testibus, quorum inferius nomina
scripta uidentur, consentientibus.

✠ Ego Æðelredus rex Anglorum huius libertatis
donationem culminis totius regimen gubernans libenter
concessi.   ✠ Ego Siricus Dorouernensis aecclesiae
archiepiscopus cum signo sanctae crucis corroboraui.
✠ Ego Ælphegus Wyntoniensis aecclesiae praesul confirmaui.   ✠ Ego Æðelstanus Lundoniensis aecclesiae
antistes consolidaui.   ✠ Ego Æscuinus Durcestrensis aecclesiae pontifex conlaudaui.   ✠ Ego Æðelstanus Rouensis aecclesiae praesul consignaui.   ✠
Ego Ordbyrht Seolesiensis aecclesiae antistes impressi.   ✠ Ego Sigar Willanensis aecclesiae episcopus adquieui.   ✠ Ego Ælfricus Willtunensis aecclesiae episcopus adunaui.   ✠ Ego Æðelwyard dux.
✠ Ego Ælfric dux.   ✠ Ego Leofsye dux.   ✠ Ego
Leofwyn dux.   ✠ Ego Ælfsye abbas.   ✠ Ego Leofric abbas.   ✠ Ego Bryghtnoð abbas.   ✠ Ego Æðelmar minister.   ✠ Ego Ordulf minister.   ✠ Ego
Wolfryð minister.   ✠ Ego Wolfeby minister.   ✠
Ego Ælfsye minister.   ✠ Ego Fræne minister.
✠ Ego Wolfric minister.

DCXC.

ÆSCWIG, 995.

✠ Anno dominicae incarnationis .DCCCC.XCV. indictione .VII.   Ego Æscwinus, Dorcestrensis aec-

clesiae pontifex, reddo aecclesiae- Christi et Ælfrico archiepiscopo metropolitanae- sedis terram de Risberghe cum libro eiusdem terrae pro salute animae meae ; quam uidelicet terram Sigericus-archiepiscopus eiusdem aecclesiae-Christi, praedecessor praefati archiepiscopi Ælfrici, dedit mihi in uadimonium, pro pecunia quam a-me mutuo-accepit. Ego autem timore dei compunctus pro spe salutis aeternae, ut praefatus sum, liberam eam reddo aecclesiae, ad quam iuste pertinet, ab omni mundiali obstaculo, cum omnibus ad se rite pertinentibus, exceptis, expeditione, pontis et arcis coaedificatione. Hanc meae-munificae-concessionis libertatem conantes mutare uel minuere, seu frangere, habeant partem cum hiis quibus dicitur, ' Discedite a me operarii iniquitatis in ignem flammiuomum, ibi erit fletus oculorum et stridor dentium,' nisi prius digna poenitentia et legali satisfactione ante exitum corporalis uitae diligenter canonice emendauerit. Anno dominicae incarnationis .DCCCC.XCV. indictione uero .VII. praesens cartula caraxata notatur, hiis testibus, quorum inferius nomina scripta uidentur, consentientibus.

✠ Ego Æðelredus rex Anglorum huius libertatis donationem culminis totius regimen gubernans libenter concessi. ✠ Ego Siricus Dorouernensis aecclesiae archiepiscopus cum signo sanctae crucis corroboraui. ✠ Ego Ælphegus Wyntoniensis aecclesiae praesul confirmaui. ✠ Ego Æðelstanus Lundoniensis aecclesiae antistes consolidaui. ✠ Ego Æscuinus Durcestrensis aecclesiae pontifex conlaudaui. ✠ Ego Æðelstanus Rouensis aecclesiae praesul consignaui. ✠ Ego Ordbyrht Seolesiensis aecclesiae antistes impressi. ✠ Ego Sigar Willanensis aecclesiae episcopus adquieui. ✠ Ego Ælfricus Willtunensis aecclesiae episcopus adunaui. ✠ Ego Æðelwyard dux. ✠ Ego Ælfric dux. ✠ Ego Leofsye dux. ✠ Ego Leofwyn dux. ✠ Ego Ælfsye abbas. ✠ Ego Leof-

ric abbas.   ✠ Ego Bryghtnoð abbas.   ✠ Ego Æðel-
mar minister.   ✠ Ego Ordulf minister.   ✠ Ego
Wolfryð minister.   ✠ Ego Wolfeby minister.   ✠
Ego Ælfsye minister.   ✠ Ego Fræne minister.
✠ Ego Wolfric minister.

DCXCI.

ÆSCWIG, 995.

☧ Regnante theo in perpetuum architectorio
qui sua ineffabili rite potentia omnia disponit
atq; gubernat. uicesq; tempoꝝ hominumque
mirabiliter discernens terminumq; incertum prout uult
aequanimiter inponens. Et descretis humanaq; nature
misteriis docet. Ut cum his fugitiuis & aeui cursibus
transitoriis possessiunculis iugiter mansura dõ largiente fragiliq; naturae consolationis subleuamine adipiscenda sunt. Quamobrem ego aescwig ði miserationis
largitate dorcocensis-æcctae presul, aliquantulã ruris
particulam . quinas uidelicet mansas . in loco quí a
ruriculis cuces hamm uocitatur cuidam meo homini mihi
oppido fideli nuncupato ælfstan largiflua donatione
libens concedo ut habeat atq; possideat quamdiu uiuat
& post sē cuicumq; uoluerit cleronomi in ꝑpetuã derelinquat hereditatē ; Huius prefate terre domini priscis
temporib; sibi eam ueternis cartulis uindicauerunt
atq; sponte eas mⁱ tradiderunt . quam ego nunc cum
consensu ac licentia Æðylredi regis atq; senatorum
noua superscriptione corroboraui. Sit autem supradicta terra libera ab omni regali seruitio cum uniuersis que pertinent sibi . campis . pascuis . pratis . siluis . aquarumq; discursib; exceptis istis tribus expeditione pontis . arcisue constructione. Si quis autem
cupiditate inlectus temptauerit irritam facere aut
frangere huic decreti diffinitionem . sciat se in tremendo examine rationem redditurum. His autem

limitibus prefatum rus undique circumgirari uidetur.
Ðys syndon þa landgemæro to cuces hamme. Ærest
of cudan hlæwe on fildena weg. andlang weges þ on
ðone ealdan egsan ford. of ðam forda andlang hweo-
welriðiges þ on swæferðes wylles heafdon. of ðæs
wylles heafdon. on þone æsc. of ðam æsce. eft on
hweowelriðig. of ðam riðige. on þa ealdan díc. of
þære dice. þ on þa wudu wíc æt wylleres seaðon. ꝓ swa
se wudu þe into þam lande gebyrað. Scripta est hęc
scedula anno ab incarnatione dñi .DCCCC.XCV. & huius
doni constipulatores extiterunt quorum inferius nomina
scripta uident^r.

Ego æþelredus rex anglorum huius libertatis donationem culminis totius régimen gubernans Æscwio
eṕo desiderante libenter concessi.

✠ Ego sigericus. Doruorensis aecclesiae presul confirmaui.

✠ Ego ælfeagus. Wintoniensis aecclesiae presul confirmaui.

✠ Ego ælfstanus. Lundoniensis aecclę antistes consolidaui.

✠ Ego æscwius. Dorcocensis aecclesiae presul conlaudaui.

✠ Ego ælfstanus. Hrouensis aecclesiæ pontifex. consignaui.

✠ Ego ordbyrht. Seolesiensis aecclae antistes inpressi.

✠ Ego sigar. Willanensis aecclesiae episcopus adquieui.

✠ Ego ælfricus. Wiltunensis aecclesię presul adiuuaui.

✠ Ego æþelwerd Dux.	✠ Ego æþelmær. Minister.
✠ Ego ælfric Dux.	✠ Ego ordulf. Minister.
✠ Ego leofsige Dux.	✠ Ego wulfgeat. Minister.
✠ Ego leofwine Dux.	✠ Ego wulfeah. Minister.
✠ Ego ælfsige Abbas.	✠ Ego ælfsige. Minister.
✠ Ego leofric Abbas.	✠ Ego fræna. Minister.
✠ Ego byrhtnoð Abbas.	✠ Ego wulfric. Minister.

DCXCII.

ÆÐELRED, 995.

✠ Regnante in eona eonum coeli terraeque dispositore Erebique triumphatore! Uacillantis status
cosmi undecumque uergitur ac rigidis turbinibus
quatitur, sed succurrente diuinitatis omnipotentia ita
tamen heroum fulcimento roboratur ne titillando ener-
uiter pessundari improuide uideatur, dum tantorum
auctoritate primatum moderatur quamdiu christiani
onomatis pollet uigor, ac regnorum iura prouida dis-
pensatione gubernantur; unde quos istius aeui fortuna
manu tepide euectionis alludit summopere ad nan-
ciscenda ea inuigilandum est gaudia quae minime
sunt annua set continua quatinus distributione tem-
poralium gazarum aeternae dapsilitatis adipisci mereantur adminicula.   Quapropter ego Æðelredus tocius
Albionis dei prouidentia imperator, cuidam dilectissimo mihi ministro cui parentele nobilitas Wlfric in-
didit nomen, pro fidissimo quo mihi affabiliter obse-
cundatus est obsequio, quandam ruris particulam, id
est, duas mansas et dimidiam in loco ubi solicolae
[æt] Dumbeltun appellant, in perpetuam concedo haereditatem, quatinus ille bene perfruatur ac prospere
possideat, quamdiu huius aeui incolatum uitali flamine
rotabilique meatu percurrere cernitur; et post istius
labilis uitae excessum, cuicumque sibi libuerit successori derelinquat.   Sit autem praedictum rus, quod in
communi terra situm est, liberum ab omni mundiali obstaculo, cum omnibus quae ad ipsum locum pertinere
dinoscuntur, tam in magnis quam in modicis rebus,
campis, pascuis, pratis, siluis, excepto istis tribus expeditione, pontis arcisue constructione.   Hanc uero
meam donationem, quod opto absit a fidelium mentibus, minuentibus atque frangentibus, fiat pars eorum
cum illis de quibus e contra fatur, 'Discedite a me,

maledicti in ignem aeternum qui paratus est
Satanae et satellitibus eius,' nisi prius digna deo poenitentia ueniam legali satisfactione emendent. Nam
quod hominis memoria transilit, litterarum indago
reseruat, unde hoc legentibus est intimandum quia
hoc praefatum rus per cuiusdam uiri infandae praesumptionis culpam qua audacter furtiue se obligare
non abhorruit, cui nomen Æðelsige parentes indi-
dere licet foedo nomen dehonestauerit flagitio ad mei
iuris deuenit arbitrium, atque per me reuerendo ut iam
praefatus sum ante conlatum est ministro ; cuius cul-
pae notam Anglica relatione hic ratum duximus esse notandum. Ðûs wæs ðæt land forworht æt Dumaltûn ðæ
Æðelsige forworhte Æðelrede cyninge tô handa. Ðæt
wæs ðænne ðæt he forstæl Æðelwines swîn Æðelmæres
suna ealdermannes ; ðâ ridon his men tô and tugon ût
ðæt spic of Æðelsiges hûse ; and he oðbærst tô wuda,
and man hine âflŷmde ðâ, and man gerêhte Æðelrede
cyninge ðæt land and æhta ; ðâ forgef he ðæt land
Hawase his men on êce yrfe ; and Wulfrîc Wulfrune
sunu hit sîððan æt him gehwyrfde mid ðâm ðe him
gecwemre wæs, be ðæs cynges leâfe and his witena
gewitnesse. Acta est haec praefata donatio anno ab
incarnatione domini nostri .DCCCC.XCV. indictione .VIII.
anno uero regni praefati regis .XVII. scripta est haec
cartula, his consentientibus qui subter notantur.

✠ Ego Æðelredus rex Anglorum praefatam donationem sub sigillo sanctae crucis indeclinabiliter concessi atque roboraui.   ✠ Ego Ælfricus dei gratia
electus ad archiepiscopatum Dorobornensis aecclesiae
[eiusdem] regis donum crucis taumate stabiliui. ✠ Ego
Ealdulf electus in episcopatum Eboracensis aecclesiae
regis donatiuum agiae crucis impressione benedicendo
corroboraui.   ✠ Ego Ælfstan Lundoniensis aecclesiae
episcopus sigillaui. ✠ Ego Ælfheah Wintoniensis aecclesiae episcopus designaui.   ✠ Ego Æscwig Dorcensis aecclesiae episcopus adnotaui.   ✠ Ego Aðulf

Herefordensis aecclesiae episcopus imposui. ✠ Ego
Wlfsige Scirburnensis aecclesiae episcopus conclusi.
✠ Ego Æðelwerd dux. ✠ Ego Ælfric dux. ✠
Ego Ælfhelm dux. ✠ Ego Leofsige dux. ✠ Ego
Leofwine dux. ✠ Ego Ælfwerd abbas. ✠ Ego
Ælfsige abbas. ✠ Ego Leofric abbas. ✠ Ego
Brihthelm abbas. ✠ Ego Wlfgar [abbas. ✠ Ego
Æðelmar minister. ✠ Ego Ordulf minister. ✠ Ego
Ælfsige minister. ✠ Ego Brihtwold minister. ✠
Ego Wulfheh minister. ✠ Ego Wulfric minister.
✠ Ego Wulfget minister. ✠ Ego Leofric minister.
✠ Ego Æðelnoð minister. ✠ Ego Æðelric minister.
✠ Ego Leofric minister. ✠ Ego Æðelweard minister.
✠ Ego Wulfmær minister. ✠ Ego Fræna minister.]

DCXCIII.

WYNFLÆD.

✠ HER cyþ on þysū gewrite hu wynflæd gelædde
hyre gewitnesse æt wulfamere beforan æþelrede cyninge. þ̄ wæs þoñ sigeric arcebiscop. 7 ordbyrht biscop.
7 ælfric ealderman 7 ælfþryþ þæs cyninges modor. þ̄
hi wæron ealle to gewitnesse þæt ælfric sealde wynflæde þ̄ land æt hacceburnan. 7 æt bradanfelda ongean þ̄ land æt deccet. þa sende se cyning þær rihte
be þā arcebiscope. 7 be þā þe þær mid hĭ to gewitnesse
wæron to leofwine 7 cyþdon hĭ þis. þa nolde he butan
hit man sceote to scir gemote. þa dyde man swa. þa
sende se cyning be æluere abbude his insegel to þā
gemote æt cwicelmes-hlæwe 7 grette ealle þa witan þe
þær gesomnode wæron. þ̄ wæs æþelsige biscop. 7 æscwig biscop. 7 ælfric abbud. 7 eal sio scĭr 7 bæd 7
het þ̄ hi scioldon wynflæde 7 leofwine swa rihtlice
geseman swa hĭ æfre rihtlicost þuhte. 7 sigeric arcebiscop sende his swutelunga ðærto. 7 ordbyrht biscop
his. þa getæhte man wynflæde þ̄ hio moste hit hyre
geahnian. þa gelædde hio þa ahnunga mid ælfþryþe

fultume þæs cyninges modor . þ is ðoñ ærest wulfgar
abbud . 7 wulfstan priost . 7 æfic þara æþelinga discs-
ten . 7 eadwine . 7 eadelm . 7 ælfelm . 7 ælfwine . 7
ælfweard . 7 eadwold . 7 eadric . 7 ælfgar . 7 eadgyfu
abbudisse . 7 liofrun abbudisse . 7 æþelhild . 7 eadgyfu
æt leofecan oran . 7 hyre swustor . 7 hyre dohtor . 7 ælf-
gyf[u hyr]e dohtor . 7 wulfwyn . 7 æþelgyfu . 7 ælf-
waru . 7 ælfgyfu . 7 æþelflæd . 7 menig god þegen . 7
god wif þe we ealle atellan ne magon . þ [wære] forþ-
coñ eal se fulla[að] ge on werū ge on wifū . þa cwæd-
on þa witan þe þær wæron þ betere wære þ man þene
aþ aweg lete þoñ hine man sealde . forþan þær syþþan
nan freondscype nære . 7 man wolde biddan þæs reaf-
laces þ he hit sciolde agyfan 7 forgyldan . 7 þā cyninge his wer . þa let he þone aþ aweg . 7 sealde æþelsige
biscope unbesacen land on hand þ he þanon forþ syþþan þæron ne spræce . þa tæhte mau hyre þ hio sciolde
bringan his fæder gold 7 siolfor eal þ hio hæfde . þa
dyde hio swa hio dorste hyre aþe gebiorgan . þa næs
he þa gyt on þā gehealden butan hio sceolde swerian
þ his æhta þær ealle wæron . þa cwæþ hio þ hio ne
mihte hyre dæles ne he his . 7 þyses wæs ælfgar þæs
cyninges gerefa to gewitnesse . 7 byrhtric . 7 leofric æt
hwitecyrcan . 7 menig god man to eacan him.

DCXCIV.

WULFWARU.

✠ Ic Wulfwaru bidde mīne leófun hláford Æðelred
kyning him tó ælmyssan ðæt ic móte beón mīnes
cwydes wyrðe. Ic kýðe ðe leóf hér on ðisum gewrite
hwæs ic geann intó Baðum tó sancte Petres mynstre
for mīne earman sáwle and for mīnra yldrena ðe me
mīn ár of com, and mīne áhta; ðæt is ðonne ðæt ic
geann ðæder intó ðære hálgan stowe ánes beáges is
on syxtigum mancussum goldes, and ánre blede is on

þriddan healfon punde, and twéga gyldenra róda, and
ánes mæssereáfes mid eallum ðám ðe ðǽrtó gebyreð,
and ánes hricghrægles ðæs selestan ðe ic hæbbe,
and ánes beddreáfes mid ðám hryfte and mid hoppscy-
tan, and mid eallum ðám ðe ðǽrtó gebyreð; and ic
geann Ælfere abbode ðæs landes æt Fersceforda mid
mete and mid mannum and mid eallre tylðe swá ðǽrtó
getilod byð; and ic geann Wulfmǽre mýnum yldran
suna ðæs landes æt Clatfordtúne mid mete and mid
mannum and mid eallre tilðe; and ðæs landes æt
Cumtúne mid mete and mid mannum and mid ealre
tilðe, and ðes landes æt Budancumbe ic geann him
healfes mid mete and mid mannum and mid ealre
tilðe; healfes ic his geann Ælfware mínre gyngran
déhter mid mete and mid mannum and mid ealre tilðe;
and dǽlon hí ðæt heáfodbotl him betweonan, swá
rihte swá hí rihtlícost magon, ðæt heora ǽgðer his
gelíce micel habbon; and Ælfwine mínum gyngran
suna ic geann ðes landes at Leáge mid mete and mid
mannum and mid ealre tilðe; and ðes landes æt
Healhtúne mid mete and mid mannum and mid eallre
tilðe; and ðes landes æt Hocgestúne mid mete and
mid mannum and mid ealre tilðe; and þritigra mancussa goldes; and ic geann Gódan mínre yldran
déhter ðes landes æt Wunfrod mid mete and mid
mannum and mid eallre tilðe; and twégea cuppena on
feower pundum, and ánes bendes on þritigum mancussum goldes; and twégea preonas; and ánes wífscrúdes ealles; and Ælfware mínre gyngran déhter ic
geann ealles ðæs wífscrúdes ðe ðǽr tó láfe bið; and
Wulfmǽre mínum suna, and Ælfwine mínum óðrum
suna, and Ælfware mínre déhter heora þreora ǽlcum
ic geann twégea cuppena on gódum feo; and ic geann
Wulfmǽre mínum suna ánes heallwahriftes, and ánes
beddreáfes; Ælfwine mínum óðrum suna ic geann
ánes heallreáfes, and ánes búrreáfes, mid beddreáfe,
and mid eallum hræglum swá ðǽrtó gebyrað; ánd ic

geann mínum feower cnihtum, Ælfmǽre, and Ælf-
werde, and Wulfríce, and Wulfstáne, ánes bendes on
twentigum mancussum goldes ; and ic geann eallum
mínum hired-wífmannum tó gemánum ánes gódes
casteneres wel gerenodes. And ic wylle ꝺæt ꝺá ꝺe tó
mínre áre fón ꝺæt hí fédon twentig freolsmanna, tyne
be eástan and tyne be westan; and æfre ǽlce geare
ealle gemǽnelíce áne feorme intó Baꝺum swá góde
swá hí bezte þurhteón magon tó swylcre tíde swylce
heom eallum þince ꝺæt hí bezt and gerisenlícost hí
forꝺbringan magon. Swylc heora swylce his gelǽste
hæbbe he Godes milze and míne, and swylc heora
swylce ꝺis gelǽstan nelle, hæbbe he hit him wiꝺ ꝺone
héhstan gemǽne, ꝺæt is se sóꝺæ God, ꝺe ealle ge-
sceafta gesceóp and geworhte.

DCXCV.

EALDULF, 996.

✠ DOMINI ac redemptoris nostri uniuersa orbis
terrarum regna gubernante clementia, 'Quosdam de
puluere suscitat egenos, ut sedeant cum primatibus ;
alios uero de stercore subleuat pauperes, ut teneant
solium gloriae eius.' Idcirco ego Ealdulf, gratia dei
archipraesul, cum consensu et testimonio familiae
quae est in Wiogorna ciuitate, quandam ruris particulam, quod a gnosticis Huneshom appellatur .XL. uidelicet agros, cuidam militi nomine Leofenaꝺ, cum pis-
catione et cum omnibus ad illud rite pertinentibus,
perpetua largitus sum haereditate; et post uitae suae
terminum duobus tantum haeredibus immunem derelinquat; quibus defunctis, aecclesiae dei in Wiogornaceastre restituatur. Ðis is seó gerǽdnes ꝺe Ealdulf
arcebisceop hæfꝺ gerád tó setnesse ꝺa hwíle ꝺis land
unágán se: ꝺæt is ꝺæt Leófenaꝺ and his twégen yrfe-
wardas æfter him gesyllan ǽlce geare .XV. leaxas, and

ꝺá góde, ꝺám biscope ꝺe ꝺonne beó intó **Wiogorna-**
ceastre, and ꝺis beó gelǽst on forme fæstenes dæg,
and tó ꝺám biscope gebroht. Anno dominicae incarnationis .DCCCC.XCVI. corroborata est scedula, adstipulatione eorum quorum nomina subposita hic conspiciuntur.

✠ Ego Ealdulfus Christi largitione archipontifex
cum caractere sanctae crucis corroboraui.   ✠ Ego
Æꝺelsige presbyter.   ✠ Ego Ælfsige presbyter.   ✠
Ego Hæhward presbyter.   ✠ Ego Æꝺelstan presbyter.   ✠ Ego Dauid presbyter.   ✠ Ego Godingc
diaconus.   ✠ Ego Leofstan diaconus.   ✠ Æꝺeric
diaconus.   ✠ Cyneꝺeng clericus.   ✠ Wulfgar clericus.   ✠ Leofwine monachus.   ✠ Wulfric clericus.
✠ Wulfnoꝺ clericus.   ✠ Wulfwine clericus.

DCXCVI.

ÆÐELRED, 996.

✠ OMNIPOTENTIA diuinae maiestatis ineffabiliter
uniuersa gubernante!   Licet regalium dignitatum decreta, et antiqua priorum temporum priuilegia, permanente integritatis signaculo fixa iugiter ac firma
perseuerent; attamen quia plerumque tempestates et
turbines saeculi fragilem humanae uitae cursum puls-
antes contra superna dominicae sanctionis iura illi-
dunt, iccirco stili officio renouanda et cartarum suffragiis sunt roboranda, ne forte successura poster-
orum progenies, ignorato praecedentium patrum chirographo, inextricabilem horrendi barathri uoraginem
incurrat; nec inde libera exire queat, donec iuxta
ueritatis sententiam cuncta usque ad nouissimum
quadrantem debita plenissime reddat.   Quapropter
ego Æꝺelredus, totius Albionis caeterarumque gentium
in circuitu persistentium, munificente superno largitore basileus, incertum futurorum temporum consi-

derans euentum, cunctisque succedentibus desiderans esse consultum, et ut ipse in tremendo magni iudicii die, sanctorum patrociniis suffragantibus haereditatis supernae cohaeres effici merear, deo omnipotenti, et sancto Albano gentis Anglorum protomartyri,
Christoque seruienti monachorum familiae celebri in
loco qui solito æt Uueatlingaceastre nuncupatur uocabulo, octo mansarum portionem, duobus in locis
aequa dimensione sitam, .IIII^{or}. uidelicet æt Byrstane,
similiter et .IIII^{or}. æt Uuincelfelda, cum nouem praefatae ciuitatis habitaculis, quae patria lingua Hagan
appellari solent, octoque iugeribus æt Westuuican, ad
idem monasterium aeque pertinentibus, deuota mente
secundum pristinum renouando restituo, et restituendo
in nomine domini nostri Ihesu Christi praecipio, ut
nullius altioris aut inferioris dignitatis persona, aut in
nostris siue successorum nostrorum temporibus, hanc
quam praefatus sum portionem de praedicta sancti
martyris aecclesia auferre uel minuere qualibet occasione praesumat; sed hoc meae renouationis inuio-
labili iugiter permanente, et contra omnia aemulorum
machinamenta praeualente chirographo, praedictum
monasterium ab omni mundanae seruitutis iugo, sicut
continetur in ueteri cartula quam Offa rex Merciorum dictitando conposuit, et fecit esse priuilegium ob
monimentum omnium succedentium regum de omnibus
rebus quas deo tradidit et sancto martyri Albano pro
remedio animae suae. Iccirco, ego tali prouocatus
exemplo, renouare cupiens, statuo ut quaecumque
praedictus rex decreuit, inconcussa et firma perpetualiter perdurent; et nostra auctoritate, omnia a nobis
tradita, una cum omnibus quae ad sanctum ipsum
locum pertinere dignoscuntur, campis, pascuis, pratis,
siluis, eatenus sint libera, eadem libertate qua praediximus, ut inibi deo famulantes, tam pro meis quam
pro omnium praedecessorum meorum deliquiis, sine
ulla terreni potentatus molestia, cotidie saluberrima

missarum solennia omnipotenti deo celebrent, et dul-
cissimas psalmorum modulationes ore et corde decant-
antes, armis spiritualibus contra uisibiles et inuisi-
biles hostes, pro nobis et pro omni populo christiano
dimicare non cessent, quatenus eiusdem beati martyris intercedentibus meritis, siue in praesenti, siue in
futura, siue in utraque uita, Christo pro nobis uirtu-
tem faciente, uictoriam quandoque de inimicis nostris,
uoti compotes adipisci mereamur.   Si quis autem,
maligno spiritu instigante, huic decreto repugnare
temptauerit, sciat se alienum esse a consortio sanctae
dei aecclesiae, et participatione sacrosancti corporis et
sanguinis domini nostri Ihesu Christi ; et in nouissimo
tremendi iudicii die, nouerit se in inferno inferiori, et
in aeterna damnatione mergendum, et per auctoritatem praefati martyris, sciat se absque ullo termino
sine fine cruciandum, nisi digna et congrua satisfactione citius emendauerit quod contra deum et sanctum
martyrem eius delinquere non timuit.   Anno dominicae incarnationis .DCCCC.XCVI. indictione .VIII.
scriptum et renouatum est huius libertatis chiro-
graphum, his testibus consentientibus quorum inferius
nomina secundum uniuscuiusque dignitatem ordinata
caraxantur.

⊕ Ego Æðelredus Anglorum basileus hanc renouationis et libertatis cartam scribere iussi.   ⊕ Ego
Ælfricus Dorouernensis aecclesiae archiepiscopus huic
scedulae signaculum sanctae crucis imposui.   ⊕
Ego Ealdulfus Eboracensis aecclesiae archiepiscopus huic diffinitioni consentaneus extiti.   ⊕ Ego
Ælfheah Uuintoniensis aecclesiae episcopus huic
chirographo similiter assensum praebui.   ⊕ Ego
Uulfstan episcopus consensi. ⊕ Ego Ælfheah episcopus corroboraui.   ⊕ Ego Aðulf episcopus consignaui.
⊕ Ego Wulfsige episcopus consolidaui.   ⊕ Ego
Ordbriht episcopus consigillaui.   ⊕ Ego Goduuinus
episcopus confirmaui.   ⊕ Ego Ealdred episcopus

conclusi. ✠ Ego Ælfðryð regina. ✠ Ego Ælfuueard abbas. ✠ Ego Ælfsige abbas. ✠ Ego Uulfgar abbas. ✠ Ego Leofric abbas. ✠ Ego Ælfhere abbas. ✠ Ego Ælfuuold abbas. ✠ Ego Brihtnoð abbas. ✠ Ego Kenulf abbas. ✠ Ego Æðelweard dux. Ego Ælfric ✠ dux. Ego Ælfhelm ✠ dux. Ego Leofsige ✠ dux. Ego Æðelmær ✠ minister. Ego Ordulf ✠ minister. Ego Wulfricus ✠ minister. Ego Wulfgeat ✠ minister. Ego Wulfheah ✠ minister. Ego Brihtmær ✠ minister. Ego Leofwine ✠ minister. Ego Æðelweard ✠ minister.

Rubric. Conscriptus est autem hic liber in loco qui dicitur Celchyð in synodo publico.

DCXCVII.
ÆLFGYUA YMMA, 997.

✠ Anno dominicae incarnationis .dcccc.xcvii. Ego Ælfgyua-Ymma regina concedo aecclesiae-Christi, pro salute animae meae, ad opus monachorum terram nomine Newintune et Braðeuuelle liberam ab omni saeculari seruitio et fiscali tributo, exceptis expeditione, pontis et arcis constructione : ista terra est in regione quae nominatur Oxanaford. Ego quoque contuli eidem aecclesiae Christi, pro spe salutis aeternae, calicem cum patenā aureā, in quo sunt .xiii. marcae de puro auro, et duo dorsalia de pallio, et duas capas de pallio cum cessallis auro paratis..

DCXCVIII.
ÆÐELRED, 997.

✠ Regente domino deo et saluatore nostro Ihesu Christo trinam rerum machinam omniumque uitam mortalium prout praedestinauerit ordinante ! Instabilis fortunae uarietate haec misera et lugubribus referta doloribus hinc inde uita atteritur, in tantum

scilicet, ut illud dominicum luce clarius compleri ani-
maduertatur oraculum quo dicit, ' Erunt tribulati-
ones tales quales non fuerunt ab initio mundi neque
fient.'   Rursumque ipsa ueritas omnium sitiendo
salutem ueridica uoce uniuersos ammonet inquiens,
' Quid prodest homini si mundum lucretur uniuersum,
animae uero suae detrimentum patiatur ?' Proinde ego
Æðelred, dei prouidentia rex Anglorum, his et aliis
praemonitus sententiis, animarumque lucrum esse perpendens, haec caduca commercia toto corde respuere,
cunctis innotesco hanc scedulam perscrutantibus,
qualiter in honore sanctae trinitatis indiuiduaeque
unitatis .c. mansas in loco qui ab accolis æt Duntune
cognominatur supradictae deitati sanctisque apostolorum Petri et Pauli liminibus ad aecclesiam eorundem apostolorum quae in Uenta ciuitate in uetusto
usque hodie perdurat coenobio, restaurauerim, ob
sedulam humilitatem Ælfheah eiusdem urbis pontificis
et rectoris.   Quam uidelicet telluris portionem ipse
ob enormem pueritiae meae iuuentutem mihimet ali-
quandiu usurpaui ; sed tandem crebris meorum sapientum instinctus ammonitionibus, dumque stabilitatem
mentis aetas caperet iam adulta, cognoui me hanc
iniuste possidere, et supernum metuens examen, furor-
emque apostolicum incurrere, huius nunc scedulae
renouatione constituo, ut tellus ipsa supramemoratae
semper subdatur basilicae, uti in inchoatione christianitatis a Kynewalho rege deliberatum est ; ac postmodum a Kynewulfo praetitulatum est ; dein uero
ab Ecgbyrhto restauratum, ac apicibus recuperatum
est ; ad ultimum autem ab Eadredo patruo scilicet
patris mei Eadgari simili modo cum certa litterarum
adstipulatione redintegratum est eidem suprascripto
sancto loco ; nouissime uero ab ipso patre meo satis
clara demonstratione renouatum est ob deuotionem,
uidelicet, ac famulatum sancti Æðelwoldi tunc temporis
eandem regentis aecclesiam quam iste eiusdem suc-

cessor pontificis sedulitate uerbi et operis iam gubernat. Quae tamen tellus duobus in locis est dirempta
.Lª. scilicet ac .vᵉ. in ipsa supradicta uilla continens
mansas per ripas amnis Auenae nuncupatae, quae
circa eandem uillam decurrit adiacentes .xLª. uero et
.vᵉ. in altera inde non longe et Eblesburnan appellatur secus decursus eiusdem torrentis extensas. Hoc
interim et ipse libenti animo huic cartulae inseri concessi, quod ipsi praenotati reges praedecessores mei
concesserunt, ut sit ipsa supradicta terra cum omnibus
ad se rite pertinentibus, campis, pascuis, pratis, siluis,
omni iugo seruitutis extranea, tribus exceptis, communium utilitatum necessitatibus, si contingat expeditionem promoueri, arcem, pontemue recuperari. Et
si forte quispiam hoc nostrae renouationis donum
infringere seu minuere temptauerit, sciat se diuinis
carere muneribus, et poenis subiacere perpetuis; ni
quantocius a sua discedat prauitate. Illud etiam
caeteris rebus interponimus ut nullius musitatio personae, cuiuslibet altioris inferiorisue fuerit ordinis,
aduersus hanc redintegrationis largitatem quicquam
praeualeat, sed nec scedularum congeries ueterana-
rum, antiquorum regum digesta temporibus ullam
hanc scedulam conuincendi obtineat facultatem, nec
quas ipse pro iuuenili aetate dictaui; neque quas ipsi
antecessores mei pro uariis ministrorum meritis, seu
quorumlibet coemptione metallorum largiri tunc temporis dignum duxerunt; sed eliminata, ut praediximus,
omni controuersia huius scedulae annotatione cuncta
ad nichilum redigantur testimonia; adhibitis etiam ad
hanc cartam praescriptorum regum apicibus ad eundem sanctum uetusti coenobii locum pertinentibus qui
ab exordio christianitatis ut praediximus titulati sunt.
His confiniis praedictum rus circumquaque gyratur.
Ærest of crawan crundul on wereðan hylle; on fyrd-
inges leá; on Eblesburnan tó Afene; on wisere; on ða
fúlan lace; on earnes beorch; on díc et Beoreðes treówe;

on ðon harepoðe tó headdan gráfe; ðonne on ðone
hagan tó wytan wyrðe; on ðire bróc; on welewe; on ða
díc et Hiceles wyrðe; ðonne ofer ðone feld on hagan
út þurh bremberwudu on ðone sténenan stapul; andlang herepaðes tó fobban wylle; andlang herepaðes
tó ðes hagan ende tó fegerhilde forda; on ðone hagan
on Ceorles hlewe, on crawan crundul; ðonne on ða
yferan gemére on Eblesburnan; on Strétford; on hrofan
hric; andlang weges on ða díc tó bymera cumbe; and
ðér þwyres ofer þreó crundelas ofer ða streat; ðæt
þurch ofer ða done tó wudu beorch hylle ofer berigan-
cumb on Eblesburnan; on beórdúne; on ðes hlinces
ende; on ðone smalan weg; ofer higcumb on ðan smalan
wege on ðone stán, on ðet heð westeweard on ðone
beorch tó ðém ricgwege; ðonne eást andlang hricg-
weges tó Brytfordinga landsceare; ðæt súð on Strétford.   Restitui autem praefatum rus almae trinitati
indiuisibilique unitati ad eorumdem limina apostolorum in Wentana urbe pollentia sacrosancta tunc
temporis pascali mundum irradiante sollempnitate,
collecta haud minima sapientum multitudine in aula
uillae regiae quae nuncupatiue a populis et Calnæ
uocitatur.   Ac sic paucis interpositis ymeris rursus
aduocata omnis exercitus, caterua pontificum, abbatum, ducum, optimatum nobiliumque quamplurimorum
ad uillam quae ab indigenis Wanetincg agnominatur,
ob diuersarum quaestiones causarum corrigendas hoc
interea hac scedula certius assignari permisi, pluri-
morumque senum auctoritate roborari dignum iudicaui
rotante sole .xx^{mum}. mei imperii annum, qui est annus
dominicae incarnationis .DCCCC.XCVII. indictione .x^a.
accurrente.   Et haec sunt eorum onomata quorum
testimonio ipsa nostra largitas satis digna praeualet
assertione; ordinantur enim inferius uniuscuiusque
ordinis singillatim personae, inscriptis primum pontificum uocabulis, deinde abbatum, sicque ducum, ad
ultimum uero ut cernis ministrorum nobilium.

✠ Ego Æðelred rex Anglorum hoc nostrae donum renouationis hac scedula demonstrari congruum duxi. ✠ Ego Ælfðryð mater regis. ✠ Ego Æðelstan filius regis. ✠ Ego Ecgbyrht filius regis. ✠ Ego Eadmund filius regis. ✠ Ego Eadred filius regis. ✠ Ego Eadwig filius regis. ✠ Ego Æðelfric Dorouernensis aecclesiae archiepiscopus adquieui. ✠ Ego Ealdulf Eboracensis aecclesiae archiepiscopus adunaui. ✠ Ego Ælfheah eiusdem sanctae Wentanae aecclesiae episcopus annotaui. ✠ Ego Uulfstan Lundoniensis aecclesiae episcopus affirmaui. ✠ Ego Ælfheah Licetfeldensis aecclesiae episcopus assignaui. ✠ Ego Æscwig Dorcensis aecclesiae episcopus assensum praebui. ✠ Ego Ordbyrht Australium-Saxonum episcopus coadunaui. ✠ Ego Aðulf Herefordensis aecclesiae episcopus condixi. ✠ Ego Godwine Hrofensis aecclesiae episcopus consensi. ✠ Ego Wulfsige Scirburnensis aecclesiae episcopus confirmaui. ✠ Ego Ælfwine Fontanae aecclesiae episcopus corroboraui. ✠ Ego Æðelstan Orientalium-Anglorum episcopus consigillaui. ✠ Ego Ælfwold Cridiensis aecclesiae episcopus conclusi. ✠ Ego Sigeferð Lindissi aecclesiae episcopus non restiti. ✠ Ego Ealdred Cornubiensis aecclesiae episcopus nil opposui. ✠ Ego Ælfweard Glestingensis aecclesiae abbas. ✠ Ego Wulfgar Abbaduniensis aecclesiae abbas. ✠ Ego Ælfsige Wentanae nouae aecclesiae abbas. ✠ Ego Luwincg Cerotensis aecclesiae abbas. ✠ Ego Byrhtelm Excestrensis aecclesiae abbas. ✠ Ego Leofric Micelanigensis aecclesiae abbas. ✠ Ego Keanulf Burhgensis aecclesiae abbas ✠ Ego Ælfrich Mealdubiensis aecclesiae abbas. ✠ Ego Wulfric sancti Augustini aecclesiae abbas. ✠ Ego Leofric sancti Albani aecclesiae abbas. ✠ Ego Ælfwic Occidentalis Monasterii abbas. ✠ Ego Ælfuere Baðonensis aecclesiae abbas. ✠ Ego Germanus Ceolesigensis aecclesiae abbas. ✠ Ego Ælfric Eofeshamensis aeccles-

iae abbas.   ✠ Ego Æðelweard Occidentalium Prouinciarum dux.   ✠ Ego Ælfric Wentaniensium Prouinciarum dux.   ✠ Ego Ælfhelm Norðanhumbrensium
Prouinciarum dux.   ✠ Ego Leofsige Orientalium-Sax-
onum dux.   ✠ Ego Leofwine Wicciarum Prouinciarum
dux.   ✠ Ego Æðelmer non contradixi minister.   ✠
Ego Ordulf non rennui minister.   ✠ Ego Byrhtwold
non interdixi minister.   ✠ Ego Wulfheah non repug-
naui minister.   ✠ Ego Wulfric non abnui minister.
✠ Ego Leofric non obstiti minister.   ✠ Ego Wulfgeat
nil obieci minister.   ✠ Ego Byrhtmer nil interposui
minister.   ✠ Ego Frena nil interclusi minister.   ✠
Ego Leofric minister.   ✠ Ego Æðelric minister.   ✠
Ego Æðelweard minister.   ✠ Ego Uulfmer minister.
✠ Ego Ælfgar minister,   ✠ Ego Uulfweard minister.
✠ Ego Ælfnoð minister.   ✠ Ego Leofwine minister.
✠ Ego Byrchtere minister.   ✠ Ego Leofwine minis-
ter.   ✠ Ego Wynnelm minister.   ✠ Ego Uulfgar
minister.   ✠ Ego Æðelwine minister.   ✠ Ego
Byrchtrich minister.

Rubric.   Ðis is ðæs landes bóc et Dúntúne ðe Æðelræd cynyg edniwan gebócodæ sanctæ trinitati and
sanctæ Pætre and Paulæ intó Ealdan mynstran.

<hr>

DCXCIX.

ÆÐERIC, 997.

✠ HER cýð Æðeríc on ðissum gewrite hwám he
geann ofor his dæig, ðǽra ǽhta ðe him God álǽned
hæfð.   Ðæt is ǽrest sona mínum hláforde syxti mancusa goldes and mínes swyrdes mid fetele, and ðártó
twá hors and twá targan and twégen francan; and
ic geann Leófwynne mínan wífe ealles ðæs ðe ic lǽfe
hire dæig; and ofor hire dæg gange ðæt land on
Boccinge intó Cristes-circean ðám hirede for uncera
sáule and for mínes fæder ðe hit ǽr begeat, eall búton

ânre hide, ic gean intó ðǽre cyrcean ðám preóste
ðe ðár Gode þeówa𝚍; and ic geann ðæs æt Ræ-
gene be westan intó sancte Paule ðám bisceope tó
geleohtenne, and ðár on Godes folce Cristendóm tó
dǽlenne; and ic geann ðártó twégra hida ðe Eádríc
gafela𝚍 ǽlce geare mid healſum púnde and mid ânre
gâran; and ic geann be eástan strǽte ǽgðer ge wudas
ge feldas Ælfstáne bisceope intó Coppanforde, and
ðæs heges on Glæsne; and ic geann ðæs landes æt
norðhó healf intó sancte Gregorie on Súðbyrig, and
healf intó sancte Eádmunde on Bederíces wyrðe. Nú
bidde ic ðone bisceop Ælfstán ðæt he ámundige míne
láfe and 𝚍a þing ðe ic hyre lǽfe, and gif him God lifes
geunne leng ðonne unc, ðæt he gefultumige ðæt ǽlc
ðára þinga stande ðe ic gecwéden hæbbe.

DCC.

ÆÐELRED, 998.

✠ OMNIPOTENS Christus saluator mundi, cuius
coaeternum cum patre sanctoque spiritu regnum nec
incipit nec desinit in saeculum, qui in extremo caducorum margine per uterum beatae uirginis incarnatus,
pro redemptione generis humani in ara sanctae crucis
semet ipsum patienter in odorem suauitatis immolari
permisit, euangelicis nos edocet institutis, ut, quanto
magis mundanae uolubilitatis dies, sicut umbra prae-
tereunt, et caduca labentis saeculi momenta uelut
fumus deficiunt; tanto instantius illuc tendat nostrae
mentis intentio, ubi non annua sed continua et ineffabili dulcedine referta pascalium deliciarum refectio,
ubi tranquilla est et suauis sanctorum in saecula saeculorum exultatio, et sine fine perpetua cum deo uiuo
et uero omnium bonorum possessio. Cuius gratuitae
pietati cum omni est affectu gratias agendum, quod
suorum corda fidelium sancti spiritus illustratione in

amorem sui nominis inflammat, et ut sanctos eius
pia mente uenerentur inspirat, ut quod nostra possibilitate consequi nequimus eorum nobis suffragio
posse donari speremus, qui ei in illa diuinae contemplationis gloria adunati, aeternae beatitudinis sunt dia-
demate coronati, Quod in interioris animi secreto
pertractans, ego Æðelred, deifica annuente clementia,
gentis Anglorum basileus, omnipotenti Christo sanctoque apostolo eius Andreae germano beati principis
apostolorum Simonis Petri, quoddam ruris æt Brom-
leage territorium, cuius circuitus ambitum et distri-
butionis funiculum patria dimensione syx sulunga
prouinciales solent appellare, et utilitatem siluarum ad
eandem terram pertinentium in Andrede, quod utrum-
que in tempore iuuentutis meae a Hrofensis aecclesiae
diocesi quibusdam instigantibus abstraxi, libens beneuolus ac deuotus restituo. Cuius tamen rapinae
praedationem non tam crudeliter quam ignoranter,
et maxime Æðelsino quodam infoelice dei omnipotentis ac totius populi inimico instigante, neque eius
iniquae suasioni incaute consentiente fieri iussi. Qui,
inter caetera quae saepe commisit furti et rapinae
flagitia, publicus hostis inuentus, et tantum malitiae
suae frena laxauit, ut non solum uulgo quoscumque
posset inuaderet, sed ut meam quoque puerilem igno-
rantiam calliditatis suae laqueo circumueniens inre-
tiret; et ut tantum flagitii committerem improbe, praefati sancti loci praedo incitaret, insuper idoneum et
fidelem michi praepositum mea ab eius inuasione
defendentem occideret. Unde et iusto exigente iudicio, disposui merito eum omni dignitate priuari, ut
qui iniuste rapuit aliena iuste amitteret propria.
Nunc autem quia superna michi parcente clementia
ad intelligibilem aetatem perueni, et quae pueriliter
gessi in melius emendare decreui, iccirco, domini
compunctus gratia, quicquid tunc instigante maligno
contra sanctum dei apostolum me inique egisse re-

cogito ; totum nunc coram deo, cum flebili cordis con-
tritione poeniteo, et quaeque opportuna ad eundem
locum pertinentia libenter restauro, sperans poenitentiae meae lacrimas suscipi, et prioris ignorantiae
uincula solui ab eo, 'Qui non uult mortem peccatoris,
sed ut magis conuertatur et uiuat;' credens me et
gratiam inuenire in conspectu apostoli, qui in populo
suo mitissimus apparuit, et pro crucifigentibus se
exorauit. Et ut toto corde praefatum rus ad aecclesiam eiusdem beati apostoli me restituere ueraciter
approbarem, hoc restitutionis testamentum sanctae
et indiuiduae trinitati scribere concessi, et manu mea
Godwino praefatae aecclesiae antistiti michi tota deuotione fideli in conuentu praesentia optimatum meorum tradidi, cum diuinae maiestatis auctoritate et
mea praecipiens, ut nullus successorum meorum, qui
post me regnaturi sunt in gente Anglorum, sed nec
ulla alia cuiuslibet altioris aut inferioris dignitatis
persona, hanc tellurem occasione qualibet inuadere
praesumat, sed semper imposterum portio ipsa ad
usum praefatae episcopalis sedis episcopi qui nunc
eam regit, et hoc renouationis testamentum me donante impetrauit, et omnium qui ei in episcopatum
successuri sunt, ab omni terrena seruitute cum omnibus ad se rite pertinentibus libera permaneat, tribus
exceptis, rata expeditione, pontis arcisue reparatione.
Si quis igitur hanc diuinam pariter et meam auctoritatem facibus auariciae aestuans, aut arrogantiae fastu
tumidus inmutare praesumpserit, aeternae maledic-
tioni subiaceat, et cum diabolo et angelis eius in inferno sine fine damnatus intereat, nisi digne poeniteat
quod iniqua praesumptione deliquit. His limitibus
idem rus hinc inde gyratur, etc. Anno dominicae
incarnationis .DCCCC.XCVIII. indictione .XI. recurrente
annua pascali solennitate, qua uerus agnus pro nostra
omnium redemptione immolatus, destructo mortis imperio resurrexit, et credentibus regna coelorum pate-

fecit. Scripta est haec carta, et me donante in manus
episcopi Godwini, ad aecclesiam sancti Andreae apostoli, tradita, his testibus unanimiter adclamationem
praebentibus.

✠ Ego Æðelred diuina gratia fauente rex Anglorum huius renouationis testamentum scribere concessi.
✠ Ego Ælfric Doruernensis aecclesiae archiepiscopus assensum praebui.   ✠ Ego Ealdulf Eboracensis
aecclesiae archiepiscopus consensi.   ✠ Ego Ælfheah Uuintoniensis aecclesiae episcopus adquieui.
✠ Ego Ælfheah episcopus corroboraui.   ✠ Ego
Æscwig episcopus consignaui.   ✠ Ego Aðulf episcopus consolidaui.   ✠ Ego Wulfstan episcopus consigillaui.   ✠ Ego Ælfwold episcopus confirmaui.   ✠
Ego Wulfsige episcopus consensi.   ✠ Ego Ordbirht
episcopus corroboraui.   ✠ Ego Ealdred episcopus
consignaui.   ✠ Ego Ælfwine episcopus conclusi.   ✠
Ego Æðelstan clito.   ✠ Ego Egcbirht clito.   ✠ Ego
Eadmund clito.   ✠ Ego Eadred clito.   ✠ Ego Ead-
wi clito.   ✠ Ego Ælfweard abbas.   ✠ Ego Wulfgar abbas.   ✠ Ego Ælfsige abbas.   ✠ Ego Lyfing
abbas.   ✠ Ego Æðelweard dux.   ✠ Ego Ælfric
dux.   ✠ Ego Leofsige dux.   ✠ Ego Ælfhelm dux.
✠ Ego Leofwine dux.   ✠ Ego Byrhtwold minister.
✠ Ego Æðelmer minister.   ✠ Ego Ordulf minister.
✠ Ego Wulfget minister.   ✠ Ego Leofwine minister.   ✠ Ego Wulfric minister.   ✠ Ego Wulfheah
minister.   ✠ Ego Sigered minister.   ✠ Ego Sigweard
minister.   ✠ Ego Fræna minister.   ✠ Ego Leofwine minister.   ✠ Ego Wynnelm minister.   ✠ Ego
Æðelmær minister.   ✠ Ego Ælfgar minister.   ✠
Ego Ælfweard minister.   ✠ Ego Leofric minister.
✠ Ego Æðelric minister.   ✠ Ego Æðelweard minister.   ✠ Nos omnes optimates consensimus.

DCCI.

*ÆÐELRED, 998.

✠ ANNO incarnationis dominicae .DCCCC. nona-
gesimo octauo. Ego Æðelredus totius Albionis dei
gubernante moderamine basileus, suadente archiepiscopo Ælfrico, cum consilio meorum episcoporum ac
principum seu nobilium michique fidelium assisten-
tium, annui episcopo Wlsino ordinare monachicae conuersationis normam castamque uitam et deo amabilem,
secundum institutionem sancti patris Benedicti in coenobio Scireburnensis aecclesiae, ea ratione, uidelicet,
ut quisquis successor ei aduenerit, siue pius siue crude-
lis, non habeat facultatem male tractare res monachorum; sit pastor non tyrannus, gubernet ad fratrum
utilitatem secundum pastoralem auctoritatem non ad
lupinam rapacitatem, pascat suos ad se sequentes,
habeat ipse solus uictum inter fratres, sicut scriptum
est, ' Principem populorum te constitui, esto in illis
quasi unus ex illis.' Regat ipse iuxta animarum et
corporum utilitatem substantiam monasterii ita dun-
taxat. ut fratrum consilio non sit ignotum quicquid
agatur. Et si forte, quod absit, euenerit ut pastor et
grex discordantur, semper ad examen archiepiscopi
reseruetur, et ipse regi intimet ut iusta correctio
sequatur. Et quia mos minime apud nos consentit
ut in episcopali sede abbas constituatur, fiat ipse episcopus eis abbas et pater, et ipsi fratres obedientes ei
sint sicuti filii et monachi cum castitate et humilitate
et subiectione secundum disciplinam almi patris nostri
Benedicti, ut una brauium aeternae coronae accipere
mereantur. Et quoniam, sicut ait apostolus, ' Nos
sumus in quos fines saeculorum deuenerunt,' et multi-
plicato iam genere humano, adeo ut perplures grç[1] in-
opiae ruris non habentes ubi uel arando uel fodiendo

[1] Sic MS.

agriculturam exercentes uictum adipiscantur, insuper
et crescente philargyria nonnullorum, ut quisque ra-
piat sibi quod potuerit, optimum duxerunt priores
nostri ut omnis lis terminis certis adnulletur, ideoque territoria causa concordiae assuescere nuper inter
mundanos coepere, ut portionem quisque propriae
telluris libere excolat.   Quorum ego exempla imi-
tatus, rus praedicti coenobii hac cartula annotari
censeo :   hoc est in ipsa Scireburna centum agelli
in loco qui dicitur Stocland, et praedium monasterii
sicut Wlsinus episcopus fossis sepibusque gyrare
curauit : deinde nouem cassatos in loco qui ab incolis
Holancumb nuncupatur ; item in Halganstoke .xv. in
Ðorford .vii. in Bradanford .x. in Wonburna .v. in
Westun .viii. in Stapulbreicge .xx. in Wulfheardig-
stoke .x. in Cumbtun .viii. in Osanstoke .ii. et massam
unam iuxta ripam maris quae dicitur æt Lim.   Et
quicquid deus his auxerit ex donis fidelium continua
securitate et iugi libertate possideant fratres inibi
degentes, tribus exceptis, quae omnibus communicata
sunt, scilicet, expeditione, pontis arcisue restauratione;
tamen nulli debitores sint in rogi constructione eo
quod monasterium hoc opus indigere nouimus.   Si
forte, quod absit, hanc nostram donationem quispiam
annullare temptauerit et ad libitus proprios deflectere,
sciat se aequissimo iudici rationem redditurum clangente tuba archangeli extremo examine, ubi omnis
aequitas et iustitia, Christo iudicante, cunctis mani-
festabitur.

   Ego Æðelredus rex Anglorum hanc libertatem
concedo saepedicto monasterio sub episcopo quemcunque elegerit semper regendo et signaculo sanctae
crucis ✠ hanc munificentiam consigno coram his testibus.   ✠ Ego Ælfricus archiepiscopus hoc donum data
michi benedictione firmaui.   ✠ Ego Ealdulf archiepiscopus libens faui atque consensi.   ✠ Ego Wlstanus episcopus hoc idem affirmaui.   ✠ Ego Ælpheagus

episcopus consensum praebui. ✠ Ego Wlsinus episcopus hoc meum desiderium ad perfectum usque
perduxi. ✠ Ego Ælfwinus episcopus hilari mente
concessi. ✠ Ego Æðelward dux gratanter corroboraui. ✠ Ego Ælfric dux consentaneus fui. ✠ Ego
Ælfsige abbas. ✠ Ego Wlfgar abbas. ✠ Ego
Leofric abbas. ✠ Ego Godwine abbas. ✠ Ego
Æðelmær minister. ✠ Ordulf minister. ✠ Wulfget
minister. ✠ Brihtmær minister. ✠ Leofwine minister. ✠ Brihtric minister. ✠ Wulfnoð minister.

DCCII.

*WULFSINE, 998.

✠ In nomine domini! Ego Wlsinus, gratia dei episcopus, constituo et ordino sapientes monachos in
matre aecclesiarum sanctae Mariae Scireburniae, iussu
et consilio regis Æðelredi, et hortatu Ælfrici archipraesulis et omnium episcoporum, et consensu principum totius Angliae, expulsis clericis, trado etiam
eis territoria et possessiones quas habuerunt ab initio
qui sancto loco deseruierunt ad gloriam et laudem dei,
et ad honorem et reuerentiam antecessorum et successorum meorum; et unum cassatum in ipsa uilla,
et omnem decimam episcopii eiusdem uillae in omnibus rebus, et decimum agrum in tota uilla in decimam,
et .xxiiii. carucarum onera de silua per omnes annos,
statuo eis ad remedium animae meae, et regum, et
pontificum, et principum, et aecclesias et terras liberas
a regali exactione, et a tributis, in omni ciuitate
et mercatu. Si quis haec permutare uoluerit, excom-
munico eum a regno dei. Data Lundoniae, indictione
.xi. praesente rege coram omni concilio.

DCCIII.

ÆÐELRED, 999.

✠ REGNANTE in perpetuum domino nostro Ihesu
Christo, qui imperio patris cuncta simul sancti spiritus
gratia uiuificante disponit! Quamuis enim uerba sacerdotum et decreta iudicum in robore firmitatis iugiter
perseuerent; attamen pro incerta futurorum mutabilitate annorum cyrographorum testamento sunt roboranda. Quapropter ego Æðelred, totius Brittanniae
basileus, quandam telluris particulam .xv. uidelicet
cassatos, loco qui celebri æt Cyrne nuncupatur
uocabulo, domino nostro Ihesu Christo sanctaeque
eius aecclesiae beatae dei genitricis Mariae, qui celebri Abbendona nuncupatur onomate, ad usus monachorum dei inibi degentium cum omnibus utensilibus,
pratis uidelicet, pascuis, aquarumque cursibus, Uulf-
garo obtinente abbate, aeterna largitus sum haereditate.
Sit autem praedictum rus omni terrenae seruitutis iugo
liberum, tribus exceptis, rata, uidelicet, expeditione,
pontis arcisue restauratione. Est sane praefata terra
Cyrne de illis uillulis, quas pridem quidam comes uocitamine Ælfric a quadam matrona Eatflæd nomine diri-
puit, et sibi in propriam haereditatem usurpauit; ac
deinde temporum uariante uice, necne instigante humani generis peruersissimo temptatore diabolo, contra
deum meumque regale imperium multa et inaudita
miserabiliter committens piacula, episcoporum, ducum,
omniumque huius regni optimatum, unanimo legali
consilio aequissimoque iudicio, in uilla regia, quae
Anglica appellatione Cirneceastre dicitur, ipso extra
patriam in-exilium addicto, non solum illae quas a
praefata muliere abstraxit, sed et caeterae omnes quas
iure possidebat haereditario, sibi ac omni suae posteritati interdictae fuerunt, mihique in proprium ius

habendi donandique firmiter et immobiliter sunt aeternaliter deputatae. Ego quoque post haec, cum consilio et precatu optimatum meorum concessi, quatinus
praefata-uidua sua direpta resumeret, ac, uita comite,
possideret; quae humiliter suscipiens et rationabiliter
fruens, in ultimo huius labilis-uitae termino omnes
mihi beneuola mente in proprium ius restituit. Si
autem tempore contigerit aliquo quempiam hominum
aliquem libellum ob istarum apicum adnihilationem
in palam producere, omni-modo in nomine sanctae
trinitatis ab omnibus christianis interdico; ita ut meum
donum corroboratum sit cum signaculo sanctae crucis,
ut nec sibi nec aliis proficiat, sed in sempiterno
graphio deleatur. Denique uero, si quis nostrae dapsilitatis donum uiolare fraudulenter temptauerit, sciat
se die ultima iudicii coram deo rationem redditurum,
atque cum reprobis quibus dicitur, ‘ Discedite a me
maledicti in ignem aeternum,’ poenis atrocibus se esse
passurum, si non antea corporea lamentatione emendauerit. Praedicta siquidem tellus his terminis circumcincta clarescit. Ærest on cattes stán; fram cattes
stáne andlang fyrh on huredes mór; of huredes móre
on ða heán streat; andlang ðære heán stræte on
motera ford; of motera forde andlang motera lace ðæt
on oteres hám; of oteres hamme innan Cyrne; andlang Cyrne on nunnena pól; of nunnena póle on háran
stán; of ðán háran stáne on ðonne háran wiðig; of
ðán háran wigie innan Temese; úp andlang Temese
on hodes lace; andlang hodes lace úp on ðæt eá denn
ðe man hæt west eá; andlang ðæs eá dennes ðe est
on Cyrne; úp andlang Cyrne ðæt on áne lide lace;
andlang ðære læce ðæt eft on cates stán ðær hit ær
onfeng. Acta est praefata donatio anno ab incarnatione domini nostri Ihesu Christi .DCCCC.XCIX. indictione .XII. his testibus consentientibus, quorum inferius nomina karaxantur.

✠ Ego Æðelred rex Anglorum hoc taumate agiae crucis roboraui.   ✠ Ego Ælfric Dorobernensis aecclesiae archiepiscopus eiusdem regis beneuolentiam subscripsi.   ✠ Ego Ealdulf Eboracensis aecclesiae archipraesul hilari uultu consensi.   ✠ Ego Ælfheah praesul sigillum sanctæ crucis impressi.   ✠ Ego Uulfstan episcopus corroboraui.   ✠ Ego Ælfheah episcopus consolidaui.   ✠ Ego Æscuuig episcopus confirmaui.   ✠ Ego Aðulf episcopus depinxi.   ✠ Ego Ordbriht episcopus annotaui.   ✠ Ego Goduuine episcopus subscripsi.   ✠ Ego Æðelstan episcopus adquieui.   ✠ Ego Uulfsie episcopus consignaui.   ✠ Ego Lyfingc episcopus non renui.   ✠ Ego Ælfuuold episcopus conclusi.   ✠ Ego Ælfðryð mater eiusdem regis fautrix extiti.   ✠ Ego Æðelstan eiusdem regis filius non interdixi.   [✠ Ego Eadred eiusdem quoque regis filius mihi placere professus sum.]   ✠ Ego Ælfric dux.   ✠ Ego Ælfhelm dux.   ✠ Ego Leofsige dux.   ✠ Ego Leofuuine dux.   ✠ Ego Ælfuueard abbas.   ✠ Ego Uulfgar gaudens dictaui abbas.   ✠ Ego Ælfsige [Ceãs] abbas.   ✠ Ego Kenulf abbas.   ✠ Ego Ælfsige [Elig] abbas.   ✠ Ego Æðelnoð abbas.   ✠ Ego Æðelmær minister.   ✠ Ego Ordulf minister.   ✠ Ego Brihtuuold minister.   ✠ Ego Uulfheah minister.   ✠ Ego Uulfgeat minister.   ✠ Ego Æðelric minister.   ✠ Ego Uulfric minister.   [✠ Ego Leofric.   ✠ Ego Ælfwig.   ✠ Ego Eadwold.   ✠ Ego Æðelmar filius Æðelwold.   ✠ Ego Æðelwold.   ✠ Ego Ælfgar mæð.]

DCCIV.

ÆÐELRED,

✠ HER swutelað on ðison gewrite hú Æðelred kyning geúðe ðæt Æðeríces cwyde æt Boccinge standan móste. Hit wæs manegon earon ǽr Æðeríc forð-

ferde, ðæt ðám kincge wæs gesæd ðæt he wǽre on
ðám unrǽde, ðæt man sceolde on Eást-Sexon Swegen
underfón ðá he ǽrest þyder mid flotan com ; and se
cincg hit on mycele gewitnysse Sigeríce arcebisceope
cýðde ðe his forespeca ðá wæs for ðæs landes þingon
æt Boccinge ðe he intó Cristes-cyrcean becweden
hæfde. Ðá wæs he ðisse spæce ǽgðer ge on life ge
æfter ungeladod ge ungebett, oð his láf his hergeatu
ðám cincge tó Cócham brohte, ðǽr he his witan wídan
gesomnod hæfde. Ðá wolde se cing ða spæce beforan
eallon his witan, úphebban and cwæð ðæt Leófsige
ealdorman and mænige men ðǽre spæce gecnǽwe
wǽron. Ðá bæd seó wuduwe Ælfríc arcebisceop ðe
hire forespeca wæs, and Æðelmǽr ðæt hig ðone cincg
bǽdon ðæt heó móste gesyllan hire morgengyfe intó
Christes-cyrcean for ðone cincg and ealne his leódscype, wið ðám ðe se cing ða egeslícan onspæce álete,
and his cwyde stande móste, ðæt is swá hit hér beforan
cwyð, ðæt land æt Boccinge intó Christes cyrcean,
and his óðre land áre intó óðran hálgan stowan swá his
cwyde swutelað. Ðá God forgylde ðám cincge, ge-
tiðode he ðæs for Christes lufan and sancta Marian
and sancte Dúnstánes and ealra ðǽra háligra ðe æt
Cristes cyrcean restað, ðæs costes ðe heó ðis gelǽste
and his cwyde fæste stóde. Ðeós swutelung wæs
þǽrrihte gewiten and beforan ðám cincge and ðám
witon gerǽdd. Ðis syndon ðǽra manna naman ðe
ðisis tó gewitnesse wǽron.

Ælfríc arcebisceop and Ælfhéh bisceop on Wintaceastre; and Wulfsige bisceop on Dorsæton; and
Godwine bisceop on Hrofeceastre; and Leófsige ealdorman; and Leófwine ealdorman; and Ælfsige abbod;
and Wulfgár abbod; and Byrhtelm abbod; and Lyf-
incg abbod; and Ælfwold abbod; and Æðelmǽr;
and Ordulf; and Wulfget; and Fræna; and Wulfríc
Wulfrúne sunu; and ealle ða þegnas ðe ðǽr wídan
gegaderode wǽron, ǽgðer ge of West-Sexan, ge of

Myrcean, ge of Denon, ge of Englon. Ðissa gewrita
syndon þreó; án is æt Christes-cyrcean, óðer æt ðæs
cinges háligdóme, þridde hæfð seó wuduwe.

DCCV.

ÆÐELRED, 1001.

✠ **P** In nomine excelsi tonantes cuius nutu &
miseratione a pio patre preditus · Ego
æþelred rex totius insule cum consensu &
licentia optimatum meorum aliorumq; meorum fidelium. Dabo & libenti animo concedo · clofie. quandam ruris particulam hoc est ·xx·v· mansos in loco
quem ruricoli uocitant· æt yceantune· in hereditatem
perp&uam & semper liber permaneat notis & ignotis
magni ac modicis ad habendam & tradendam quali-
cumque uoluerit relinquat· ab omni tributo & seruitute
regali nisi constructione pontis · & arcis edificatione &
hostium expeditione. Actum est autem hoc mee concessionis donum · Anno dñicae incarnationis · Mille
·I· indicĩ ·XIIII· Istis terminibus circumcincta ista
terra. ✠ Æryst of stanforda ondlong sices on þone
stan ꝺ þonan on þone ælrenan stob of þam stobbe on
mid þone mere of þam mere in ycenan up ondlong
ycenan to cærssan wyllan of cærssan willan in þone
ælrenan stob ꝺ þonan on þa hehan æc on wulluht grafe
middum of þære æc to þæm wiðin bedde ꝺ þonan to
sic hlawe of þæm hlawe to þæm lytlan hlawe ꝺ þonan
to haran mere of haran mere to orman ho ꝺ þonan
to snaw forda ꝺ dune ondlong ea to þæm ælrenan
stobbe þonan to hwerfel dice swa þonan to wullafes
wællan ꝺ to fasan dæles hyllæ ꝺ swa þonan to þæm
ælrenan stobbe ꝺ þanon to þæm þyrnbedde ꝺ swa to
cuppan wællan ꝺ to holan wyllan ꝺ eft in stanford. ꝺ
seo hid æt earnlege belimpeð into yceantune mid þis-
sum gemærum· æryst of þære burnan in þone holan

broc ondlong broces on hwitan lege ⁊ swa on þone
smalan hæð of þæm hæðe in þone longan dic ondlong
dices in þone ealdan weg of þæm wege in þa æspan ⁊
þonan in pocalege broc ⁊ swa ondlong broces in þa
burnan swa ondlong burnan eft in holan broc· ⁊ an
haga in wærinc wicum into yceantune ⁊ healf ƀ land
æt suðham innur ⁊ uttur on tofte ⁊ on crofte into
yceantune.   Isti sunt testes huius donationis quorum
nomina subtus notantur.

✠ Ego æþelred rex & rector angul sexna firmam soli-
   datim tribuens signū cru✠cis infigendo subscrip̄·
✠ Ego ælfric dorouernensis aecclae archiep̄s·
✠ Ego ealdulf eborace ciuitatis archiepiscopus
   Ego æþestan. æþeling
   Ego Eadmund æþelincg
✠ Ego ælfeh wintoniensis aecclae episcopus
✠ Ego wulfstan lundoniensis aecclę episcopus
✠ Ego aþulfus herefordensis aeccle episcop⁹
✠ Ego ordbyrht episcopus confirmaui

✠ Ego æþestan ep̄s	✠ Ego ordulf minister
✠ Ego leofingc ep̄s	✠ Ego æþelmær minisť
✠ ælfric dux	✠ Ego wulfeh minister
✠ Ego ælfylm dux	✠ Ego wulfgeat minister
✠ Ego leofwine dux	✠ Ego æþelric minister
✠ Ego leofsige dux	✠ Ego eadric minister
✠ Ego ælfsie aƀƀ	✠ Ego wulfric m̄·
✠ Ego wulfgar aƀƀ	✠ Ego frana m̄
✠ Ego leofric aƀƀ	✠ Ego morcar m̄
✠ Ego alfwold aƀƀ	✠ Ego osulf m̄.
✠ Ego kenulf aƀƀ	✠ Ego guðmund·
✠ Ego eadnoð aƀƀ	✠ Ego godwine.

   ✠ Om̄s itaq; conponimus ut si quis turgido su-
perbie sp̄u inflatus paruipendens precepta priorū &
hanc subscriptionis nr̄ae sigillū librumq; presolidatum
uiolare aut confringere temptauerit sciat se alienatum
de terra uiuentium & ante tribunal xp̄i rationem
redditurum ·.·

Dorso.   þis is þara xxv· hida boc þe æþelred cyngc gebocode· yceantun· clofige his þegne a on ‵ece′ erfe· to geofenne ⁊ to geldenne ær dæge ⁊ æft dæge ꝺæm þe him leofest seo ;

DCCVI.

ÆÐELRED, 1001.

✠ CONDITORE creaturarum uniuersalium, seu quae in secretis coelestibus ocellis hactenus latent humanis, seu quae in terris uisibiliter patent, seu quae in profundis gurgitibus fluctiuagis circumquaque trahant discursibus, in suae incommutabilitatis firmissima aeternaliter regnante stabilitate ; cunctaque ab ipso, et per ipsum, et in ipso condita, redempta, uiuificata sunt ineffabili suae maiestatis regente priuilegio; huius aerumpnosae ac miserrimae uitae instabilitas flebilibus querimoniis suae defectionis iam iamque superuenientis laboriosum praenunciat terminum, quippe cum ueritatis praeconiumque se post notam protoplasti praeuaricationem, carnem nostrae mortalitatis, ut eam inmortalem postmodum redderet ex intemerato semper uirginis utero, pro salute tocius humani generis induere dignata est, nostra suscipiens, suaque aut relinquens, inter caetera suae ammonitionis eloquia ita dicendo omnibus proclamarat, ‘ Cum uideritis haec fieri, scitote, quod prope est regnum dei ; amen dico uobis quia non praeteribit generatio haec, donec omnia fiant : coelum et terra transibunt, uerba autem mea non transibunt.’ Attamen alicubi fidelium undique consulendo saluti, lucrumque requirens quas proprio liuore redemit animarum saluberrimum, ut ita dixerim, subministrauit antidotum, taliter uniuersos commonens, ‘ Uendite quae possidetis et date elemosinam, et ecce omnia munda sunt uobis.’ Talibus mandatorum Christi sentenciis a meis frequentius

praemonitus consiliariis, et ab ipso summo omnium
largitore bonorum dirissimis hostium grauiter nos
depopulancium creberrime angustiatus flagellis, ego
Æðelredus rex Anglorum, ut supradictae merear
particeps fore promissionis, quoddam Christo et sancto
suo germano, scilicet meo, Eadwardo, quem proprio
cruore perfusum per multiplicia uirtutum signa, ipse
dominus nostris mirificare dignatus est temporibus,
cum adiacente undique uillā humili deuotione offero
coenobium quod uulgariter æt Bradeforda cognominatur, hoc mecum sub sapientum-meorum testimonio tacite
praeiudicans, ut supradictum-donum sancto semper
subiaceat monasterio æt Sceftesbirio uocitato, ac ditioni uenerabilis-familiae sanctimonialium inibi degentium, quatenus aduersus barbarorum insidias ipsa
religiosa congregatio cum beati-martyris caeterorumque sanctorum reliquiis ibidem deo seruiendi im-
penetrabile optineat confugium. Et adepto postmodum si dei misericordia ita prouiderit pacis tempore
rursus ad pristinum reuertantur statum, ea tamen ratione, ut in loco quem domino optuli pars aliquantula
ex ipsa remaneat familia, quae diuini operis sedula
inibi iugiter expleat officia, hocque an fieri possit
sapienti consilio prioris praemeditetur industria. Sin
alias praeuideat rectoris examinatio, unde ibidem con-
tinue exerceatur ordo psalmodiae, ut autem ista nostra
donatio incommutabilem capiat stabilitatem, et ut
praesentes quid obseruent uel quid subsequantur certius agnoscant futuri, hoc interea hac scedula annotari dignum duxi, quatinus praescripta uilla cum omnibus ad se rite pertinentibus, campis, siluis, pascuis,
pratis, ita sane ut ego ipse illam in usus possederam
proprios uenerabili supradictae familiae Christo sanctoque martyri incessanter famulanti semper subiu-
getur liberrima, tribus tantummodo exceptis communium laborum utilitatibus ; si contingat expeditionem promoueri, arcem pontemque construi. Hocque

regia praecipimus auctoritate ut nullus elatio, uel musitatio altioris aut inferioris personae hanc nostram donationem euertere seu minorare praesumat, hoc solummodo aduersus omnia contradicentium machinamenta nostrae dapsilitatis praeualente priuilegio; praesertim cum ego hoc non priuatim pro remedio animae meae sed pro tocius nostrae genealogiae, qui uel olim praeterierunt uel in posterum forte uenturi sunt generali salute dictauerim; nec istud decretum nostris tantum temporibus perduret immutabile, uerum etiam et successorum meorum diebus quos, quales, qui seu quoti futuri sunt dei praescit aeterna praedestinatio. Quisquis autem hanc nostram munificentiam amplificare studuerit, augeatur ei in praesenti temporis quieti longaeuitas, et in futuro centuplicatae retributionis coeleste praemium. Qui uero euertere aut in aliud quid transferre satagerit, adbreuientur hic dies uitae ipsius; ut cum hiis qui Christo resistere nituntur in inferiori prolongentur inferno, ni uelocius recedat a peruersa meditatione, et eum quem offendere non metuit, dignis poenitentiae lamentis placare festinauerit. Hiis confiniis praescripta circumcingitur tellus. Ærest of seuen pirien on ðere here wai, ðe schet súðward wiðúten acceslegle wurð út wrindes holt and swá anlang Herewines tó Ælfwines hlipgate; fram ðane hlipgate forð be is landschare inne Auene; swá forð be stréme inne byssi; swá úppe bissy on wret; swá onlonghes wret ðat it comet tó Brisnódes landshare scu . t . n; forð be his landshare inne swínbróch; forð be bróke inne pumberig; út þurh pumberig inne tefleforð; forð mid stréme ðat it cumet tó Ælfwerdes landimare at wutenhám; ðannes of wigewen bróke forð be Leófwines imare innen Auene; forð be Auene ðat it cumet tó Ferseforð ðes abbotes imare innen Mitford; of ðánne forde gyet be ðes abbotes imare; eft intó Auene; swo in ðér be Auene ðat it cumet eft tó ðes abbotes imare tó Wer-

léghe ; swā be ðes abbotes imare tō Ælfgāres imare at
Farnléghe ; forð be is imare oð ðat it cumet tō ðes
kinges imare at Heselberi ; forð be ðes kinges imare
ðat it cumet tō Ælfgāres imare at Attenwrðe ; forð be
is imare ðat it cumet tō Leófwines landimare at Cose-
hām ; of ðān imare tō ðes aldremannes imare at Wīt-
lége; forð be ðanne imare ðat it comet tō Ælfwiges
imare at Broctūne tō ðanne wude ðe ierað intō Broctūne; eft at seuen pirien ; forð be Ælfnōðes imare innen
Æðelwines imare at Chaldfelde; of his imare innen
Ælfwines imare ðe Horderes ; forð be his imare innen
Ælphwines imare at Broctūne; eft intō ðe pyrien.
Scripta est siquidem haec cartula anno dominicae
incarnationis millesimo primo, indictione .xiiii^a. horum testimonio sapientum, quorum onomata inferius
descripta esse cernuntur.

Ego Æðelredus rex hanc largitatem Christo sanctoque martyri Eadwardo humili optuli deuotione et ne
nostra oblatio obliuionem forsan inposterum sortiretur
omnia prout gesta sunt hac in scedula exprimi mandaui
✠. Ego Ælfric Dorobernensis aecclesiae archiepiscopus confirmaui ✠. Ego Ealdulf Eboracensis aecclesiae
archiepiscopus condixi ✠. Ego Ælfstan Uuentanae
aecclesiae episcopus conscripsi ✠. Ego Wlstan Londoniensis aecclesiae episcopus conclusi ✠. Ego Ordbricht Australium Saxonum episcopus consigillaui ✠.
Ego Ælphech Licetfeldensis aecclesiae episcopus con-
quieui ✠. Ego Liefwine Fontanae aecclesiae episcopus coadunaui ✠. Ego Wlfsige Scirburnensis
aecclesiae episcopus consensi ✠. Ego Æðelstan
filius regis ✠. Ego Ecgebirht filius regis ✠. Ego
Eadmund filius regis ✠. Ego Eadred filius regis ✠.
Ego Eadwig filius regis ✠. Ego Eadgar filius regis
✠. Ego Aðulf Herefordensis aecclesiae episcopus
✠. Ego Alwoto[1] Cridiensis aecclesiae episcopus ✠.
Ego Godwine Rouecensis aecclesiae episcopus ✠.

[1] Sic MS.

Ego Ælfgar Orientalium Anglorum episcopus ✠.
Ego Æscwig Dorcensis aecclesiae episcopus ✠. Ego
Æðelred Cornubiensis aecclesiae episcopus ✠. Ego
Sigeferð Lindissi aecclesiae episcopus ✠. Ego Ælf-
werd abbas ✠. Ego Ælfsige abbas ✠. Ego Wlfgar
abbas ✠. Ego Ælfuere abbas ✠. Ego Ælfsige
abbas ✠. Ego Leofric abbas ✠. Ego Godwinne
abbas ✠. Ego Ælfric dux ✠. Ego Ælfhelm dux
✠. Ego Leofsige dux ✠. Ego Leofwine dux ✠.
Ego Æðelmar minister ✠. Ego Ordulf minister ✠.
Ego Wlfheah minister ✠. Ego Eadric minister ✠.
Ego Wluric minister ✠. Ego Æðelric minister ✠.
Ego Siwerd minister ✠. Ego Sired minister ✠.
Ego Wlfgar minister ✠. Ego Leofwine minister ✠.

DCCVII.

ÆÐELRED, 1002.

✠ Postquam protoplastus inuidā ueneniferi‑ser-
pentis deceptus uersutiā, stolā immortalitatis depositā,
foelicissimam paradisiacae-amoenitatis amiserat beatitudinem, mortis illico cunctis postmodum ineuitabilem
sortitus sententiam, in hanc miserrimam et aerumpnis
plenissimam detrusus est peregrinationem, domino
sibi tale pronunciante praeconium, ' Terra es, et in terram reuerteris,' unde et ab ipsius stirpis origine demo-
niacae‑potestatis iugum in omnes aggrauatum est
posteros, adeo [ut] cunctis ferme mortalibus portae pate-
rent infernales, clausis amissae foelicitatis firmissime
ianuis, donec unicus aeterni‑patris uerbigena creaturam suae-imaginis, quam per‑se factam meminerat
inimico sibique ab initio contrario subditam, et ad
poenas ruere gehennales dolens, in extremā fere huius
caduci saeculi margine carne uelatus uirginali deus
immortalis hominem indueret mortalem, initaque ueri
dei et ueri hominis persona, homo inter homines

apparere atque conuersari dignatus est. Quod mysterium diabolo in tantum celabatur, ut eum eisdem
modis quibus primum prostrauerat hominem aggredi
non diffideret, autumans se et ipsum qui deus in
homine latebat suo posse mancipare dominio, sed ab
ipso tripharia confossus responsione, abcessit inanis
et uacuus inferos petendo suae tumidae praeparatos
adinuentioni. Hinc ipsa-ueritas hominem ad imaginem et similitudinem sui conditum reformare, atque
ab hostili eruere disponens tyrannide uiam patriae
coelestis, quam prius in Adam perdidimus in seipso
restaurandum rectis corde et paulatim intimare curauit ita dogmatizando, 'Poenitentiam agite, appropinquabit enim regnum coelorum.' Rursumque inter
reliqua suae ammonitionis eloquia filios hominum humilitatis sequi hortatur uestigia taliter proclamans,
'Honora patrem tuum et matrem tuam, ut sis long-
aeuus super terram.' Huiusmodi sententiis multociens
a meis praemonitus sapientibus, ego Æðelred gentis
gubernator Angligenae totiusque insulae coregulus
Britannicae et caeterarum insularum in circuitu adiacentium, quoddam nobile coenobium cum uilla circumquaque sibi connexa, Christo sanctisque omnibus humillima offero deuotione, quod uulgares suapte a uici-
nitate fontis æt Werewelle appellare consueuerunt,
cum uillulis quae uel praescripto arcisterio uel uillae,
ut praediximus, subiacent circumpositae, quae utriusque portio tota pariter in unam collecta quantitatem
in se continet mansarum septuaginta, licet diuersis
disiaceat in locis; ut sit praetitulatum monasterium
cum omnibus quae suprataxata sunt ad se rite pertinentibus omni mundiali iugo liberrimum. Et hoc deuote ipse omnium largitori bonorum optuli pro remedio animae patris mei Eadgari et matris meae Ælfðryð uocitatae, quod ipsa dum uixit possedit et iugi
extruere aggressa est diligentia Existimaui etiam
me participem fore retributionis aeternae in elemosi-

naria partitione possessionis transitoriae ; atque iccirco hoc egi, ne me argui pertimescerem ante districti tribunal iudicis si supramemoratam ipsius sententiam dum scirem quid in oculis suae maiestatis
esset placitum, contempsisse seu neglexisse conuin-
cerer. Adhuc autem ut in illo tremendo examine
misericordiam in conspectu tam iusti censoris inuenire, et in dextera parte inter oues ascisci merear elec-
tas, adiicio munus deuotionis sincerissimae tribuens ad
adminiculum uictus et uestitus sanctimonialium in
praenotato monasterio Christo sedulo seruientium famulatu, quoddam aliud rus situm in prouincia Saxonum Australium, quod loci accolae Æðelingedene cog-
nominant cassatorum sexaginta, quod et ipsa praedicta
regina quamdiu spiraculo uitae potita est sibimet in
usus usurpauit proprios ; ut subiiciatur huius portio
telluris crebrius praescripto coenobio, quatenus illi
sanctae familiae ad usus sibi nil desit necessarios,
tantum ut laus Christi numquam per murmurationis
torpescat grauedinem, nec regulae sanctae frigescat
obseruantia praeualente qualibet naturalis inopia refo-
cillationis. Ut uero istud nostrum decretum stabile
capiat solidamentum, huius curam regiminis commendo
abbatissae uenerabili Heanfled agnominatae quae ad
eundem sanctum locum, ipsum honoris, et ut uerius
dicam oneris, sortita est gradum, ut ipsa haec omnia,
quamdiu spiritum gesserit uitalem, diligenti cura iuxta
dei uelle praeordinet ; postque sui defectum excessus
habeat ipsa religiosa congregatio cum sui consilio
metropolitani sibi inter se arbitrium eligendi, si inter
eas talis inueniri possit, cui more omnes obediant regulari. Perduret siquidem istud coenobium uillaque
quam praetitulauimus cum uniuersis appendiciis sibi
iure subiacentibus, campis, siluis, pascuis, pratis,
aquarum decursibus, gronnis, piscationum hostiis, iugi
securissimum libertate, sequestratis solummodo trium
causis necessitatum communium, si contingat expedi-

tionem educi, arcem seu pontem redintegrari. Et ne
fastidium faciam in multiloquii prolongatione, omnes
Christum timentes per eius adiuro crucifixionem, ne
quispiam elationis inflatus supercilio hoc nostrum
munus quod deo optuli euertere, seu in aliud quid
transmutare uel minuere praesumat, seruata aeternaliter a cunctis huius institutione priuilegii. Si quis
autem hoc nostrum donum augere studuerit, augeatur
ei aeterna foelicitas. Qui uero euertere seu in aliud
transferre satagerit, duplicentur illi cum Iuda proditore poenae infernales, nisi celerius cum poenitentiae
singultu a sua resipiscat fatuitate. Scripta siquidem
est haec cartula anno dominicae incarnationis millesimo secundo, hiis unanimi conspirantibus testimonio quorum inferius subsequuntur onomata.

✠ Ego Æðelred rex Anglorum hoc munus Christo
deuote offerens ne forsan postero tempore obliuioni
traderetur hac scedula titulari mandaui. ✠ Ego
Æðelstan filius regis. ✠ Ego Ecgbyrht filius regis.
✠ Ego Eadmund filius regis. ✠ Ego Eadred filius
regis. ✠ Ego Eadwig filius regis. ✠ Ego Eadgar
filius regis. ✠ Ego Ælfric archiepiscopus ut ita
fieret sollicite desudaui. ✠ Ego Ealdulf archiepiscopus adquieui. ✠ Ego Ealphan episcopus annotaui. ✠ Ego Uulfstan episcopus adsignaui. ✠ Ego
Ælfheah episcopus adunaui. ✠ Ego Brihtric episcopus adsensi. ✠ Ego Saxulf episcopus addixi. ✠
Ego Egwine episcopus adfirmaui. ✠ Ego Godwine
episcopus annui. ✠ Ego Ælfwold episcopus. ✠
Ego Ordbyrht episcopus. ✠ Ego Ælfstan episcopus.
✠ Ego Æðelric episcopus. ✠ Ego Sigeferð episcopus. ✠ Ego Ælfweard abbas. ✠ Ego Wlfstan
abbas. ✠ Ego Ælfsige abbas. ✠ Ego Ælfuric ab-
bas. ✠ Ego Keanulf abbas. ✠ Ego Ælfwold ab-
bas. ✠ Ego Godwin abbas. ✠ Ego Wulfric abbas.
✠ Ego Ælfgar abbas. ✠ Ego Willnoð abbas. ✠
Ego Ælfric abbas. ✠ Ego Leofric abbas. ✠ Ego

Ælfric dux.   ✠ Ego Ælfhelm dux.   ✠ Ego Leofwin
dux.   ✠ Ego Æðelmær minister.   ✠ Ego Ordulf
minister.   ✠ Ego Wulfgeat minister.   ✠ Ego Wulf-
heah minister.   ✠ Ego Wulfric minister.   ✠ Ego
Eadric minister.   ✠ Ego Ælfric minister.   ✠ Ego
Brihtric minister.   ✠ Ego Birhtsige minister.   ✠
Ego Leofwyn minister.   ✠ Ego Siweard minister.
✠ Ego Sired minister.   ✠ Ego Egwin minister.   ✠
Ego Leofwyn minister.   ✠ Ego Æðelric minister.

Uiginti uero et nouem praedia sunt in urbe Wentana, uariis disiacentia in locis, quae uectigali seruitio
praefato subiacent monasterio, omnique alieno perma-
nent extranea dominio et cunctis poenalibus causis
suprascripto sancto famulantibus loco, quod uulgari
usu ita Anglice dicitur, nigan and .xx. hagena syndon on Wintaceastre ðæt hyrad intô ðâm mynstre, mid
eallan ðâm gerihtum and ðâm wîtan ðe ðærof ârisâð.
Anno dominicae incarnationis millesimo octauo, regni
uero mei tricesimo quarto.   Hoc quoque ruris addi-
tamentum praenotato sanctimonialium coenobio libens
superadiicere curaui ; decem, uidelicet, mansas illo in
loco sitas qui solito Bulandun nomine solet appellari ;
eandemque telluris portionem cum omnibus finibus
simul et redditibus ad se rite pertinentibus in hoc
priuilegio scribere iussi ; et cum dei omnipotentis
atque mea auctoritate praecipio, ut huius munificentiae dapsilitatem nullus sibi usurpare, uel ausu
temerario hanc in aliud quid immutare, et a praefato
monasterio uiolenter auferre, praesumat.   Sed haec
quoque portio iugiter libera permaneat, eadem, scilicet, libertate qua reliquae possessiones quae in hoc
priuilegio conscriptae sunt, liberae existunt.

DCCVIII.

ÆÐELRIC, 1002—1014.

✠ ÆÐELRÍC bisceop grét Æðelmǽr freondlíce ;
and ic cýðe ðæt me is wana æt ðám scýr-gesceatte,
ðús micelys ðe míne foregengan hæfdon on ealles
folces gewitnysse æt Niw . . . . án æt Bubban-
cumbe, and twá æt Wultúne, .vii. æt Upcer . . . . . .
.v. æt Cliftúne . . . . . æt Hiwisc . . . . twá æt Wyllon, án æt Buchǽmatúne .v. æt Dibberwurðe, þreó
æt Ped . . . . ðǽre abbudyssan án.   Ðises ys ealles
wana þreó and þritig hida of ðám þrim [hund] hidun
ðe óðre bisceopas ǽr hæfdon intó hyra scýre . .
And gif hit ðín willa wǽr[e ðú] mihtest eáðe gedón
ðæt ic hyt ealswá hæfde.   Git us man s[ecg]ð ðæt
we ne móton ðæs [ylcan rihtes wyrðe beón] æt Holan-
cumbe ðe we hwílon ǽr hæfdon.   Ðonne þolie ic ðús
miceles, ealles and ealles, ðæs ðe míne foregengan
hæfdon ; ðæt syndon twá and feowertig hida.

DCCIX.

*ÆÐELRED, 1004.

✠ ANNO dominicae incarnationis millesimo quarto,
indictione secunda, anno uero imperii mei uicesimo
quinto, dei disponente prouidentia, ego Æðelred, totius
Albionis monarchiam gubernans, monasterium quoddam in urbe situm quae Oxoneforde appellatur, ubi
beata requiescit Frideswide libertate priuilegii auctoritate regali pro cunctipatrantis amore stabiliui, et
territoria quae ipsi adiacent Christi archisterio noui
restauratione libelli recuperaui, cunctisque hanc paginam intuentibus qua ratione id actum sit paucis uerborum signis retexam.   Omnibus enim in hac patria

degentibus sat constat fore notissimum, quoddam a
me decretum cum consilio optimatum satrapumque
meorum exiuit, ut cuncti Dani qui in hac insula uelut
lolium inter triticum pullulando emerserant, iustissima
examinatione necarentur, hocque decretum morte tenus
ad effectum perduceretur, ipsi quique in praefata urbe
morabantur Dani mortem euadere nitentes, hoc Christi
sacrarium fractis per uim ualuis et pessulis, intrantes
asylum sibi propugnaculumque contra urbanos sub-
urbanosque inibi fieri decreuerunt; sed cum populus
omnis insequens, necessitate compulsus, eos eiicere
niteretur nec ualeret, igne tabulis iniecto, hanc aecclesiam, ut liquet, cum munimentis ac libris, combusse-
runt.   Postquam dei adiutorio a me et a meis constat
renouata, et ut praefatus sum, retentis priuilegii dignitate cum adiacentibus sibi territoriis in Christi onomate
roborata, et omni libertate donata, tam in regalibus
exactionibus quam in aecclesiasticis omnino consue-
tudinibus.   Si autem fortuito aliquo contigeret tempore aliquem uesanae mentis, quod absit, irretitum de-
sidia, huiusce donationis nostrae munus, satagente
diabolo, defraudare, anathema sanctae dei aecclesiae
excipiat aeternum, mortis nisi ante exitum questionem
tam calumpniferam ad satisfactionem perducat exop-
tabilem.   Istis terminis praefati monasterii rura circumcincta clarescunt.   Limites terrae de Winchendon.
This beth the .x. hide londe imere into Winchendon.
Erest of Ashullefes well into Beridyke; of the dyke
on Hundrede trwe; of the trwe in twam more; of
the more into the heuelonde; of the heuelonde into
twam well yrythie; of the rythie into Bichenbroke; of
that broke into Tame-streme; andlange Tame-streme
to Ebbeslade; of the slade to Merewell; fro Merewell to Rugslawe; fro the lawe to the foule putte;
fro the putte to Rusbroke; fro Rusbroke to Wottesbroke; fro Wottesbroke into Ashulfes well.   De

Wihthull.   Thare beth .iii. hide londeymere into Wit-
hull.   That is fro old Hensislade ofre the cliff into
stony londy wey; fro the wey into the long lowe; fro
the lowe into the Port-strete; fro the strete into
Charewell; so aftir strem til it shutt eft into Hensislade.   De Bolles, Couele, et Hedyndon.   Thare beth
hide londeymere into Couelee.   Fro Charwell brigge
andlong the streme on that rithe . . . . ling
croft; endlong rithes estward to that cometh to other
. . . . . shet up norward to the furlonges heued; fro
the haued . . . . estward into Merehuthe; fro
the huthe into the bro . . . . into Deneacre;
fro the acre into the ockmere; fro that mere . . . .
. . . . fro Restell into broke; fro the broke into
Charwell.   . . . . de Cudeslawe.   Thare beth
.ii. hyde londymere into Cudeslawe.   Erest of Port-
strete into Trilliwelle; fro the welle into rithe; fro . .
. . . . . to Byshopes more; fro the more into Wyneles-
slade into the . . . . . . slade into Wyneles hull; fro
the hulle on hyme.   De L . . . . rii S. Frideswide.   This priuilege was idith in Hedington . . . .
. . myn owne mynster in Oxenford.   There seint
Frideswide . . . . . . alle that fredome that any fre
mynstre frelubest . . . . . mid sake and mid socna,
mid tol and mid teme, and with . . . . . . of Hedington, and of all the londe that therto be . . . . . . and
in felde and alle other thinge and ryth that y . . . . .
belyueth and byd us for quike and dede, and alle other
. . . . . alle other bennyfeyt, and alle other thinge
that ther . . . .   Scripta fuit haec scedula
iussu praefati regis in uilla regia, quae . . . . appellatur, die octauarum beati Andreae apostoli hiis consentientibus p . . . . qui subtus notati uidentur.

✠ Ego Æðelredus rex Anglorum hoc priuilegium
Christi nomine perpetua libertate praedicto donaui.
✠ Ego Ælfrich Dorou[ernensis] aecclesiae archiprae-

sul corroboraui sub anathemate.   ✠ Ego Wulfstan
Eboracensis ciuitatis archipontifex confirmaui.   ✠
Ego Æðelric Scireburnensis episcopus consensi.   ✠
Ego Ælfgiua thoro consecrata regio hanc donationem
sublimaui.   ✠ Ego Æðelstan regalium primogenitus
filiorum cum fratribus meis testis be . . . . . . interfui.
✠ Ego Ælfean Wentanus antistes consignaui.   ✠
Ego Ælfstan Fontanensis aecclesiae episcopus conso-
lidaui.   ✠ Ego Ælfun Lundoniensis aecclesiae epi-
scopus consecraui.   ✠ Ego Godwine Lychefeldensis
aecclesiae episcopus communiui.   ✠ Ego Ordbyrt Aus-
tralium Saxonum episcopus conclusi.   ✠ Ego Æðel-
brit Scireburnensis aecclesiae episcopus consensi.   ✠
Ego Ælfeod Cridiensis aecclesiae episcopus uegetaui.
✠ Ego Ælfric dux.   ✠ Ego Leofwyne dux.   ✠ Ego
Wulfgar abbas.   ✠ Ego Ælfsige abbas.   ✠ Ego
Æðelmer comes.   ✠ Ego Ordulf comes.   ✠ Ego
Æðelmer comes.   ✠ Ego Ælfryc comes.   ✠ Ego
Ælfgar comes.   ✠ Ego Goda minister.   ✠ Ego
Æðelwerd comes.   ✠ Ego Æðelwyne comes.   ✠
Ego Ordmere comes.   ✠ Ego Leofwyne comes.   ✠
Ego Godwyne comes.

DCCX.

ÆÐELRED, 1004.

✠ Postquam malesuada ueneniferi serpentis sug-
gestio primum generis humani parentem inuidia
fraudulenti seduxit edulio pomi mortis continuo sententia, huiusque uitae aerumnosa ipsi protoplasto op-
ponitur peregrinatio; unde et in posteros mortiferae
cumulus damnationis ob multiplices iniquitatum exer-
citationes adeo excreuit, ut totius adinuentor maliciae
diabolus ab ipsius, quam praediximus, radice originis
totam sibi ferme hominum progeniem diuina permis-

sione et culpa exigente ad poenas consociaret gehennales, eius tumidae ab initio satellitumque conspiran-
tium praeparatas elationi, donec unicus aeterni patris
uerbigena substantia dolens perisse quae suae ima-
ginebatur similitudini, mysterio secretiori in ultima
saeculi aetate uirginea sese carne uelaret, ac uerus
deus uerusque homo inter homines sine peccati mac-
ula in personae conuersaretur unitate: idque supernum concilium inimico in tantum celabatur, ut ipsum
gula, uana gloria, auaritia, quibus armis primum pro-
straret hominem, adgredi non diffideret; autumans ipsum qui totius bonitatis fons caputque est laqueo
iniquae posse irretiri praeuaricationis; sed sacrae
scripturae testimonio tertio ab ipsa transuerberatus
ueritate, umbras denuo uictus repedat infernales;
huic nostrae auctori salutis mox famulatus adfuit
angelicus, eisque omnibus ita ut diximus humanitatis exactis, Ihesus sancto refectus pneumate, sapientia aetate proficiens et gratia medicamenta restaurationis humanae tali protinus proposuit institutione,
'Poenitentiam,' inquiens, 'agite, appropinquabit enim
regnum coelorum.' Haecque et alia suae documenta
pietatis multiplicis dignatus est confirmare signis miraculorum, caecos illuminando, surdis auditum reddendo,
mutis loquendi officium, mancis manuum utilitatem,
claudis gradiendi possibilitatem, paralyticis membrorum integritatem, leprosis corporis emundationem,
lunaticis daemoniacisque obsensum mentis, mortuis
uitam, uiuis uiam uitae huiusmodi sententiis celerando,
'Currite dum lucem habetis, ut non tenebrae uos
comprehendant.' Uerumtamen hostis insidiis antiqui
infidelium corda Iudaeorum inter haec omnia obdura-
uerunt, ut ipsum mediatorem dei et hominum post
illata et probra et flagella cruci adfigere animo non
metuerint caecato; qui tamen corpus animatum tertia die incorruptibile uictor resumpsit et immortale

discipulisque palpandum clausis exhibuit ianuis, quadraginta inter eos crebrius illis apparendo conuersatus
ymeras, illisque adstantibus et intuentibus die quadra-
gesima coeli petiit habitacula collocans secum nostrae
carnis substantiam in paterni dextera throni, angelis
haec uerba apostolis pronunciantibus, ' Sic ueniet
quemadmodum uidistis eum euntem in coelum;' de
quo aduentus sui die ita ipse prophetauit, ' Dies,' inquit, ' ille, dies irae, dies calamitatis et miseriae, dies
tribulationis et angustiae, dies tenebrarum et caliginis,
dies nubis et turbinis, dies tubae et clangoris.' Tanti
siquidem formidine diei adtactus et tam districto iudici
placere gestiens, ego Æðelred rex Anglorum offero
ipsi domino nostro Ihesu Christo libertatem monasterii cuiusdam uulgari usu æt Byrtun appellati, ut sit
semper cum omnibus quae sibi subiacent uillulis,
praediis, campis, siluis, pratis, pascuis, aquarum decursibus, piscationum hostiis, et cunctis necessitatis humanae utensilibus aeterna securitate liberrimum, ut
illud nobilis progeniei minister Wlfricus extruxit et
collegio instituit monachico, dominium loci et in eo
habitantium meae regali committens dominationi; hab-
eatque abbas uocabulo Wlfgeat [qui] ad hoc ordinatus
est primus, liberam facultatem interius exteriusque
sub mea ditione illud gubernandi, postposito cuiuslibet alterius hominis dominio. Haec uero libertas
huius priuilegii annotatione ideo roboratur quatinus
in ipso loco eiusdem quo praediximus ordinis familia
iugiter regulari more sub abbate tunc sibi praelato iuxta
[regulam] sancti militans Benedicti adgregetur spesque
praescripti ministri, qui hoc Christo contulit monasterium per puram in ipso habitantium conuersationem
sanctamque eorum intercessionem ad coelestium remunerationem erigatur diuitiarum. Uerum si quispiam
altioris inferiorisue personae hunc locum deuastare,
uel quicquam ex eo abstrahere seu minuere, aut in

seruitutem studuerit redigere, tribus tantummodo exceptis, expeditione, scilicet, arcis pontisue constructione, sciat se a coelesti alienigenari gloria, et gehennalia subire tormenta ubi uermis est non moriens, et ignis indeficiens, dentiumque stridor intolerabilis, ni citius a sua resipiscat prauitate. E contrario si quis hoc donum quod Christo offertur augmentare uoluerit, nouerit coelestia se recipere praemia, ubi Christus omnia in omnibus, dies sine nocte, lux indeficiens, claritas sempiterna, uita perpetua, gloria ineffabilis, gaudium sine fine. Haec sunt nomina uillarum quae praefatus minister ipsi sancto deuotissime subegit monasterio. Ærest Byrtune ðe ðæt mynster onstent, and Strǽtún, and Bromleáge, and Bedintún, and Gageleáge, and Wítestún, and Laganforde, and Styrcleáge, and Niwantún æt ðǽre wíc, and Wædedún, and óðer Niwantún, and Wineshylle, and Súðtún, and Ticenhealle, and ðæt æt Scenctúne, and ꝥ æt Halen, and Remesleáge, and ꝥ æt Scipleia, and ðæt æt Súðtúne, and ꝥ æt Actúne, twégra manna dæg, ealswá ða foreward spreocað; and ðæt æt Orlafestúne and Lége, mid eallon ðám ðe ðǽrtó hyrð; Hilum and Acofre mid eallon ðám ðe ðárintó hyrð, and Brægdesheale, and Mórtún, and eal seó sócna ðe ðǽrtó hereð, and Willesleáge, and Taðawillan, and Æppelby, and ꝥ æt Burhtúne, and æt Westúne, and ðæt æt Witgestáne, and ðæt æt Scearnforda, and ðæt æt Ealdeswyrðe, and ðæt æt Ælfredincgtúne, and ðæt æt Wáddúne, and ðæt æt Snodeswíc, and ðæt æt Wynnefeld, and ðæt æt Oggedestúne forð in mid Mórtúne, and ðæt æt Hereburgebyrig, and ðæt æt Eccleshale, and ðæt æt Súðtúne, and ðæt æt Mórlége. Scripta siquidem est huius libertas priuilegii anno ab incarnatione domini nostri Ihesu Christi .M.IIII. indictione .II. horum testimonio sapientum quorum nomina inferius annotata cernuntur.

✠ Ego Æðelred rex Anglorum hoc donum perpetua ditaui libertate. ✠ Ego Æðelstan filius regis. ✠ Ego Ecgbryht filius regis. ✠ Ego Eadmund filius regis. ✠ Ego Eadwig filius regis. ✠ Ego Eadgar filius regis. ✠ Ego Ælfric archiepiscopus composui. ✠ Ego Wlfstan archiepiscopus conclusi. ✠ Ego Ælfheah episcopus consignaui. ✠ Ego Ælfhun episcopus consensi. ✠ Ego Lyuuing episcopus condixi. ✠ Ego Æðelric episcopus confirmaui. ✠ Ego Ælfhelm episcopus corroboraui. ✠ Ego Ordbryht episcopus assensi. ✠ Ego Godwine episcopus adquieui. ✠ Ego Ælfgar episcopus adunaui. ✠ Ego Godwine episcopus affirmaui. ✠ Ego Sigeferð episcopus auxiliatus sum. ✠ Ego Ælfweardus abbas. ✠ Ego Ælfsinus abbas. ✠ Ego Wulfgarus abbas. ✠ Ego Keanulfus abbas. ✠ Ego Ælfsinus abbas. ✠ Ego Germanus abbas. ✠ Ego Godemannus abbas. ✠ Ego Wulfricus abbas. ✠ Ego Leofricus abbas. ✠ Ego Byrhtwoldus abbas. ✠ Ego Eadred abbas. ✠ Ego Ælfmer abbas. ✠ Ego Ælfric dux. ✠ Ego Ælfhelm dux. ✠ Ego Leofwine dux. ✠ Ego Æðelmer minister. ✠ Ego Ordulf minister. ✠ Ego Wulfgeat minister. ✠ Ego Wulfheah abbas. ✠ Ego Wulfstan minister. ✠ Ego Styr minister. ✠ Ego Morkare minister. ✠ Ego Fræna minister. ✠ Ego Æðelric minister. ✠ Ego Æðelmer minister. ✠ Ego Ælfgar minister. ✠ Ego Æðelwold minister. ✠ Ego Ulfcytel minister. ✠ Ego Eadric minister. ✠ Ego Godwine minister. ✠ Ego Æðelweard minister. ✠ Ego Ælfgar minister. ✠ Ego Leofwine minister. ✠ Ego Byrðere minister. ✠ Ego Leofwine minister. ✠ Ego Ælfmer minister.

DCCXI.
ÆÐELRED, 1004.

✠ Universa saecularium opum patrimonia, incertis nepotum haeredibus relinquuntur, et omnis mundi gloria appropinquante istius uitae termino, ad nichilum reducta fatiscit, sicut per quendam sapientem dicitur, ' Mundus hic cotidie transiens deficit, et omnis pulcritudo eius, ut foeni flos marcescit;' idcirco terrenis caducarum rerum possessionibus indeficientia supernae patriae gaudia, domino patrocinante,lucranda sunt. Quamobrem ego Æðelredus tocius Britanniae caeterarumque gentium in circuitu persistentium basileus, quandam ruris possessionem .xx. uidelicet mansas in loco qui celebri Litlebiri nuncupatur uocabulo ; domino eiusque genitrici Mariae, et beato Petro apostolorum principi, necnon sanctae Æðeldredae uirgini praecipuae, ac reliquis uirginibus sibi cognatis ad monasterium, scilicet, quod in Elyg situm est, ad usus monachorum ibi degentium, perpetua largitus sum haereditate, ut illo perpetualiter cum omnibus utensilibus, pratis, uidelicet, pascuis, siluis pertineat. Sit autem praedictum rus, omni terrenae seruitutis iugo liberum, tribus exceptis causarum laboribus, rata, uidelicet, expeditione, pontis arcisue restauratione. Si quis igitur hanc nostram donationem in aliud quam constituimus transferre uoluerit, priuatus consortio sanctae dei aecclesiae, aeternis barathri incendiis lugubris iugiter cum Iuda Christi proditore eiusque complicibus puniatur, si non satisfactione emendauerit congrua, quod contra nostrum deliquit decretum. Anno dominicae incarnationis millesimo quarto, scripta est haec carta, indictione .ii. hiis testibus consentientibus quorum inferius nomina caraxantur.

Ego Æðelredus rex Anglorum praefatam dona-

tionem cum sigillo sanctae crucis confirmaui ✠.
Ego Æðelstanus eiusdem regis filius una cum fratribus meis corroboraui ✠. Ego Ælfricus Dorobernensis aecclesiae archiepiscopus eiusdem regis donationem cum trophaeo agiae crucis consignaui ✠. Ego
Wlfstanus Eburacensis aecclesiae archipraesul consensi ✠. Ego Ælffeah Wintoniensis aecclesiae pontifex adquieui ✠. Ego Luuingus episcopus consolidaui ✠. Ego Ordbrihtus episcopus expressi ✠.
Ego Aðulfus episcopus subscripsi ✠. Ego Ælfgarus
episcopus non renui ✠.

DCCXII.

ÆÐELRED.

✠ MODERATORE uniuersorum regnorumque distri-
butore summoque opifice domino nostro Ihesu Christo
regnante! Ego Æðelredus ipsius opitulante gratia totius Albionis insulae rex, cum consilio atque consensu
meorum optimatum, aliquantulam ruris portionem id
est .x. mansas, domino sanctoque Petro necnon omnibus sanctis quibus dedicata est aecclesia æt Stanham
aeterna – tribuo largitione in loco qui noto nomine
Heantun uocitatur perpetuae illud libertati donans,
arcis tantummodo pontisque restauratione rataque
expeditione. Termini isti circumiacentes telluri isto
ordiuntur notamine. Ærest of Ellenforda on ðæne
ænlypigan þorn; of ðam þorne on kolan treów;
ðonan andlang mearce of ðone middemestan beorg;
ðænne eást andlang dænes on ða leáge; of ðære leáge
andlang hagan on huredes treów; ðanan andlang
mearcæ on weoleáge; of weoleáge on ðonæ greátan
hlinc; of ðam hlince æft útt an Ellenford.

✠ Ego Æðelredus signaculo sanctae crucis corroboraui. ✠ Ego Siricus archipraesul signo crucis
subscripsi. ✠ Ego Oswaldus archiepiscopus con-

sensi. ✠ Ego Ælfeagus episcopus confirmaui. ✠
Ego Ælfstanus episcopus. ✠ Ego Ðeodredus episcopus. ✠ Ego Aðulfus episcopus. ✠ Ego Ælfheahus episcopus. ✠ Ego Sigarus episcopus. ✠
Ego Æscwig episcopus. ✠ Ego Æðelsinus episcopus. ✠ Ego Ælfwoldus episcopus. ✠ Ego Ord-
brihtus episcopus. ✠ Ego Leofric abbas. ✠ Ego
Leofric abbas. ✠ Ego Byrhtnoð abbas. ✠ Ego
Ealdulf abbas. ✠ Ego Ælfun abbas. ✠ Ego Æl-
uere abbas. ✠ Ego Ælfweard abbas. ✠ Ego Gode-
man abbas. ✠ Ego Eadwine abbas. ✠ Ego Wulf-
sie abbas. ✠ Ego Ælfsie abbas. ✠ Ego Ælfric ab-
bas. ✠ Ego Ælfric abbas. ✠ Ego Ælfwold abbas.
✠ Ego Æðelwine dux. ✠ Ego Byrhtnoð dux. ✠
Ego Æðelweard dux. ✠ Ego Ælfric dux. ✠ Ego
Ælfsige minister. ✠ Ego Ordlaf minister. ✠ Ego
Orddulf minister. ✠ Ego Byrhtwold minister. ✠
Ego Æðelmer minister. ✠ Ego Ælfgar minister.

DCCXIII.

ÆÐELRED.

✠ Largitori summorum bonorum celsitonanti
deo! Ego Æðelredus ipsius opitulante gratia Brit-
taniarum rex, sapientium huius insulae usus consilio
quandam partitiunculam cuiusdam ruris octo, scilicet,
mansas in loco qui Stanham appellatur æt Westun, in
quo et monasterium situm est, perpetuaque libertate
pro meae animae redemptione libentissime dono omnibusque saecularibus curis absoluo, excepta pontis
arcisue restauratione rataque expeditione. Gyratur
namque ipsum rus his suprascriptis terminis. Ærest
of Icenan on cyninges mearce on bican stapol; of
bican stapole on waddan stocces; of waddan stocce

andlang mearce on wíchyðe; úpp andlang streámes
on ða lace; úpp andlang mearce of ækergeat; ðanan
úpp andlang weges on sweðælingford and feldlés
gemǽne.   And ðis his ðára fíf hida landscaru tó
Westtúne.   Ǽrest úpp of Icenan on rícan ford; of
rícan forda súð-eást andlang mearcæ on ðes cyninges
hlywan; ðanan andlang mearce on ðæne imbstoc; of
ðám stoccæ andlang mearcæ on ðone beorh; of ðám
beorge on gerihte útt an sǽ.

✠ Ego Æðelredus signaculo sanctae crucis corroboraui.   ✠ Ego Syricus archipraesul signo crucis
subscripsi.   ✠ Ego Oswaldus archiepiscopus agiae
crucis consensi.   ✠ Ego Ælfheahus episcopus signo
crucis confirmaui.   ✠ Ego Ælfstanus episcopus.
✠ Ego Ðeodredus episcopus.   ✠ Ego Aðulfus episcopus.   ✠ Ego Ælfheahus episcopus.   ✠ Ego Sigarus episcopus.   ✠ Ego Æscwig episcopus.   ✠
Ego Æðelsinus episcopus.   ✠ Ego Ælfwoldus episcopus.   ✠ Ego Ordbrihtus episcopus.   ✠ Ego
Leofric abbas.   ✠ Ego Leofric abbas.   ✠ Ego
Byrhtnoð abbas.   ✠ Ego Ealdulf abbas.   ✠ Ego
Ælfun abbas.   ✠ Ego Æluere abbas.   ✠ Ego Ælfweard abbas.   ✠ Ego Godeman abbas.   ✠ Ego
Eadwine abbas.   ✠ Ego Wulfsige abbas.   ✠ Ego
Ælfsige abbas.   ✠ Ego Ælfric abbas.   ✠ Ego Ælfric abbas.   ✠ Ego Æðelwine dux.   ✠ Ego Byrhtnoð dux.   ✠ Ego Æðelweard dux.   ✠ Ego Ælfric
dux.   ✠ Ego Æðelsige minister.   ✠ Ego Orddulf
minister.   ✠ Ego Byrhtwold minister.   ✠ Ego Æðelmer minister.   ✠ Ego Ælfgar minister.

DCCXIV.

ÆÐELRED, 1005.

✠ DOMINANTE per saecula infinita omnium domi-
natore Christo saluatore nostro, uniuersitatisque creatore! Æðelredus gratia dei eiusque misericordia rex
et rector regni Anglorum, et deuotus sanctae aecclesiae defensor humilisque adiutor, omnibus aecclesiasticae pietatis ordinibus, seu saecularis potentiae dignitatibus, in Christo domino pacis et beatitudinis praemia.
Considerans pacifico piae mentis intuitu, cum bona
uoluntate, una cum dei sacerdotibus et consiliariis
nostris, iram plus solito saeuientis dei in nos, eum
placare cum continua bonorum operum exhibitione
et ab eius laudibus nunquam desistere decreui. Et
quia in nostris temporibus bellorum incendia direp-
tionesque opum nostrarum patimur, necnon ex uastan-
tium crudelissima depraedatione hostium barbarorum,
paganarumque gentium multiplici tribulatione, affli-
gentiumque nos usque ad internecionem tempora
cernimus incumbere periculosa; nobis ' In quos fines
saeculorum deuenerunt,' nimium conuenit de nostrarum utilitatibus animarum cura diligenti perscrutari,
qualiter quibusque meritis in saeculo iam futuro cum
auctore omnium Christo sint uicturae, 'Quia non ullam,'
ut apostolus ait, 'hic habemus mansionem, sed futuram inquirimus;' et ideo magna nobis incumbit necessitas cum terrenis diuitiis futuram totis inquirere uiribus. Nostrae siquidem diuitiae nisi communicatae in
plures nobis prodesse nequaquam possunt; nullus
enim tam compositae foelicitatis constat, ut non ea
quae possidet uel sponte siue nolens amittat; et ideo
multis humanae foelicitatis dulcedo amaritudinibus
respersa est, quae etsi ad tempus fruenti iocunda esse
uideatur, finem tamen amaritudinis semper introducet.
Duo quippe sunt quibus omnis humanorum actuum

z 2

constat effectus ; uoluntas, scilicet, et potestas, quorum
si alterum desit, nihil est quod explicare quis queat;
uoluntate autem deficiente, ne aggreditur quidem quisque quod non uult ; ac si potestas desit, uoluntas
omnino necesse est ut frustra sit. Sed boni quique
recta uoluntate et optima potestate adipiscuntur
bonum quod adappetunt, quia per temporalia huius
euanescentis uitae negotia aeterna sibi futuri calce
carentis saeculi praemia mercantur sine fine mansura.
Quapropter ego Æðelredus, multiplici dei clementia
indulgente, Angul-Saxonum antedictus rex, caeterarumque gentium longe lateque per circuitum adiacentium gubernator et rector, mihi insitum uideo et
uelle et posse, et ideo memoriae praesentium, et etiam
futurorum sequentium post nos ueracibus literarum
apicibus insinuare curaui, quod Æðelmaro uiro ualde
fidelissimo mihi quoque dilectissimo impetrante, ab-
solutissimum libertatis priuilegium constituo monasterio
eius in honore sancti saluatoris, omniumque sanctorum suorum iure dedicato in loco celebri iuxta fluui-
um qui uocatur Tamis constituto, quod ab incolis
regionis illius Egnesham nuncupatur uocabulo ; quod
quidem monasterium Æðelmarus ab Æðelweard-genero
suo mutuando accepit, et pro illis triginta mansiunculis dedit triginta sex mansiones tribus diuisas
in locis, tres, uidelicet, in Upoteri, et decem in Litlan-
Cumtune in Lellincge, et tresdecim in Scildforda.
Uitae igitur regularis monachos inibi constituens, ipse
patris uice fungens uiuensque communiter inter eos
abbatem sanctae monachorum congregationi preferre,
se uiuente, instituit, ut ita deinceps post ipsum quem
constituit abbatem, abbatum electio secundum regulae praeceptum, ex eadem congregatione usu teneat
perpetuo ; id est, ut ex eadem congregatione qui ordi-
nandus est, et aliunde nequaquam nisi peccatis promerentibus uel impediente imperitia, talis qui dignus
sit in ea reperiri nequiuerit, cum regis consilio eli-

gatur : rex autem non ad tyrannidem sed ad munimen loci et augmentum, uti mos est, super pastorem et
Christi gregem .dominium solerti uigilantia misericorditer custodiat : saecularium uero quispiam ne ad
magni detrimenti ruinam deueniat ut dominium loci
teneat excepto rege nunquam eligatur. Sunt etenim
rura haec, quae sancto saluatori omnibusque sanctis
eius uir - praefatus Æðelmarus et diuinae seruitutis
obsequio et magna cum humilitate, non solum a
rege sed etiam a diuersis hominum personis, nunc
comparando nunc mutuando optinuit, quae ad usus
monachorum inibi degentium aeterno concessit donario. Quinque, uidelicet, manentes in loco ubi ab
indigenis Sceaptun dicitur ; uillam quoque quae Scip-
ford dicitur, dedit uir praedictus ad monasterium
antedictum, quam ei Leofwinus suus consanguineus
spiritu in ultimo constitutus donauit, quam Birhtnoðus antea dux praeclarus ab Eadgaro patre meo dignis
praemium pro meritis accipere laetabatur ; Micclantun
similiter ad monasterium dedit, quam ille Birhtnoðus
dux praedictus ultimo commisit dono ab Eadgaro
quoque ei antea donatam et in kartula firmiter com-
mendatam ; terram quoque quinque manentium, quae
Burtun dicitur donauit, quam a me promeruit, et
ab Æðelweardo-genero suo uoluntate antea accepit
pro remedio animae uxoris suae ; emit quoque prae-
dictus-uir Æðelmarus a me cum triginta libris, duodecim mansiones de uillulis quas matrona quaedam
nomine Leofled suis perdidit ineptiis et amisit, tres
semis, uidelicet, manentes æt Marana Cliue, quas pari
modo ad monasterium dedit, duas similiter mansiones
æt Beonetlege siluae communis dedit ; donauit etiam
uir saepenominatus quinque mansas æt Stodelege, et
decem æt Cestertune propinquo suo nomine Godwino,
pro decem mansionibus terrae communis, quae æt
Erdintune dicitur, quas quoque praedicto monasterio
commisit ; dedit quoque Byrhtelmus, quondam epi-

scopus, Æðelweardo propinquo suo patri, uidelicet,
Æðelmari, uiginti mansiones, ubi ab incolis æt Æsc-
æron dicitur, quas Æðelwerdus filio suo Æðelmaro
longe ante mortem-suam donauit, et ille supradictas
mansiunculas ad monasterium dedit; terram similiter quae Bictun dicitur, quam a me promeruit kart-
u!a confirmatam monasterio antedicto donauit; rus
quoque quod Rameslege dicitur, et portum ad se
pertinens, quod illi Wulfin propinqua-sua, in ultimo
constituta spiritu commisit, monasterio praedicto concessit.   Sit igitur monasterium praedictum ab omni
humanae seruitutis iugo liberum, cum omnibus supradictis uillulis ad se rite pertinentibus, expeditione
excepta, et pontis arcisue constructione.   Si quis igitur hoc nostrae libertatis donum confirmare et firma
uoluntate stabilire et amplificare satagerit, augeat
amplificetque ei deus omnipotens in saeculo praesenti
prospera cuncta, et in futuro foelicitatis tripudium.
Qui uero in aliud euertere et nostrae libertatis munimen destruere uoluerit, sit ipse alienatus a sanctae
dei aecclesiae consortio, necnon et a participatione
sacrosancti corporis et sanguinis Christi, et in magni
iudicii die cum Iuda Christi proditore sinistra in
parte condemnatus, nisi hic prius digna satisfactione
humilis poenituerit, quod contra nostra decreta deliquit.
Ðys synd ða landgemæro tó Egneshám.   Ærest of
Rugan lace on Buggan bróc; andlang bróces on Til-
gáres díc; of ðære díc onweard stíge; of ðám stíge
on Winburge stoc; of ðám stocce tó þrim ácon; andlang weges on ðæt gemærtreów; ðonne andlang weges
on ða portstræt; of ðære stræte on swána croft;
ðanon on hæðfeld on ða ealdan díc; ðanon rihte on
mærbróc; andlang bróces innon Bladene; andlang
Bladene intó Temese.   Ðys synd ðæra .v. hida landgemæru tó Sceaptúne; of cráswylle on Humbran;
andlang Humbran on ðæt slǽd; ðanon on ða stræt;
of ðære stræte on bráde wyllon, on ðone ealdan gáran;

of ðām ealdan gāron andlang ðæs wuduweges on
ða hēhstrǣte; of ðǣre strǣte on ðone weg ðe scyð tō
Bladene; ðonne andlang weges tō ðām hagan; of
ðām hagan tō Bicanbyrig; of Bicanbyrig on ða ealdan
dīc; of ðǣre dīc on ðone weg; andlang weges tō
wiðigleās gemǣro; andlang mōres on langan hlǣw;
of langan hlǣwe andlang weges tō ðām coldan Crist-
esmæle on Cyrwylle; eft on Humbran. Ðys synd ða
landgemǣro tō Scypforda. Ǣrest of Temese on
Ceomina laca; of ðǣre laca on ðone weg; andlang
weges on Cynlāfes stān; of ðām stāne andlang weges
on Kentwines treōw; of ðām treōw andlang weges
on ða lace; andlang lace ðæt eft on Sumerford and
.II. weras, ōðer būfan ðǣre lāde, ōðer beneoðan.
Ðys synd ða landgemǣro tō Mycclantūne. Ǣrest
on ðone stāne; of ðām stāne on grēnan brōc; andlang brōces on ða dīc; of ðǣre dīc on Aðulfes treōw,
on ða strǣt; andlang strǣte on Hysemannes þorn;
of ðām þorne on badelan brōc; andlang brōces oð ða
twicelan; andlang brōces on ðæt slǣd; of ðām slǣde
on Campsætena gemǣre, and Wæsðǣma; ðonne andlang weges on mǣrcumbes wylle; of ðām wylle on
Hengesðes cumb; of ðām cumbe on Oppan brōc;
andlang brōces on Wulfgyðe bricge; of ðǣre bricge
on ða strǣte; ðæt eft on ðone stān. Ðys synd ða
landgemǣro tō Marana Cliue. Ǣrest ūp be ðām
heāfdon; of ðām heāfdon in ðone stōdfold; of ðām
stōdfold ūp on ðæt clyf; ðæt ādūne mid clyf innon ða
eā oð midne streām; andlang streāmes ðæt eft on ðone
pyt. | Ðys synd ða landgemǣro tō Ǣsceron. Ǣrest
on Cranmēre eāstweardne tō Lulles wyrðe hyrnan on
mela hulle eāstweardne; of mela hylle on Winan-
beorh midne; of Winanbeorhe on midne alarbrōc; of
ðām brōce tō ðǣre ealdan dīc; andlang dīc tō reādan
holte; be wyrtwalen tō reādanburnan; andlang rǣdan-
burnan on Ǣmenan; andlang Emenan be healfan
streāme oð Bulon weorðe; and of Bulan weorðe tō

berihtere mearce tó Westánes treówe ; tó Cranemḗre ;
and ꝺǣre gebyraꝺ tó six wærbære. Ꝺys synd ꝺa
landgemǣro tó Díctúne ; of Cranmḗres þorne tó blácan
grǣfan ; of ꝺǣre blácan grǣfan on .vii. æceras eástwearde ; of ꝺám .vii. æceron on Emenan be healfon
streáme innon Cytanforde ; of Cytanforda tó Tátan
bróce; of Tátan bróce on Cwicelmes wyrꝺe eástwearde.
Ꝺys is se wuda on ꝺæs hagan ende tó Byrlagate ;
fram Byrlagate tó Wydangate ; fram Wydangate tó
Cnuces hyrste, and tó Egceanlǣá ; fram Egceanlǣá
tó ꝺám háran wiꝺie ; and Wulfrún becwæꝺ ꝺæt land
æt Hrammeslḗge, and ꝺa hӯꝺe ꝺæt ꝺǣrtó gebyraꝺ
Æꝺelmḗre hire mǣge. Ic Æꝺelmḗr cӯꝺe mínan leófon
hláforde Æꝺelrede cynge, and eallon his witon, ꝺæt
ic an ꝺysse áre Gode and sancta Marian, and eallon
his hálgon, and sancte Benedicte intó Egneshám, ofer
míne dæg æfre tó brice, ꝺám ꝺe Benedictus regol æfre
rihtlíce healdaꝺ. And ic wille ꝺḗre beon ofer hí eald-
or ꝺe ꝺǣr nú is, ꝺa hwíle ꝺe his lif beó, and síꝺꝺan
gif hit hwæt getӯmaꝺ, ꝺæt hí ceóson heom ealdor of
heóra geferædne eal swá hæra regol him tæcꝺ; and se
ꝺe ꝺis geíce God ælmihtig him gerúme heofonan ríce ;
and se ꝺe hit áwanie God ælmihtig him sylle swylce
méde swylce he ꝺám dide ꝺe hine belǣwde; and ic me
sylfe wylle mid ꝺǣre geferrædne gemǣnelíce libban,
and ꝺǣre áre mid him notian ꝺa hwíle ꝺe mín lif biꝺ.
Scripta est igitur haec praesens cartula anno dominicae incarnationis millesimo quinto, indictione uero
tertia, eorum consilio et testimonio quorum nomina
hic infra scripta esse uidentur.

　　Ego Æꝺelredus gratia dei regiae dignitatis sublimatus honore hoc nostrae libertatis priuilegium cum
signaculo sanctae crucis confirmando consignaui ✠.
Ego Æꝺelstanus eiusdem regis filius testimonium ad-
hibeo ✠.　　Ego Ecgbrihtus clito testis assisto ✠.
Ego Eadmundus clito testificans affui ✠.　　Ego Eadredus clito non abnui ✠.　　Ego Eadwius clito con-

sensi ✠. Ego Eadgarus clito sciui ✠. Ego Eadweardus clito non renui ✠. Ego Ælfgifu regina
sciens testimonium adhibui ✠. Ego Wulfstanus Eboracensis aecclesiae archipraesul consolidaui ✠. Ego
Ælfricus Dorobernensis aecclesiae archiepiscopus
hanc priuilegii libertatem cum benedictione corroboraui ✠. Ego Ælfheah episcopus consignaui ✠.
Ego Aðulf episcopus corroboraui ✠. Ego Ordbriht
episcopus consolidaui ✠. Ego Godwine episcopus
subscripsi ✠. Ego Lifing episcopus collaudaui ✠.
Ego Æðelric episcopus benedixi ✠. Ego Ælfgar
episcopus conscripsi ✠. Ego Godwine episcopus
conclusi ✠. Ego Ælfwold episcopus concessi ✠.
Ego Ælfun episcopus faui ✠. Ego Ælfhelm episcopus assensi ✠. Ego Brihtwold episcopus signaui
✠. Ego Ælfweard abbas ✠. Ego Ælfric abbas ✠.
Ego Wulfgar abbas ✠. Ego Kenulf abbas ✠. Ego
Ælfric abbas ✠. Ego Leofric abbas ✠. Ego Wulfric abbas ✠. Ego Ælfere abbas ✠. Ego Byrhtwold
abbas ✠. Ego Germanus abbas ✠. Ego Gode-
man abbas ✠. Ego Eadnoð abbas ✠. Ego Æðel-
noð abbas ✠. Ego Ælfmer abbas ✠. Ego Leofric
abbas ✠. Ego Ælfwig abbas ✠. Ego Ælfric dux
✠. Ego Ælfhelm dux ✠. Ego Leofwine dux ✠.
Ego Ordulf minister ✠. Ego Wulfgeat minister ✠.
Ego Wulfeah minister ✠. Ego Æðelric minister ✠.
Ego Eadric minister ✠. Ego Leofric minister ✠.
Ego Æðelmer minister ✠. Ego Æðelwold minister
✠. Ego Eadwine minister ✠. Ego Æðelweard
minister ✠. Ego Æðelwine minister ✠. Ego Bricht-
ric minister ✠. Ego Ælmer minister ✠. Ego
Wulfweard minister ✠. Ego Brichtric minister ✠.
Ego Wulfgar minister ✠. Ego Leofwine minister ✠.
Ego Wulfnoð minister ✠. Ego Siward minister ✠.
Ego Sired minister ✠. Ego Brixie minister ✠.
Ego Eadwig minister ✠. Ego Wulfmær minister
✠. Ego Leofwine minister ✠. Ego Ælfgar minis-

ter ✠. Ego Æðelstan minister ✠. Ego Ælfweard minister ✠. Ego Ælfwine minister ✠. Ego Ulf-cytel minister ✠. Ego Morcar minister ✠. Ego Godwine minister ✠. Ego Siuerð minister ✠. Ego Leofwine minister ✠. Ego Siward minister ✠. Ego Godrice minister ✠. Ego Æðelwold minister ✠. Ego Leafnað minister ✠. Ego Đurfearð mi-nister ✠. Ego Friðegist minister ✠. Ego Wiðer minister ✠. Ego Oswig minister ✠. Ego Brihtric minister ✠. Ego Wada minister ✠. Ego Æðelwine minister ✠.

DCCXV.

*ÆÐELRED, 1006.

✠ In nomine domini dei omnipotentis! Ego gratia summi -tonantis Angligenum Orcadarum necne in gyro iacentium monarchus Æðelredus, Angligenis notesco philochristis dum pater - uenerabilis archi-praesul Ælfricus cura-pastorali memet sollicite man-datis – diuinis saepissime debriauit, ingenioque cre-scente salubri creator deus cor illustrauit regium nostrum, mundumque cotidie ab hominum malitia se-nescentem uel deficientem intelligens, proh dolor! dei seruitium passim nostra in gente a cultoribus clericis defleo extinctum et tepefactum, unde satrapis docen-tibus meis in gente piissimis aecclesiam saluatoris in Cantia positam, expulsis pro uitiis-patulis clericis, cum sanctus Augustinus, iussu beati Gregorii papae, mona-chos infra Christi aecclesiam primitus, rege piissimo annuente Æðelberhto, constituit, grege monachali do-minam gentis Christo opitulante adornabo, substantiam aecclesiae monachorumque nouiter inibi locatorum per-petualiter in huius libelli corroboratione priuilegioque confirmo. Uillulae uero Christi ad aecclesiam rite per-tinentes quae temporibus antiquissimis a meque mon-

archo aliisque fidelibus hactenus concessae sunt, lingua
plebeia haec continent uocabula. Primitus Eastrige,
quod rus specialiter dum in decimationem sorte pro-
uenit mearum uillarum, pro redemptione peccaminum,
terra ripaque marina, Christi aeternaliter aecclesiae
contribuo; postquam constat Ioccham uillula, Bosing-
tun et Edesham appendentia parua Apeldra et Swyrdhlincas, Preostantun, Grauanea, Wyllan, Ceart, Fern-
leah; on Suðsexan Pæccingas; in occidentali Cantia
Meapham, Culingas; in Suðrian iuxta Lundoniam
Wealawyrð, itidem ultra flumen Tamense; Hrise-
beorgam margine luci Cilterni uillula aecclesiae Christi
rite pertinens; in Orientalibus-Saxonibus Lælling; in
Orientalibus-Anglis Hæðleh; et in regione eadem Illaleh; in insula Tanatorum territoria lata. Sit autem
praedictum Christi speciale monasterium cum uillulis
omnibus ad se rite pertinentibus, ab omni seruitute
liberum terrenā, campis, pascuis, pratis, siluarum ne-
moribus, mariscis salsis, piscationibus, uenationibus,
aucupationibus, tribus exceptis, expeditione, pontis
arcisque reaedificatione. Si quis uero beneuolum hoc
nostrum priuilegium muneribus deo dignis augere
satagat, amplificet sibi deus mansionem amoenam sedibus in superis cum omnibus sanctis. Si tunc, ut non
optamus, quis maleuolum diabolico instinctus flatu,
hanc nostram confirmationem minuerit uel dempserit,
partem cum Iuda proditore domini accipiat, et denti-
bus Cerberi infernalis sine termino cum daemonibus
omnibus Stigia palude corrodetur, nisi mortem ante
communem congrua emendet satisfactione quod nequiter contra deum suum deliquit factorem; cum uero
melius sit peccatum cauere quam emendare, rogo et
cunctos successores obsecro fideles reges, episcopos,
duces, gentisque dominatores, ne sitis Christi raptores,
aecclesiae uerum substantiae monachorumque inibi
deo seruientium seduli defensores, ut pacem habeatis
cum iustis non deficientem in coelis. Scriptum est

hoc priuilegium mille decurso anno uero .vi^{to}. his
testibus me rogantibus necne concordantibus quorum
uocabula inferius lucide karaxantur.

✠ Ego Æðelredus Anglorum induperator hoc priuilegium ore manuque crucis signaculo corroboro.
✠ Ego Ælfricus Dorobernicus archipraesul hanc praerogatiuam uexillo sancto confirmaui.   ✠ Ego Wulfstanus Lundoniae pontifex aecclesiae huius regis
beneuolentiam trophaeo sancto consolidaui.   ✠ Ego
Ælfheah Wentoniae episcopus assensum praebui.
✠ Ego Ordberht episcopus consensi.   ✠ Ego Æðel-
ricus episcopus condonaui.   ✠ Ego Aðulfus episcopus
pro uiribus annui.   ✠ Ego Godwinus Hrofensis aecclesiae episcopus corroboraui.   ✠ Ego Liuingus
regis beneficium in deo conclusi.   ✠ Ego Wulfricus
abbas.   ✠ Ego Ælfward abbas.   ✠ Ego Wulfgar
abbas.   ✠ Ego Ælfsinus abbas.   ✠ Ego Leofricus
abbas.   ✠ Ego Ælfsinus abbas.   ✠ Ego Wighardus
abbas.   ✠ Ego Ælfric dux.   ✠ Ego Ælfhelm dux.
✠ Ego Leofwine dux.   ✠ Ego Leofsige dux.   ✠
✠ Ego Æðelmær minister.   ✠ Ego Ordulf minister.
✠ Ego Eadric minister.   ✠ Ego Byrhtric minister.
✠ Ego Æðelric senex minister.   ✠ Ego Leofric
minister.   ✠ Ego Sigeward minister.   ✠ Ego Sigered minister.   ✠ Ego Wulfstan senex minister.   ✠
Ego Wulfstan iuuenis minister.   ✠ Ego Lyfing minister.   ✠ Ego Leofstan minister.

Rubric.   Hoc priuilegium ego Æðelredus rex Anglorum, Ælfrico archiepiscopo aecclesiae regimen
Christi gubernante dictaui et subscripsi.

On drihtnes naman ælmihtiges Godes ! Ic Æðelred
mid Godes gyfe Angelþeóde cyning, and wealdend eác
óðra iglanda ðe hér ábútan licgað, cýðe Engliscum
cristenum mannum hú se árwyrða arcebisceop Ælfríc
of his bisceoplícan wísdóme and gýmenne me on Godes
bebodum oft ábysgud hæfð; ic eác þurh Godes gyfe

mine þearfe of ðǽre godcundan láre and bodunge
geornlíce understandan wylle, and ic ðisne þeódscype
undergyte þurh manna yfelnysse and unrihtwisnysse
eall tó wíde fordónne, and forhergudne. Eác be-
twux mínum andgyte ic geseó and sóðlíce under-
stande ðæt ðes þeódscype þurh preósta gýmeléste
wíde on ðisum earde þurh ungehealdsumnysse áwyrd
is, and ic Godes þeówdóm áledne and ácoledne þearle
behreówsige. Sǽde ic mínum witun ðe me for
Gode and for worulde rǽdað ðæs him God andgyt
sylð mínes módes hohfulnysse. Cwǽdon hí ða ðæt
hit þurh Godes fultum betere wǽre ðæt ic ða preóstas
of Cristes cyrcean for hiora openan leahtran and
gyltan geútode, and Cristes cyrcean mid munechádes
mannum gesette ðe for me and mínne leódscype ðǽrinne woldon rihtlíce gebiddan and God gladian. Ic
ða swá dyde, on Cristes cyrcean munecas gesette of
ðǽre bysne ðe sanctus Augustinus hider tóbrohte;
ðæt wæs ðæt he on Cristes cyrcean be sanctus Gre-
gorius hǽse and ðæs mǽran cinges geðeáhte and
fultume Æðelbryhtes, ða háligan munecas ðǽrinne
gesette ðe he hider on eard mid him brohte; and
ða munecas sýððan þurh hira háligan drohtnunga tó
biscopan gewurdan ðǽre cyrcean landspéde; and
ðǽra muneca ðe ðǽr niwon inne gelogode synd écelíce on ðisum sunderfreolse ic gestrangige; and ðára
túna hér on naman áwrite ðe of ealdum dagum and
fram me Angelcinge, and eác of óðrum geleáffullum
mannum hidertó, tó ðǽre hálgan stowe gesealde
syndon. Ærest is, Eástrige ðæt land intó Cristes
cyrcean for mínre sáwle, ge on lande, ge on sǽstrande
écelíce ic sylle; ðonne is Ioccham, Bosingtún, Edes-
hám and Apeldra, Lytle Berewíc, Swyrdhlincas,
Preóstatún, Grauaneá, Wyllan, Ceart, Fernleáh; on
Súð-Sexan, Pæccingas; on West-Cent, Meápham,
Culingas; on Súðrian wið Lundenne, Wealawyrð
eftsona begeondan Tæmese; Hrisebyrgan be Cilternes

efese tó Cristes cyrceantûn rihte tógelicgende; on
Eâst-Sexum, Lælling; on Eâst-Englum, Hædleh, and
ðǽr fulgehende Illaleh; on Tenet lande sum dǽl
landes. Sí æfre ðis forespecen mynster fram eallum
eorðlícum þeówdóme freoh, and mid eallum ðâm tûn-
um ðe him tó gelicgáð, ðæt is on feldum and on
læsewum, and on mǽdum, and on wudubearwum,
and on sealtum merscum, and on fiscnoðum, and on
huntnoðum, and on fugelnoðum; bûtan ðysum þrim
þingum, ðæt is, fyrdfærelde, and brigcgewurce, and
burhbóte. Gyf hwylc welwillendra manna ðysne
mínne sunderfreols mid gódum þingum geeâcnian
wylle, gemænifylde God ælmihtig his wununge on
heofonlícum setlum mid eallum hâlgum. Gyf ðonne
hwylc yfel man of deófle onǽled sý ðæt he ðisne
mínne sunderfreols gewanige oððe gelytlige, sý he
Iudas gefera Cristes belǽwendes, and sý he toren of
hellehundes tóðum on ðâm egeslícum hellewítum,
mid eallum deóflum bûtan ǽlcum ende, bûtan he hit
ǽr his endedæge rihtlíce gebéte, ðæt he wið his
drihten mánfullíce âgylte; ðonne hit sóðlíce betere
is, ðæt man wið synne warnige ðonne hí man ge-
swincfullíce béte. Ic bidde and halsige ealle geleâf-
fulle míne æftergengan ciningas, and bisceopas, and
ealdormen, and þeóde wealdendras, ðæt ge ne sýn
Cristes cyrcean reâfgendras, ac ðæt ge sýn geornfulle
beweriendras Cristes âgenre landâre, and ðâra muneca
ðe ðǽr Gode þeówian, ðæt ge on écere reste singal
lif, and myrhðe habban mótan mid eallum his hâlgum,
æfre bûtan ende. Amen.

✠ Ic Æðelred Engla cining ðysne Cristes cyrcean
sunderfreols on Cristes strengðe getrymme. ✠ Ic
Ælfríc Cristes cyrcean arcebisceop ðæs gódan cinges
freols mid róde tâcne æfre gestrangie. ✠ Ic Wulf-
stân Lundeniscra manna bisceop mínes hlâfordes
dûgóðgife æfre geðwærige. ✠ Ic Ælfheâh Winces-
triscera manna bisceop ðises foresǽdan cinges

bócunge be mínre strengðe gefæstnige. ✠ Ic Ordbyrht bisceop ðæt ylce mid Godes bletsunge dyde.
✠ Ic Æðelríc bisceop ðæt ilce dyde. ✠ Ic Aðulf
bisceop ðæt ylce dyde. ✠ Ic Godwine bisceop eal
ðæt ylce dyde. ✠ Ic Lyfing bisceop mínes hláfordes willan and gódnysse écelíce getrymme. ✠ Ic
Wulfríc abbod sóð gewitnys. ✠ Ic Ælfward abbod
ealswá. ✠ Ic Wulfgár abbod. ✠ Ic Ælfsige abbod. ✠ Ic Leófríc abbod. ✠ Ic Wighard abbod.
✠ Ic Ælfríc ealdorman. ✠ Ic Ælfhelm ealdorman.
✠ Ic Leófwine ealdorman. ✠ Ic Leófsige ealdorman. ✠ Ic Æðelmǽr mínes hláfordes discðen gewitnys. ✠ Ic Ordulf ealswá trywe gewitnys. ✠ Ic
Eádríc trywe gewitnys. ✠ Ic Byrhtríc cinges þegen
gewitnys. ✠ Ic Æðelríc ealda trywe gewitnys.
✠ Ic Leófríc hrægelðen trywe gewitnys. ✠ Ic Siward cinges þegen æt ráede and æt rúnan ðisre
spræce trywe gewitnys.

DCCXVI.

ÆLFRÍC, 996—1006.

✠ HER sutelað hú Ælfríc arcebisceop his cwyde
gedihte. Ðæt is ærest him tó sáulsceate he becwæð
intó Christes-cyrcan ðæt land æt Wyllan, and æt
Burnan, and Risenbeorgas; and he becwað his láf-
ord his beste scip, and ða segelgeráeda ðartó, and
.LX. healma, and .LX. beornena; and he wilnode gif
hit his láfordes willa wáere ðæt he gefæstnode intó
sancte Albane ðæt land æt Cyngesbyrig, and fenge
sylf wið ðám eft tó Eádulfingtúne; and he becwæð
ðæt land æt Dumeltún intó Abbandúne, and Ælfnóðe
ðárof .III. hída his dæg and siiððan tó ðán óðaran tó
Abbandúne; and .X. oxan and .II. men he him becwæð and filgan hí ðám láfordscype ðe ðæt land
tó hýre; and he cwæð ðæt land æt Wealingaforda

ðe he gebohte Celewærde; and hofer his dæg intó
Ceólesige; and he becwæð intó sancte Albane ðæt
land æt Ripan, and standan ða forword betweonan
ðán abbode and Ceólríce ðe ǽr wið ðæne arcebiscop
geforwyrd wǽran, ðæt is ðæt Ceólríc habbe ðæne dǽl
ðæs landes ðe he hæfð his dæg, and eác ðæne dǽl ðe
se arcebisceop for his sceatte him tólet, ðæt wæs
ehtoðe healf hid wið .v. púndun and .L. mancusum
goldes, and gá hit ofer his dæg eall tógædere intó
sancteAlbæne; and heóra forewyrd wǽron ðæt Osanig
æfter Ceólríces dæge gange eác þyder in; and ðæt
land on Lundene, ðe he mid his feo gebohte, he becwæð intó sancte Albæne and his béc ealle he cwæð
eác þyder in and his geteld. And he becwæð ðæt man
fenge on ðe feoh ðe man hæfde and ǽrest ǽlcne borh
águlde, and siiððan tilode tó his hergeatwæn ðæs ðe
man habban sceólde. And ánes scipes he geúðe ðám
folce tó Cent and óðres tó Wiltúnescíre and elles on
óðrum þingum gif ðæs hwæt wǽre, he bæd ðæt Uulf-
stán bisceop, and Leófríc abbud dihton swá heom
best þúhte. And ðe land be westan æt Fittingtúne
and æt Niwantúne he becwæð his sweostrun and
heora beornun; and Ælfheáges land Esnes suna gá
á on his cyn; and he becwæð Uulfstáne ærcebiscope
áne sweor-róde, and ánne ring, and ánne psaltere; and
Ælfheáge biscope ánne róde. And he forgeaf on
Godes est Centingan ðæne borh ðe hý him sceóldan,
and Middel-Sexon and Súðrion ðæt feoh ðæt heom fore
sceát. And he wyle ðæt man freoge æfter his dæge
ǽlcne wítefæstne man ðe on his tíman forgylt wǽre.
Gif hwá ðis áwende, hæbbe him wið God gemǽne.
Amen.

DCCXVII.

ÆLFÐRŸÐ, 996—1006.

✠ ÆLFÐRYÐ grêt Ælfríc arcebiscop and Æðelwerd
ealdarman eâdmodlíce ; and ic cŷðe inc ðet ic eom tô
gewitnysse ðæt Dûnstân arcebiscop getêhte Æðelwolde biscope Tântûn ealswâ his bêc specon ; and
Eâdgâr cyning hit âgef ðâ, and beâd ælcon his þegna
ðe enig land on ðân lande hafde ðæt hî hit of eôdon
be ðes biscopes gemedon, oððe hit âgefum. And se
cyning cwæð ðâ ðet he nâhte nân land ût tô syllanne
ðâ he ne dorste fram Godes ege himsylf ðæt heâfod
habban and mâ gerâd ðâ Risctûn tô ðes biscopes handa ;
and Wulfgŷð râd ðâ tô me tô Cumbe and gesôhte me,
and ic ðâ for ðân ðe heô me gesib was, and Ælfswŷð
for ðân ðe he hyre brôðor was, âbedon æt Æðelwold
biscope, ðæt hî môston brûcan ðes landes hyra deg ;
and efter hyra dege eôde ðet lond intô Tântûne mid
mete and mid mannum ealswâ hit stôde and wit hyt
swîðe uneaðe tô ðân brocton ; nû cŷdde man me ðæt
Æðelwold bisceop, and ic sceôldon ofneâdian ða
bôc æt Leôfríce ; nû ne eôm ic nânre neâde gecnêwe
ðe libbe ðe mâ ðe he wolde þeâh he lyfode, ac Leôfríc
hafde âne niwe bôc ; ðâ âgef he ða, ðâ cŷdde he mid
ðân ðet he nolde nân fals ðêron dôn. Ðâ cŷdde
Æðelwold bisceop him ðæt hine ne mihte nân his
eftergenga bereâfian, hêt ðâ gewrítan twâ gewritu
ôðer himsulf hefde, ôðer he Leôfríce sealde.

DCCXVIII.

*ÆÐELRED, 1006—1012.

✠ REGNANTE domino nostro a principio et ultra!
Primus humani generis parens protoplastus Adam,
sic a deo conditore rerum omnium instabilium libero

donatus est arbitrio, ut si non peccaret sine difficultate
mortis inperpetuum perduraret; at postquam peccauit
lugubre ad exilium de Paradisi amoenitate est eiectus,
huius turbulenti foeditate mundi, demumque post labo-
riosa certamina poenam mortis incurrit. Set, unigeni-
tus dei filius per ineffabilem suam clementiam illi
immo omni humano generi pepercit, et per suam in-
carnationem, passionem, resurrectionemque subuenit,
ut fideles quique filii dei uocarentur, et sine fine regni
coelorum cohaeredes fore mererentur. Quapropter
ego Æðelredus, fauente omnipotentis dei clementia,
rex Anglorum, caeterarumque in circuitu persisten-
cium rector ac gubernator gentium, ut huius prae-
scriptae haereditatis particeps esse merear, unius concedo stationem nauis et tocius mercimonii conductum
quae in eå perducuntur tributumque persolui libenti
annuo animo, ad curtim illam in urbe Londonia sitam
super ripam Thamisiae fluminis in occidentali parte
urbis ipsius contra austrum uergens prope portum
quod ipsi urbani Fischuðe uocant, id est, portus piscis.
Quam curtim presbyter meus quondam, uocitamine
Wlfstan, ad monasterium sancti Petri de Certeseya
nomine dedicatum sub testamento illius ciuitatis dedit
primatuum quod famosa apud Anglos Ceoreteseye
nuncupatur lingua, ubi in ordine monachatus ipse
Wlfstan uitam sana mente integroque famine uita de-
cessit. Auctoritate ergo mea illius curtis et omnia
ad illud praefatum monasterium pertinentia in aeternam libertatem libenti animo aeternaliter trado, ut
pro peccatis meis ibi degentes suppliciter deum inter-
cedere non desistant. Haec etiam in ista donationis
meae cartula tam meo, quam optimatum meorum decreto addere iussi et confirmare, ut si inposterum
quaelibet persona superioris inferiorisue dignitatis
contra meam hanc confirmationem antiquum protu-
lerit testamentum in Christi testimonio adnullari et
ad nichilum computari decerno. Sint autem supra-

dicta curtis et omnia ad supradictum monasterium pertinentia ab omni iugo seruitutis perpetualiter libera. Si quis autem hanc meam donationem et confirmationem infringere uel irritam facere praesumpserit, sciat se in illa tremendi iudicii die cum Iuda proditore et complicibus suis poenas Auerni perpetuas sine fine defleturum, nisi ante mortem suam fructifera satisfactione poenituerit. Hic idonei testes huius cartulae inferius subsequuntur.

Ego Æðelredus tocius Britanniae induperator insulae huius donationis et confirmationis aeternam libertatem signo sanctae crucis ✠ confirmo. Ego Ælphegus Dorobernensis aecclesiae archiepiscopus signum sanctae crucis imposui ✠.

DCCXIX.

ÆÐELRED, 1012.

✠ CHRISTUS omnipotens deus imperpetuum regnans, cuius nutu et diuinitatis gubernaculo reguntur quaecunque sunt in astris uel aruis, ne pessumdata in praecipitii uoraginem labefactari possint, a quo etiam deriuatur omnis principatus et potestas, omniumque honorum dignitas, sicut apostolo dogmatizante didicimus, qui ait : ' Non est potestas nisi a deo.' Omnes primum mortales unius qualitatis indumento uestiuit, cum in mundo nasci mandauit, hoc est, nuditate. Caeterum si qui potentes, si qui inopes, si qui in terrenis negotiis sunt mediocres, sic sunt sicut a deo ordinationem acceperunt, qui omnia singulari iure praeordinat, atque dispensando ineffabili discretione sibi libitis erogat. Liquet et prorsus patet, terrestrem substantiam ad hoc hominibus concessam, ut coelestem illa mercentur, et ut habentes communicent non habentibus, gratia amoris filii dei, qui pro nobis indebite uoluit egens fieri. Unde ego Æðelredus, rex

nationum totius gentis Brittanniae, pro adipiscenda
coelestis uitae praemia, cuidam deuotissimo dei famulo
Goduuino, Hrofensis paroechiae episcopo michique
oppido familiariter dilecto, dono liberali dextera .xv.
mansas terrarum, in uilla æt Stantun, et æt Hiltun,
cum omnibus appendiciis suis, in pascuis et pratis, omnibusque quae huiusce uillae sunt iuris, ut possidens
perenniter possideat ; et post se haeredem cui sibi
libuerit praeficiat, ea interposita ratione, ut iugi de-
precatione pro meae salutis integritate dominum inter-
pellando exoret.   Erat autem eadem uilla cuidam
matronae, nomine Æðelflæde, derelicta a uiro suo,
obeunte illo, quae etiam habebat germanum quendam,
uocabulo Leofsinum, quem de satrapis nomine tuli, ad
celsioris apicem dignitatis dignum duxi promouere
ducem constituendo, scilicet, eum, unde humiliari
magis debuerat, sicut dicitur, ' Principem te constituerunt, noli extolli,' et caetera.   Sed ipse hoc oblitus,
cernens se in culmine maioris-status sub rogatu famu-
lari sibi pestilentes spiritus promisit, superbiae, scilicet,
et audaciae, quibus nichilominus ipse se dedidit in
tantum, ut floccipenderet quin offensione multimoda me
multoties grauiter offenderet; nam praefectum meum
Æficum, quem primatem inter primates meos taxaui,
non cunctatus in propria domo eius eo inscio perim-
ere, quod nefarium et peregrinum opus est apud
christianos et gentiles.   Peracto itaque scelere ab eo,
inii consilium cum sapientibus regni mei petens, ut
quid fieri placuisset de illo decernerent, placuitque in
commune nobis eum exulare et extorrem a nobis fieri
cum complicibus suis : statuimus etiam inuiolatum
foedus inter nos, quod qui praesumpsisset infringere,
exhaereditari se sciret omnibus habitis, hoc est, ut nemo
nostrum aliquid humanitatis uel commoditatis ei sum-
ministraret.   Hanc optionis electionem posthabitam
nichili habuit soror eius Æðelflæd omnia quae possibilitatis eius erant, et utilitatis fratris omnibus exer-

citiis studuit explere, et hac de causa aliarumque
quamplurimarum exhaeredem se fecit omnibus. Sit
ergo praedicta donatio ab omni mundiali seruitio
immunis, excepto quod omnibus est generale terris,
pontis, uidelicet, uel arcis recuperatione, et expeditione. His apicibus praecipimus et obsecramus in
Christi nomine ut assensum detis corroborantes, et si
quis anteriores praeponere uoluerit inposterum irriti
fiant nec aeternaliter stabilientur, sed perpetua obli-
uione oblitterentur; oblitterentur nec minus nomina
eorum de libro uitae, qui hoc cyrographum aliquo
molimine in aliud transmutare decreuerint, quam per
syngraphiam confirmauimus. Anno ab incarnatione
domini .M.XII. indictione .X. caraxatum est hoc polip-
ticum, et signaculo crucis insignitum, his testibus magnifice firmiterque adamantino stilo firmantibus.

✠ Ego Æðelredus rex Anglorum praefatam terram pro amore dei eiusque genitricis et perpetuae
uirginis Mariae Godwino episcopo cum uiuificae
crucis uexillo impressam libens concessi. ✠ Ego
Ælfgyfu regina domini mei regis dono arrisi. ✠
Ego Wulfstan archiepiscopus cum coepiscopis nos-
tris et filiis regis et abbatibus et ducibus et militibus quorum nomina inserta sunt corroboraui. ✠
Ego Eadnoð episcopus. ✠ Ego Aðulf episcopus.
✠ Ego Æðelwoldus episcopus. ✠ Ego Ælfgar epi-
scopus. ✠ Ego Godwinus episcopus. ✠Ego Æðel-
sie episcopus. ✠ Ego Brihtwoldus episcopus. ✠
Ego Leuing episcopus. ✠ Ego Ælfhun episcopus.
✠ Ego Ælmar episcopus. ✠ Ego Wulfgar abbas.
✠ Ego Ælfsi abbas. ✠ Ego Brihtmær abbas. ✠
Ego Ælfwi abbas. ✠ Ego Ælfsi abbas. ✠ Ego
Eadric abbas. ✠ Ego Brihstan abbas. ✠ Ego Ead-
mær abbas. ✠ Ego Oscytel abbas. ✠ Ego Eadric
dux. ✠ Ego Uhtred dux. ✠ Ego Leofwine dux.
✠ Ego Ælfric dux. ✠ Ego Æðelmær miles. ✠
Ego Syferð miles. ✠ Ego Æðelweard miles. ✠

Ego Godwine miles. ✠ Ego Morcar miles. ✠ Ego
Ælfgar miles. ✠ Ego Wada miles. ✠ Ego Ulfkytel miles. ✠ Ego Ðurkytel miles. ✠ Ego Æðelwine miles. ✠ Ego Æðelwold miles. ✠ Ego Ælfmær miles.

DCCXX.

ÆÐELRED, 1012.

✠ Contra creatoris aeterni iusticiam dum omnibus
ferme in nationibus tyrannizantium uis crudescit rap-
torum, qui ita aliena tollere sicut lupi cruorem agno-
rum sitiunt bibere, profecto iustitiae amatores sunt
qui possessores quietos, inque propriis contentos pri-
uilegiorum autenticorum cyrographorumue auxiliis
sustentatoriis muniunt, prae oculis cordis illud Salo-
monis ponentes theologicum, ' Diligite iustitiam qui
iudicatis terram.' Quapropter ego Æðelredus egregiae
opulentaeque monarches Britanniae, legitimo iugali-
tatis uinculo mihi astrictae Ælfgyfae uocabulo praedium quoddam quod infra-ciuitatis-Wentanae-moenia
ad septemptrionis dextram iuxtaque politanam nun-
dinationis plateam gratulabundus donaui, hocque pro
testaminis titulo hac inculcare griphia demandaui.
Quo quippe praedio basilica a quodam ciuitatis eiusdem praefecto nomine Æðelwino sancti-Petri honore
fabrefacta nitescit. Decretum igitur est ex censoria
eminentiae nostrae ditione, quo praetaxatae conlate-
ranae meae libertas haec firma et inuiolabilis, sed et
ab omni seruitii mundialis iugo quamdiu Anglorum
patriae facula eluxerit fidei secura permaneat et
maxime ab his tribus causis, scilicet, pontium muro-
rumque reparatione ac bellicae multitudinis additione;
sitque in praedictae augustae arbitrio de hoc agere
praedio uel adhuc ualens uel moriens, quicquid superna gratia suo inspirauerit animo. Quod si cuilibet

legirupi rancor multipetax quorumcunque posteritate
temporum epilentico illectus spiritu hoc priuilegium
autenticum quacunque temeritate quaue frustrare de-
sudabit tergiuersatione ex obsoleto corpore diaboli
extrahatur arpagine et in lebete Sathanae decoquatur,
sitque infernalium offa carnificum in saecula, ni publicae poenitudinis remedio irae dei rumpheam super
se euaginatam ob contradictionem qua hanc blasphe-
mauit libertatem sedauerit. Praesignatum denique
praediolum circumquaque sui ambitum habet huiusmodi. Ærest of ðære cyricean norð-east hyrnan nygan
girda andlang stræte ut on ða cÿpinge ; swa up anlang cÿpinge eahta gyrda ðet hit cymh to Wistanes
gemære ; swa andlang Wistanes gemere nygon girda
ðæt hit cymh on ðone wæterpyt ; fram ðam wæterpyt .x. gyrda andlang stræte to ðære cyrcean norð-
east hyrnan. Anno igitur .m.xii°. ex quo agnus-dei
de utero parthenali processit incarnatus postmodum
saecula stauro affixus saluauit, carta haec apicum
ornatibus uestita est heroidis unimoda pietate confa-
uentibus quorum onomata praesens inculcat catalogus.

✠ Ego Æðelred rex Anglorum huic libertati iugem
praerogatiuam contuli. ✠ Ego Æðelstan filius regis
tranquillae mentis fauorem augmentaui. ✠ Ego Eadmund clyto libertatem hanc liberam esse uoti compos
renuntiaui. ✠ Ego Eadred clito animo hilari assensum beneuolenter accommodaui.

Rubric. De terra Gode begeate.

DCCXXI.

QUEEN ÆLFGŸFU, 1012.

✠ Ðis ys Ælfgÿfæ gegurning to hiræ cinehlaf-
ordæ. Ðæt is ðæt heo hyne bitt for Godæs lufun
and for cynescypæ ðæt heo mote beon hyre cwydes
wyrðæ; ðonnæ cÿð heo ðæ leof bæ ðinre geðafiunga

hwæt heó for ðæ and for ðyræ sâwlæ tô Godæs ciric-
ean dón wylæ. Ðæt is; æræst, ðæt heó ann intó
Ealdan mynstær, ðǽr heó hiræ licaman ræstan þæncð
ðæs landæs æt Hrisanbeorgan eall swâ hit stænt, bûton
ðæt heó wylæ bæ ðínre geðafunga ðæt man freoge on
ælcum tûnæ ælne wîtæþæównæ mann ðæ undær
hiræ geðeówuð wæs, and twâ hund mandcussa goldæs
tô ðâm mynstær, and hire scrin mid hiræ hâligdómæ.
And heó an inntó Nigean mynstær ðæs landæs æt
Bleddanhlǽwe, and hund mancussa goldæs; and
ânnæ offring disc intó Nunna mynstær; and ðæs
landæs æt Hwætædûnæ intó Rummæsigæ Christe and
sanctan Marian; and æt Cæstæleshammæ intó Ab-
bandûnæ; and æt Wíchâm intó Baðum. And ic ann
mínæn cinæhlâfordæ ðæs landæs æt Weopungum and
æt Hlincgeladæ, and æt Hæfæres hâm, and æt Hǽð-
fælda, and æt Mæssanwyrðæ, and æt Gyssic, and
twêgea bæâgas ǽigðær ys on hundtwælftigum mancussum, and ânræ sopcuppan, and syx horsa, and swâ
fala scylda and spæra; and ðâm æðelingæ ðæs
landæs æt Niwanhâm, and ânæs beâges on þritægum
mancussum; and ðæra hlæfdigan ânæs swyrbeâges
on hundtwelftigum mancussum, and ânæs beâges on
þritegum mancussum, and ânre sopcuppan. And ic
ann Æðelwoldæ bisceopæ ðæs landæs æt Tæafersceat,
and bidde hinæ ðæt hæ symlie þingiæ for mínæ módor
and for me. And ic ann bæ mínæs hlâfordæs geðafi-
ungæ ðæs landæs æt Mundingwillæ, and æt Beorh
ðân stædæ Ælfwerdæ and Æðelwærdæ and Ælfwaræ
him tô gemânan hira dæg; and ofær hira dæg intó
Ealdan mynstær for mínnæ cynehlâforð and for mæ;
and syllan hí ælcæ geare twâ dægfæorman intó ðâm
twâm mynstrum ða wilæ ðæ hí his brúcæn. And ig
an Ælfwaræ míræ swystær eallæs ðæs ðæ ic hiræ
âlenæð hæfdæ; and Æðælfledæ mínæs bróður wífæ
ðæs bændes ðæ ic hire âlæneð hæfdæ; and ǽlchum
abbodæ fíf púnd pæniga tô hira mynstres bóte. And

leóf be ðínre geðafiunga ðæt ic mótæ bætǽcen ðám
bisceope, and ðám abbodæ, ðonæ ofæreácan tó ðǽre
stowe bótæ, and earmum mannum for me tó dǽlænne,
swá swá him þincæ ðæt mæ for Godæ þearflíicust
sí. And ic biddæ mínnæ cineláford for Godæs
lufum, ðæt næ forlæte mínæ mænn ðe hinæ gesǽcen,
and him wyrðæ sýn. And ic ann Ælfwerdæ ánræ
sopcuppan; and Æðelwerdæ ánæs gerænodæs drincæ-
hornæs.

DCCXXII.

ÆÐELSTAN ÆÐELING.

✠ On Godes ælmihtiges naman! Ic Æðelstán
æðelinc geswutelige on ðisum gewrite hú ic míne áre
and míne ǽhta geunnen hæbbe, Gode tó lofe and
mínre sáule tó álýsednysse, and mínes fæder Æðelredes cynges ðe ic hit æt geearnode. Ðæt is ǽrest,
ðæt ic gean ðæt man gefreoge ǽlcne wítefæstne man,
ðe ic on sprece áhte; and ic gean in mid me ðǽr ic me
reste, Criste and sancte Petre, ðæs landes æt Eád-
burgebyrig, ðe ic gebohte æt mínon fæder, mid twám
hundred mancusan goldes be gewihcte, and mid .v.
púndan be gewihte seolfres; and ðæt land æt Méreláfan
ðe ic gebohte æt mínum feder, mid þridde healf
hund mancusan goldes be gewihte, and ðæt land æt
Mórdúne ðæ mín feder me tólet, ic geann intó ðǽre
stowe for uncer begra sáule; and hic hine ðæs bidde,
for Godes lofan and for sancta Marian and for sanctes
Petres ðæt hit stondan móte; and ðæs swurdes mid
ðám sylfrenan hyltan ðe Wulfríc worhte, and ðone
gyldenan fetels and ðone béh ðe Wulfríc worhte, and
ðone drenchorn ðe ic ér æt ðám hirede gebohte on
Ealdan mynstre; and ic wille ðæt mon nime ðæt feoh
ðæ Æðelwoldes láf me áh tó geyldende ðe ic for hyre
áre gesceotten hebbe, and bætǽce Ælfsige bisceope
intó Ealdan mynstre for míre sáule, ðæt synt .xii.

pund be getale. And ic gean intó Cristes cyrican on
Cantorebyrig, ðes landes æt Holungaburnan and ðes
ðe ðértó hyrð, búton ðére ánre sulunge ðe ic Siferðe
geunnen hebbe, and ðæs landes æt Gárwaldintûne.
And ic gean ðæs landes æt Hryðerafelda intó Nunnan
mynstre, sancta Marian þances, and énne sylfrene
mále on .v. pundon; intó Niwan mynstre ǽnne sylfrene hwer on .v. pundon on ðǽre hálgan þrynnesse
naman, ðe seó stow is forehálig. And ic gean tó
Sceaftenesbyrig tó ðǽre hálgan róde and tó sancte
Eádwarde ðára .vi. punda ðæ ic Eádmunde mínon
bréðer gewissod hebbe. And ic gean mínon feder
Æðelrede cynge ðes landes æt Cealhtûne bútan ðán
.viii. hidan ðæ ic Ælmére míne cnihte geunnen hebbe,
and ðæs landes æt Norðtûne, and ðæs landes æt Mol-
lintûne, and ðes seolferhiltan swurdes ðe Ulfcytel
áhte, and ðére byrnan ðe mid Morcere is, and ðæs
horses ðe Ðurbrand me geaf, and ðes hwítan horses
ðe Leófwine me geaf. And ic geann Eádmunde mínen
bréðer ðæs swurdes ðe Offa cyng áhte, and ðes
swurdes mid ðám pyttedan hiltan, and ánes brandes,
and ǽnne seolforhammenne bleðhorn, and ðára landa
ðe ic áhte on Eást-Englan, and ðes landes æt Peaces-
déle. And ic wille ðæt man gealeaste ǽlce geare áne
degfeorme ðám hirede intó Helig of ðysse áre on
sancte Æðelðrýðe messedeg, and gesylle ðǽrtó ðám
mynstre .c. penega, and geféde ðér on ðone deg án
hundred þearfena, and sý efre seó ælmesse gelést gear-
hwámlíce, áge land seðe áge, ðá wile ðe Cristendóm
stonde; and gyf ðá nellað ða ǽlmessan geforðian ðe
ða land habbað gange seó ár intó sancte Æðelðrýðe.
And hic geann Eádwige mínen bréðer ánes seolfor-
hiltes sweordes. And ic geann Ælfsige bisceope ðǽre
gyldenan róde ðe is mid Eádríce, Wynflede suna, and
ǽnne blácne stédan. And ic gean Ælmére ðes landes
æt Hamelandene ðæ he ǽr áhte. And ic bidde mínne
feder for Godes ælmihtiges lufan and for mínon, ðæt

he ðes geunne ðe ic him geunnen hebbe. And ic gean
Godwine Wulfnoðes suna ðes landes æt Cumtúne, ðe
his feder ǽr áhte. And ic gean Ælfðrýðe[1] mínre fós-
termódor for hire miclan geearnonge ðæs landes æt
Westúne, ðe ic gebohte æt mínan feder, mid þridde
healf hund mancusan goldes be gewihte. And ic geann
Ælfwine mínen messepreóste ðæs landes æt Heor-
ulfestúne, and ðes málswurdes ðe Wiðer áhte, and
mínes horses mid mínom geredon. And ic geann Ælmére mínen discðene ðára .VIII. hida æt Cateringatún
and ánes fagan stédan, and ðes sceardan swurdes,
and mínes taregan. And ic geann Siferðe ðæs landes
æt Hogganclyfe, and ánes swurdes, and ánes horses,
and mínes bócscyldes. And ic geann Æðelwearde
Stameran and Lyuinge ðes landes æt Tywinhám.
And ic geann Leófstáne, Leófwine breðer, Cwattes ðére
landáre ðe ic of [h]is breðer nam. And ic geann Leóf-
mére æt Biggráfan ðes landes ðe ic him ǽr of nam.
And ic geann Godwine Dreflan ðára þreora hida æt
Lutegáres hale. And ic geann Eádríce Wynflede suna
ðæs swurdes ðe seó hand is on gemearcod. And ic
geann Æðelwine mínon chnihte ðes swurdes ðe he
me ǽr sealde. And ic geann Ælfnóðe mínon swurð-
wítan ðæs sceardan málswurdes; and mínon heáh-
deórhunton ðæs stódes ðe is on Colingahrycge. And
gehealde man of mínan golde Ælfríc æt Bertún and
Godwine Dreflan æt swá myclan swá Eádmund
mín bróðer wát ðæt ic heom mid rihte tó geuldende
áh. Nú þancige ic mínen feðer mid ealre eádmód-
nesse on Godes ælmihtiges naman, ðǽre andsware
ðe he me sende on ðone Fridæ æfter middes sumeres
messedeg, bæ Ælfgáre Æffan suna; ðæt wes, ðæt he
me cýdde á mínes feder worde, ðæt ic móste be Godes
leáfe and be [h]is geunnen mínre áre and mínre ǽhta
swá me mést réd þúhte ǽgðer ge for Gode, ge for
worulde; and ðisse andsware is gewitnesse Eádmund

[1] Var. Ælfswýð.

mín bróðor, and Ælfsige bisceop, and Byrhtmér abbod
and Ælmér Ælfríces suna. Nú bidde ic eallan ða
witan ðæt mínne cwyde gehýran rédan ægðer ge ge-
hádode ge lǽwede ðæt hí beón on fultume ðæt mín
cwyde standan móte, swá mínes feder leáf on mínon
cýde stent. Nú cýðe ic ðæt ealle ða þincg ðe ic tó
Gode, intó Godes cyrican and Godes þeówan geunnen
hebbe, sý gedón for mínes leófan feder sáwle Æðelredes cynges, and for míre and Ælfðrýðe mínre ealdor-
módor ðe me áfédde, and for ealra ðára ðe me tó ðysan
gódan gefulstan, and se ðe ðysne cwede þurhg enig
þing áwended, hebbe him wið God elmihtigne geméne,
and wið sancta Marian, and wið sancte Peter, and wið
ealle ða ðe Godes naman heriað.

DCCXXIII.

* ÆÐELRED, 1016.

✠ QUAMUIS quassantibus undique bellis piratarum
infestorum nobis, tamen omnipotenti deo in nobis
triumphanti, ac uictoriam iam crebrius praestanti eius
munimine inuicto gaudentes. Pro amore ipsius cuncta
gubernantis, ego Æðelredus rex Anglorum, quandam
terrulam, hoc est, unam mansam sitam iuxta Maðel-
gæresbyri, tribuo cum eius appendiciis deo et sancto
Eadwardo, et ad monasterium quod dicitur Eouesham
fratribus ibidem deo seruientibus, quatinus libere
uoti compotes aeternaliter possideant, tribus exceptis,
scilicet, expeditione, pontis arcisue restauratione.
Quod ius antiquitus quidam raptor Wlfric ripa uocamine, a praefato monasterio inique abstulit, quod
nos corrigendo denuo deo reddimus, omnia dona nobis
donanti. Si quis forte auarus tyrannus, quod absit,
hoc munusculum impie deo auferre conatur, caueat
ne ipsi talis mulctatio accidat, qualem audiuimus illi
Wlfrico ripa accidisse, hoc est, quod corpori eius

sepulto in Glastonia non licuit quiescere, antequam
in stagnum Fearningamere uocabulo proiiceretur.
Scripta est haec cartula anno incarnationis dominicae
.M.XVI°. indictione .XIIII. his testibus quorum onomata hic infra scripta habentur.

✠ Ego Æðelredus rex deo-omnipotenti hoc-mu-
nusculum tribuo. ✠ Ego Dunstanus archiepiscopus
cruce-dominicā consignaui. ✠ Ego Æðelstan clito
consensi. ✠ Ego Lifingus episcopus consensi. ✠
Ego Eadnoðus episcopus consensi. ✠ Ego Ælfsinus
episcopus consensi. ✠ Ego Buruðwoldus episcopus
consensi. ✠ Ego Æðelstanus episcopus consensi.
✠ Ego Eadricus dux consensi. ✠ Ego Leofwinus
dux consensi. ✠ Ego Ælfricus dux consensi. ✠
Ego Germanus abbas consensi. ✠ Ego Wlfgarus
abbas consensi. ✠ Ego Ælfricus abbas consensi.
✠ Ego Ælfsinus abbas consensi. ✠ Ego Briht-
merus abbas consensi. ✠ Ego Eadredus abbas consensi. ✠ Ego Ulfcitel minister consensi. ✠ Ego
Godus minister consensi. ✠ Ego Norðman minister
consensi. ✠ Ego Birhtricus minister consensi. ✠
Ego Godwine minister consensi. ✠ Ego Eadwine
minister consensi.

Ðys syndon ða landgemáre ðe syndon on ðese
ealdan béc áwritene. Ærest onlong Foss on ða hócihtan díc; of ðére hócihtan díc on ðone brádan þorn;
on Foss; onlong Foss on ðene fúlan ford; ongean
streám on langan ford; of langaforda on Wénríc;
ongean streáme; of Wénríc on ða grénan díc; of
ðére díc on ða brádan strétte; of ðére strǽtte on ða
grénan díc; onlong ðére díc ðæt eft on Foss.

DCCXXIV.

LEOFSINE, 1016.

✠ Christo creaturarum propriarum omnia ubique regna suo in pondere et mensura disponente! Sanctarum scripturarum praecipui cultores suis hoc statuerunt dogmatibus quatinus quicquid mortalium uellent addere necessitatibus litterarum apicibus necteretur, ne forte in posteris rationes ad inuicem conpactas obliuio siue potius insidiosa fraus succedentium deleat. Propter quod ego Leofsinus episcopus, dei omnipotentis prouidentia pontifex, meo fideli ministro Godrico, aliquam partem ruris, id est .I. mansam in loco qui uulgariter Biscopes dun nominatur, cum omnibus ad eundem locum rite pertinentibus, pascuis, campis, pratis, et synderlíce .XV. mǽd aceras on ðǽre eá-furlunga forne gean Tidingtún; et nigoðe healf æcer on Scothomme; and .XII. aceras yrðlandes betwyx ðáre eá and ðáre díc æt ðǽm stángedelfe; and ðone hagan on Wærincwícan; and ðone Ælfríces lǽge; and ðone þriddan æcer beánlandes on Biscopes dúne, ob eius erga me beneuolentiam humilique famulatu dignoque pretio libenti animo condono, ut ipse, uita comite, possideat salubriterque perfruatur; limite uero uitae illius transacta, duobus quibuscunque elegerit, in sua tamen progenie post se delinquat haeredibus; deinceps autem sanctae matri Wiornocensi reddatur aecclesiae. Maneat igitur praenominata tellus libera ab omni mundiali seruitute tributorum, exceptis sanctae dei aecclesiae necessitatibus, aut communi expeditione, uel pontis arcisue restauratione. Ðis sind ða landgemǽro intó Biscopes dúne. Ǽrest in fúle wellan; of ðǽre wellan andlang ðæs gemǽres intó Cloptúnes gemǽro; ondlang ðæs gemǽres ðæt on ðone feldene strêt; of ðǽre strǽte ðæt on ðone pyt; of ðám pytte on ða heáfda; ondlang

ðára heáfda on ðone brádan mére middewardan ; of
ðám mére andlang síces on Ælfríces brycge ; of ðǽre
brycge andlang furh on sláhhyll ; swá ðár on ða
heáfdo in ða sealtstrét ; of ðǽre strǽte innon Scot-
bróc ; ondlang bróces ðæt onbúton ðone croft ðe Wynstán bylde ; ðár úp on ða díc ðe he gedícte ; ðæt on
Scotriðes gemǽro ; ondlang ðæs gemǽres ðæt on Wil-
mundigcotan gemǽro ; ondlang ðæs gemǽres ðæt
on berlandes heáfda ; ondlang ðæs gemǽres ðæt on
Sceldes heáfda ; ondlang ðára heáfda ðæt on Ælflede
gemǽro ; of Ælflede gemǽro ðæt on Grentes mére ;
ðæt úp on ðone grénan weg ; ondlang ðæs weges ðæt
eft in fúle wyllan.   Scripta est etiam haec cartula
anno dominicae incarnationis .M.XVI. indictione .XIIII.
his testibus adstipulantibus quorum nomina inferius
carraxata cernuntur.

✠ Ego Wulfstanus archiepiscopus Eboracensis aec-
clesiae confirmaui.   ✠ Ego Leofsinus episcopus hanc
meam donationem cum signo crucis corroboraui.   ✠
Ego Æðelstanus episcopus subscripsi.   ✠ Ego God-
wine sacerdos.   ✠ Ego Wulfwine sacerdos.   ✠
Ego Ælfmær sacerdos.   ✠ Ego Wulfwi sacerdos.
✠ Ego Æglwine leuita.   ✠ Ego Byrtmær leuita.
✠ Ego Wilstan leuita.   ✠ Ego Berhtwine leuita.

DCCXXV.

ÆÐELRED.

✠ Summo et ineffabili rerum dispositore in aeternum regnante !   Omnibus gradibus qui in triquadro
mundi cardine per theoricam uitam ad coelestis ac
indeficientis beatitudinis iocunditatem peruenire sata-
gunt, ultroneo deuotionis affectu cum tota mentis
alacritate illuc incunctanter adnitendum est ; quod
quidam sapiens sagaci mente considerans sic fida
pollicitatione ait, ' Meliorem autem illum iudico et pro-

pinquiorem deo qui uoluntate bonus est, quam illum
quem necessitas cogit.' Qua de re infima quasi peripsema quisquiliarum abiiciens, superna ad instar pretiosorum monilium eligens, animum sempiternis gaudiis figens, ad adipiscendam mellifluae dulcedinis misericordiam perfruendamque infinitae laeticiae iocunditatem, ego Æðelredus per omnipatrantis dexteram
tocius Britanniae regni solio sullimatus, quandam ruris
particulam, uidelicet .xix. cassatos, in tribus locis, quae
celebri æt Cadanno, and æt Stretle, necnon æt twam
Lintunum, nuncupantur uocabulo, domino nostro Ihesu
Christo et sancto Petro apostolorum principi, cas-
taeque uirgini Æðeldredae ac sacris sororibus eius, una
cum illa requiescentibus, aeterna largitus sum haereditate, ad usus monachorum in Elyensi monasterio
degentium. Sunt autem duae ex hisdem .xix. mansis
in illo rure quod uocatur et Cadanno, et et Stretle
.x. et twam Lintunum .vii. pro quorum possessione
praediorum, abbas nomine Ælfsinus dedit regi praefato appensuram .ix. librarum purissimi auri iuxta
magnum pondus Normannorum. Praedicta equidem
rura cum omnibus utensilibus, pratis, uidelicet, pascuis, molendinis ac siluis, ab omni terrenae seruitutis
iugo sint libera, tribus exceptis, rata, uidelicet, expeditione, pontis arcisue restauratione. Si quis igitur
hanc nostram donationem in aliud quam constituimus
transferre uoluerit, priuatus consortio sanctae dei
aecclesiae, aeternis barathri incendiis lugubris iugiter
cum Iuda Christi proditore eiusque complicibus puniatur, si non satisfactione emendauerit congrua quod
contra nostrum deliquit decretum. His metis praefatum rus hinc inde gyratur.

DCCXXVI.

EÂDMUND.

✠ In nomine almae trinitatis et indiuiduae unitatis, patris et filii et spiritus sancti, quibus est una
essentia, par deitas, et indiuisa maiestas, communis
apex, trinitas in nomine, unitas in deitate, aeternus
ante omnia saecula, in fine saeculi homo factus ex
uirgine ut nos redimeret quos creauit. Ideoque
necesse est ut in istis transitoriis ac fugitiuis opibus
adquiramus nobis in coelis manentem substantiam,
quam nec oculus uidit nec auris audiuit nec mens percipere potuit humana. Cuius praedestinatione iccirco
ego Eadmundus Æðeling rex, pro amore redemptoris
nostri et propter nomen sanctum qui dixit ' Date et
dabitur uobis,' ideoque nunc donabo deo omnipotenti
exiguum munus ruricole in loco qui ab incolis uocitatur æt–Pegecyrcan in perpetua haereditate, ad
locum quod dicitur Nouum monasterium sanctae trinitatis ac genitricis domini nostri atque omnium sanctorum, pro redemptione animac-meae et coniugis-meae
et pro animā Siuerði, id est unam mansam et dimidiam in supradicta uilla, et tres perticas in uilla quae
dicitur Wealtun. Ita habeant sicut Siuerðus habebat
in uita, in longitudine et in latitudine, in magnis et in
modicis rebus, campis, pascuis, pratis, siluis, theloneum aquarum, piscationem in paludibus. Sit autem
praedictum rus liberum ab omni seruili tributo saeculariumque seruitiumque exinanitum, tribus exceptis,
rata, uidelicet, expeditione, et pontis arcisue restauratione. Praecipioque in nomine sancti saluatoris, tam
nobis uiuentibus quam etiam qui christianitatis nomine et in diuinae agnitionis fide censentur, ut huius
libertatis statuta ad irrita deducere quispiam minime
praesumat. Quisquis autem beneuola mente hanc
nostram donationem et elemosinam amplificare sata-

B B

gerit, in hoc praesenti saeculo uitae illius prospera
foeliciter augeantur, et aeternae uitae gaudia aeterna
succedant. Si quis autem, diabolica illectus prauitate, et hoc donum in aliud quam quod constituimus
peruertere molitus fuerit, maneat aeternaliter retrusus
inter flammiuomas aestuantis gehennae incorruptiones
lugubre sibi solium uendicans, inter tres nefandissimos
proditores Christi, Iudam, Annan et Caiphan, et in
Satanae faucibus maneat deglutiendus, omnium infernalium morsibus carnificum sine fine laceretur, nisi
hic digna satisfactione emendare curauerit, quod contra nostrum decretum inique commisit.

APPENDIX.

APPENDIX.

XVIII.

Hæc sunt territoria ad pecganham pertinentia
primit⁹ ab occidente uedring mutha per illum portum
ad locum qui dicitur holan horan fleot et sic ducitur
in langport· inde ad aquilonem to unninglande· sic
ad orientem on fleot super illud quod dicitur in ufes-
ford· inde in locum qui dicitur cynges uuic· et sic ad
locum qui ðr langan ersc· inde on loxan leage· et sic
in locum qui ðr bebbes ham· inde in pontem thel-
brycg· et sic ad aquilonem iuxta palustria loca· super
hæc ad locum qui ðr hylsan seohtra et sic ad orientem in uuærmundes hamm· hinc in uuadan hlæu· ab
illo loco in fisc mere· et sic in brynes fleot· sicque
dirigitur in mare. Sed et hi sunt termini pertinentes
ad tangmere· primitus of hleapmere per uiam pupli-
cam ad terram heantunensem ad angulũ circianum·
ïde in locum horsagehæg· et sic ubi ðr hean ersc·
hinc ad ælrithe· ab ipso riuo ad fraxinũ unum· et sic
ad locum cealcmere· hinc ad headan scræf· ab illo
loco· to lulan treouue· et sic in tatanham· sic ad
risc mere· ab illo loco to hleap mere· et sunt pascua
ouiũ in meos dune pertinentia ad tangmere·

XXIII.

De Cherletone.

Hii sunt termini terrae de Cherltone.   Inprimis a loco qui dicitur Totleie directe per uiam usque quiccaeleyen uersus aquilonem ; et ex inde uersus meridiem usque la done; usque la notte stokke; et ab eodem usque cweok ende ; et ab illo loco usque Oddeburne, uidelicet, ad le crundle; et tunc per filum aquae uel cursum usque æt waldes forde ; et sic directe per uiam usque ceasterbroke; et tunc per cursum aquae usque la hide ; et ab eodem uersus occidentem ultra montem usque scorte slade ; et tunc directe per amnem usque cucwan welle ; et ab eodem fonte usque le niwe heme wodeweye; et sic per uiam directe usque ad metam de Hanekyntone uersus meridiem ; et tunc ab eadem meta usque sondheye ; et ab eodem usque ad boscum inter duo clausa ; et sic per quandam uiam directe usque le brande stokke ; et ab eodem usque le hælde rode in parte aquilonari del perer ; et ab illo loco directe per uiam usque ad locum primo scriptum, scilicet, Totlere.

Rubric.   Quomodo Æðelredus rex contulit Aldelmo abbati et Meldunensi coenobio Newentune et Cherletone iuxta Tetteburi.

———

XLV.

Haec terra praefata iugiter aecclesiae sanctae Mariae in Æbbandune subiecta sit.

———

LV.

Inprimis, Balgandun, Billeslæh, Westgraf, Heofentill, Baddandun, hoc est in occidentali parte flu-